1 Das Unternehmen im Wirtschaftsgeschehen

1.1 Kreditinstitute im Wirtschaftskreislauf

Stofftelegramm

Funktionen und Geschäfte der Kreditinstitute

Ansammlung von Kapital und Weitergabe an Kreditnehmer direkt oder als Vermittler. Dabei Umwandlung (Transformation) von Betragsgrößen und Fristen, verbunden mit der Streuung von Risiken. Voraussetzung dazu ist unbedingtes Vertrauen der Kunden in die Bonität der Kreditinstitute.

Herkömmliche Bankgeschäfte:

- Einlagen von Kunden, i.d.R. verzinslich
- Kredite in allen Formen
- Wertpapiergeschäfte: Vermittlung (Kommission), Verwahrung und Verwaltung (Depot), Mitwirkung bei der Ausgabe (Emission) von Wertpapieren
- Zahlungsverkehr: Bargeldtransaktionen, Überweisung, Lastschrift, Scheck, Karten, Netzgeld, Auslandszahlungen

Neue und ergänzende Bankgeschäfte:

- Allfinanzgeschäfte: Versicherungsvermittlung, Immobilienvermittlung, Bausparvermittlung
- Vermögensverwaltung
- Beteiligungsvermittlung (Mergers & Acquisitions)
- Ergänzende Dienstleistungen jeder Art

Struktur der Kreditwirtschaft

Geschäftsbanken:	Universalbanken und Spezialbanken
Bankengruppen:	Private Banken: Großbanken, Regionalbanken, Privatbankiers
	Sparkassen und Landesbanken
	Genossenschaftsbanken und gen. Zentralkassen, DG-Bank
	Hypothekenbanken
	Direktbanken
	Kreditkartenbanken

Zentralbank: Europäische Zentralbank, Deutsche Bundesbank

Begriff der Banken nach Kreditwesengesetz:

Kreditinstitute:	Einlagenkreditinstitute mit Einlagen- und Kreditgeschäft evtl. mit Zusatzgeschäften aller Art

darunter: Wertpapierhandelsbanken mit Finanzkommissionsgeschäft und Emission

Finanzdienstleistungsinstitute: Anlage- und Abschlussvermittlung, Eigenhandel

Aufgaben

1. Kennzeichnen Sie Ihr Ausbildungsinstitut durch mindestens drei Merkmale.
2. Stellen Sie Kreditinstitute und Finanzdienstleistungsinstitute aus Ihrem regionalen Bereich zusammen.
3. Stellen Sie die Geschäfte Ihres Ausbildungsinstituts in einer Tabelle zusammen.
4. Gliedern Sie die Kreditinstitute nach Ihrem Marktanteil unter Zuhilfenahme des Monatsberichts der Deutschen Bundesbank.

Inhaltsverzeichnis

Im Anschluss an jedes Stofftelegramm werden Aufgaben angeboten, die zum Teil in SWL, zum Teil in Rechnungswesen geprüft werden. Beachten Sie die an den Lehrplan angepassten komplexen Prüfungsaufgaben in Kapitel 7.8.

1.2 Handelsrechtliche Rahmenbedingungen

Stofftelegramm

Kaufleute

Kaufleute nach Handelsgesetzbuch unterliegen besonderen Rechtsvorschriften:
- Pflicht zur sofortigen Reklamation bei Mängeln an gekauften Sachen
- Bürgschaften sind auch mündlich gültig
- Buchführungspflicht
- Recht zur Führung einer Firma und zur Ernennung von Prokuristen

Wer sind Kaufleute?

Gewerbetreibende sind Kaufleute, wenn ihr Geschäftsumfang einen in kaufmännischer Weise eingerichteten Geschäftsbetrieb erfordert (Ist-Kaufleute). In diesem Fall besteht die Pflicht zur Eintragung im Handelsregister. Bei kleinerem Geschäftsumfang können sie sich freiwillig eintragen lassen und werden damit auch zu Kaufleuten (Kann-Kaufleute).
Land- und forstwirtschaftliche Betriebe können sich ebenfalls eintragen lassen und damit zu Kaufleuten werden, wenn sie einen entsprechend großen Umfang haben (Kannkaufleute).
Durch **Rechtsform** werden juristische Personen zu Kaufleuten (Kapitalgesellschaften, eG, öffentlich-rechtliche Betriebe)

Ist-Kaufleute	**Kann-Kaufleute**		**Formkaufleute**
alle Gewerbe kfm. eingerichtet	Kleingewerbe ohne kfm. Einrichtungen	Land- u. Forstwirte mit kfm. Einrichtungen	Kapitalgesellschaften eingetr. Genossensch. öff.-rechtl. Betriebe

Kennzeichen eines Gewerbebetriebes: Selbständigkeit, Gewinnerzielungsabsicht, Planmäßigkeit, Dauerhaftigkeit, nicht freier Beruf (AAA = Arzt, Anwalt, Architekt)

Handelsregister

Beim Amtsgericht geführtes öffentliches Verzeichnis der Kaufleute des Bezirks

Abteilung A: Einzelunternehmen; Personenhandelsges.; öffentl.-rechtl. Unternehmen, z.B. Sparkassen
- Firma, Sitz
- Inhaber, Gesellsch., Vorstand
- Prokura
- Vertretungsregelungen

Abteilung B: Kapitalgesellschaften
- Firma, Sitz, Zweck
- Grund-, Stammkapital
- Gesetzliche Vertreter
- Prokura

Wirkung der Eintragung:
1. Deklaratorisch (= rechtsbekundend): die Rechtswirkung besteht bereits vor der Eintragung, z.B. die Ernennung von Prokuristen;

2. Konstitutiv (= rechtsbegründend): die Rechtsänderung wird erst durch die Eintragung bewirkt, z.B. die Entstehung einer Aktiengesellschaft.

Publizität der Eintragung: Einsicht für jedermann; Eintragungen bleiben bis zu einer veröffentlichten Änderung für Gutgläubige wirksam (negative Publizität) bzw. eine erfolgte Eintragung kann der Kaufmann jedem 15 Tage nach der Veröffentlichung entgegenhalten (positive Publizität).

Firma

= Name der Kaufleute im Rechtsverkehr. Zulässig sind alle Bezeichnungen, die nicht irreführen (**Firmenwahrheit**). Bei Inhaberwechsel darf die Firma beibehalten werden (**Firmenbeständigkeit**). **Firmenausschließlichkeit** an einem Ort. Immer notwendig Angabe der Rechtsform, z.B. e.K. (= eingetragener Kaufmann), OHG, KG, GmbH, AG.

Prokura

Weitestgehende Vollmacht von Kaufleuten: ermächtigt zu allen gerichtlichen und außergerichtlichen Rechtshandlungen in Zusammenhang mit dem Unternehmen, ausgenommen Grundstücksverkauf und – belastung (aber möglich durch Immobiliarklausel im Handelsregister). Interne Einschränkungen nach außen nicht gültig.

Erteilung nur durch Kaufleute und
- nur durch Inhaber oder Gesellschafter
- nur durch ausdrückliche Erklärung

Beschränkung nur auf
- Filiale
- Gesamtprokura: zusammen mit anderem Prokuristen

Eintragung im Handelsregister verpflichtend, aber nur deklaratorisch.
Widerruf jederzeit möglich, aber eintragungspflichtig.

Generell keinerlei Vollmacht möglich für: Unterzeichnung von Bilanz und Steuererklärung, Aufnahme von Gesellschaftern, Insolvenzantrag

Handlungsvollmacht

Standardisierte Vollmacht von Kaufleuten: ermächtigt als **allgemeine Handlungsvollmacht** zu allen Rechtshandlungen, die der Betrieb eines derartigen Gewerbes gewöhnlich mit sich bringt, **ausgenommen** Veräußerung und Belastung von Grundstücken, Aufnahme von Darlehen, Prozessführung; **Arthandlungsvollmacht** beschränkt auf bestimmte Geschäftsarten, z.B. Erteilung von Kassenquittungen; Spezialhandlungsvollmacht für einzelne Geschäfte wie bei Einzelvollmacht möglich. **Erteilung** formfrei möglich, ohne Eintragung ins Handelsregister; kein guter Glaube an das Bestehen einer Vollmacht möglich, interne Beschränkungen sind nach außen gültig, aber Rechtsscheinerzeugung bei Duldung einer Vertretung.

Aufgaben

1. Für wen gelten die Vorschriften des Handelsgesetzbuches?
2. Nennen Sie vier Pflichten und zwei Rechte von Kaufleuten.

3. Nach welchen Gesichtspunkten kann man die Arten von Kaufleuten unterscheiden?
4. Wie kann man die Kaufmannseigenschaft eines Gewerbetreibenden erkennen?
5. Welche Kaufmannsart liegt jeweils vor?
   a) Firma Engel e.K., Kunststoffverarbeitung, 60 Beschäftigte
   b) Software-Handels-GmbH, ein Gesellschafter, keine Mitarbeiter
   c) Gutsbetrieb des Barons Edelstein, 500 Hektar bewirtschaftet
   d) Ein-Mann-Brezelstand in der Fußgängerzone
   e) Bauunternehmen Max Hoppe, 3 Kolonnen zu je 5 Mann
   f) Bauunternehmen Stein GmbH, zur Zeit nur 3-Mann-Betrieb
   g) Steuerberatungsges.mbH Treu
   h) Rechtsanwaltssozietät Murr, Huber und Partner
   i) Kreditvermittler Hans Lock, Bankkaufmann, selbständig
6. Warum besteht das Handelsregister aus getrennten Abteilungen?
7. Welchen Inhalt hat das Handelsregister?
8. Warum sind die veröffentlichten Eintragungen des Handelsregisters für Geschäftspartner wichtig?
9. Geben Sie Beispiele für rechtsbegründende und rechtsbekundende Eintragungen im Handelsregister.
10. Unterscheiden sie Firmenbeständigkeit, Firmenausschließlichkeit, Firmenwahrheit
11. Welche Geschäfte kann ein Einzelprokurist, welche ein Handlungsbevollmächtigter einer Papiergroßhandlung rechtswirksam abschließen?
    a) Entlassung einer Putzhilfe
    b) Einkauf eines größeren Postens Papier
    c) Entgegennahme und Quittierung eines Schecks
    d) Unterzeichnung eines Darlehensantrags
    e) Kauf eines benachbarten Grundstücks

1.3 Rechtsformen

1.3.1 Einzelunternehmen, GbR, e.V.

Stofftelegramm

Einzelunternehmer ist Eigentümer, bringt Kapital auf, leitet das Unternehmen und haftet unbegrenzt auch mit Privatvermögen.

Vorteile:

- Schnelle Entscheidung und damit Anpassung an neue Gegebenheiten
- Keine Rücksichtnahme auf Gesellschafter
- Gewinn verbleibt in voller Höhe

Nachteile:
- Risiko und Haftung ungeteilt und unbegrenzt
- Eigenkapitalbeschaffung schwierig
- Nachfolgeproblem bei Ausscheiden, Erbschaftsteuer

Bedeutung:
- Geeignet für Existenzgründung und kleine bis mittlere Unternehmensgröße aller Branchen
- häufigste Unternehmensform, aber nicht bei Gründung
- Persönliche Entfaltungsmöglichkeit des Unternehmers

Gesellschaft bürgerlichen Rechts (GbR, BGB-Ges.)
Rechtsgrundlage sind §§ 705-740 BGB. Ziel ist Erreichung eines gemeinsamen Zwecks (= Zweckgesellschaft) zu jeder gesetzlich zugelassenen Art: z.B. Arbeitsgemeinschaften von Unternehmen im Rahmen von Werkverträgen, mögliche Gesellschaftsform für Gewerbetreibende ohne Kaufmannseigenschaft, Vorschriften gelten auch vergleichbar für nicht rechtsfähige Vereine.
Kapitalaufbringung: durch Gesellschafter, im Zweifel gleichmäßig
Geschäftsführung: grundsätzlich gemeinschaftlich, Übertragung an eine oder mehrere Personen möglich.
Vertretung: Gemeinschaftlich oder durch Geschäftsführer
Haftung: Gesamtschuldnerische persönliche Haftung der Gesellschafter
eingetragener Verein
Rechtsfähigkeit durch Eintragung in Vereinsregister (= eingetragener Verein, e.V.) bei nichtwirtschaftlichen Vereinen, sog. "Idealvereinen". Mindestens 7 Mitglieder zur Gründung erforderlich. Geschäftsführung und Vertretung durch den Vorstand; grundsätzlich gemeinschaftlich, abweichende Regelung lt. Vereinsregister möglich. Haftung der Mitglieder auf das Vereinsvermögen begrenzt. Nicht eingetragener Verein wird wie eingetragener Verein behandelt, wenn er vergleichbar organisiert (Satzung, Wahlen usw.) ist.

Aufgaben

1. Sven Svenson überlegt, ob er sich mit der Gründung eines "Computer-Shops" selbständig machen soll. Welche Argumente sprechen für, welche gegen eine Existenzgründung?

2. Geben Sie drei Beispiele an, wie Svenson seine Firma wählen könnte.

3. Beschreiben Sie die rechtlichen Voraussetzungen, die zur Gründung eines Einzelunternehmens erfüllt werden müssen.

4. Welche Bedeutung hat das Einzelunternehmen heute?

5. Wie sind Geschäftsführung und Haftung bei einer GbR nach dem BGB geregelt?

6. Welche Informationen liefert das Vereinsregister bei einem Idealverein?

7. Ein Verein hat laut Satzung vier Vorstandsmitglieder. Wer kann für den Verein Verträge, z.B. einen Mietvertrag für eine Veranstaltung abschließen?

1.3.2 Personenhandelsgesellschaften und Partnerschaft

Stofftelegramm

Kommanditgesellschaft (KG)

Bei Personenhandelsgesellschaften ist ursprünglich eine Einheit von Haftung, Kapitalaufbringung, Geschäftsführung und Vertretung gegeben. Bei der KG gilt dies nur noch für einen Teil der Gesellschafter. Rechtsbeziehungen:

	Außenverhältnis	- Kunden
Gesellschafter	⟷	Dritte - Lieferanten
Innenverhältnis	Vertretungsrecht	- Banken
Gesellschaftsvertrag	(Haftung, Firma)	- u.a.
(Rechte/Pflichten)		

Die KG ist eine Personenhandelsgesellschaft mit mindestens einem Vollhafter (= Komplementär) und einem Teilhafter (Kommanditist).

Gesellschaftsvertrag: Üblich, insbes. zur Vereinbarung über Gewinnverteilung, formfrei, bei Einbringung von Grundstücken beurkundet; regelt Höhe der Kapitaleinlage.
Firma: Üblich sind Namen der Vollhafter; in jedem Fall Zusatz „KG"
Ergebnisverteilung nach HGB: Verlust nach Köpfen
Gewinn: 4 % auf Einlage, Rest in angemessenem Verhältnis
Geschäftsführung (Innenverhältnis) Vollhafter haben grundsätzlich Einzelgeschäftsführungsbefugnis bei gewöhnlichen Geschäften, bei außergewöhnlichen Geschäften nur Gesamtgeschäftsführung. Teilhafter sind von Geschäftsführung ausgeschlossen, aber Widerspruchsrecht (= vorherige Zustimmung) bei außergewöhnlichen Geschäften und haben ein Recht auf Einsicht in die Bilanz.
Vertretung: (Außenverhältnis) Einzelvertretungsbefugnis aller Vollhafter, nicht nach Art beschränkbar. Keine gesetzliche Vertretung für Teilhafter.
Haftung: Für Vollhafter gesamtschuldnerisch (= solidarisch) und persönlich (= unmittelbar und unbeschränkt). Für Teilhafter Haftung nach außen nur für nicht geleistete Einlage.

OHG = offene Handelsgesellschaft: vertragliche Vereinigung (Gesellschaft) mehrerer Personen zum Betrieb eines vollkaufmännischen Gewerbes unter gemeinsamer Firma, Rechtsverhältnisse der Gesellschafter entsprechen denen der Vollhafter bei der KG.

Partnerschaft

Partnerschaftsgesellschaft für Freiberufler (z.B. Anwälte, Steuerberater, Architekten). Bezeichnung: Name und Zusatz „und Partner" oder „Partnerschaft". Rechtsfähigkeit durch Eintragung im Partnerschaftsregister beim Amtsgericht. Registereintragung wirkt wie beim Handelsregister. Rechtsverhältnisse der Partner wie bei OHG in Bezug auf Vertretung und Haftung. Entstehung durch Eintragung.

Aufgaben

1. Wie kommt eine KG zustande?

2. Alpha und Beta wollen gemeinsam eine KG gründen, Beta soll Teilhafter mit 20 000 EUR werden. Vor Eintragung in das Handelsregister bestellt Alpha Waren im Wert von 15 000 EUR. Beta wußte nichts davon, die Waren sind unverkäuflich. Muss Beta dem Lieferanten gegenüber haften?

3. Welche der folgenden Firmenbezeichnungen einer neu zu gründenden KG sind rechtsgültig? Vollhafter ist Feger, Teilhafter sind Frosch und Faller.
   a) Gerd Feger, Nudelfabrik;
   b) Gerd Feger & Co.
   c) Gerd Feger KG
   d) Feger & Frosch KG
   e) Edwin Faller KG
   f) Nudel-Feger KG

4. Erläutern Sie Haftung und Verlustbeteiligung bei der KG.

5. Die ABC-KG (50 Mitarbeiter, jährliche Umsatzerlöse 3 Mio. EUR, Bilanzsumme 1 Mio. EUR) hat bezüglich Vertretung und Geschäftsführung keine gesellschaftsvertraglichen Regelungen getroffen; Vollhafter sind A und B, Teilhafter ist C. B unterzeichnet ohne Vorabsprache mit A und C einen äußerst günstigen Kaufvertrag über ein Fließband im Wert von 1.800 000 EUR. A u. C sind nachträglich nicht einverstanden. Rechtslage?

6. An einer KG sind Vollhafter A mit 100 TEUR, die Teilhafter B mit 250 TEUR und C mit 50 TEUR beteiligt. Wie ist folgendes Ergebnis zu verteilen, wenn vereinbart worden ist, dass der Kopfanteil unter A,B,C im Verhältnis 3:2:1 verteilt werden soll und im übrigen die gesetzlichen Regelungen gelten.
   a) Gewinn 28 000 EUR
   b) Gewinn 8 000 EUR
   c) Verlust 12 000 EUR

7. Die Gesellschafter Schinkel und Brosius sind an der Schinkel KG als Vollhafter beteiligt. Brosius scheidet aus. Begründen Sie, ob Schinkel die bisherige Firma beibehalten darf!

8. Welche Rechte und Pflichten haben die Kommandisten?

9. Wie kann ein Kommanditist seine Haftung gegenüber Gläubigern der Gesellschaft ausschließen?

10. Wie kann man erfahren, mit welchen Beträgen die Kommanditisten an einer KG beteiligt sind?

11. Der Architekt Huber bestellt eine CAD-Anlage unter dem Namen "Bernd Status und Partner" für 100.000 EUR. Wie kann sich der vorsichtige Lieferant über die Rechtsverhältnisse erkundigen?

1.3.3 Kapitalgesellschaften

Stofftelegramm

Aktiengesellschaft (AG)

HINWEIS: Zum gezielten Einsatz von Gesetzestexten merken oder markieren Sie sich folgende Paragraphen:
1-9,54,58,60,68,76-78,82,84,95f.,101f,111f,118-121,131,133-135,139-140, 150,158,174f,179,182,186,192,202 des Aktiengesetzes.

- AG: Juristische Person des privaten Rechts (Kapitalgesellschaft).
- Gründung: Bargründung durch Bareinzahlung oder Sachgründung durch mindestens 1 Person, gezeichnetes Kapital (Grundkapital) mindestens 50 000 €;
- Mindestnennbetrag einer Aktie 1 €; „unechte Quotenaktie" ohne Nennwert ist zulässig und immer mehr verbreitet.
- Entstehung der AG durch Eintragung im Handelsregister
- Haftung: keine persönliche Haftung der Aktionäre nach Eintragung

Organe der AG

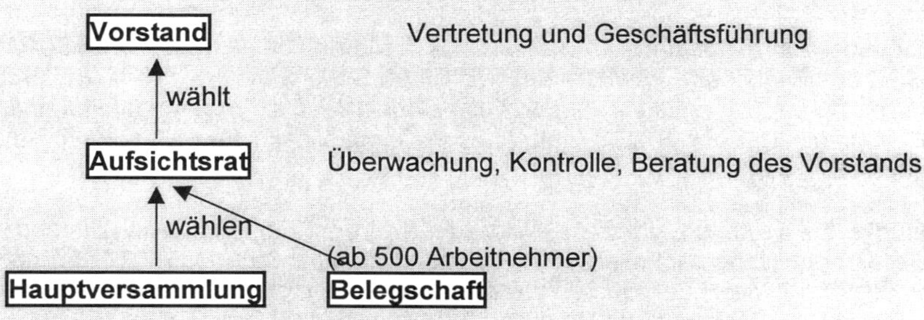

- **Vorstand:** Bestellung durch Aufsichtsrat für längstens 5 Jahre;
  Aufgaben: Geschäftsführung und Vertretung; Ausführung der Hauptversammlungsbeschlüsse; erstellt Jahresabschluss und Geschäftsbericht; beruft ordentliche Hauptversammlung ein. Laut AktG Gesamtgeschäftsführung und -vertretung bei mehreren Vorstandsmitgliedern, laut Satzung und Registereintrag Einzelvertretung oder Vertretung durch 2 Vorstandsmitglieder möglich und üblich.

- **Aufsichtsrat:** Aufgaben: Bestellung, Überwachung und Abberufung des Vorstands, Prüfung von Jahresabschluss und Lagebericht, Leitung der Hauptversammlung. Wahl: auf 4 Jahre durch Hauptversammlung und evtl. Arbeitnehmer. Zusammensetzung: ungerade Anzahl (mind. 3) bei AG mit bis zu 2000 Arbeitnehmern, 1/3 Arbeitnehmervertreter; darüber gilt Mitbestimmungsgesetz oder Montanmitbestimmungsgesetz. Bei Neugründung bis 500 Arbeitnehmer keine Arbeitnehmervertreter.

- **Hauptversammlung:** Aufgaben: Wahl der Aktionsvertreter im AR, Entlastung der Organe, Verteilung Bilanzgewinn, Wahl Prüfer, Satzungsänderungen.
  Beschlüsse: einfache Mehrheit 50 % + 1 Aktie; qual. Mehrheit bei Satzungsänderung, z.B. Kapitalerhöhung 75 %; Sperrminorität deshalb bei 25 % + 1 Aktie.

Gesellschaft mit beschränkter Haftung (GmbH)

Juristische Person des privaten Rechts (Kapitalgesellschaft)
Keine persönliche Haftung der Gesellschafter; Risiko der Gesellschafter auf gezeichnete Stammeinlage begrenzt.
Gründung notariell zu beurkunden, mindestens 1 Person.
Organe: Geschäftsführer (ohne Sondervereinbarung Gesamtgeschäftsführung und -vertretung) hat Vertretungsmacht; Aufsichtsrat bei GmbH mit mehr als 500 Beschäftigten; Gesellschafterversammlung mit weitgehenden Rechten (Vgl. § 46 GmbHG), je 50 € Anteil = 1 Stimme.
Kapital: Stammkapital (gezeichnet) mindestens 25 000 €; evtl. aufgeteilt in Stammeinlagen von mindestens 100 €; Geschäftsanteil ergibt sich aus Verhältnis Stammeinlage zu Stammkapital.

GmbH & Co. KG:

Beliebte Rechtsform zur Begrenzung der Haftung bei Erhaltung gewisser steuerlicher Vorteile der Personenhandelsgesellschaft. Übergeordnete Rechtsform ist KG (Eintragung HR Abt.A), deren Vollhafter eine GmbH (HR Abt.B) ist.

eingetragene Genossenschaft (eG)

Eine Ges. von mindestens 7 Personen zur Förderung des Erwerbs oder der Wirtschaft der Mitglieder durch gemeinschaftlichen Geschäftsbetrieb (sog. Erwerbsgen. nach § 1 GenG); juristische Person des privaten Rechts. Gründung: mindestens 7 Gründungsmitglieder, Statut, Eintragung in Genossenschaftsregister beim Amtsgericht (öffentlich).

Organe: mindestens 2 Vorstandsmitglieder für Vertretung und Geschäftsführung (Gesamtvertretung nach Gesetz, abweichende Eintragung möglich). Aufsichtsrat mindestens 3 Mitglieder, ab 500 Arbeitnehmer Arbeitnehmervertreter; Generalversammlung der Mitglieder (je Mitglied 1 Stimme); Geschäftsguthaben entspricht Einzahlung auf Geschäftsanteil (mind. 10 %).
Haftung: Gen. mit unbegrenzter Haftpflicht selten; regelmäßig zum Geschäftsanteil zusätzliche Haftpflicht, Haftsumme mindestens so hoch wie Geschäftsanteil; Haftung des Mitglieds auf Geschäftsanteil + Haftsumme begrenzt, nur als Nachschuss im Insolvenzfall möglich.

Aufgaben

1. An wen kann sich der Gläubiger einer AG halten?
2. Nennen Sie jeweils drei Hauptaufgaben der Organe der AG!
3. Welche Rechte haben die Aktionäre einer AG?
4. Warum ist das Grundkapital einer AG meistens höher als gesetzlich gefordert?
5. Welche Regelung gilt für das sogenannte "Depotstimmrecht"?

6. Warum wird für ein "Aktienpaket", das mehr als 25 % des Grundkapitals enthält, bei der Bestimmung des Kaufpreises häufig ein "Paketzuschlag" vereinbart?

7. Eine AG hat ein gezeichnetes Kapital von a) 1 Mio. b) 35 Mio. EUR. Wieviel Vorstandsmitglieder sind jeweils mindestens notwendig, wenn keine Satzungsregelung vorliegt? (Lösung mit Gesetz!)

8. Welche Verträge kann der Aufsichtsrat für die AG abschließen?

9. Durch welchen Vorgang entstehen AG und GmbH?

10. Was versteht man unter "Publizitätspflicht" bei AG und GmbH?

11. Unter welchen Bedingungen können Gesellschafter der GmbH Vertretungs- und Geschäftsführungsrechte ausüben?

12. Unterscheiden Sie Stammkapital, -einlage und Geschäftsanteil bei der GmbH.

13. Bei einer GmbH sind laut Satzung am Stammkapital von 100.000 EUR die Gesellschafter A mit 40.000 EUR, B mit 30.000 EUR und C mit 30.000 EUR beteiligt.
    a) wieviel Stimmen haben A, B und C jeweils bei Abstimmungen?
    b) wie hoch ist die Bilanzposition "Noch ausstehende Einlagen", wenn A 30 %, B 50 % und C 80 % eingezahlt haben?
    c) Wie hoch sind die Stammeinlagen der Gesellschafter?
    d) Geschäftsführer B kauft eine Fabrikhalle für 300.000 EUR, ohne A und C zu fragen. Rechtsgültig? (Begründung!)
    e) Gesellschafter C vereinbart mit M schriftlich, dass er ihm seinen Geschäftsanteil veräußert. Rechtsgültig? (Begründung!)

14. Erklären Sie die Beteiligungs- und Haftungsverhältnisse bei der GmbH & Co. KG!

15. Wie prüfen Sie exakt nach, wer eine GmbH & CO.KG rechtswirksam vertreten kann?

16. Welche Vorteile hat die GmbH & CO.KG gegenüber der reinen GmbH und der reinen KG?

17. Der Einzelunternehmer Kurt Kutter will eine GmbH & CO.KG gründen.
    a) Muss er weitere Personen beteiligen?
    b) Wer ist Komplementär, Kommanditist und Geschäftsführer?
    c) Die GmbH firmiert mit "Glaswerke GmbH". Wie muss die Firma der GmbH & Co. KG lauten?

18. Welche Organe hat eine eG?

19. Welche Rechte und Pflichten haben Mitglieder einer eG?

20. Eine eG hat Geschäftsanteile in Höhe von 500 EUR, verbunden mit Haftsumme von 500 EUR. A hat 3 Anteile erworben und insgesamt 1000 EUR eingezahlt. Wieviel würde er bei Insolvenz der eG noch zahlen müssen?

1.4 Marketing

Stofftelegramm

Zielsystem eines Unternehmens

Planung und Entscheidung eines Unternehmens letztlich abhängig von den Zielen:
Ökonomische Ziele: Gewinnerzielung (für Anteilinhaber = shareholder value); Ausweitung des Marktanteils.
Nichtökonomische Ziele: Erfüllung eines öffentlichen oder genossenschaftlichen Auftrags; Einhaltung umweltfreundlicher Produktionsverfahren; Erhaltung von Arbeitsplätzen.
Zielhierarchie: Oberziele sind strategische langfristige Ziele; operative Ziele sind den Oberzielen untergeordnet und meistens nachprüfbar durch konkrete Zielvorgaben.

Marketing

= Orientierung eines Unternehmens an den Marktbedingungen und Versuch, die Marktbedingungen zu Gunsten des Unternehmens zu ändern.
Grundlagen des Marketings sind Marktanalyse durch wissenschaftliche Marktforschung und eigene Marktbeobachtung (z.B. Kontobewegungen der Kunden).
Marktforschung ist die systematische und methodisch gesicherte Analyse und Prognose des eigenen gegebenen und möglichen Marktes.
Marketinginstrumente sind:

- **Produktpolitik**: Gestaltung der einzelnen Produkte durch Maßnahmen der Produkterneuerung, der Sortimentsverbreiterung (Diversifikation), der Sortimentsvertiefung (Produktdifferenzierung) und der Qualitätsverbesserung.

- **Preispolitik:** Eng mit der Produktpolitik verbunden. Bei Banken insbesondere Zinspolitik und Provisionsgestaltung. Bezeichnung „Gebühren“ als Preis gilt für viele als negativ. Preisdifferenzierung je nach Marktsegment, z.B. Privat-, Firmenkunden.

- **Vertriebspolitik** (Distributionspolitik) Standortauswahl, Zweigstellenpolitik, mobiler Vertrieb und Außendienst; Vertrieb über Medien (Home-Banking, Internet u.a.).

- **Kommunikationspolitik:** Öffentlichkeitsarbeit (Public Relations, PR) ist nicht direkt verkaufsorientiert, sondern will in erster Linie das Image verbessern, was für Banken besonders wichtig ist. Ziel der PR-Arbeit ist systematische Meinungspflege, z.B. durch Veranstaltungen, Firmenzeichen, Sponsoring u.ä. Werbung im engeren Sinne kann nach eingesetzten Medien (Bild, Ton, Film) und Trägern (Zeitung, Rundfunk, Fernsehen, Internet) unterschieden werden. Werbung bezieht sich auf bestimmte Produkte oder wird als Gemeinschaftswerbung für mehrere (z.B. Sparkassen, Volksbanken) durchgeführt. Verkaufsförderungsmaßnahmen bei Mitarbeitern gehören im weiteren Sinne zur Kommunikationspolitik.

Im Rahmen einer Marketingkonzeption sollen die Marketingmaßnahmen aufeinander abgestimmt werden (**Marketing-Mix).**

Aufgaben

1. Unterscheiden Sie die Ziele Ihres Ausbildungsinstituts nach der Zielhierarchie.
2. Unterscheiden Sie Kreditinstitute nach ihren Oberzielen.
3. Beschreiben Sie je zwei Maßnahmen der Produkt-, Preis-, Vertriebs- und Kommunikationspolitik im Rahmen eines Marketingmix.

Entscheidungs- und handlungsorientierte Aufgaben

Hinweis: Nachfolgende Aufgaben sind Ausschnitte aus aktualisierten entscheidungsorientierten Prüfungsaufgaben.

1 Die Allbank AG, Stuttgart, hat ein neues Ausbildungsprogramm mit aktiven Lernformen entwickelt. Dazu gehört, dass die Auszubildenden ihr erworbenes Fachwissen an die Berufsanfänger weitergeben. In diesem Zusammenhang gibt es eine Reihe von grundlegenden Fragen und Problemen, die Sie hier beantworten sollen. Die meisten Auszubildenden im Bankbereich sind in einer "Universalbank" beschäftigt.

1.1 Erläutern Sie den Begriff "Universalbank".

1.2 Welche andere Arten von Kreditinstituten gibt es in Deutschland? Geben Sie drei Beispiele an!

1.3 Dass Kreditinstitute in unserer Wirtschaft von großer Bedeutung sind, wissen Berufsanfänger. Trotzdem sind eine Reihe von Fragen zu klären.

1.3.1 Definieren Sie den Begriff "Kreditinstitut".

1.3.2 Erläutern Sie drei wesentliche Aufgaben der Kreditinstitute in unserer Volkswirtschaft.

1.4 Peter Meier beabsichtigt, seine in 2 Monaten fällige Lebensversicherung mit 100 000,00 DM bei seiner Hausbank als Termineinlage anzulegen. Angesichts der Betragshöhe sind Sicherheitsüberlegungen für ihn von größter Bedeutung. Verdeutlichen Sie Meier anhand von 4 Argumenten (wirtschaftlich, geschäftspolitisch, rechtlich oder institutionell), wieso Ihr Kreditinstitut sein Vertrauen verdient.

1.5 Kurt Mayer erscheint am Bankschalter und schildert Ihnen, er habe vor wenigen Tagen zusammen mit einem Kreis von Arbeitskollegen und Freunden einen Investmentclub gegründet. Die Clubmitglieder hätten ihn nun beauftragt, die Konditionen mehrerer Banken und Sparkassen zu vergleichen, um die günstigste Bankverbindung auszuwählen.
Für welche Dienstleistungsbereiche Ihres Kreditinstituts wird sich Herr Mayer besonders interessieren? Anhand welcher Unterlagen kann sich Herr Mayer über die Konditionen informieren?

1.6 Für die Zahlungsfähigkeit der Banken ist die Beachtung der "Goldenen Bankregel" von großer Bedeutung.
Wie läßt sich die darin enthaltene Fristenkongruenz mit der "Fristenverlängerungsfunktion" vereinbaren?

1.7 Im Gegensatz zu Industrie- und Handelsunternehmen werden Banken in ihrer Geschäftstätigkeit staatlich kontrolliert.

Erläutern Sie, wie sich eine staatliche Bankenaufsicht mit einer marktwirtschaftlichen Ordnung vereinbaren läßt.

2 Die Elektro-Lux GmbH, Elektronik-Fachgeschäft, Stuttgart, ist Kunde der Allbank AG. Im Handelsregister ist Heiner Schulz als Prokurist eingetragen. Schulz wurde auf dem Kontoeröffnungsantrag der Elektro-Lux GmbH als Kontobevollmächtigter genannt.

2.1 Erläutern Sie die Bedeutung des Handelsregisters für die Kontoeröffnung der Elektro-Lux GmbH.

2.2 Schulz wurde am 05.10. des Jahres die Prokura entzogen. Die Löschung der Prokura im Handelsregister wurde am 12.10.d.J. öffentlich bekannt gemacht, eine besondere Benachrichtigung der Allbank erfolgte nicht. Am 28.10. d.J. hob Schulz vom Konto der Elektro-Lux GmbH 100 000 DM in bar ab.

2.2.1 Begründen Sie, ob die Elektro-Lux GmbH zur Erteilung einer Prokura berechtigt war.

2.2.2 Entscheiden Sie, welche Wirkung die Löschung der Prokura im Handelsregister hatte.

2.2.3 Die Elektro-Lux GmbH verlangt von der Allbank die Stornierung der unberechtigten Barabhebung. Prüfen Sie die Rechtslage nach Gesetz und AGB, und entscheiden Sie über den Anspruch der Elektro-Lux GmbH.

3 Am Freitag, den 03.April, lässt das Amtsgericht Mannheim folgende Handelsregistereintragung veröffentlichen:

> HRB 13294 - 26.03.19..
> Blüm Gartenbau GmbH in Brühl
>
> Geschäftsführer sind Wolf Heiderich und Carola Rose, beide Gärtnermeister in Brühl.
> Die Gesellschaft wird von jedem Gesellschafter allein vertreten.

3.1 Welche Unternehmer sind zur Handelsregistereintragung verpflichtet bzw. berechtigt, welche nicht?

3.2 Zeigen Sie an 4 Beispielen, was - neben Geschäftsführung / Vertretung - Gegenstand der Eintragung sein kann!

3.3 Handelsregistereintragungen haben unterschiedliche Wirkung. Erläutern Sie die 2 Möglichkeiten der Wirkung an den Beispielen: Eintragung einer Prokura und Eintragung einer Unternehmung in der Rechtsform der GmbH.

3.4 Die obige Eintragung vom 26.03. wurde am 03.04. veröffentlicht. Ab welchen Zeitpunkten muss ein Dritter bzw. die Unternehmung die Eintragung gegen sich gelten lassen?

3.5 Die obige Eintragung regelt auch Geschäftsführung und Vertretung.
Zwischen der ABC Bank und der Blüm Gartenbau GmbH wird ein Vertrag über einen Kontokorrentkredit über 50 000,00 EUR abgeschlossen. Dieser Vertrag ist gleichzeitig ein Akt der Geschäftsführung wie der Vertretung.
Erläutern Sie den Unterschied zwischen Geschäftsführung und Vertretung!

3.6 Nach deutschem Recht gibt es Einzel- und Gesamtvertretung.

3.6.1 Für welche 3 Rechtsformen der Unternehmung gilt der Grundsatz der Einzelvertretung?

3.6.2 Welcher Grundsatz erlaubt Abweichungen von der Einzelvertretung, welche Form ist dabei zu beachten?

3.6.3 Die Gesamtvertretung ist in vielen Fällen - z.B. bei großen Aktiengesellschaften - nicht praktikabel.
Wie wird in diesen Fällen üblicherweise die Gesamtvertretung modifiziert?

3.7 Am 15.05. widerruft der Geschäftsführer Heidrich die Prokura von Eva Untreu mit sofortiger Wirkung. Handelsregistereintragung und Veröffentlichung derselben erfolgen am 22.05. bzw. 27.05.
Der Kassierer Franz Müller in der ABC Bank löst am 31.05. einen Scheck der Blüm Gartenbau GmbH - unterzeichnet von Eva Untreu ein. Die Gesellschaft fordert Erstattung. Klären Sie die Rechtslage!

4 Frank Goller möchte in einem Erholungsort im Nordschwarzwald einen Restaurantbetrieb übernehmen, dessen Umsatz im vergangenen Jahr 1,25 Mio EUR betrug, um sich selbständig zu machen.
In diesem Zusammenhang stehen einige Fragen an:

4.1 Warum ist Herr Goller verpflichtet, sein Gewerbe zur Eintragung ins Handelsregister anzumelden?

4.2 Für eine Anmeldung zur Eintragung in das Handelsregister ist öffentliche Beglaubigung vorgeschrieben. Was bedeutet "öffentliche Beglaubigung"?

4.3 Ist eine Handelsregistereintragung

4.3.1 von Vorteil für ein eingetragenes Gewerbe?

4.3.2 für Dritte von Vorteil? (mit Begründung)

4.4 Herr Goller zieht auch in Erwägung, seine Ehefrau Erika, Restaurantfachfrau, mit einer Kapitaleinlage in die Unternehmung aufzunehmen.
Stellen Sie zunächst als Entscheidungsgrundlage in Tabellenform dar, wie sich die in Frage kommenden Rechtsformen nach dem Gesetz (KG, OHG, GmbH) unterscheiden unter folgenden Aspekten:

Aspekte → KG OHG GmbH

↓

Mindestkapital und Mindesteinlage
Haftung
Vertretung

4.5 Goller möchte für den Fall, dass sich seine Ehefrau kapitalmäßig beteiligt, die Firma stets allein vertreten. Zu welchen alternativen Lösungen raten Sie Goller? (Geben Sie zu zwei der oben genannten Gesellschaftsformen je eine Lösung an)

5 Artur Klein, Kfz-Mechaniker und Christof Asbach, Karosseriespengler, haben gemeinsam eine Karosseriewerkstatt in Gärtringen. Sie beschäftigen insgesamt fünf Mitarbeiter; der Umsatz des Betriebes beträgt ca.500 TEUR; außerdem ist noch Frau Tanja Klein halbtags im Büro tätig. Um genügend haftendes Eigenkapital vorweisen zu können, ist Herr Dagobert Haber mit einer Einlage in Höhe von 375 TEUR als Teilhafter beteiligt.

5.1 Prüfen Sie, ob dieser Betrieb die Kaufmannseigenschaft nach HGB aufweist.

5.2 Welche Rechtsform hat dieser Betrieb? Machen Sie einen Vorschlag für eine geeignete Firmenbezeichnung.

5.3 Der Betrieb ist im Handelsregister eingetragen worden.
Besteht für diesen Betrieb eine Verpflichtung zur Eintragung?
In welcher Abteilung des Handelsregisters ist die Eintragung zu finden?
Wer kann die Eintragung einsehen?
Wer kann Abschriften verlangen?

5.4 Welche Wirkung hat die Eintragung der Firma? (Begründung!)

5.5 Angenommen, die Gesellschafter vereinbaren, dass die bisherige Einzelvertretung in eine Gesamtvertretung verändert wird. Was sollten die Gesellschafter unternehmen, damit die von ihnen beabsichtigte Wirkung auch eintreten kann?

5.6 Asbach möchte eine optische Achsvermessungsanlage für 30.000,00 EUR anschaffen. Herr Klein ist dagegen, weil er ein gebrauchtes Gerät vorziehen würde. - Die Gesellschafter haben vereinbart, dass Anschaffungen über 20.000,00 EUR nur gemeinsam vorgenommen werden dürfen. Trotz des Widerspruchs von Herrn Klein kauft Herr Asbach die Anlage.

5.6.1 Ist der Kaufvertrag für die Gesellschaft rechtsgültig? (Begründung)

5.6.2 Welche Folgen hat Ihre Entscheidung für Herrn Asbach im Innenverhältnis?

5.7 Der Lieferant verlangt die Bezahlung der Rechnung für die Achsvermessungsanlage.

5.7.1 Kann Klein die Zahlung mit dem Argument verweigern, nicht er, sondern Asbach habe den Kaufvertrag abgeschlossen?

5.7.2 Könnte Klein einwenden, er halte nur 20 % des Kapitals, deshalb hafte er auch nicht für den gesamten Betrag?

5.7.3 Könnte Haber vortragen: "Ich habe meine Einlage an die Gesellschaft bereits geleistet und brauche daher nichts mehr zu bezahlen"?

5.8. Der Betrieb hätte in der Rechtsform einer GmbH gegründet werden können.

5.8.1 Was müsste geschehen, wenn die Vertretung nur in den Händen der Herren Klein und Asbach liegen sollte und jeder die Firma alleine vertreten soll?

5.8.2 Kann ein Gesellschafter der GmbH in jedem Fall davon ausgehen, dass über seine Einlage hinaus keine weiteren finanziellen Verpflichtungen für ihn entstehen können?

Verwenden Sie folgende Gesetzesauszüge: **Handelsgesetzbuch** §§ 1-6, 8-15; 17-37; 48-52; 105-177 **GmbH-Gesetz:** §§ 35 - 48

6 Hubert Bethäuser ist Maurermeister und betreibt mit drei Gesellen und einem Auszubildenden ein kleines Baugeschäft. Die kaufmännischen Arbeiten werden von Bethäuser am Abend oder am Wochenende erledigt. Er möchte ein Geschäftskonto eröffnen und vereinbart mit Ihnen als Kundenberater einen Termin.

6.1 Wie können Sie sich auf dieses Gespräch vorbereiten? (3 Gesichtspunkte)

6.2 Das Baugeschäft ist nicht im Handelsregister eingetragen.
Prüfen Sie die Kaufmannseigenschaft von Bethäuser. Begründen Sie Ihre Entscheidung.

6.3 Bethäuser gründet mit dem Kaufmann Fritz Boiler am 13.02.19.. einen großen Baumarkt für Endverbraucher und Handwerker in der Rechtsform einer KG. Dieser wurde am 01.03.19.. eröffnet. Es liegt der folgende Handelsregisterauszug vor:

a) Firma b) Ort	Geschäftsinhaber Persönl. haftende Gesellschafter	Prokura	Rechtsverhältnisse	Tag der Ein tragung
a) Boiler KG b) Buchen	Fritz Boiler geb. 17.2.50 Mosbach Hubert Bethäuser geb. 15.4.63	Edgar Kordmann geb. 1.7.43 Walldürn Klaus Mende geb. 3.6.52	Kommanditge- schaft	05. April 19..

Hinweis: Unterstreichung erfolgte in roter Farbe am 5.5...

6.3.1 Welche Kaufmannseigenschaft hat dieses Unternehmen? (Begründung)

6.3.2 Für den Baumarkt soll ebenfalls ein Geschäftskonto eröffnet werden. Wie lautet die Kontenbezeichnung für die KG?

6.3.3 Wer könnte für die KG den Kontoeröffnungsantrag stellen? (Begründung)

6.4 Einen Tag nach Abschluss des Gesellschaftsvertrages hat Boiler bei einer anderen Bank einen Kreditvertrag in Höhe von 250.000 EUR für die KG abgeschlossen.

6.4.1 Beurteilen Sie, ob dieser Vertrag die KG bindet.

6.4.2 Wer haftet aus der Sicht des Kreditnehmers für die Erfüllung des Vertrages?

6.5 Bei der Kontoeröffnung für den Baumarkt wurden auch die Kontovollmachten geregelt. Prokurist Edgar Kordmann ist noch nicht als Zeichnungsberechtigter ins Unterschriftenblatt eingetragen. Die Gesellschafter Bethäuser und Boiler sind im Ausland schwer verunglückt. Kann er über das Firmenkonto verfügen?

7 Markus Olsen, bisher alleiniger Eigentümer eines Computer-Shops, überlegt, ob er zur besseren kaufmännischen Abwicklung seine Bekannte, Tanja Siegle, Kauffrau, als Gesellschafterin aufnehmen soll.

7.1 Wägen Sie je zwei Vor- und Nachteile dieser Entscheidung ab.

7.2 Als Gesellschaftsform stellt sich Olsen eine KG vor.
Erklären Sie, wie bei einer KG Vertretung und Haftung geregelt sind.

7.3 Frau Siegle schlägt vor, gemeinsam eine GmbH zu gründen.

7.3.1 Beurteilen Sie diesen Vorschlag mit jeweils zwei Argumenten
- aus Sicht der Gesellschafter
- aus Sicht der kreditgebenden Bank.

7.4 Markus Olsen gründet mit Tanja Siegle eine GmbH. Frau Siegle erscheint bei Ihnen in der Filiale und möchte ein Girokonto für die GmbH eröffnen. Sie legt die beglaubigte Kopie des Gesellschaftsvertrages vor. Den Handelsregisterauszug kann sie noch nicht vorlegen, da die Eintragung der GmbH noch nicht erfolgt ist.

7.5 Nach Eintragung der GmbH-Gründung im Handelsregister und deren Veröffentlichung bestellt Frau Siegle einen Firmenwagen für 55.000,00 DM. Als Gesellschafterin glaubt sie, dazu berechtigt zu sein.
Erklären Sie die Rechtslage.

Hinweis: Die in die SWL im Lehrplan integrierten bankspezifischen Rechenaufgaben der folgenden Kapitel sind im gesonderten Teil Bankrechnen enthalten.

2 Kontoführung

2.1 Kontoeröffnung

Stofftelegramm

Kontoarten

nach der Zwecksetzung

- Girokonto: Abwicklung von Geschäftsfällen aller Art.
- Sparkonto: Gelder zur Vermögensanlage mit Sparbuch.
- Depositenkonto: Festgeld- oder Kündigungsgeldanlage.
- Depotkonto: Buchung der Wertpapierverwahrung mit -verwaltung.
- Kontokorrentkonto: Verrechnung aller Leistungen nach § 355 HGB;

Saldo bei jedem Umsatz errechnet, nach HGB mindestens einmal jährlich, nach AGB vierteljährlich festgestellt, d.h. vom Kontoinhaber bestätigt. Zinseszinsen möglich; Saldo täglich kündbar.

nach der Inhaberschaft

- Natürliche Personen: geschäftsfähig, beschränkt geschäftsfähig und geschäftsunfähig; betreute Personen geschäftsfähig bzw. bei Einwilligungsvorbehalt beschränkt Geschäftsfähigen gleichgestellt
- Juristische Personen des privaten und öffentlichen Rechts: Personengesellschaften und Kapitalgesellschaften, Anstalten, Stiftungen, Körperschaften, eG, eingetragener Verein
- Sonstige Gesellschaften: BGB-Gesellschaft, nicht eingetragener Verein
  Trennung organisatorisch in Privat- und Geschäftskonten möglich. Einzelkonten und Gemeinschaftskonten für Personengemeinschaften möglich (vgl. Verfügung)

Bedeutung der Kontoverbindung (Girokonto)

für Kunden
- Zugang zu Zahlungsformen
- kurzfristige Verfügungsmöglichkeit
- Sicherheit durch Bargeldverminderung
- Übersicht über Transaktionen
- Verzinsung

für Kreditinstitut
- Sichteinlagen durch Bodensatz mit hoher Zinsspanne
- Anschlussgeschäfte leichter (Cross-Selling)
- Bonitätsprüfung für Kredite leichter

Antragsprüfung

Gründe für die Legitimationsprüfung

- Schaffung von Rechtssicherheit für die Bank (Klarheit über Geschäftspartner wegen Dauer-Geschäftsbeziehung, Rechts- und Geschäftsfähigkeit, kaufmännische Sorgfaltspflicht)
- Steuergesetzgebung, §154 Abgabenordnung
- Geldwäschegesetz (erspart spätere Lichtbildidentifikation bei Transaktionen)

Inhalt der Prüfung

Exakte Kontobezeichnung mit Namen und Anschrift erforderlich; Idenditätsprüfung mit amtlichem Lichtbildausweis, evtl. Registerauszug; Prüfung und Aufnahme in Stockregister auch für Bevollmächtigte erforderlich (Ausnahmen möglich).

Bei Gebietsfremden Vermerk wegen evtl. devisenrechtlicher Vorschriften erforderlich. Um spätere Legitimation nach Geldwäschegesetz zu vermeiden, wird bei Eröffnung Personalausweis/Reisepass kopiert.

Stellvertreter können Konten eröffnen, erforderlich dazu:
Allgemeine Bankvollmacht, Handlungsvollmacht bei Handelsgewerbe; gesetzliche Stellvertretung, z.B. bei Geschäftsunfähigen oder als offenes Treuhandkonto (Vgl. unten).

Geldwäsche

Rechtsgrundlage: „Gesetz über das Aufspüren von Gewinnen aus schweren Straftaten" (GwG)
Bei Annahme oder Ausgabe von Bargeld, Wertpapieren oder Edelmetallen im Wert ab **30.000 DM** besteht Pflicht, Name des Einlieferers/ Abholers (= Auftretender nach § 2 GwG) aufgrund eines Lichtbildausweises mit Geburtsdatum und Anschrift sowie ausstellender Behörde festzuhalten und eine Kopie der Identifizierungsdokumente 6 Jahre aufzubewahren; Angabe, ob für eigene oder fremde Rechnung gehandelt wird, bei jeder Kontoeröffnung erforderlich. Befreiung bei Nachttresoreinzahlungen auf eigene Rechnung; Erleichterung der Prüfung bei Boten von Firmen.

Allgemeine Geschäftsbedingungen (AGB)

- Gegenseitiges Vertrauensverhältnis wird geschaffen.
- Hinweis auf Einhaltung des Bankgeheimnisses.
- Grundsätze der Kontoführung, Buchung, Stornierung.
- Regelung der Zeichnungsberechtigung und Vollmachtsbehandlung.
- Auskunftserteilung an Dritte - Entgelte und Auslagenersatz.
- Allgemeine Pfandklausel als Sicherheit für Forderungen.
- Mitwirkungs- und Kontrollpflichten für Kunden (6 Wochen Frist für Einwendungen)
- Nachsicherungspflicht bei Krediten und Freigabe von Sicherheiten.
- Auflösungsmöglichkeiten der Geschäftsverbindung.
- Sonderbedingungen für Einlagen-, Auslands- und Wertpapiergeschäft.
- Ausdrückliche schriftliche Anerkennung bei Nichtkaufleuten erforderlich

Vorteile:
- Erleichtern das Massengeschäft.
- Rechtssicherheit für alle Beteiligten.
- Ermöglichen kostengünstigere Abwicklung durch Risikoverlagerung.
- Erhöhen durch die Pfandklausel die Kreditwürdigkeit des Kunden.

SCHUFA-Klausel muss ausdrücklich anerkannt werden.
Inhalt der Klausel: Einwilligung über Weitergabe der Info über Antrag, Aufnahme und Ende der Kontoverbindung; Information über mögliche negative Merkmale; Befreiung vom Bankgeheimnis; Anschrift der SCHUFA; Hinweis auf Merkblatt.

Kontovertrag kommt zustande durch Antrag des Kunden (1. Willenserklärung) und Annahme des Antrags durch die Bank (2. Willenserklärung, evtl. schlüssige Handlung wie Bekanntgabe der Kontonummer u.a.)

Vertrag zu Gunsten Dritter

Kontoeröffnung zu Gunsten Dritter mit **sofortiger** Wirkung möglich: Dritter wird sofort Kontoinhaber, wenn er zustimmt; Antragsteller hat nach Kontoeröffnung keine Gläubigerstellung.
Kontoeröffnung und Vertrag zu Gunsten Dritter mit späterer Wirkung: Antragsteller bleibt uneingeschränkter Gläubiger, Dritter hat bis zum Bedingungseintritt keinerlei Rechtsansprüche, auch wenn „Schenkungsvertrag" bzw. Einverständnis vorweggenommen. Mit Eintritt der Bedingung (z.B. Tod des Gläubigers) wird Dritter Kontoinhaber (kein Eingang des Guthabens in die Erbmasse).

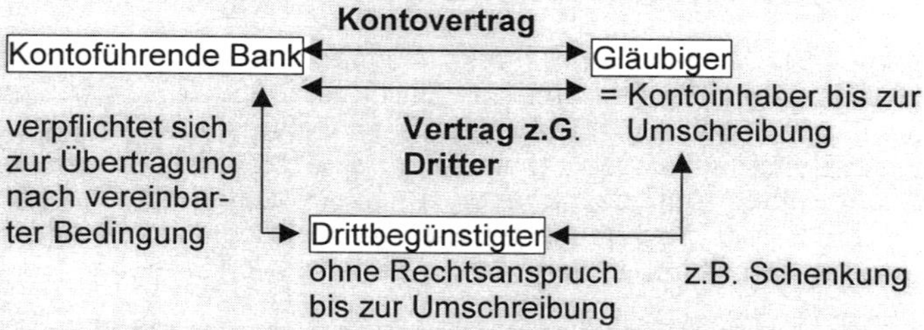

Bankgeheimnis und Bankauskunft

Rechtsgrundlage
Datenschutzbestimmungen bei natürlichen Personen; Verpflichtung der Beschäftigten durch Dienstvertragsrecht; Verpflichtung gegenüber Kunden durch Bankvertrag, erwähnt in den AGB.
Inhalt: Schweigepflicht - Aussageverweigerungsrecht - Geheimhaltungspflicht der Kundendaten und Kontenbewegungen gegenüber Dritten.
Auskunft über Firmen in allgemeiner Form möglich (keine Angabe von Umsätzen, Kontoständen, keine negativen Inhalte);
über Privatkunden nur mit ausdrücklicher Zustimmung des Kunden und dann ebenfalls nur allgemein.
SCHUFA = Schutzgemeinschaft für allgemeine Kreditsicherung, für Daten aus Kontoeröffnung, Scheckkarte und Kreditbeanspruchung durch natürliche Personen, schriftliche Zustimmung des Kunden notwendig.
Auskunftsverweigerungsrecht der Bank gegenüber Zivilgerichten.
Auskunftspflicht der Kreditinstitute in folgenden Fällen:

- Strafverfahren
- nach Kontopfändung
- an BAK
- an Insolvenzverwalter des Kunden
- an Finanzamt bei Tod des Kunden (über 2000 DM)
- sparzulagenschädliche Verwendung
- an Staatsanwalt bei Verdacht auf Geldwäsche (vgl. Kontoführung)
- an Finanzamt: Einhaltung des § 30a Abgabenordnung durch Finanzbehörde, Auskunftsersuchen bei Ermittlungs-, Aufsichts- und Strafverfahren in Steuerangelegenheiten.

Aufgaben

1. Geben Sie für vier Kontoarten den Verwendungszweck für den Inhaber und eine typische Besonderheit an!

2. Welche Bedeutung hat die Unterscheidung der Kontoinhaber nach ihrer Rechtsstellung?

3. Geben Sie vier typische Inhaltspunkte der AGB an!

4. Welchen Schutz hat der Bankkunde gegen eine mögliche Übervorteilung durch die AGB?

5. Wie wird sich eine Bank verhalten, wenn der Antragsteller für ein Konto die SCHUFA-Klausel nicht anerkennen will?

6. Begründen Sie mit drei Argumenten, warum die Banken bei der Kontoeröffnung auf einer Legitimationsprüfung bestehen

7. Wie ist die Rechtsstellung des Antragstellers bei einem Konto zugunsten Dritter mit sofortiger und mit späterer Wirkung?

8. Wie prüfen Sie in den folgenden Fällen die Legitimation?
   a) Der Prokurist der Nova GmbH & CO KG möchte für die KG ein Girokonto eröffnen.
   b) Hans Weiler möchte für seine Enkelin Sarah (2 Jahre) ein Sparkonto mit Verfügungsvorbehalt eröffnen.
   c) Der 10-jährige Hans Kurz möchte ein Jugendsparkonto.
   d) Pfarrer Fromm will für die Kirchengemeinde St. Peter ein Konto eröffnen.

9. Auf welchen Rechtsgrundlagen beruht das Bankgeheimnis?

10. Was könnte ein Kunde bei Verletzung des Bankgeheimnisses unternehmen?

11. Welche Rechte hat das Finanzamt gegenüber Bankkunden in Bezug auf die Kontoführung durch Banken?

12. Nennen sie vier Fälle, in denen sich die Bank nicht auf das Bankgeheimnis berufen kann!

13. Welchen Inhalt hat eine SCHUFA-Auskunft?

14. Dürfen der SCHUFA Daten eines Kunden über einen nicht eingelösten Scheck mitgeteilt werden, wenn der Kunde die SCHUFA-Klausel nicht unterschrieben hat?

2.2 Verfügung über Konten

Stofftelegramm

Verfügung bedeutet, Weisungen im Rahmen eines bestehenden Kontovertrages erteilen zu können. Den Kontovertrag selbst können nur Kreditinstitut und Antragsteller als Vertragspartner ändern.

Verfügung durch Kontoinhaber

Kontoinhaber ist grundsätzlich immer verfügungsberechtigt, soweit geschäftsfähig. Beschränkt Geschäftsfähige sind nur mit Genehmigung der gesetzlichen Vertreter verfügungsbefugt.
Gemeinschaftskonten = mehrere Kontoinhaber, Verfügungsbefugnis (geregelt im Kontoeröffnungsantrag) regelmäßig jeder Kontoinhaber alleine (**Oder-Konto**), sonst gemeinschaftliche Verfügung = **Und-Konto**. Haftung beim Gemeinschaftskonto auch für Kredite im Rahmen der üblichen Überziehungsmöglichkeit; Umwandlung des Oder-Kontos in Und-Konto durch Erklärung eines Kontoinhabers (im Antrag vereinbart). Bei Oder-Konto Auflösung nur gemeinschaftlich, ausgenommen nach Tod eines Inhabers bei Umschreibung möglich.

Verfügung durch Vertreter

Vertreter handelt in fremden Namen für fremde Rechnung (offene Stellvertretung evtl. mit Zusatz "i.V." o.ä.). Vertretungsmacht kann durch Gesetz bestehen oder durch Vertrag eingeräumt werden.
Gesetzliche Vertretung
Für Minderjährige Eltern, Alleinerziehende, Pfleger oder Vormund. Vormund kann nur bis 5000 DM Guthaben allein verfügen (Verfügungsgelder). Für Volljährige Betreute kann ein Betreuer im Rahmen seiner Bestellung handeln; Betreuter bleibt selbst handlungsfähig, ausgenommen wenn Einwilligungsvorbehalt verfügt worden ist.
Juristische Personen werden durch ihre Organe vertreten (Vgl. Kap.1). Prüfung im Handelsregister, wer und wie vertretungsberechtigt ist. Umfang der Vertretungsmacht bei Organen nicht eingeschränkt.
Handelsgesellschaften (KG, OHG) durch Vollhafter vertreten.
Nicht rechtsfähige Personenvereinigungen (GbR, nicht eingetr.Verein) durch alle Gesellschafter oder durch bestellten Geschäftsführer vertreten. Prokuristen können Unternehmen in allen Bankangelegenheiten vertreten; Gesamthandlungsbevollmächtigte für Kontoeröffnung; aber Kredite nur mit Sondervollmacht.
Kontobevollmächtigte sind mit Einverständnis des Kontoinhabers verfügungsberechtigt bis zum Widerruf, einzeln oder nur mit anderen gemeinsam. Vollmacht bleibt bei Tod eines Kontoinhabers grundsätzlich bestehen.

Treuhandkonten

Treuhänder ist, wer Gelder für Dritte verwaltet.
Offene Treuhand: Bank kennt Treuhandverhältnis, Zusatz in Kontobezeichnung, Pfandklausel ungültig. Verfügungsberechtigt allein der Treuhänder.

Mietkautionskonto
3 Monatsmieten bei privatem Wohnraum auf Sonderkonto des Vermieters (dann kein Freistellungsauftrag möglich) oder auf Konto des Mieters mit Verpfändung an Mieter (in diesem Fall Freistellungsauftrag möglich).
Sonderkonto allgemein im Zweifel Eigenkonto des Antragstellers.
Anderkonto: Besonderes Treuhandkonto mit AGB-Sonderbedingungen für Notare und Rechtsanwälte als Treuhänder. Stärkster Schutz für Treugeber. Keine Vollmachtserteilung; bei Tod des Kontoinhabers Übertragung an anderen Treuhänder durch Vertrag zugunsten Dritter.

Nachlasskonto

Tod des Kontoinhabers: Erben werden Kontoinhaber. Umschreibung, evtl. Verfügungssperre, Meldung an Erbschaftsteuerstelle bei Werten von mehr als 2.000 DM oder Schließfach. Legitimation der Erben: Erbschein, Testament mit benanntem Erben und Protokoll; evtl. Testamentsvollstrecker oder Nachlassverwalter. Kontovollmacht bleibt bis Widerruf bestehen („Vollmacht über den Tod hinaus"), bei Widerruf durch einen Erben Verfügung nur gemeinsam mit diesem. Evtl. Vollmacht nur "für den Todesfall", Nachweis dann durch Sterbeurkunde. Kosten der standesgemäßen Beerdigung können bei Rechnungsvorlage von der Bank beglichen werden.

Aufgaben

1. Unterscheiden Sie Verfügungs- und Vertretungsbefugnis!

2. Kann ein Kontoinhaber bei einem Oder-Konto das Konto auflösen?

3. Kunde A möchte für sich und seine Ehefrau ein Girokonto als „Und-Konto", damit diese auch verfügen könne. Er möchte auch Scheckkarte und Schecks. Beraten Sie den Kunden

4. Der neue Prokurist P der Neuwerk GmbH ist bisher nicht zeichnungsberechtigt über das Firmenkonto. Er wünscht, sofort als zeichnungsberechtigt eingetragen zu werden, da der Geschäftsführer im Ausland schwer erkrankt sei. Kann diesem Wunsch ohne Rechtsfolgen für die Bank entsprochen werden?

5. Unterscheiden Sie alle Arten von Kontovollmachten!

6. Ein Pfändungsbeschluss gegen den Kontoinhaber geht ein.
   Inwiefern werden die für ihn geführten Treuhandkonten davon erfaßt?
   Unterscheiden Sie dabei die Arten der Treuhandkonten!

7. Inwiefern besteht zwischen Verfügungs- und Vertretungsrecht bei Firmenkonten häufig ein Zusammenhang?

8. In welchen Fällen kann auf einen Erbschein beim Nachlasskonto verzichtet werden?

9. Der Vermieter möchte über ein zu seinen Gunsten verpfändetes Konto verfügen. Unter welcher Voraussetzung ist dies möglich?

Entscheidungs- und handlungsorientierte Aufgaben

1 Lorenz Neubauer möchte bei Ihrem Kreditinstitut die Einrichtung eines Kontos für den (im Vereinsregister nicht eingetragenen) „Taubenzüchterverein Ruckedigu" eröffnen. Er gibt an, dass sich sieben Züchter kürzlich zu diesem Verein zusammengeschlossen und ihn zum Vorsitzenden gewählt hätten. Die Vereinssatzung legt er Ihnen vor.

1.1 Entscheiden Sie, ob auf den Namen dieses Vereins ein Konto in laufender Rechnung eingerichtet werden kann.

1.2 Nennen Sie mögliche Kontobezeichnungen.

1.3 Worauf erstreckt sich in den von Ihnen beschriebenen Fällen die erforderliche Legitimationsprüfung?

2 Das Ehepaar Klaus und Gerda Reiser unterhält bei Ihrem Kreditinstitut ein Girokonto als Gemeinschaftskonto. Es wurden die üblichen Vereinbarungen bei Gemeinschaftskonten getroffen. Während einer Geschäftsreise von Reiser überzieht seine Frau das Konto mit 5 200 DM, um eine Autoreparatur zu bezahlen. Reiser beschwert sich bei Ihnen, dass Sie die Verfügung zugelassen haben und bittet um Beratung für die Zukunft. Welche Alternative gibt es für die Zukunft? Nehmen sie dazu Stellung.

3 Für die Eheleute Wolf und Liane Rettich führt Ihr Kreditinstitut folgende Konten:

Girokonto (als Oder-Konto) 1.412 DM Guthaben
Sparkonto (dreimonatige Kündigung) 4.340 DM Guthaben
Darlehenskonto (Anschaffungsdarlehen) 4.100 DM Restschuld

Herr Rettich teilt Ihnen heute mit, dass seine Ehefrau verstorben ist. Das Ehepaar hat drei volljährige Kinder.

3.1 Erläutern Sie, welche formalen Pflichten sich für das Kreditinstitut ergeben.

3.2 Wer hat Anspruch auf die vorhanden Guthaben, d. h. wer ist grundsätzlich Gläubiger?

3.3 Rettich will über das Guthaben des Girokontos verfügen und das Konto löschen lassen. - Entscheiden Sie, ob er dazu berechtigt ist.

3.4 Welche Verfügungen durch die Angehörigen sind möglich, bevor die Erbberechtigung eindeutig geklärt ist?

3.5 Angenommen, die Familienangehörigen legen Ihnen ein handschriftliches Testament der verstorbenen Kundin vor, das sie, wie sie meinen, als Erben legitimiert und bitten um Auszahlung der Guthaben. Wie verhalten Sie sich und welche Empfehlung geben Sie den Erben (Begründung)?

4 Der Gesellschafter eines neu gegründeten Unternehmens, Philipp Käfer, der für sein Unternehmen ein Konto bei Ihrem Kreditinstitut einrichten lassen will, legt Ihnen folgenden (gekürzten) Handelsregisterauszug vor:

Amtsgericht Lahr/Schw.

a) Firma b) Ort der Niederlassung c) Gegenstand des Unternehmens	Geschäftsinhaber Persönlich haftende Gesellschafter	Prokura	Rechtsverhältnisse
a) Gebr. Käfer KG	Philipp Käfer, geb. 1.2.75 Lahr/Schw. Andreas Käfer geb. 3.8.50 Seelbach	Käte Lotz und Erich Steiner in Lahr ist Gesamtprokura erteilt. Jeder vertritt gemeinsam mit einem persönl. haftenden Gesellschafter oder einem Prokuristen	Kommanditgesellschaft Die Gesellschaft hat am 01.03.19.. begonnen

4.1 Entscheiden Sie, wer in diesem Unternehmen gesetzlicher und wer durch Rechtsgeschäft bestimmter Vertreter ist.

4.2 Ihr Kreditinstitut will das Konto eröffnen. Wer wird Kontoinhaber? Wie wird die Legitimationsprüfung vorgenommen?

4.3 Erläutern Sie, welche der im HR - Auszug genannten Personen den Kontoeröffnungsantrag unterschreiben könnten.

4.4 Begründen Sie, wer dem Angestellten Fellner Kontovollmacht erteilen kann und ob die Kontovollmacht im HR eingetragen wird.

4.5 Angenommen, Fellner habe Handlungsvollmacht. Erläutern Sie, zu welchen Rechtsgeschäften er nach HGB befugt ist und welche Fragen insbesondere noch durch Ihr Kreditinstitut zu klären sind.

5 Der Techniker Wolfgang Kunz will ein Kontokorrentkonto bei Ihrem Kreditinstitut eröffnen. Kunz ist bislang nicht Kunde.

5.1 Welche Prüfungspflichten haben Sie als Kundenberater in diesem Fall? Warum sind diese Prüfungen erforderlich?

5.2 Welche Daten des Kontoinhabers sind im Sinne der AO zu erfassen?

5.3 Wie kommt der Kontovertrag zustande?

5.4 Erläutern Sie dem Kunden den rechtlichen Charakter dieses Vertrages, und welche wesentlichen Rechte und Pflichten er als Kunde hat!

5.5 Kunz zögert mit seiner Einwilligung in die Schufa-Klausel. Begründen Sie dem Kunden, warum Ihr Kreditinstitut darauf besteht!

5.6 Der Kunde will veranlassen, dass sein Gehalt von 3.400,00 DM auf das Konto überwiesen wird. Er bittet Sie, ihm sofort zehn Scheckformulare auszuhändigen.

5.6.1 Hat Kunz einen Anspruch auf diese Formulare aufgrund des Kontoführungsvertrages?

5.6.2 Welche Entscheidung treffen Sie?

6 Birgit Zeller möchte für ihren zehnjährigen Enkel Tobias langfristig 100,00 DM monatlich auf einem besonderen Konto einzahlen. Frau Zeller will zunächst weiter verfügen können.

6.1 Schlagen Sie der Kundin ein geeignetes Konto vor, und erläutern Sie die Vorteile dieses Kontos für die Kundin!

6.2 Welche Regelungen sollten hinsichtlich der zukünftigen Verfügungsmöglichkeit des Enkelkindes getroffen werden?

6.3 Ist die Zustimmung von Tobias Eltern bei diesem Vertrag notwendig? Begründen Sie ihre Antwort!

7 Hans Baumann möchte vom Kontokorrentkonto seiner vor drei Tagen verstorbenen Tante Renate Weiss 3.000,00 DM abheben zur Bezahlung von Bestattungskosten. Das Kontoguthaben beträgt 18.000,00 DM, eine Vollmacht liegt nicht vor. Der Todesfall war Ihrem Kreditinstitut noch nicht bekannt.

7.1 Wie reagieren Sie auf den Auszahlungswunsch des Kunden?

7.2 Erklären Sie Baumann, unter welchen Voraussetzungen er über das Konto verfügen kann!

7.3 Welche Maßnahmen muss ihr Kreditinstitut aufgrund der Kenntnis dieses Todesfalls ergreifen?

8 Mitte Juni legt Ihnen der Kunde Steinle einen Auszug seines Kontokorrentkontos vom 20. März vor. Er behauptet, dass der darin enthaltene Überweisungseingang von 80.000 EUR wertstellungsmäßig mindestens 3 Tage zu spät gutgeschrieben wurde und verlangt jetzt eine Berichtigung. Das Konto wird vierteljährlich abgeschlossen. Erklären Sie Steinle die Rechtslage unter Hinweis auf die entsprechende AGB-Regelung!

9 Frau Haas möchte ihrer Tochter Monika Traub eine Dauervollmacht über ihr Kontokorrentkonto erteilen und bittet um Ihren Rat.

9.1 Erklären Sie der Kundin das Wesen und den banküblichen Umfang der gewünschten Kontovollmacht!

9.2 Schildern Sie die Arbeitsschritte, die bei der Erteilung einer Kontovollmacht bei Ihrem Kreditinstitut erforderlich sind.

9.3 Erläutern Sie Frau Haas, auf welche Weise die erteilte Vollmacht rückgängig gemacht werden kann!

10 Der Sohn Thorsten der Kundin Jung wurde am 15.11.19.. 17 Jahre alt. Am 01.08... hat er mit Zustimmung seiner Mutter eine Ausbildung als Einzelhandelskaufmann begonnen. Bereits am ersten Arbeitstag wird er vom Gehaltsbüro aufgefordert, eine Kontonummer für die Zahlung der Ausbildungsvergütung zu nennen. Er bittet am gleichen Tag bei Ihrer Bank um Eröffnung eines laufenden Kontos.

10.1 Entscheiden Sie, ob Thorsten den Kontovertrag ohne Mitwirkung des gesetzlichen Vertreters abschließen kann.
Begründen Sie Ihre Antwort.

10.2 Beschreiben Sie, wie die im Zusammenhang mit der Kontoeröffnung erforderliche Legitimationsprüfung vorzunehmen ist; welche Daten sind festzuhalten?

10.3 Weshalb ist eine Legitimationsprüfung notwendig?
Beschreiben sie zwei verschiedene Argumente.

10.4 Das laufende Konto wird wie beantragt eröffnet.
Zwei Monate später verlangt Thorstens Mutter von der Bank Auskunft über den Kontostand. Außerdem möchte sie 400,00 DM abheben. Beurteilen Sie, ob die Bank den Wünschen der Mutter entsprechen kann.

Am 10.01. des folgenden Jahres spricht Thorsten Jung bei Ihnen vor. Er bezweifelt die Ordnungsmäßigkeit der Abschlussrechnung vom 31.12. Ihm seien 15,5 % Sollzinsen = 0,44 DM berechnet worden, obwohl die Kontoauszüge nie einen Sollsaldo ausgewiesen hätten. Bei den vom Kunden mitgebrachten Unterlagen befindet sich u.a. folgender Kontoauszug:

Kontokorrent-Kontoauszug vom		27.12.92	Auszug Nr. 9
	PN-NR	Valuta	Umsatz Soll/Haben
Gehalt	283	30.12.	824,60 H
Barabhebung	125	28.12.	630,00 S
	alter	Saldo	115,38 Haben
	neuer	Saldo	309,98 Haben

Prüfen Sie, ob die Behauptung des Kunden richtig ist.
Führen Sie auch einen rechnerischen Nachweis.

10.5 Thorstens Großvater Werner Hiemer möchte seinem Enkel das Guthaben eines noch zu eröffnenden Sparkontos zukommen lassen. Sie eröffnen daher für Hiemer ein Sparkonto zugunsten eines Dritten. Auf dem Vertragsformular befindet sich u.a. folgender Text:
„1. Die Rechte aus diesem Konto sollen dem Begünstigten gemäß §§ 328 ff. BGB mit Eintritt meines Todes zustehen.
2. Bis zu diesem Zeitpunkt kann ich ohne Zustimmung des Begünstigten über das Konto verfügen.
3. Ich verzichte auf mein Recht zum Widerruf dieses Schenkungsangebotes und erteile Ihnen unwiderruflich den Auftrag, dem Begünstigten nach meinem Ableben dieses Angebot zu übermitteln. An diesen Widerrufverzicht sind auch meine Erben als meine Rechtsnachfolger gebunden."

10.5.1 Erläutern Sie Hiemer die unter 1. und 2. genannten Textausschnitte und beschreiben Sie deren Rechtsfolgen.

10.5.2 Hiemer zahlt nach Eröffnung 3.000,00 DM auf das Sparkonto ein. Begründen Sie, wer Gläubiger dieser Spareinlage ist.

10.5.3 Zwei Jahre später stirbt Hiemer. Der Tod wird Ihnen durch Sterbeurkunde angezeigt. Ihre Bank übermittelt Thorsten Jung das Schenkungsangebot des Großvaters. Thorsten nimmt das Angebot noch am gleichen Tag an.
Die Witwe von Hiemer legt Ihnen 10 Tage später das Sparbuch vor, das sie im Nachlass ihres Mannes gefunden hat, und bittet Sie um Auflösung des Kontos. Laut vorliegendem Erbschein ist sie Alleinerbin.
Zahlen Sie das Guthaben aus? Begründung!
Hätte die Ehefrau als Alleinerbin das Schenkungsangebot ihres Mannes widerrufen können, wenn sie rechtzeitig davon erfahren hätte? Begründen Sie Ihre Meinung.

11 Am 25.02.d.J. möchte Herr Franz Rudolf, Prokurist bei der Körner & Löffler KG (Holzgroßhandlung), für die Kommanditgesellschaft bei Ihrem Kreditinstitut folgende Konten eröffnen:

- Ein Kontokorrentkonto
- Ein Sparkonto mit vereinbarter Kündigungsfrist als Mietkautionskonto für den Angestellten Matthias Müller, der eine Werkswohnung bewohnt.

Rudolf kann Ihnen keinen Handelsregisterauszug vorlegen, da das Unternehmen noch nicht eingetragen ist. Er legt ihnen den Gesellschaftsvertrag vor, der am 15.02.d.J. von den Komplementären Gustav Körner und Johannes Löffler und dem Kommanditisten Thomas Rudy vor dem Notar notariell vereinbart wurde.
Ebenso legt er Ihnen Unterlagen über die Bestellung des Prokuristen und der Bevollmächtigten vor. Danach wurde am 22.02.d.J. Franz Rudolf Einzelprokura verliehen.

Laut Gesellschaftsvertrag beträgt die Kapitaleinlage des Kommanditisten Thomas Rudy 500 000,00 EUR. Der Kommanditist hat am 15.02. d.J. auf die Kapitaleinlage 400 000,00 EUR geleistet. Den Restbetrag muss er ein Jahr später zahlen.
Die Kompetenzen sind laut Gesellschaftsvertrag wie folgt geregelt:
- Gustav Körner ist verantwortlich für Einkauf, Personal und Finanzen.
- Johannes Löffler ist verantwortlich für Organisation, Verkauf und Marketing.

Nach Mitteilung des zuständigen Amtsgerichts wird die Eintragung am 29.03. d.J. in das Handelsregister erfolgen.
Der Geschäftsbetrieb wurde am 15.02. d.J. aufgenommen..

11.1 Ist es möglich, dass ein Kontokorrentkonto auf den Namen der KG eröffnet wird (Begründung!)?

11.2 Wie lautet die Kontobezeichnung des Kontokorrentkontos? Beachten Sie, dass noch kein Handelsregisterauszug vorliegt!

11.3 Prüfen Sie, ob der Prokurist Franz Rudolf gemäß HGB im Rahmen seiner Vollmacht für die KG die Konten eröffnen kann. Begründen Sie Ihre Entscheidung!

11.4 Entscheiden Sie, welche Kontoart bei dem Mietkautionskonto vorliegt, wie die Kontobezeichnung lauten kann und wer verfügungsberechtigt ist.

11.5 Erklären Sie Rudolf die steuerliche Behandlung der Zinserträge aus dem Sparguthaben auf dem Mietkautionskonto, wenn dieses
- auf die Firma lautet;
- auf den Mieter selbst lautet.

11.6 Nach der Eintragung will der Gesellschafter Johannes Löffler das Kontokorrentlimit von 300.000,00 EUR auf 400.000,00 EUR erhöhen. Kann der Gesellschafter Löffler bei Ihrem Kreditinstitut Kredite beantragen, obwohl für diesen Bereich der Gesellschafter Gustav Kröner zuständig ist? (Begründung!)

11.7 In welcher Höhe haftet der Kommanditist Thomas Rudy persönlich für Verbindlichkeiten Ihrem Kreditinstitut gegenüber, die nach dem 29.03. d.J. entstehen? (Begründung!)

1.8 Am 02.11. d.J. bittet die Stadtsparkasse Mannheim im Auftrag eines Kunden schriftlich um Auskunft, ob die Kröner & Löffler KG für einen Lieferantenkredit in Höhe von 350.000,00 - 400.000,00 EUR gut sei. Entscheiden Sie, ob Ihr Kreditinstitut Auskunft erteilt. Begründen Sie Ihre Entscheidung!

12 Die Ehefrau des Herrn Hans Reich, Frau Sieglinde Reich, teilt Ihrem Kreditinstitut mit, dass ihr Mann vor zwei Tagen bei einer Bergwanderung in den Alpen tödlich verunglückt ist. Frau Reich will 4.000,00 DM sofort gegen Vorlage des Testamentes, das sie als Alleinerbin ausweist, vom Girokonto ihres Mannes abheben. Sie besitzt eine Vollmacht für den Todesfall.
Wie werden sie sich verhalten? (Begründung!)

13 Heinrich Seuterlin, Inhaber einer Holzhandlung, und seine Ehefrau Henrietta möchten ein gemeinsames Konto für ihre privaten laufenden Zahlungen bei Ihrem Kreditinstitut einrichten. Seuterlin unterhält bereits ein Firmenkonto bei Ihrem Kreditinstitut.

13.1 Wie entsteht in der Regel ein Kontovertrag?

13.2 Der Kontoeröffnungsantrag enthält eine Reihe von Punkten, die für die Kontoführung von Bedeutung sind. Nennen Sie vier Punkte!

13.3 Henrietta Seuterlin zögert mit der Anerkennung der SCHUFA-Klausel. Erklären Sie ihr, was diese Klausel bedeutet und warum Sie auf der Anerkennung bestehen.

13.4 Frau Seuterlin willigt in diese Klausel ein. Welche Verfügungsmöglichkeiten gibt es bei diesem Konto? Erklären Sie diese!
Zu welcher Art der Verfügung würden Sie raten? (Begründung)

13.5 Das Ehepaar bittet Sie bei der Kontoeröffnung um die Aushändigung einer ec-Karte und von zwanzig Euro-Scheck-Formularen.
Werden sie dieser Bitte nachkommen? (Begründung)

13.6 Das Ehepaar Seuterlin beabsichtigt, sich eine Eigentumswohnung zu kaufen. Der Kaufpreis soll 160.000,00 EUR betragen. Käufer und Verkäufer einigen sich, dass der Kaufpreis bis zum Eigentumsübergang an der Wohnung durch den Notar Fritz Ehrlich verwaltet werden soll.

- Was für ein Konto wird der Notar zu diesem Zweck eröffnen?
- Welche Personen (drei) - außer Notaren - können ein solches Konto eröffnen?
- Wie kann die Kontobezeichnung lauten? (ein Beispiel)
- Wer ist verfügungsberechtigt ?

14 Kontoeröffung einer GmbH & Co KG: Herr Maximilian Schmidt erscheint bei Ihrem Kreditinstitut, um ein Firmenkonto für die Koks Heiztechnik GmbH & Co KG zu eröffnen.

14.1 Unter welchen Voraussetzungen ist M. Schmidt zur Kontoeröffnung berechtigt? Erläutern sie zwei Möglichkeiten.

14.2 Welche Unterlagen müssen Sie sich zur Bearbeitung der Kontoeröffnung vorlegen lassen?

14.3 Welche Punkte müssen Sie anhand der Unterlagen prüfen?

14.4 Wie muss die genaue Kontobezeichnung des gewünschten Kontokorrentkontos lauten?

14.5 Wer haftet Ihrem Kreditinstitut, falls ein von der Firma später beanspruchter Kredit notleidend werden würde? Wie ist der Umfang der Haftung? Begründen Sie ihre Antworten.

15\. Entscheiden Sie mit Begründung, ob und in welchem Umfang die Gewerbebank eG in den folgenden Fällen die gewünschten Auskünfte erteilen darf:

15.1 Die Firma Lehmann OHG (Kunde) bittet um Auskunft über die Einkommens- und Vermögensverhältnisse der Privatkundin Anna Reichle.

15.2 Alwin Aurich, Geschäftsführer der Aurich Rolladen GmbH, die nicht Kundin der Gewerbebank ist, bittet persönlich am Schalter um Angaben über die Zahlungsweise der Firmenkundin Obermaier KG. Beraten Sie Herrn Aurich!

15.3 Das Finanzamt fordert die Gewerbebank schriftlich auf, ihm die Kontostände sämtlicher Konten und Depots des Firmenkunden Alois Schick Herrenmoden per 31.11. d.J. umgehend mitzuteilen.

16. Am Nachmittag des 15.11. d.J. wird Ihnen aus zuverlässiger Quelle mitgeteilt, dass Ihr Kunde, Herr Anton Rüstig, am Vormittag gestorben ist. Der Kunde unterhielt bei Ihnen ein Kontokorrentkonto mit 3.120,00 DM Haben, ein Darlehenskonto mit 3.200,00 DM Soll und ein kleines Wertpapierdepot mit Anleihen im Kurswert von 2.000,00 DM.

16.1 Welche Tätigkeiten und Pflichten haben Sie für Ihre Bank jetzt zu erfüllen? (mit Begründung)

16.2 Die Witwe des Verstorbenen, Helma Rüstig, möchte vom Kontokorrentkonto des Toten 1.000,00 DM in bar abheben. Unter welchen möglichen Bedingungen dürften Sie diese Verfügung zulassen? Erläutern Sie zwei.

16.3 Peter Rüstig, Ihnen bisher unbekannt, stellt sich Ihnen als Miterbe von Helma Rüstig vor. Da nach seinen Angaben jeder Miterbe die Hälfte des Vermögens erbe, verlangt er von Ihnen die Auszahlung seiner Hälfte. Nehmen Sie begründet Stellung zu diesem Anliegen.

17 Andrea und Klaus Müller, seit einem Jahr verheiratet, kommen zu Ihnen, um ein gemeinsames Kontokorrentkonto zu eröffnen.

17.1 Was versteht man unter einem Gemeinschaftskonto?

17.2 Welche möglichen Kontobezeichnungen kommen in diesem Falle für ein solches Konto in Frage?

17.3 Begründen Sie, welche Art von Gemeinschaftskonto Sie dem Ehepaar Müller empfehlen.

17.4 Im Rahmen der Kontoeröffnung sind Sie auch zur Legitimationsprüfung verpflichtet. Erläutern Sie, wie Sie diese Prüfung vornehmen, und begründen Sie, weshalb sie notwendig ist.

17.5 Da in der Folgezeit regelmäßige Gehaltseingänge auf dem Konto festgestellt wurden, räumt Ihre Bank dem Ehepaar Müller unaufgefordert einen Dispositionskredit in Höhe von 8.000,00 DM ein. Wie ist die Haftung für Verbindlichkeiten gegenüber der Bank bei einem Gemeinschaftskonto geregelt?

17.6 Prüfen und begründen Sie, ob nachfolgende Kontoverfügungen möglich sind. Gehen Sie davon aus, dass im Kontovertrag Einzelverfügung vereinbart wurde.

- Durch Barabhebung von Herrn Müller gerät das Konto mit 6.000,00 DM ins Soll.
- Frau Müller läßt sich eine zweite Eurocheque-Karte ausstellen, da ihre erste verloren ging.
- Herr Müller möchte seiner 45jährigen Schwester Kontovollmacht erteilen. Ist dies möglich?
- Frau Müller läßt sich die Hälfte des Guthabens auf ein Einzelkonto überweisen, anschließend kündigt sie den Kontovertrag.

18 Ihre Bank erfährt zuverlässig vom Tod des Kunden Vogel. Vogel war verheiratet und hat zwei erwachsene Kinder. Er unterhielt bei Ihrer Bank ein Kontokorrentkonto, auf dem er seiner Frau Vollmacht über den Tod hinaus erteilte. Frau Vogel hebt das gesamte Guthaben in Höhe von 10.000,00 DM ab und verwendet das Geld für sich.

18.1 Durfte die Bank das Guthaben ohne Vorlage eines Erbscheins an Frau Vogel auszahlen? (Begründung)

18.2 Durfte Frau Vogel das abgehobene Geld für sich alleine verwenden? (Begründung)

18.3 Wie wäre der Fall zu beurteilen, wenn keine "Vollmacht über den Tod hinaus" bestanden hätte? In welcher Weise kann verfügt werden?

19 Im Zusammenhang mit der Abwicklung eines Grundstückkaufvertrags hat der Notar Jürgen Erler für seine Mandanten Frieder Kanter (Käufer) und Helen Vohrer (Verkäuferin) 400.000,00 DM zu verwalten. Herr Erler bittet am 1. Oktober d.J. seine Bank um Eröffnung eines Anderkontos, auf das der vereinbarte Kaufpreis überwiesen werden soll.

19.1 Wie könnte in diesem Fall die Kontobezeichnung lauten?

19.2 Vergleichen Sie tabellarisch Notar-Anderkonten und Firmenkonten im Hinblick auf
- den Verwendungszweck,
- die Erteilung möglicher Vollmachten,
- das AGB-Pfandrecht der Bank am Kontoguthaben.

19.3 Am 7. November 19.. spricht Herr Kanter bei Ihrer Bank vor. Er teilt Ihnen mit, dass sich die Umschreibung der Eigentumsverhältnisse im Grundbuch zeitlich verzögert habe und er gehört habe, dass Herr Erler die Kaufsumme von 400.000,00 DM zinsbringend als Termingeld angelegt habe. Er bitte um die Auszahlung der Zinsen. Begründen Sie, ob Sie dieser Bitte entsprechen können.

20 Am Schalter Ihrer Bank erscheint Herr Schwemmle und erklärt, Gesellschafter der Blum & Schwemmle OHG zu sein, die ihren Betrieb von Wiesbaden nach hier verlegt. Er stellt Antrag auf Eröffnung eines Geschäftskontos.

20.1 Unter welchen rechtlichen Voraussetzungen kann das Geschäftskonto eröffnet werden?

20.2 Nach Anerkennung der Allgemeinen Geschäftsbedingungen meint Herr Schwemmle, dass diese nur zum Vorteil der Bank und somit zum Nachteil der Kunden gestaltet wären. Klären Sie Herrn Schwemmle anhand von drei Beispielen aus den AGB darüber auf, dass die Geschäftsbedingungen auch dem Kunden dienen.

20.3 Auf das neue Geschäftskonto zahlt Herr Schwemmle einen Betrag von 35.000,00 DM bar ein. Erklären Sie, welche rechtlichen Vorschriften zu beachten sind.

20.4 Bei der Kontoeröffnung beantragt Herr Schwemmle die Aushändigung von Scheckformularen und die Einräumung eines Kontokorrentkredites in Höhe von 70.000,00 DM. Er erklärt, bei seiner bisherigen Bank blanko 100.000,00 DM zur Verfügung gehabt zu haben. Wie verhalten Sie sich?

20.5 Herr Schwemmle erklärt ferner, dass der langjährige Prokurist der OHG, Herr Kaufmann, wohl ohne weitere Formalitäten über das eingerichtete Konto verfügungsberechtigt sei. Nehmen Sie dazu Stellung.

21 Der ortsansässige Notar Dr. Müller erscheint am Schalter Ihrer Bank und beantragt wegen der Grundstückskaufvertragssache Erler (Käufer) / Bürkle (Verkäufer) die Eröffnung eines Anderkontos.

21.1 Welches Interesse könnten die jeweiligen Vertragspartner an der Einrichtung dieses Anderkontos haben?

21.2 Herr Erler erscheint in der Bank und erklärt, die Grundstückskaufvertragssache käme nicht zustande. Er bittet um Auszahlung seines auf dem Anderkonto angelegten Geldes. Nehmen Sie dazu Stellung.

21.3 Aufgrund privater Spekulationen wird Notar Dr. Müller zahlungsunfähig, und die Gläubiger beantragen Pfändungs- und Überweisungsbeschlüsse über bestehende Konten des Notars bei Ihrer Bank.
Erläutern Sie die Rechtslage.

22 Für Bankauskünfte haben die Spitzenverbände der Kreditwirtschaft Grundsätze entwickelt, welche die rechtlichen Probleme der Auskunftserteilung, insbesondere das Bundesdatenschutzgesetz, berücksichtigen.

22.1 Wer kommt laut AGB als Auskunftsempfänger in Betracht?

22.2 Abgesehen davon, dass ein Auskunftsersuchen schriftlich zu stellen ist, soll es inhaltlich in gewisser Weise gestaltet sein. Geben Sie zwei inhaltliche Erfordernisse an.

22.3 Banken erteilen Auskünfte "unter banküblichem Vorbehalt". Erklären Sie diese Klausel!

22.4 In Bankenkreisen sagt man oft, keine Auskunft sei auch eine. Nehmen Sie dazu Stellung unter Aufzeigen der Hintergründe, ausgehend von einem Geschäftskunden.

22.5 Auf ein Auskunftsersuchen hin erteilt die Bank über einen Kunden telefonisch eine ziemlich negative Auskunft. Die schriftliche Bestätigung wird positiver abgefaßt. Beurteilen Sie das Verhalten der Bank!

23. Einer Volksbank liegen zwei schriftliche Anfragen wegen der Kreditwürdigkeit der Fa. Engelbrecht KG vor; eine Anfrage stammt von der Handelsbank AG, die andere stammt direkt von der Holzbau GmbH Lauffen, einem Nichtkunden der Volksbank.

23.1 Wie verhält sich die Volksbank richtig?

23.2 Welchen Inhalt und welchen Umfang haben Bankauskünfte?

23.3 Alfred Bauer, ebenfalls Kunde der Volksbank, interessiert sich für die finanzielle Lage der Prokuristin Sabine Lampe. Wie reagiert die Volksbank auf seine Anfrage richtig?

23.4 Das zuständige Finanzamt bittet neben anderen Kreditinstituten am Platze auch die Volksbank, alle bestehenden Konten von Sabine Lampe sowie alle im vergangenen Jahr angefallenen Zinsgutschriften zu nennen. Sabine Lampe hat ein Zweifamilienhaus erstellen lassen für ca. 700 000,00 DM, dabei aber nur 200.000,00 DM Fremdkapital benötigt. Begründen Sie das Verhalten der Volksbank gegenüber dem Finanzamt.

23.5 Das zuständige Finanzamt ersucht nachträglich noch um Auskunft über die Zinsgutschriften aus Depot Sabine Lampe Nr. 123 456; Frau Lampe habe selbst alle Auskünfte darüber verweigert. Wie ist die Rechtslage?

23.6 Wie verhält sich die Volksbank, wenn Sabine Lampe einen Zivilprozess führt und die Volksbank vom Gericht als Zeuge berufen wird?
Sabine Lampe bittet die Volksbank, keine Auskunft zu geben.

23.7 Frau Holzapfel wird vom Finanzamt aufgefordert, eine Erbschaftsteuererklärung für den verstorbenen Vater abzugeben. Das Finanzamt erklärt Frau Holzapfel, dass es von der Volksbank eine Meldung über Konten des Verstorbenen mit Guthaben von insgesamt 16 000,00 DM erhalten habe.
Durfte die Volksbank die Meldung ans Finanzamt geben? (Begründung)

3 Zahlungsverkehr

3.1 Überweisung und Lastschrift

Stofftelegramm

Voraussetzungen der bargeldlosen Zahlung

Bestehen eines Gironetzes = Kontoverbindung zwischen Banken und deren Verrechnungszentralen; numerische Zuordnung der Banken nach Bankleitzahlen (1.-3. Stelle: Ort; 4. Stelle: Bankengruppe).

Gironetze: Sparkassen, Genossenschaftsbanken, Landeszentralbanken, überregionale Institute: Großbanken, Postbank

Rechtsgrundlage:
Gesetzliches Zahlungsmittel ist allein Bargeld. Bargeldlose Zahlung muss vereinbart (z.B. Angabe des Kontos auf einer Rechnung) oder geduldet werden (dann Zahlung an Erfüllungs Statt nach endgültiger Gutschrift).

Überweisung

Rechtsnatur: Abstraktes Schuldversprechen der gutschreibenden Bank; Geschäftsbesorgung durch Bank des Auftraggebers.
Auftragserteilung:

- Einzelüberweisungsauftrag: beleghaft mit unterschriebenem Auftrag und Durchschrift, beleglos über Terminaleingabe mit PIN (Identifikationsnummer) und bei Home-Banking TAN (Transaktionsnummer); evtl. mit vorcodiertem Beleg (Zahlschein, BZÜ = Beleglose ZahlscheinÜberweisung)
- Sammelauftrag: i.d.R. auf elektronischem Datenträger
- Dauerauftrag: einmalige Erteilung, automatische regelmäßige Ausführung bei festen Beträgen
- Eilauftrag: gesonderter Hinweis des Auftraggebers erforderlich
- Währungsangabe DM oder EUR erforderlich

Weiterleitung: immer als elektronischer Datensatz (sogenanntes EZÜ-Verfahren) gemäß dem Abkommen über den Überweisungsverkehr
Prüfungspflichten: Kontonummern-Namensvergleich bei Empfängerbank; Prüfziffernkontrolle für Kontonummer und Verwendungszweck bei BZÜ. Bei Unanbringlichkeit ab 20.000 DM Rückfrage vor Rückleitung, ebenso bei neuen Konten in den ersten 6 Monaten, wenn außerhalb des normalen Geschäftsverkehrs. Rückruf mit Formular (auch per FAX) direkt bei der Empfängerbank.

Überweisungsgesetz gilt bis Ende 2001 nur für Zahlungen in EU-Länder (vgl. Kap.6.4)

Lastschriftverfahren

Einzugsermächtigung

- Ermächtigung an Zahlungsempfänger nach Vereinbarung
- Gutschrift bei Einreicher Eingang vorbehalten (E.v.)
- Anerkennung der Sonderbedingungen bzw. der Lastschriftvereinbarung
- Weiterleitung nach Lastschriftabkommen und Belastung bei Zahlungspflichtigen nur mit Dispositionsprüfung
- Widerspruchsrecht innerhalb 6 Wochen nach Buchung problemlos möglich

Abbuchungsauftrag

- Einlösungsauftrag allgemein oder einzeln an Zahlstelle (Bank des Zahlungspflichtigen)
- Inkasso nach Lastschriftabkommen
- Belastung nach Prüfung
- kein Widerspruchsrecht nach Einlösung

Beleghaft eingereichte Lastschriften müssen in Datensätze umgewandelt werden (EZL). Keine nochmalige Vorlage unbezahlter Lastschriften, keine Teileinlösungen möglich.

Vorteile:

- Rationalisierungsvorteile für Banken wegen der beleglosen Verarbeitung und geringer Prüfungspflichten.
- Für den Zahlungsempfänger entfallen Schreib- und Terminüberwachungsarbeiten.
- Der Zahlungsempfänger kann seinen Geldeingang genau disponieren und seine Buchhaltung vereinfachen.

Risiken:

- Dispositionsrisiko für den Zahlungspflichtigen
- Einlösungsrisiko für Zahlungsempfänger
- Widerspruchsrisiko für Zahlungsempfänger bei Einzugsermächtigung
- Einlösungs-/Widerspruchsrisiko für E.v. gutschreibende 1. Inkassostelle

Rückgabeverfahren:

Bei Nichteinlösung bzw. Widerspruch elektronische Rückrechnung am Geschäftstag nach Vorlage. Eilnachricht ab 2.000 DM bis 14:30 Uhr am Tag nach Vorlage.

Aufgaben

1. Beschreiben Sie den Aufbau der Gironetze in Deutschland und deren Einbindung in der Bankleitzahl.
2. Kurt Schuster hat an den Lieferanten den Rechnungsbetrag auf das in der Rechnung angegebene Konto überweisen lassen. Prüfen Sie die Rechtslage in folgenden Fällen:
   a) Die beauftragte Bank führt den Auftrag versehentlich aus; der Lieferant verlangt von Schuster Verzugszinsen.
   b) Die Überweisung wird fehlgeleitet. Schuster weigert sich, bis zur Aufklärung nochmals zu zahlen, da bei ihm bereits eine Abbuchung erfolgt sei.
   c) Der überwiesene Betrag wird nach Eingang auf dem Konto des Lieferanten durch einen Dritten gepfändet. Der Lieferant verlangt von Schuster nochmalige

Zahlung, Schuster hätte bar zahlen sollen (gesetzliches Zahlungsmittel!).

3. Beschreiben sie die Pflichten der Empfängerbank, wenn auf ein neu eröffnetes Konto 13.000 EUR eingehen.

4. Stellen Sie die Vorteile des Dauerauftrags für den Kunden und für die Kreditinstitute zusammen!

5. Ein Überweisungsauftrag wird beim Auftraggeber am 5.3. gebucht. Der Auftrag wird weitergeleitet und vom Rechenzentrum der Empfängerbank am 6.3. dem Konto gutgeschrieben. Nach Überprüfung der Richtigkeit geht kurz vor dem Versand des Kontoauszuges mit den Überweisungsdaten ein Rückruf der auftraggebenden Bank ein. Muss dieser noch beachtet werden?

6. Welche Risiken hat die erste Inkassostelle in Zusammenhang mit Lastschriften aus dem Einzugsermächtigungs- und dem Abbuchungsauftragsverfahren? Wie können die Risiken vermindert werden?

7. Stellen Sie die Vor- und Nachteile des Lastschriftverfahrens für den Zahlungsempfänger und den Zahlungspflichtigen zusammen. Unterscheiden Sie dabei auch die beiden Lastschriftverfahren, soweit dies sinnvoll erscheint!

8. Woran kann eine Bank beim Eingang eines Lastschriftdatensatzes erkennen, ob es sich um das Einzugsermächtigungs- oder das Abbuchungsauftragsverfahren handelt?

9. Von wem, an wen und wie muss eine Einzugsermächtigung erteilt werden?

3.2 Zahlung mit Scheck

Stofftelegramm

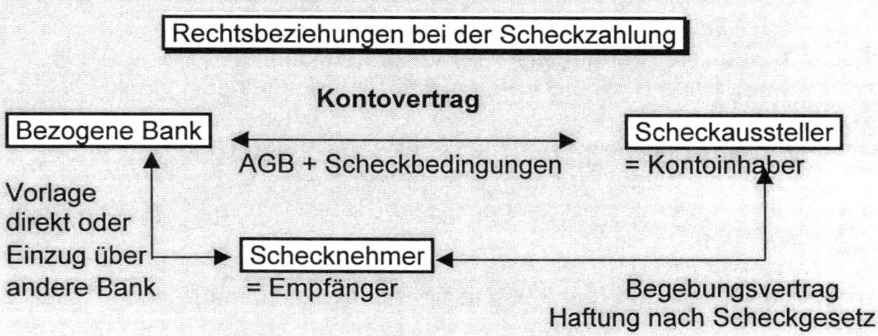

Scheckzahlung erfolgt **zahlungshalber** d.h. erst mit Einlösung ist Zahlung endgültig. **Scheckhaftung** aufgrund des Scheckgesetzes wird vom Aussteller gegenüber dem Schecknehmer begründet. Schecknehmer hat keinen Auszahlungsanspruch an bezogene Bank, allenfalls in Zusammenhang mit Euroscheckgarantie.

Der Scheck ist eine Zahlungsanweisung des Ausstellers an seine Bank, dem Vorleger die angewiesene Summe auszuzahlen; gegenüber gutgläubigen Dritten haftet der Aussteller auch dann, wenn das Grundgeschäft nichtig oder mit Mängeln behaftet ist.

Scheckbestandteile

Auf dem Formular vorgedruckt sind:
- Bezogene Bank,
- Zahlungsort,
- Scheckklausel

Auszufüllen sind noch:
- Ausstellungsort und -tag,
- Bestimmter Betrag mit Währungsangabe,
- Unterschrift des Ausstellers.

Weitere Angaben sind rechtlich belanglos (kaufmännische Bestandteile wie Kontonummer, Bankleitzahl, Codierzeile)
Fehlender Ausstellungsort ersetzt durch Ortsangabe beim Aussteller; Zahlungsort bei Hauptsitz der Bank. Im Beleglosen Scheckeinzugsverfahren **(BSE)** prüft die erste Inkassobank die Schecks auf Vollständigkeit der gesetzlichen Bestandteile. Fehlt ein Bestandteil, haftet der Aussteller nicht mehr scheckrechtlich
Scheckbedingungen:
- Nur bankeigene Vordrucke sind zu verwenden, keine Änderungen zulässig.
- Berechtigung des Vorlegers kann geprüft werden, muss aber nicht.
- Geschäftskunden haften evtl. für Formularmißbrauch, Privatkunden nicht.
- Alle Kunden für Mißbrauch gültiger Schecks verantwortlich, wenn Bank nicht grob fahrlässig einlöst.
- Schecks können unabhängig vom Ausstellungstag immer eingelöst werden.

Scheckarten

Nach Art der Weitergabe:
- **Inhaberscheck** (= Überbringerscheck) durch Einigung und Übergabe;
- **Orderscheck** (roter Randbalken!) durch Einigung und Indossament

Nach Art der Einlösung:
- **Barscheck** als gesetzlicher Regelfall, Einlösung durch Barauszahlung.
- **Verrechnungsscheck** ("Nur zur Verrechnung") verbietet der bezogenen Bank Barauszahlung, nur Einlösung über ein Konto zulässig (Zweck: Legitimation des Vorlegers wird bekannt).

Nach Form der Garantie:
garantiert sind Reisescheck und bestätigter Landeszentralbankscheck durch Vorauszahlung.
eurocheque Garantie (bis Ende 2001)
Einlösungsgarantie bei Verwendung der ec-Karte bis 400 DM oder entsprechender Gegenwert ausländischer Währung (200 €) bei Einhaltung der wesentlichen Bedingungen:
Scheckkartennummer auf Rückseite, Vorlage bei einer Bank oder GZS innerhalb 8 Tagen bei im Inland, 20 Tagen bei im Ausland (Europa und mittelmeerangrenzende

Länder) ausgestellten Schecks, Übereinstimmung von Unterschrift, Bank und Kontonummer auf Scheckkarte und Scheck. Bei Banken maximal 3 ec-Schecks. Ausweis.

Scheckabwicklung

Gutschrift "Eingang vorbehalten"; Codierung des Betrages, Anbringung des Stempels mit Bankleitzahl, Ort und Bank. Elektronischer Einzug über alle Inkassowege, häufig über LZB, da Gutschrift am nächsten Arbeitstag.
Belegloses Scheckeinzugsverfahren (BSE) bei Schecks unter 5000 DM nach Verfilmung bzw. Aufbewahrung der Schecks durch erste Inkassostelle. GSE = Großbetrags-Scheck-Einzugsverfahren ab 5.000 DM über LZB: Datensatz geht der Scheckvorlage vor.
Eileinzug mit Bezahltmeldung dient der schnellstmöglichen Aufhebung der "E.v."-Sperre.
Bei Guthaben auf Konto des Ausstellers werden Schecks von der bezogenen Bank belastet. Einlösung wird endgültig am zweiten Tag nach Belastung auf dem Konto bei Vorlage über Gironetz oder sofort bei Barauszahlung.

Nichteinlösung von Schecks

Der Inhaber eines Schecks verliert die Möglichkeit, scheckrechtlich auf den Aussteller und die Indossanten zurückgreifen zu können, wenn der Scheck nicht innerhalb der gesetzlichen Vorlegungsfristen bei der bezogenen Bank zur Einlösung körperlich vorgelegen hat.

Vorlegungsfristen:
- Ausstellung im Inland: 8 Tage (ab Ausstellungsdatum)
- Europa und Mittelmeerländer: 20 Tage
- andere Länder 70 Tage

Wünscht der Kunde beim Scheckinkasso rechtzeitige Vorlage, muss er evtl. Eilmittel beantragen. Bezogene Bank bringt auf dem Scheck den unterschriebenen Vorlegungsvermerk an und benachrichtigt den Aussteller. Bei BSE entfällt die Vorlegungsbestätigung; Nichtbezahltnachricht gilt gesetzlich nicht als Vorlagevermerk. Für Rückgabe an Inkassobanken bei Scheck und Lastschrift Retourenlastschrift beleglos am nächsten Geschäftstag.

Eilnachricht bei an dem der Vorlage folgenden nächsten Geschäftstag bis spätestens 14.30 Uhr an erste Inkassostelle ab 5000 DM.
Schecksperre (Blankoformulare) und Scheckwiderruf (ausgestellter Scheck) wird bis zur Einlösung beachtet, ausgenommen eurocheques mit Einlösungsgarantie.

Aufgaben

1. Welchen Schutz gibt das Scheckgesetz den Beteiligten?

2. Kennzeichnen Sie den Inhalt des Schecks allgemein.

3. Auf welche Merkmale hin muss eine Bank einen Scheck prüfen, den sie im beleglosen Verfahren einziehen will?

4. Beschreiben Sie die Verantwortlichkeit des Kunden bei Verlust/ bzw. Missbrauch eines gültig ausgestellten Schecks.

5. Welches Risiko übernimmt der Empfänger von Scheckvordrucken?

6. Wie wird sich der Kassierer einer Bank verhalten, wenn ein Barscheck vorgelegt wird, dessen Betrag in Buchstaben größer ist als der Betrag in Ziffern?

7. Unterscheiden Sie die Schecks nach der Form der Weitergabe und geben Sie je ein Beispiel für die praktische Verwendung!

8. Welchen Schutz gibt der Verrechnungsscheck dem Schecknehmer?

9. Ist es gesetzlich zulässig, dass eine Bank, die nicht selbst bezogene Bank ist, einen Verrechnungsscheck bar auszahlt?

10. Wie kann der Kontoinhaber eurocheques verwenden?

11. Welche Arbeitsschritte muss eine Bank durchführen, die einen Scheck auf eine auswärtige Bank zum Einzug hereingenommen hat?

12. Welche Bedeutung hat die gesetzliche Vorlegungsfrist bei Schecks für das praktische Bankgeschäft?

13. Welche Bedeutung hat die "Vordatierung" eines Schecks für den Aussteller und den Scheckempfänger?

14. Warum kann die Bank bei der Einreichung von Schecks die Unterschrift des Einreichers auf der Rückseite des Schecks verlangen?

15. Warum verbieten die Banken eine Änderung des vorgedruckten Schecktextes?

16. Dürfen Banken einen Verrechnungsscheck, in dessen Anschriftenfeld nicht der Kontoinhaber, sondern ein anderer Empfänger eingetragen ist, ohne weitere Rückfragen gutschreiben?

17. Inwiefern kann ein Orderscheck einen Missbrauch verhindern?

18. In welcher Situation ist die erste Inkassobank an einer besonders raschen Vorlage des Schecks und Rückmeldung über die Einlösung interessiert?

19. Welche Bedeutung hat die telefonische Bestätigung eines Schecks durch die bezogene Bank?

20. Wie unterscheidet sich die Vorlegungsfrist bei der ec-Garantie von der Frist nach Scheckgesetz?

21. Welche Pflichten hat die bezogene Bank, wenn ein Scheck oder eine Lastschrift über das Gironetz vorgelegt und nicht eingelöst wird?

22. Wie ist die im Scheckgesetz enthaltene Regelung, nach der ein Widerruf nur nach Ablauf der Vorlegungsfrist wirksam ist, in der Praxis auszulegen?

23. Wie kann der Inhaber eines über BSE vorgelegten Schecks seine Ansprüche gegenüber dem Inhaber geltend machen?

3.3 Zahlung mit Karten und Reisezahlungsmittel

Stofftelegramm

ec-Karten-Service

Mit Einsatz der **PIN** (Persönliche Identifikationsnummer)
EC = **Electronic Cash**, im Inland Bezahlen an Ladenkasse (POS = am Point of Sale); Grenze durch Verfügungsrahmen, z.B. 5.000 DM je Woche.
Ausland **edc** = electronic debit card bzw. **maestro** weltweit
GA: Bargeldservice an Geldautomaten, auch Ausland, (i.d.R. bis 1000 DM)
eurocheque-Garantie: Bis 400 DM bzw. Gegenwert in ausländischer Währung in Europa und Mittelmeerländer (gültig bis Ende 2001).
POZ = Point-of-Sale-Zahlung ohne Zahlungsgarantie: Lastschriftverfahren mit elektronischer Verrechnung ohne PIN, aber mit zentraler Sperrabfrage.
ELV: Elektronischer Lastschriftverkehr: Erfassung der Lastschriftdaten mit ec-Karte, aber keine Sperrabfrage möglich.
GeldKarte
Im Inland als Pre-paid-Card mit Vorauszahlung bis 400 DM. Da mit Chip keine Autorisierung und PIN notwendig. Händlerverrechnung über zentrale Stelle mit Händlerkarte. "Börsenkonto" bei Verrechnungsstelle für jede GeldKarte zur Kontrolle bei Fehlfunktionen.

Reisescheck

Gültigkeit weltweit und zeitlich unbegrenzt. Vorauszahlung durch Verwender, Gebühr ca. 1 %. Sicherung vor Missbrauch durch zweite Unterschrift. Voller Ersatz bei Verlust, mit Quittungsvorlage auch im Reiseland. Ausgabe in allen gängigen Währungen.

Kreditkarten

Organisationen: Eurocard, Visa, Am. Express, Diners
Zahlungsmöglichkeit: bei angeschlossenen Händlern durch Unterschrift auf der Rechnung (Hinweis für Kunden durch Aufkleber)
Zusatzleistungen: Dienstleistungen und Versicherungen.
Abrechnungsformen: Debit-Card, Abrechnung durch Lastschrift nach jeder Bezahlung.
Credit-Card: Abrechnung und Einzug des Saldos meistens monatlich.

Echte Kreditkarte: Stundung und Teilzahlung des Saldos möglich.
Multi-Funktions-Karte: Kreditkarten und ec-Funktion möglich.
Sonderformen: Co-Branding-Karte, Firmenkarte, Zusatzkarte,

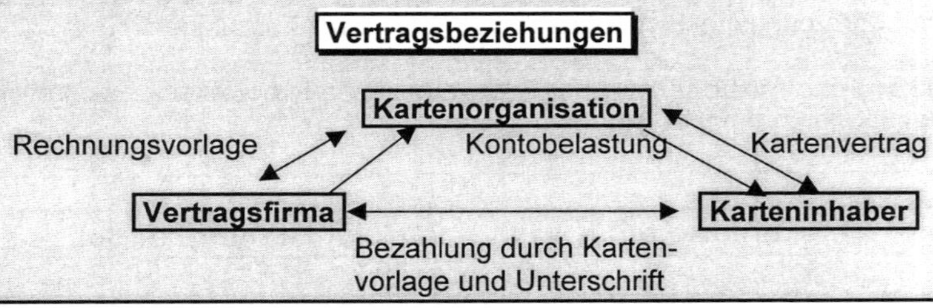

Aufgaben

1. Beschreiben Sie die Gesichtspunkte, die für einen Reisenden bei der Auswahl der Reisezahlungsmittel maßgebend sein können!
2. Nennen Sie Vorteile der Verwendung des ec-Service!
3. Wie werden Ausgabe, Zahlung und Einzug des Reiseschecks abgewickelt?
4. Welches sind die Voraussetzungen der Bezahlung mit Kreditkarte?
5. Nennen Sie drei Zusatzleistungen der Eurocard!
6. Beschreiben Sie die Vorteile der Verwendung von Kreditkarten!

Entscheidungs- und handlungsorientierte Aufgaben

1 Der Geschäftsführer der Fa. Fisher Modellbau GmbH, Achern, beklagt sich bei der Sparkasse Achern, dass die Zahlungseingänge über größere Forderungen in letzter Zeit nur sehr schleppend erfolgen würden. Sie schlagen ihm daher vor, die Forderungen künftig per Lastschrift einzuziehen.

1 1 Begründen Sie, welches Lastschriftverfahren Sie Fischer empfehlen würden.

1.2 Da die Fischer Modellbau GmbH noch am Aufbau einer eigenen DV-Abteilung ist, möchte die Firma die Lastschriften zunächst in Belegform hereingeben.

1.2.1 Was hat die Sparkasse gemäß dem Lastschriftabkommen als 1.Inkassostelle zu beachten?

1.2.2 Auf welchem Wege können die erstellten Datensätze weitergeleitet werden?

1.2.3 Welche Vorteile hat das Lastschriftverfahren für die Fischer GmbH?

2 Ihr Kunde, Gastwirt Fritz Moser, teilt Ihnen mit, dass die ihn beliefernde Brauerei ab sofort die Rechnungen per Lastschrift einziehen möchte. Sie bittet deshalb Moser, seinem Kreditinstitut einen Abbuchungsauftrag zu erteilen.

2.1 Erklären Sie Moser, warum die Brauerei das Abbuchungsverfahren gewählt hat und welche Auswirkungen dies für ihn hat.

2.2 Begründen Sie, welches Lastschriftverfahren der ersten Inkassostelle ein größeres Risiko bringt.

2.3 Unter den Lastschriften der Brauerei befindet sich eine über2.500 EUR, welche eingelöst wurde. Moser kommt und erklärt, dass er diese Rechnung bereits reklamiert habe, da sie so nicht stimme. Erklären Sie Moser, was er jetzt und in Zukunft tun kann.

2.4 Das Guthaben auf dem Konto Mosers beträgt 900,00 EUR Kredit soll nicht eingeräumt werden.
Erläutern Sie, was bei Vorlage einer Lastschrift über 2.000,00 EUR der Nimuba-Versicherung zu tun ist.

3 Bei seinem Zelturlaub in Tegernsee wurden Bär am 1.Mai mehrere eurocheque-Vordrucke und die dazugehörige eurocheque-Karte Nr. 298327 aus seiner Badetasche gestohlen. Am 2.Mai bittet Bär sein Kreditinstitut um Sperre der gestohlenen Schecks.

3.1 Hat Bär entsprechend den ec-Bedingungen gehandelt? (Begründung!)

3.2 Wie lange muss Ihr Kreditinstitut den Widerruf lt. Scheckbedingungen beachten?

3.3 In den nächsten Tagen werden Ihrem Kreditinstitut aus dem Diebstahl folgende Schecks zur Einlösung vorgelegt. Die Unterschriften vermitteln den Eindruck der Echtheit.
Begründen Sie jeweils, ob Ihr Kreditinstitut den Scheck einlösen muss.

3.3.1 Eurocheque über 400,00 DM ausgestellt und ausbezahlt am 03. Mai des Jahres in München, vorgelegt am 11.Mai. Scheckkartennummer 298327.

3.3.2 Eurocheque über 1.200,00 FF, ausgestellt am 05.Mai d.J.in Colmar, vorgelegt am 10.Mai., Scheckkartennummer 298372.

3.3.3 Eurocheque über 980,00 FF, ausgestellt am 05.Mai d.J. in Colmar, eingereicht bei Sparkasse Breisach am 24.Mai, vorgelegt am 27. Mai, Scheckkartennunmer 298327.

3.4 Machen Sie einen Vorschlag, wie sich Bär am Urlaubsort Bargeld beschaffen kann.

4. Unter dem Druck, Verwaltungskosten und Bankzinsen einsparen zu müssen, will der Kunde Franck, Eigentümer des OLYMPIA Fitness- und Sport-Centers, den Zahlungsverkehr mit seinen Kunden (überwiegend Dauerkunden) rationalisieren und fällige Monatsbeiträge künftig mittels Lastschrift einziehen. Voraussetzung für den Einzug über Ihr Kreditinstitut ist eine Vereinbarung zwischen Franck und Ihrer Bank. Im Gespräch erfahren Sie, dass die Kunden ihre Beiträge bisher fast ausschließlich mit Überweisung beglichen haben, dass aber die Zahlungsmoral der Kunden in den letzten Monaten zusehends schlechter geworden sei.

4.1 Beraten Sie den Kunden; beurteilen Sie im Gespräch mit ihm, ob das von ihm angestrebte Lastschriftverfahren zur Behebung seines Problems geeignet ist.

4.1.1 Welcher Hauptunterschied besteht für den Zahlungspflichtigen zwischen den beiden möglichen Verfahren?

4.1.2 Empfehlen Sie dem Kunden das für ihn geeignete Verfahren.

4.1.3 Nennen Sie Franck vier Vorteile, die sich für ihn beim Einsatz des Lastschriftverfahrens ergeben.

4.1.4 Franck möchte vor allem wissen, ob er mit der Rückbelastung eingereichter Lastschriften rechnen muss. - Welche Gründe könnten zu einer Rückgabe von Lastschriften durch die Zahlstelle führen?

4.1.5 Angenommen, eine Lastschrift über 1.500 EUR soll von der Zahlstelle zurückgegeben werden. - Was muss die Zahlstelle entsprechend dem Lastschriftabkommen und was muss der Gläubiger in diesem Fall beachten?

4.1.6 Der Zahlungsempfänger kann über gutgeschriebene Beträge sofort verfügen. Begründen Sie in diesem Zusammenhang, welches Lastschriftverfahren für die 1. Inkassostelle das geringere Kreditrisiko birgt.

4.2 Franck möchte selber verstärkt Zahlungen mit Schecks leisten und bittet Sie deshalb, ihm Scheckvordrucke zur Verfügung zu stellen.

4.2.1 Welchen wirtschaftlichen Vorteil verspricht sich Ihr Kunde, der bisher mittels Überweisung gezahlt hat, aus der Verwendung von Schecks?

4.2.2 Angenommen, der Kunde weist die nötige Bonität auf und Sie händigen ihm eine Anzahl Scheckvordrucke aus. - Welche rechtlichen Beziehungen werden in diesem Zusammenhang zwischen Franck und Ihrer Bank begründet?

4.2.3 Geben Sie Franck Auskunft über die scheckrechtliche Bedeutung und den Zweck der Vorlegungsfristen.

4.3 Am Freitag, 04.11.d.J., wird Ihrem Kreditinstitut auf dem üblichen Verrechnungsweg ein Scheck über 3.500 EUR zur Einlösung vorgelegt und dem Aussteller, Roland Benzinger, belastet. Da der Aussteller bis zum folgenden Montag die erforderliche Deckung nicht anschafft, machen Sie die Buchung rückgängig.

4.3.1 Prüfen Sie, ob Ihre Bank zu der Rückbuchung berechtigt ist.

4.3.2 Welche Vorschriften müssen Sie aufgrund des Scheckabkommens und der Bedingungen für den Scheckverkehr einhalten, wenn der Scheck nicht eingelöst wurde?

4.3.3 Mit welchen Folgen (drei) muss Benzinger wegen der Nichteinlösung des Schecks rechnen?

5. Gisela Richter unterhält bei Ihrer Bank ein Girokonto, seitdem sie vor drei Jahren ihre Ausbildung begonnen hatte. Sie ist jetzt 19 Jahre alt und bittet Sie um die Beschaffung einer ec-Karte und um die Aushändigung von ec-Scheckvordrucken.

5.1 Worauf müssen Sie bei der Aushändigung der ec-Karte achten?

5.2 Die Kundin widerruft einen ec-Scheck:

5.2.1 während der Vorlegungsfrist,

5.2.2 nach Ablauf der Vorlegungsfrist.

Wie verhalten Sie sich, wenn in den jeweiligen Zeiträumen Schecks vorlegt werden?

6. Ihr Kunde, Franz Häberle, unterhält u.a. bei Ihrem Kreditinstitut ein Girokonto, ohne bisher alle damit verbundenen Leistungen in Anspruch zu nehmen. Bei einem Besuch Häberles in der Bank schlägt der zuständige Kundenberater vor, auch die Vorzüge des ec-Services zu nutzen, auf die Häberle bisher verzichtet hat. Zunächst erklärt er Häberle die Vorteile bei der Geldbeschaffung über Geldautomaten.

6.1 Überzeugen Sie den Kunden, dass diese Form der Bargeldbeschaffung für ihn vorteilhaft ist im In- und Ausland.(Je zwei Beispiele)

6.2 Begründen Sie, warum auch die Bank diese Form bevorzugt.

6.3 Während des Gesprächs mit dem Kunden fällt auch der Begriff "POS-Kasse".

6.3.1 Wer führt solche Kassen?

6.3.2 Erklären Sie den Zahlungsvorgang.

6.4 Häberle läßt sich von den Vorteilen des ec-services überzeugen und beantragt eine ec-Karte und zehn eurocheques.

6.4.1 Unter welchen Voraussetzungen kann es sinnvoll sein, sich außer mit der ec-Karte auch noch mit eurocheques zu versorgen?

6.4.2 Am 15.02. stellt Häberle nach dem Kauf einer neuen Küchenmaschine bei der Flotter KG einen eurocheque über 585,00 DM aus. Er vergisst, auf dem Scheck vor dem Betrag von 585,00 DM als Währung "DM" einzutragen.
Wird der Scheck trotzdem eingelöst, wenn er ansonsten korrekt ausgestellt worden ist? Begründen Sie Ihre Entscheidung.

6.4.3 Beim Auspacken der Küchenmaschine stellt Häberle fest, dass ihm statt des gekauften teueren Modells "Küchenwunder" die einfache Ausführung "Küchenhilfe" mitgegeben worden ist. Dies will er bei seinem nächsten Gang in die Stadt reklamieren. Zwischenzeitlich will er sichergehen und widerruft am 16.02. den ausgestellten eurocheque. Der Scheck wird am 23.02. bei der Hausbank des Haushaltswarengeschäfts Flotter KG zum Inkasso eingereicht. Die bezogene Bank löst den Scheck über 585,00 DM ein. Häberle ist empört und fordert von seiner Bank den Scheckbetrag von 585,00 DM zurück. Mit Recht?
Begründen Sie Ihre Ansicht.

6.5 Häberle hat selbst Schecks erhalten, die er vorlegt bzw.zum Inkasso eingereicht hat.

6.5.1 Der erste Scheck ist zur Verrechnung gestellt und benennt Häberle als Schecknehmer. Häberle wünscht jedoch Gutschrift auf das Sparkonto seiner Tochter. Wird Ihr Kreditinstitut diesem Wunsch entsprechen? Begründung.

6.5.2 Der zweite Scheck ist ein Barscheck. Beim Ausstellen des Scheckeinreicherformulars stellen Sie fest, dass als Betrag in Ziffern „230,00 DM", als Betrag in Worten "Dreihundertzwanzig DM" angegeben sind. Kann Häberle die Auszahlung von 320,00 DM verlangen? Begründen Sie Ihre Entscheidung.

6.5.3 Den dritten Scheck über 2.000,00 DM hat Häberle zum Inkasso eingereicht. Dieser Scheck wird mangels Deckung von der bezogenen Bank nicht eingelöst; der bereits gutgeschriebene Scheckbetrag wieder zurückgebucht. Beraten Sie den Kunden, wie er zu seinem Geld kommen kann.

6.6 Häberle besitzt bei Ihrem Kreditinstitut auch ein Sparkonto, auf dem sich im Laufe der 3 Jahre ein beträchtliches Guthaben angesammelt hat. Da ihm die Verzinsung zu gering ist, möchte er Anteile eines von einem anderen Kreditinstitut am Ort aufgelegten Geldmarktfonds erwerben. Häberle hebt 35.000,00 DM bar von seinem Sparkonto ab. Der zuständige Mitarbeiter Ihrer Bank verweist auf das Geldwäschegesetz (GwG) und notiert Namen und Vornamen von Häberle.

6.6.1 Welches sind die Grundzüge des GwG?

6.6.2 Welcher Zweck wird mit dem Geldwäschegesetz generell verfolgt?

7 Moser, Geschäftsführer der Moser Kleinmotoren GmbH und Kunde Ihrer Bank, ist einer Einladung Ihres Kreditinstituts gefolgt. Thema des Informationsabends für mittelständige Produktionsbetriebe: Zahlungsverkehrsangebote.

7.1 Während der Veranstaltung fragt Moser, ob er auch selbst Vertragspflichten gegenüber seiner Bank (also Ihrem Kreditinstitut) hat, wenn er das Einzugsermächtigungsverfahren als Zahlungsempfänger nutzt. Nennen Sie ihm vier Pflichten.

7.2 Ein anderer Teilnehmer der Veranstaltung möchte näheres über das Lastschriftobligo und über die bankinternen Arbeitsabläufe zur Überwachung des obligos wissen. Klären Sie den Kunden auf.

7.3 Im weiteren Verlauf der Informationsveranstaltung wird über die Überweisung gesprochen. Ein Teilnehmer, der schon rechtliche Probleme bei Zahlungsvorgängen hatte (Zahlungsverzug), möchte wissen, wann bei der Zahlung mittels Überweisung rechtzeitig geleistet wird. Erläutern Sie dies bitte dem Kunden.

8 Folgende Fragen zum Zahlungsverkehr treten in einer Bank auf. Geben Sie eine Lösung an.

8.1 Einen Kunden (Zahlungspflichtiger) betreffend geht eine Lastschrift über 1.000 EUR ein. Kontodeckung ist nicht vorhanden. Kredit soll nicht eingeräumt werden. Wie verhalten Sie sich? Welche Arbeitsschritte sind notwendig?

8.2 Ein Dritter (nicht der Kontoinhaber), legt einen gewöhnlichen auf Ihre Bank gezogenen - Barscheck über 1.500,00 DM vor. Das Kontoguthaben des Ausstellers beträgt 1.000,00 DM. Kredit soll auch hier nicht eingeräumt werden. Wie bearbeiten Sie den Fall?

8.3 Ein Kunde am Schalter wünscht eine Einlösungsbestätigung von Ihrer Bank auf einem 15.000,00 EUR Scheck, den er auf Ihre Bank gezogen hat. Wie ist die Rechtslage, und wie verhalten Sie sich?

8.4 Ein Bote zahlt am Vormittag 28.000,00 DM und am Nachmittag nochmals 10.000,00 DM bar ein. Welche Rechtsvorschrift ist hier besonders zu beachten? Begründung.

8.5 In der Fortbildungsveranstaltung wurden auch über das "POZ-Verfahren" Fragen gestellt. Erläutern Sie kurz dieses Verfahren.

9 Auf Wunsch einer neuen Kundin Werwolf wird dieser sofort eine ec-Karte ausgehändigt. Diese beeinhaltet den sog. „Kartenservice“.

9.1 Welche Verwendungsmöglichkeiten bietet die ec-Karte? (sechs Möglichkeiten)

9.2 Wegen geplanten Auslandsreisen möchten die Eheleute Werwolf über Kreditkarten informiert werden.

9.2.1 Stellen Sie zwei Unterschiede der Verwendung der Kreditkarte im Vergleich zur ec-Karte heraus.

9.2.2 Beschreiben Sie den Ablauf von der Beantragung bis zur Ausgabe der Eurocard, wenn Ihr Institut nicht selbst Kartenemittent ist.

9.2.3 Die Eheleute testen ihre Kreditkarte bei einem Kurzurlaub im Elsaß. Die Hotel- und Restaurantrechnung vom 20. Mai beläuft sich auf 3.600 FRF. Vergleichen Sie für die Eheleute die Bezahlung mittels Sorten, ec-Scheck mit ec-Karte und Eurocard nach folgendem Schema:

	Sorten	ec-Scheck mit ec-Karte	Eurocard
Kosten			
Sicherheit			
Akzeptanz			
Zeitpunkt der Kontobelastung			

9.3.4 Die Eheleute Werwolf wollen in die USA reisen. Sie benötigen für ca. 15.000,00 DM Reisezahlungsmittel. Welchen begründeten Vorschlag machen Sie den Eheleuten hinsichtlich der Reisezahlungsmittel?

9.4 Im Verlaufe des Beratungsgesprächs stellt sich heraus, dass Herr Werwolf Hauptkassier eines großen Sportvereins ist. Er erkundigt sich über die Nutzungsmöglichkeiten des "electronic-banking"

9.4.1 Welche Möglichkeiten können Kreditinstitute ihm im Rahmen des "electronic-banking" für den Beitragseinzug und sonstige Zahlungsvorgänge für den Verein anbieten?

9.4.2 Welche Voraussetzungen müssen hierfür von jeder Seite geschaffen werden?

4 Geld- und Vermögensanlage

4.1 Anlage auf Konten

Stofftelegramm

Spareinlagen

Bedeutung für Kunden
- überschaubar
- sicher
- einfache Verfügbarkeit
- kostengünstig

Bedeutung für Banken
- hoher Bodensatz
- hohe Zinsspanne
- Ansatz für cross selling

Merkmale nach **Rechnungslegungsverordnung** (RechKredV)
- ➪ Urkunde zwingend, insbes. Sparbuch
- ➪ Nicht von Kapitalgesellschaften, eingetr. Genossenschaften, Personenhandelsgesellschaften (ausgenommen gemeinnützige/kirchliche und für Mietkautionskonten)
- ➪ **Nicht** für Geschäftsbetrieb und Zahlungsverkehr
- ➪ Kündigungsfrist mindestens drei Monate (Keine Befristung von Anfang an)

Sparurkunde

Inhalt: Sparer, Nummer, Bank, Bezeichnung als Spareinlage, Guthaben, Zusatzvermerke
Formen: Herkömmliches Sparbuch, Loseblattsparbuch, Zertifikat über Festbetrag; Sparmagnetkarte mit Auszugsdrucker.
Funktionen (nach § 808 BGB)**:**
- Beweisurkunde als Quittung für Einzahlungen.
- Qualifiziertes Legitimationspapier: Bank kann ohne Legitimationsprüfung an Vorleger auszahlen, kann ohne Sparbuch Auszahlung (auch an Kontoinhaber) ablehnen.
- Hinkendes Inhaberpapier: Bank kann an Inhaber, der nicht Kontoinhaber ist, auszahlen oder ablehnen.

Sparbedingungen der Kreditinstitute ergänzen RechKredV und enthalten bankeigene Regelungen.
Mündelsicherheit von Spareinlagen bei Sparkassen und Banken mit Einlagensicherung.
Gläubiger der Spareinlage ist im Zweifel Einzahler mit vorbehaltslosem Verfügungsrecht.

Verfügung

Grundsätzlich ist bei jeder Verfügung Sparbuch vorzulegen. Auszahlung ohne Sparbuch an Inhaber nur in Ausnahmefällen üblich: an Bank selbst, an Sparer z.B. bei

Krankheit, bei Sparbuchverlust. Bei Sparbuchverlust Kraftloserklärung durch Gericht oder Vorstand (bei Sparkassen, z.T. bei Kreditgenossenschaften).
Verfügungsbeschränkung durch Kennwort oder Sperrvermerk.
Freizügiger Sparverkehr nur bei Postsparbuch und innerhalb der Filialen einer Bank möglich, mit Sparmagnetkarte an allen ec-Automaten.

Kündigung nach vereinbarter Frist, mindestens drei Monate, wenn Bilanzierung nach § 21 Rechnungslegungsverordnung. Bei dreimonatiger Frist in Sparbedingungen i.d.R. Verfügung bis zu 3000 DM je Konto innerhalb eines Kalendermonats frei.
Vorschusszinsen (bzw. Vorfälligkeitsentgelt) bei Nichteinhaltung der Kündigungsfrist in Sparbedingungen bzw. Preisaushang geregelt. Verfügung über kapitalisierte Zinsen innerhalb 2 Monaten frei. Häufig 1/4 des zu vergütenden Habenzinses (vgl. Rechnen). ZaSt erst nach Verrechnung der Vorschusszinsen, wenn für maximal 30 Monate berechnet und Kapital nicht angegriffen wird.

Sparbriefe

Ausweis in der Bilanz als Spareinlage nur ohne feste Endfälligkeit möglich. In anderen Fällen als Verbindlichkeit bilanziert.
Unterscheidung der Formen nach Merkmalen:

- **Fälligkeit:** kündbar evtl. nach Sperrfrist; feste Fälligkeit
- **Verzinsung:** Abzinsung (Zinsen bei Fälligkeit zu versteuern); Aufzinsung (evtl. steigender Zinssatz); laufende Zinszahlung
- **Rechtsformen:**
  - Schuldverschreibung wie Sparbuch (Sparurkunde) (= Einlage)
  - Namensschuldverschreibung mit laufender Ausgabe (= Einlage)
  - Inhaberschuldverschreibung aus Emission (= Schuldverschreibung, Bilanzierung unter verbriefte Verbindlichkeiten)

Aufgaben

1. Kennzeichnen Sie die Besonderheiten der Spareinlage gegenüber den anderen Einlagen!

2. Beschreiben Sie die Funktionen des Sparbuchs!

3. Ein Rentner möchte für seine Rente ein Sparkonto eröffnen, da dies gebührenfrei geführt werde. Wie kann die Bank reagieren?

4. Oma Jakob möchte für ihren 10jährigen Enkel Kurt ein Sparkonto mit einem Guthaben von 1000 DM eröffnen. Kurt dürfe aber noch nichts davon wissen, das Sparbuch soll aber seinen Namen enthalten. Wer wird Gläubiger der Einlage? Welche Folge hat das Ableben der Oma Jakob, wenn sie vorher Kurt das Sparbuch
   a) übergeben
   b) noch nicht übergeben hatte?

5. Dem Kunden Schulze wurden das Sparbuch und andere Papiere bei einem Einsteigdiebstahl entwendet. Bevor er den Diebstahl bei der kontoführenden Bank

6. melden konnte, erscheint dort der unauffällig aussehende Dieb, verlangt 3.000 DM und erhält sie ausgezahlt. Unter welchen Voraussetzungen kann Schulze das Geld zurückfordern?

6. Unter welcher Bedingung kann ein Vormund Mündelgeld bei einer Privatbank anlegen?

7. Wie hoch sind die Vorschusszinsen, wenn von einem Sparkonto mit 5 % Zinsen bei 2jähriger Kündigungsfrist 8000 DM abgehoben werden (übliche zeitabhängige Berechnung)?

8. Unterscheiden Sie Sparbriefe nach Verzinsung, Fälligkeit und Rechtscharakter!

4.2 Grundformen der Wertpapiere

Stofftelegramm

Einteilung der Wertpapiere

Wertpapiere = Urkunden, die ein privates Vermögensrecht verbriefen, das ohne die Urkunde nicht geltend gemacht werden kann.
Effekten = vertretbare Wertpapiere mit Ertragsanspruch bzw. –erwartung

Merkmale von Effekten:

- Verbriefung von Forderungs- bzw. Mitgliedschaftsrechten
- Inhaberpapiere (Übertragung durch Einigung und Übergabe), selten Orderpapiere
- vertretbar, d.h. es besteht eine größere Zahl von Papieren mit gleichem Recht (Gattungspapiere)
- Äußere Formen: Effektive Stücke (Mantel mit Verbriefung des originären Rechts und Bogen für den Ertragsanspruch) sind rechtlicher Regelfall; bei Schuldverschreibungen des Staates auch Wertrechte (Eintragung im Schuldbuch kommt rechtlich der Urkunde gleich; bei Umschreibung gutgläubiger Erwerb möglich)

Schuldverschreibungen

Verbriefung einer **Forderung** über einen festen Nennbetrag (Nominalbetrag) mit Rückzahlung zu einem festen Zeitpunkt oder nach planmäßiger bzw. außerplanmäßiger Kündigung.
Zinsanspruch in verschiedenen Formen üblich:
Festzins ganzjährige, halb- oder vierteljährliche Zahlung
Variabler Zins (FRN =Floating Rate Note) i.d.R. abhängig von einem Referenzzinssatz z.B. LIBOR oder EURIBOR
Ohne laufenden Zins: Null-Kupon-Anleihe oder Zero-Bond; Zinsertrag ergibt sich durch Abzinsung des bei Rückzahlung fälligen Nennwertes auf den Barwert am Tag des Erwerbs.
Stückzinsberechnung bei Eigentumswechsel vor Kuponfälligkeit (vgl. Teil Rechnen): Käufer erhält Zins ab Liefertag einschließlich; Berechnung für Bundesanleihen ab 1999 „actual/actual", d.h. kalendergenau.

Risiken für Anleger:
Meistens keine formal vereinbarten Sicherheiten, evtl. „Negativerklärung" (keine Sicherheiten an andere Gläubiger)
Bonitätsrisiko = Risiko der Zahlungsunfähigkeit der Schuldners, beurteilt durch Ratingagenturen (Moody´s und Standard & Poors, von AAA bis D), ergibt sich aus konjunktureller, politischer oder Branchensituation. Staatsanleihen aus Industrieländern gelten als besonders sicher. Mündelsichere Anleihen sind zur Anlage von Mündelgeldern zugelassen.
Zinsänderungsrisiko und **Kursrisiko** hängen zusammen. Bei Festzins steigt der Kurs bei fallendem Kapitalmarktzins und umgekehrt.

Emittenten und Emissionsgründe

➪ Staatsanleihen:
Bund, Länder, Städte beschaffen sich langfristig Mittel für Investitionshaushalt in verschiedenen Formen:
- Bundesanleihen (meistens 10 Jahre Laufzeit, ab 1000 €)
- Bundesobligationen (5 Jahre Laufzeit, ab 100 €)
- Finanzierungsschätze (ab 1000 DM, Laufzeit 1 oder 2 Jahre, abgezinst)
- Bundesschatzbriefe (A: 6 Jahre Laufzeit mit laufender Verzinsung, B 7 Jahre-Laufzeit mit Aufzinsung, 1 Jahr gesperrt, dann 10.000 DM je Anleger in 30 Zinstagen frei)

➪ Bankanleihen:
Inhaberschuldverschreibung von Banken zur Beschaffung langfristiger Mittel für Kredite
Pfandbriefe und öffentliche Pfandbriefe von Realkreditinstituten mit besonderem Risikoschutz durch Pfandbriefgesetz (Deckungsprinzip, Umlaufgrenze)

➪ Industrieobligationen zur Beschaffung langfristiger Mittel, häufig mit Sonderrechten verbunden (vgl. Optionsanleihen)

➪ Auslandsanleihen = Anleihen mit Sitz des Schuldners im Ausland in DM, € oder Auslandswährung

Aktien

Die Ausgabe von Aktien verschafft der Aktiengesellschaft auf Dauer Eigenkapital (Bilanzierung unter Grundkapital und Rücklagen).
Aktien verbriefen ein **Beteiligungsrecht** an einer Aktiengesellschaft gemäß Aktiengesetz und Satzung der Aktiengesellschaft. Dieses besteht grundsätzlich aus:
- Stimmrecht in der Hauptversammlung (einfache Mehrheit 50 % der Aktien + 1 Aktie)
- Dividendenrecht aus der Verteilung eines Bilanzgewinns
- Auskunftsrecht in der Hauptversammlung
- Liquidationserlös bzw. Abfindung bei Auflösung/Fusion
- Bezugsrecht bei Kapitalerhöhung

Gründe für gesetzliches Bezugsrecht: Erhaltung der Mehrheitsverhältnisse und Wertausgleich bei Emission neuer Aktien unter dem Tageswert (vgl. Teil Rechnen); Ausschluss des Bezugsrechts bei Kapitalerhöhung von maximal 10 % des Grundkapitals möglich; jede alte Aktie verbrieft ein Bezugsrecht; Börsenhandel möglich.

Arten von Aktien:

- Stammaktien verbriefen alle gewöhnlichen Aktionärsrechte
- Vorzugsaktien (maximal die Hälfte aller Aktien) können mit Vorrechten bei der Dividendenausschüttung oder beim Liquidationserlös ausgestattet sein, häufig unter Ausschluss des Stimmrechts („stimmrechtslose Vorzugsaktien")
- Junge Aktien sind noch nicht mit allen Rechten der alten Aktien versehen, z.B. beim Dividendenanspruch
- Berichtigungsaktien („Gratisaktien") ergeben sich durch Umwandlung von Rücklagen in Grundkapital ohne Zuzahlung.
- Nenwertaktien sind auf einen Nennwert, z.B. 1 € ausgestellt. Die Summe aller Nennwerte ergibt das Grundkapital.
- Unechte Quotenaktie gibt den Beteiligungsanteil durch eine Quote an; Quote muss rechnerisch mindestens 1 € Anteil ergeben.
- Inhaberaktie ist der Normalfall: Übertragung durch Einigung und Übergabe
- Namensaktie ist auf einen Namen ausgestellt, eingetragen im Aktienbuch; Übertragung durch Einigung, Übergabe und Ordervermerk berechtigt zur Umschreibung im Aktienbuch; bei vinkulierter Namensaktie Genehmigung der AG zur Umschreibung notwendig.
- Globalaktie verbrieft einen größeren Nennwert als den Mindestwert bzw. eine größere Anzahl von Stücken.

Risiken beim Aktienerwerb

- Unternehmerisches Risiko: Bei Wertverlust der AG durch schlechte Unternehmenslage sinkt der Wert der Aktie.
- Kursänderungsrisiko: Entwicklung der Gesamtwirtschaft beeinflusst auch den Wert aller Aktien, unabhängig von der individuellen Lage der AG
- Dividendenrisiko: Dividende hängt überwiegend von dem erzielten Gewinn ab; Schwankungen bis zu völlig dividendenlosen Jahren sind bei einer Anlageentscheidung einzurechnen.

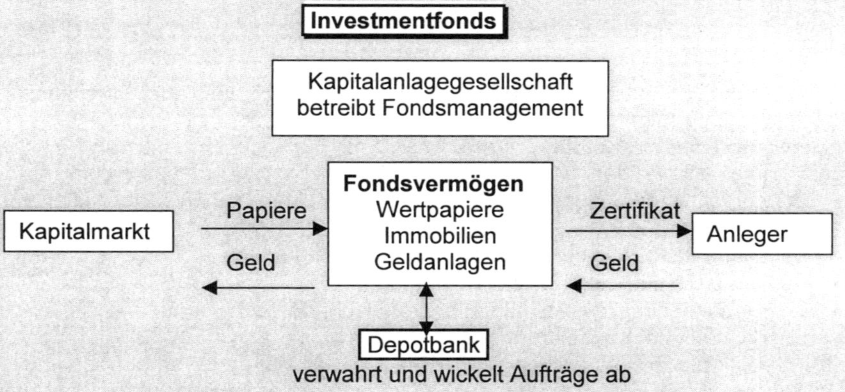

Rechte der Zertifikatsinhaber:

Miteigentumsrecht zu Bruchteilen an einem Sondervermögen, das von einer Kapitalanlagegesellschaft verwaltet und von einer Depotbank verwahrt wird; möglich auch

Treuhandlösung ohne direktes Eigentum, insbesondere bei ausländischen Wertpapieren.
Rechtsgrundlage: Gesetz über Kapitalanlagegesellschaften (KAGG).

Arten von Investmentfonds:

- Wertpapierfonds mit Aktien, Rentenwerten oder gemischt; mindestens 10 verschiedene Wertpapiere in einem Fonds; dabei nur begrenzt mögliche Anlage in Optionsrechten und Terminkontrakten,
  maximal 49 % in Bankguthaben und Geldmarktpapieren;
  dabei nach Art der Ertragsausschüttung:
  - Ausschüttungsfonds mit regelmäßiger Ausschüttung,
  - Wachstumsfonds mit Wiederanlage der Erträge (Thesaurierung).
- Immobilienfonds mit mindestens 10 verschiedenen Grundstücken
  Geldmarktfonds mit Anlagen in Bankguthaben und Geldmarktpapieren (maximal 1 Jahr Laufzeit)
- Dachfonds („Umbrellafonds") legt Fondsvermöen in anderen Fonds an.
- Laufzeitfonds wird nach einer festgelegten Laufzeit aufgelöst.
- Aktienindexfonds legt Fondsvermögen entsprechend einem Index an, z.B. DAX
- Mischfonds enthält Wertpapiere und bis zu 40 % Immobilien, insbesondere als
- Altersvorsorge-Sondervermögen (AS-Fonds): Fondskonstruktion mit langer Laufzeit und Angebot von Anspar- und Auszahlplänen zum Zweck der Altersvorsorge

Rückgaberecht der Anteile offener Investmentfonds direkt an die Investmentgesellschaft, deshalb kein Börsenhandel der Anteile.

Berechnung des Anteilwerts

Ermittlung des Gesamtwertes des Sondervermögens:
Kurswert aller Wertpapiere + Bankguthaben ./. Verbindlichkeiten = Inventarwert
Inventarwert geteilt durch Anzahl Zertifikate = Anteilwert
Rücknahmepreis = Anteilwert
Ausgabepreis = Anteilwert + Kostenzuschlag (bis ca. 5 %)

No-load-Fonds: Kein Ausgabeaufschlag, aber laufende Gebühr

Zinsabschlagsteuer auf anteilige Zinserträge ("Zwischengewinne") bei Veräußerung vor Ausschüttung am Ende des Geschäftsjahrs.
Cost-Averaging: laufender Erwerb von Anteilen für denselben Gesamtbetrag senkt durchschnittlichen Einstandspreis.
Sonderformen:
Geschlossene Aktienfonds: Anlage in anderen Wertpapieren nach dem Risikostreuungsprinzip. Feste Zahl von Anteilscheinen in Form von Aktien mit möglichem Börsenhandel; kein Rückgaberecht an Fondsgesellschaft.

Aufgaben

1. Nennen Sie Beispiele und die Arten von Wertpapieren, die eingeteilt werden nach
   a) Art des verbrieften Rechts
   b) Art der Übertragung
   c) Art des Ertrags
   d) Rechtsstellung des Effekteninhabers

2. Nennen Sie die Merkmale von Effekten!

3. Was bedeuten die Leitsätze zu Wertpapieren:
   a) „Das Recht aus dem Papier folgt dem Recht am Papier."
   b) „Das Recht am Papier folgt dem Recht aus dem Papier."

4. Wertrechte werden als Konten geführt. Inwiefern sind sie den effektiven Stücken von Effekten gleichgestellt?

5. Unterscheiden Sie die verschiedenen Möglichkeiten, wie Anleihen verzinst werden können!

6. Was bedeutet der Satz in Anleihebedingungen: "Das Kündigungsrecht ist ausgeschlossen"?

7. Wie entwickelt sich der Kurs einer FRN bei schwankenden Geldmarktzinsen?

8. Worin besteht die besondere Sicherheit bei Pfandbriefen?

9. Warum begrenzt der Bund bei seinen Geldanlagemöglichkeiten teilweise den Erwerberkreis?

10. Was bedeutet das Kennzeichen „mündelsicher" bei einer Anleihe?

11. Unter welcher wirtschaftlichen Voraussetzung und in welchen Formen wird bzw. kann ein Emittent von einem außerordentlichen Kündigungsrecht bei einer Anleihe Gebrauch machen?

12. Wie ist die Rendite eines einjährigen Finanzierungsschatzes, der mit einem Abschlag von 6 % ausgegeben worden ist?

13. Vergleichen Sie die Rechte eines Aktionärs mit denen eines GmbH-Gesellschafters!

14. Warum wird die Inhaberaktie in Deutschland bevorzugt?

15. Unter welchen Voraussetzungen kann der Inhaber einer vinkulierten Namensaktie seine Rechte ausüben?

16. Eine AG möchte aus Wettbewerbsgründen nur Vorzugsaktien ausgeben. Ist dies möglich?

17. Warum ist die Stellung des Inhabers einer stimmrechtslosen Vorzugsaktie im Grunde besser als die des Inhabers eines Genussscheines?

18. Worin unterscheiden sich offene und geschlossene Fonds?

19. Welches Hauptanlageziel soll mit dem Erwerb eines Investmentanteils erreicht werden?

20. Nach welchen Gesichtspunkten kann das Vermögen eines Wertpapierfonds zusammengesetzt werden?

21. Aus welchen Quellen können die von der Fondsverwaltung ausgeschütteten Erträge stammen?

22. Berechnen Sie den Ausgabe- bzw. Rückgabepreis (ungerundet) eines Investmentanteils unter folgenden Bedingungen: Wertpapier zum Börsenpreis bewertet 250 Mio. EUR, Barvermögen 80 Mio.EUR, Kredite 20 Mio.EUR, Zahl der Anteile 10 Mio. Stück, Ausgabeaufschlag 5 % auf den Anteilwert.

4.3 Genussscheine, Optionsanleihen, Finanzderivate

Stofftelegramm

Genussscheine

Wertpapiere, die Genussrechte verbriefen. Mischform zwischen Schuldverschreibung und Aktie, aber immer ohne Beteiligungsrechte; Ausgabe durch Unternehmen jeder Rechtsform möglich. Vom Anleger bezahlter Gegenwert wird beim Emittenten als Verbindlichkeit gebucht und entsprechend den Bedingungen zurückgezahlt. Als Vergütung sind folgende Formen üblich:

- gewinnunabhängige feste Verzinsung
- Mindestvergütung aus Gewinnausschüttung
- variable Vergütung in Abhängigkeit von Referenzfaktoren

Zusätzlich verbriefte Rechte können sein:

- Bezugsrechte, auch Wandel- und Optionsrechte
- Anwesenheitsrecht in der Hauptversammlung
- Beteiligung am Liquidationserlös

Häufig ist auch Teilnahme am Verlust üblich, z.B. bei Bankgenussscheinen

Risiken für Anleger: Ausschüttungsrisiko, Rückzahlungsrisiko bei Teilnahme am Verlust, evtl. auch durch Insolvenz des Emittenten.

Emissionsgründe: Für Banken Risikokapital = Ergänzungskapital bei Teilnahme am Verlust. Für andere Unternehmen langfristige Mittel, bei Optionsrechten später evtl. Eigenmittelzuwachs; Ertrag steuergünstig, da Ausschüttung als Aufwand geltend.

Optionsanleihen

Obligation einer AG mit dem Recht auf Bezug von Aktien (bedingte Kapitalerhöhung der AG) während einer bestimmten Frist zu den im Voraus festgelegten Bezugsbedingungen. Vor Bezug ist man Gläubiger, dann Aktionär und Gläubiger; Bezug nur bei steigenden Kursen lohnend; Zinssatz der Anleihe meist geringer als Marktzins. Erwartung des Anlegers: Kursspekulation mit Absicherung nach "unten", da die Anleihe zurückgezahlt wird.
Risiko bei Erwerb zusammen mit der Anleihe nur im Wertverfall des Optionsscheins. Der „Risikoeinsatz“ ist der entgangene Zins durch die geringere Anleihenverzinsung.
Vorteile für AG: zunächst billiges Fremdkapital, später evtl. Eigenkapital.
Handelsformen nach Emission:

- cum: Anleihe und Optionsschein werden zusammen geliefert;
- leer (sine): Anleihe ohne Optionsschein, meist unter Marktkurs, da geringer Zins; Anleihe wird in jedem Fall zurückgezahlt.
- Optionsschein, von der Anleihe getrennt.

Sekundärhandel von Optionsscheinen (Aktienoptionsscheine) ergibt andere Anlagestrategie: Kurs des Optionsscheins steigt prozentual um den Hebelfaktor rascher als der Aktienkurs und umgekehrt = **Hebelwirkung**
Hebel: Aktienkurs geteilt durch Kurs des Optionsscheins.
Bewertung des Optionsscheins: Innerer Wert, wenn Aktienkurs größer als Erwerbspreis aus Option, Zeitwert als zusätzliche Prämie in Abhängigkeit von Hebel und Restlaufzeit.
Risiko für Anleger: Völliger Wertverfall des Scheins, aber dadurch eindeutige Verlustbegrenzung.

Finanzderivate

Derivate: Sammelbegriff für abgeleitete Finanzinstrumente, überwiegend in Form von Optionen und Futures (Festgeschäfte); Preis nach § 2 Wertpapierhandelsgesetz abhängig von:

- Börsen-/Marktpreis von Wertpapieren
- Börsen-/Marktpreis von Geldmarktinstrumenten
- Zinssätzen oder anderen Erträgen
- Börsen-/Marktpreis von Waren oder Edelmetalle

Auch Geschäfte auf der Grundlage von Devisen können als Derivate gestaltet werden.

Termingeschäftsfähigkeit: eingetragene Kaufleute und Börsenhändler; andere Personen mit Bestätigung der Information über Risiken (gültig maximal 3 Jahre bei Wiederholung nach einem Jahr).

Aktienoption:
Der Erwerber einer Option (Käufer long) erhält das Recht, zum Basispreis innerhalb der Optionsfrist vom Verkäufer der Option (Stillhalter, short, „Schreiber“) Wertpapiere oder andere Rechte zu erwerben (Kaufoption, call) oder an ihn liefern (Verkaufsoption, put) zu dürfen.

Positionen des Optionsgeschäfts:

- **Call, long**: Inhaber hat Recht, zum Basispreis zu kaufen; Erwartung eines steigenden Kurses
- **Put, long:** Inhaber hat Recht, zum Basispreis zu verkaufen; Erwartung eines fallenden Kurses des Basiswertes, z.B. der betreffenden Aktie.
- **Call, short:** Stillhalter hat Pflicht, zum Basispreis zu liefern
- **Put, short:** Stillhalter hat Pflicht, zum Basispreis abzunehmen.

Käufer der Option spekuliert auf Kursänderungen, Stillhalter auf geringere Kursbewegungen.

Volatilität: Kennzahl für Ausmaß der Kursschwankungen.

Optionspreis: Innerer Wert + Zeitwert

Am Geld:	Basispreis = Tageswert; kein innerer Wert
Aus dem Geld:	Call: Basispreis > Tageskurs
	Put: Basispreis < Tageskurs; kein innerer Wert
Im Geld:	Call: Basispreis < Tageskurs
	Put: Basispreis > Tageskurs
	jeweilige Differenz = innerer Wert

Gewinn aus der Option, wenn innerer Wert entsteht oder nach Erwerb Optionspreis steigt.

Future

" Bund-Future" = vertragliche Vereinbarung, eine fiktive Bundesanleihe zu einem festgelegten Liefertag zu einem vorher vereinbarten Preis zu liefern bzw. abzunehmen. Gewinn hängt von der Zinsentwicklung ab.

"DAX-Future" = Differenz zwischen Einstiegs- und Fälligkeitswert des DAX ergibt Ausgleichszahlung; keine effektive Lieferung möglich.

Zweck des Futures: Absicherung bestehender oder zukünftiger Positionen (Hedging)

Aufgaben

1. Vergleichen Sie die Motive für den Erwerb bzw. die Ausgabe von Genussscheinen.

2. Begründen Sie, warum die Ausschüttung von Erträgen auf Genussscheine für den Emittenten steuerlich günstiger ist als die Ausschüttung an die Teilhaber.

3. Beschreiben Sie drei Varianten der Ertragsauschüttung bei Genussscheinen.

4. Welchen Nachteil kann die Emission von Optionsanleihen für den Emittenten haben?

5. Eine AG hat vor der Ausgabe einer Optionsanleihe in Höhe von 200 Mio. EUR ein Grundkapital von 100 Mio. EUR und Rücklagen in Höhe von 300 Mio. EUR. Es wurden 20 Mio. Stück Aktien ausgegeben. Je 100,00 EUR der Anleihe berechtigen zum Bezug von zwei Aktien gegen Zahlung von 30 EUR je Aktie. Der derzeitige Kurs der Aktie ist 25,00 EUR.
   a) Geben Sie die Bilanzveränderung durch die Emission der Anleihe an.
   b) Unterstellen Sie, dass alle Inhaber von Optionsscheinen von ihrem Optionsrecht Gebrauch gemacht haben und stellen Sie die sich daraus ergebenden Bilanzveränderungen vor Rückzahlung der Anleihe dar.

5. c) Der Tageskurs der Aktie sei 40,00 EUR und steigt daraufhin auf 44,00 EUR. Zeigen Sie an diesem Kursbeispiel den jeweiligen inneren Wert eines Optionsscheins und die Hebelwirkung. Berechnen Sie diese.

6. Ein Optionsschein berechtigt zum Bezug einer Aktie im Verhältnis 1:1 gegen Zahlung von 100 EUR. Der Kurs der Aktie sei 150 EUR. Er steigt um 10 EUR. Wie ändert sich der Wert des Optionsscheines (ohne Berücksichtigung eines Aufgeldes)?

7. Welche drei Kursnotierungen kann es in Zusammenhang mit einer Optionsanleihe geben?

8. Ein Depotinhaber erwartet in Zukunft etwa gleichbleibende Kurse. Mit welchem Geschäft kann er die Rendite seines Depots steigern?

9. Worin besteht der grundsätzliche Unterschied zwischen einer Option und einem Future?

10. Wer ist termingeschäftsfähig?

11. Ein Anleger erwartet steigende Kurse. Welches Optionsgeschäft ist ihm anzuraten?

12. Optionsscheine auf die A-Aktie werden gehandelt. Der Kassakurs der Aktie ist 503,00 EUR. Ein Put-Schein Sept. 550 kostet 57 EUR, der Call-Schein Juni 500 kostet 8 EUR.
    a) Wie sind jeweils Zeitwert und innerer Wert der gehandelten Optionsscheine?
    b) Begründen Sie, warum der Call-Schein Sept. 400 mehr als der Call-Schein Juni kosten wird.
    c) Beschreiben Sie Chancen und Risiken des Käufers eines Put- bzw. Call-Options-Scheins.

4.4 Finanzmärkte, Kursbildung, Auftragsabwicklung, Depotgeschäft

Stofftelegramm

Finanzmärkte:
- ➪ Kapitalmarkt = Markt für langfristige Anlagewert
- ➪ Geldmarkt = Markt für kurzfristige Geldanlagen bzw. – aufnahmen
- ➪ Derivatemarkt = Handel in Optionen und Futures an Börsen oder OTC („Over-The-Counter“ = außerbörslicher Handel)

Wertpapierbörse

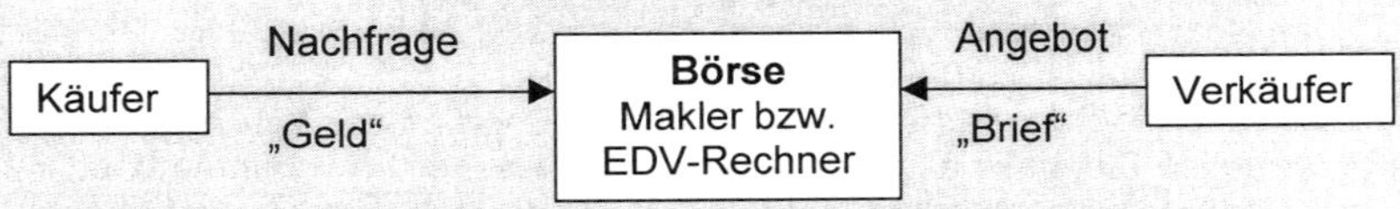

Nur Verpflichtungsgeschäft

(Erfüllungsgeschäft ohne nochmalige Dateneingabe zwei Tage später über Deutsche Börse Clearing AG)

Funktionen und Bedeutung:

- Handel mit vertretbaren Wertpapieren, nur Verpflichtungsgeschäfte.
- Sicherung der Liquidität für die Anleger
- Durch Handel leichtere Kapitalbeschaffung für Emittenten.
- Bewertung von Unternehmen und Zinsbildung.

Arten:

- Präsenzbörse (Parkettbörse) mit persönlicher Anwesenheit der Händler und Makler
- Computerbörse nur mit elektronischem Zugang ohne Makler
- Mischform: Elektronischer Handel in der Rechtsform der Präsenzbörse, z.B. XETRA

Organisation der Wertpapierbörse:

Rechtsgrundlagen: Börsengesetz, Börsenordnung, Wertpapierhandelsgesetz

Börsenbesucher:

⇨ Händler (Bankangestellte),

⇨ Makler als amtliche oder freie Makler,

⇨ Sonstige Personen (z.B. Presse, Bankboten)

Zulassung von Wertpapieren:

Amtlicher Handel:

Umfangreicher Prospekt an Zulassungsstelle, "Zeitungspublizität" Mindestvolumen 1,25 Mio € voraussichtlicher Kurswert bei Aktien.

Geregelter Markt: Mindestvolumen 0,25 Mio €, kein Zwang zur Veröffentlichung des Prospekts (Schalterpublizität).

Neuer Markt: Handel in Frankfurt mit besonderen Zulassungsvoraussetzungen und Handelsunterstützung durch einen Market-Maker als Betreuer.

Freiverkehr: Geringste Anforderungen an Zulassung.

Verfahren der Kursfeststellung

Amtlicher Handel:

Kursfeststellung durch **vereidigte Kursmakler** als variable Notierung oder Einheitsnotierung, an manchen Börsen bei Aktien nur als variable Notierung ab 1 Stück (sogenannte „Best-Price-Methode").

Im Geregelten und Neuen Markt durch freie Makler nach den Regeln des amtlichen Handels.

Stückkurs bei Aktien, **Prozentkurs** bei festverzinslichen Wertpapieren.

Einheitsnotierung:

1. Sammlung aller Aufträge und Zusammenstellung nach Mindest- u. Höchstpreisaufträgen,
2. Errechnung Angebots-/Nachfragemengen bei möglichen Kursen,
3. Festlegung des Einheitskurses bei höchstmöglichem Umsatz, sog. gerechneter Kurs; Kursmakler versucht auszugleichen.

Bezahltkurs: ausgeführt werden können
- alle unlimitierten Verkauf- und Kaufaufträge,
- alle über dem Kurs limitierten Kaufaufträge,
- alle unter dem Kurs limitierten Verkaufaufträge, - mindestens ein Teil der zum Einheitskurs limitierten Aufträge.

Im Prinzip gleiches Verfahren bei der Kursermittlung mittels elektronischem Rechner an einer Computerbörse.
Plus- und Minusankündigung vor Feststellung des Einheitskurses:
Bei Aktien einfaches Plus von 5 % bis unter 10 % voraussichtlicher Kursanstieg; doppelt ab 10 %, dreifach ab 20 %;
bei Rentenwerten: einfach von 1,5 bis unter 3 %, ab 3 % doppelt.

Variable Notierung:
Laufende Kursfeststellung durch Angebot und Nachfrage während der Börsenzeit. Erster Kurs: Eröffnungskurs nach den Regeln der Einheitskursermittlung aus allen bis zur Eröffnung vorliegenden Aufträgen, dann laufende Kursfeststellung, Schlusskurs wieder nach Einheitskursverfahren.

XETRA

„Exchange Electronic Trading" als Computerhandel; Teilnahme für alle Kreditinstitute möglich, Handel ganztägig mit höheren Mindeststückzahlen in DAX-100-Werten, Optionen und Anleihen.

BOSS = Börsenorder-Service-System zur computergestützten Auftragseingabe direkt an den Kursmakler.
BÖGA = Börsengeschäftsabwicklung vollautomatisch über Computer.

Bezugsrechtshandel:
Bezugsverhältnis = Anzahl der alten Aktien (bzw. Dividendenscheine beim indirekten Bezugsrecht) für den Bezug einer Einheit junger Aktien.
Zweck des Handels: Erwerb von jungen Aktien über Bezugsrecht oder Spitzenausgleich. Handel während der Bezugsfrist (meistens 2 Wochen).

Einflussfaktoren auf Kursbildung:

Rentenmarktkurse: Verhältnis von Nominalzins, Restlaufzeit, aktuellem Kapitalmarktzins und Zinserwartung; evtl. auch Bonität des Schuldners.
Aktienmarkt: Erwartete Ertragsentwicklung einer AG, Konjunkturlage, Zinsentwicklung, Liquidität der Wirtschaft, politische Lage.
Markttechnische Faktoren (Gewinnmitnahmen usw.) bei beiden Gattungen.

Berichterstattung

Veröffentlichung der amtlichen Kurse im (Internet-)Kursblatt, übrige Kurse nur informativ. Laufende Information durch Anzeigetafel und DAX (Laufindex).
Kurszusätze erläutern Marktlage:
- ➪ **b** = bezahlt (Erläuterung siehe oben)
- ➪ **bG** = bezahlt Geld: zum Einheitskurs limitierte Kaufaufträge nur teilweise ausgeführt.

- ➪ **bB** = bezahlt Brief: zum Einheitskurs limitierte Verkaufsaufträge nur teilweise ausgeführt.
- ➪ **eb** = etwas bezahlt (Geld oder Brief) : nur kleiner Teil der zum Einheitskurs limitierten Aufträge ausgeführt.
- ➪ **rat** = rationiert Geld oder Brief: zum Zuge kommende Aufträge nur beschränkt ausgeführt.
- ➪ ***** = Sternchen: kleine Beträge konnten nicht gehandelt werden.

<u>Hinweise</u> (kein Kurs zustandegekommen)

- ➪ **G** = zu diesem Kurs nur Nachfrage
- ➪ **B** = zu diesem Kurs nur Angebot
- ➪ **-** = Kurs gestrichen; ein Kurs konnte nicht festgestellt werden.
  Zusatz:
  G, da nur Nachfrage bestand
  B, da nur Angebot bestand
- ➪ **T** (Taxe) = der Preis ist geschätzt; evtl. Zusatz G/B
- ➪ **ex**..= D: ohne Dividende; A: ohne Ausschüttung; BR: ohne Bezugsrecht
- ➪ **BA**: ohne Berichtigungsaktie; SP: ohne Splitting;
- ➪ **ZS**: ohne Zinsen (flat); AZ: ohne Ausgleichszahlung;
- ➪ **BO**: Bonusrecht; abc: ohne verschiedene Rechte.
- ➪ **ausg** = ausgesetzt; ein Ausruf ist nicht gestattet.
- ➪ **-Z** = gestrichen Ziehung: Notierung wegen eines Auslosungstermins ausgesetzt (2 Börsentage vor, 1 Tag nach Auslosungstag)
- ➪ **C** = Kompensationsgeschäft: zu diesem Kurs wurden ausschließlich Aufträge ausgeführt, wenn Käufer und Verkäufer identisch.
- ➪ **H**: Hinweis auf Besonderheiten.

<u>Börsenindex</u>

Durchschnittskursentwicklungen nach verschiedenen Wertpapiergruppen und Erfassungsmethoden:

- **DAX**: Deutscher Aktienindex; während der Börsensitzung laufend festgestellt aus 30 Werten, Erträge eingerechnet (= Performance-Index).
- **C-DAX:** Composite-DAX aus allen Aktienkursen der Frankfurter Börse.
- **DAX-100** = 100 umsatzstarke Werte der Frankfurter Wertpapierbörse
- **M-DAX**: 100 Werte ohne DAX-Werte
- **PEX**: Pfandbriefindex
- **REX**: Deutscher Rentenindex
- **REX-P**: REX Performance, Einrechnung der Zinserträge
- **Dow-Jones** = Index der New York Stock Exchange
- **Nikkei** = Index der Börse in Tokyo

- **STOXX**: Index-„Familie" mit verschiedenen Indexen internationaler Zusammensetzung, z.B. „Dow Jones Euro Stoxx" oder „Dow Jones Stoxx 50" je nach Branchen

Terminbörsenhandel

EUREX (Handelssystem der Terminbörse in Deutschland und der Schweiz)
Computerbörse = Teilnahme nur über Bildschirmterminals, keine Standortbindung.
Market-Maker-System: Bestimmte Börsenteilnehmer stellen immer verbindliche Geld-/Briefkurse und müssen abschließen.

Integrierte Clearing-Stelle: gilt als Kontraktpartner, verrechnet alle Geschäfte zentral; Abwicklung nur mit Clearing-Mitgliedern.
Beispiele für Termingeschäftsvarianten:
Aktienoptionen: Calls und Puts auf deutsche Standardaktien;
- Kontrakt auf mindestens 500 Aktien.
- Für jede Fälligkeit drei Serien (im, am, aus dem Geld);
- Letzter Handelstag dritter Freitag Verfallmonat;
- Laufzeiten ca. 1,2,3,6 bis 9 Monate.

Futures: auf DAX mit 50 € je DAX-Punkt als Kontraktwert.
BUNDS: Kontraktwert 125.000 €.
Auftragserteilung unlimitiert, limitiert und kombiniert. Abschlussverpflichtung der Market-Maker und Möglichkeit der automatischen Glattstellung mit Gegengeschäft ermöglicht Risikobegrenzung durch jederzeitiges „Aussteigen" aus allen Kontrakten.

Wertpapieraufträge von Kunden

Kommissionsgeschäfte

Rechtsgrundlagen: „Sonderbedingungen für Wertpapiergeschäfte" der Banken und Wertpapierhandelsgesetz

Kommissionsgeschäft = Handel in eigenem Namen für Rechnung des Kunden; Einhaltung von Kundenweisung insbes. Limitierung; Ertrag aus Provision.
Ohne Kundenweisung Ausführung im Parketthandel. Kein Börsenzwang bei Anleihen unter 1 Mrd. € Emissionsvolumen.
Auftragsformen: Bestens/Billigst = unlimitiert (gültig 1 Tag);
limitierte Aufträge: Gültig bis Ultimo.
Interesse wahrend: keine genaue Einhaltung des Limits notwendig.
Stop order: Ausführung, wenn Kurs eine gesetzte Grenze überschreitet.
Zwischenkommission: Einschaltung einer Börsenbank ohne ausdrückliche Genehmigung durch Auftraggeber möglich.
Abrechnung: Börsenkurs +/- Maklergebühr, Provision, Spesen.

Festpreisgeschäft:

Bank wird selbst Käufer bzw. Verkäufer, keine Provision

Botengeschäft: Auftrag direkt an Börsenbank weitergeleitet und von dieser abgerechnet.
Erfüllung: Regelmäßig durch Buchung in Sammeldepot, sonst Auslieferung effektiver Stücke oder Streifband (vgl. unten).

Depotgeschäft

Geschlossenes Depot:

Tresorgeschäfte, nur Verwahrung (Verwahrstücke und Nachttresor) bzw. Vermietung von Schließfächern. Kein Besitz am Inhalt. Legitimation jeweils wie bei Kontoführung. Nachttresor nur für eigene Rechnung des Kontoinhabers wegen Geldwäschegesetz.

Offenes Depot:

Verwahrung **und** Verwaltung gem. Depotgesetz.
Sammelverwahrung: Gesetzlicher Regelfall ist gemeinsame Verwahrung aller Stücke; erleichtert Verwaltung, kostengünstiger und deshalb für Kunden billiger.
Sonderverwahrung: Effektive Stücke nach Nummern und Einlieferer getrennt verwahrt (= Streifbandverwahrung).
Drittverwahrung: Aus Rationalisierungsgründen üblich. Verwahrung bei einer Spezialbank (Deutsche Börse Clearing AG); nach AGB zulässig.
Wertpapierrechnung: (unregelmäßige Verwahrung) Verwahrer wird Eigentümer; treuhänderische Stellung; üblich bei Auslandspapieren.
Depotverwaltung:
- ➪ Abtrennung und Einlösung von Zins- Gewinnanteilsscheinen.
- ➪ Erteilung von Steuerbescheinigungen.
- ➪ Einlösung fälliger Papiere und Mitteilung über Bezugsrechte.
- ➪ Informationen und Tätigkeiten in Zshg. mit Hauptversammlungen.

Depotstimmrecht

Stimmrecht des Aktionärs kann an die Depotbank übertragen werden. Schriftliche Vollmacht des Depotinhabers notwendig (für jede HV einzeln bzw. allgemein längstens für 15 Monate). Mitteilungen der AG sind an Aktionäre weiterzuleiten. Vor HV sind Vorschläge zu unterbreiten.

Aufgaben

1. Beschreiben Sie die Bedeutung der Börsen für die Wirtschaft!
2. Welche organisatorischen Grundlagen gelten für Börsen?
3. Wie unterscheiden sich die Zulassungsverfahren zu den Handelssegmenten an den Präsenzbörsen?
4. Wer kann an der Börse als "Besucher" teilnehmen?
5. Welche Rechtsstellung haben die amtlichen Kursmakler?
6. Wie oft wird börsentäglich der Einheitskurs festgestellt?
7. Ermitteln Sie den Einheitskurs und geben Sie den Kurszusatz an, wenn dem amtlichen Makler folgende Aufträge vorliegen:

Kaufaufträge		Verkaufsaufträge	
Stück	Limit	Stück	Limit
20	billigst	30	bestens
35	210	40	210
40	211	15	211
25	212	20	212
30	213	10	213

8. Welcher Zusammenhang kann zwischen der Entwicklung der Aktienkurse und dem Kapitalmarktzins bestehen?

9. Welches Risiko geht ein Anleger ein, wenn er seine Bezugsrechte erst am letzten Tag der Bezugsrechtsfrist handeln läßt?

10. Erläutern Sie folgende Kurszusätze und geben Sie an, welche Art Aufträge ausgeführt werden konnten:
a) 520 bB b) 312 G

11. Ein Kunde möchte 100 Stück A-Aktien kaufen. Welche Weisungen kann er in diesem Zusammenhang erteilen?

12. Bei welchen Geschäften ist nur ein Festpreisgeschäft mit Kunden möglich?

13. Vergleichen Sie die sachenrechtliche Stellung des Einlieferers und der Bank bei der geschlossenen und bei den Formen der offenen Verwahrung!

14. Nennen Sie vier Tätigkeiten der Depotverwaltung, die ohne Weisung des Depotinhabers ausgeführt werden!

15. Was bedeutet Drittverwahrung?

16. Welche Regelungen gelten für das Depotstimmrecht der Banken?

4.5 Steuern, Effektenanalyse, Bausparen, Lebensversicherung

Stofftelegramm

Einkommensteuer

Einkommensteuererhebung im Veranlagungsverfahren durch Steuererklärung und Steuerbescheid.
Einnahmen: Güter in Geld oder Geldeswert in Zusammenhang mit Einkünften.
Einkünfte: Um Werbungskosten bzw. Betriebsausgaben verminderte Einnahmen.
Einkommen: Summe der Einkünfte abzüglich bestimmter Abzugsbeträge.
Werbungskosten: Aufwendungen zur Erwerbung, Sicherung und Erhaltung der Einnahmen.
Einkunftsarten: Einkünfte aus

1. Land- u. Forstwirtschaft	4. Nichtselbständiger Arbeit
2. Gewerbebetrieb	5. Kapitalvermögen
3. Selbständiger Arbeit	6. Vermietung u. Verpachtung
7. Sonstige Einkünfte (Spekulationsgewinne!)	
Gewinneinkunftsarten	Überschusseinkunftsarten
Gewinn = Betriebseinnahmen - Betriebsausgaben	Überschuss = Einnahmen - Werbungskosten

Summe der Einkünfte
- Altersentlastungsbetrag
= Gesamtbetrag der Einkünfte ⟶ maßgebend für Eigenheimzulage
- Sonderausgaben
- außergewöhnliche Belastungen
= EINKOMMEN
- weitere Freibeträge
= **zu versteuerndes Einkommen:** Anwendung der Einkommensteuertabelle

Sonderausgaben

a) beschränkt abzugsfähige Vorsorgeaufwendungen
b) unbeschränkt abzugsfähige wie Kirchensteuer, Steuerberatungskosten
Außergewöhnliche Belastungen, z.B. Krankheitskosten.

Steuertarif: Grundfreibetrag je Person (in 2000) 13.500 DM (keine Steuer bis zu diesem Einkommen);
Progressionszone 22,9 %. Obere Proportionalzone 51 %, für gewerbliche Einkünfte 43 %.
5,5 % Solidaritätszuschlag auf die zu entrichtende Steuer
Grundtabelle für Ledige, Splittingtabelle für gemeinsam veranlagte Eheleute.
Lohnsteuer: Besondere Erhebungsform der Einkommensteuer.
Lohnsteuerjahresausgleich durch Antragsverfahren.

Besteuerung der Effektenerträge

Zu versteuernde Kapitalerträge:
- Kapitalerträge sind Einnahmen in Zusammenhang mit Einkünften aus Kapitalvermögen.
- Zinsen aus Darlehen und Schuldverschreibungen
- Zinsen aus Bank- und Bausparkassenguthaben
- Einnahmen aus Beteiligung als stiller Gesellschafter
- Zinsen aus Wandelanleihen. Optionsanleihen und Genussscheinen
- bestimmte Erträge aus Investmentanteilen
- Dividenden aus Aktien und Anteilen an einer GmbH oder Genossenschaft
- erhaltene Stückzinsen beim Verkauf von Schuldverschreibungen
- Zwischengewinne bei der Rückgabe von Investmentanteilen

Bezahlte Stückzinsen können mit vereinnahmten Kapitalerträgen verrechnet werden. Ohne Verrechnung führen sie zu negativen Einkünften (Verrechnungsmöglichkeit mit positiven anderen Einkünften = vertikaler Verlustausgleich)

Zinsabschlagsteuer

Vorauszahlungspflicht auf Einkommensteuer, einbehalten von der inländischen Zahlstelle (Kapitalertragsteuer als Quellensteuer bzw. Zahlstellensteuer). Bei Zinszahlung über Konten und Depots 30 %, bei effektiven Stücken 35 % (jeweils zuzüglich

Solidaritätszuschlag z.Zt. 5,5 %); Zinsempfänger erhält Bescheinigung zur Verrechnung mit Einkommensteuerschuld.

Abzugspflichtige Zahlungen:

- Zinsgutschrift aus Bankguthaben aller Art,
- Ertrag aus abgezinsten Papieren,
- Zins und Stückzins bei Schuldverschreibungen,
- Zinsen und Mieteinnahmen bei Investmentfonds (auch Zwischengewinne),

Ausnahmen:

- Konten bei Verzinsung bis maximal 1 % p.a.,
- Einmalige jährliche Zinsgutschrift bis zu 20 DM,
- Bausparzinsen, wenn Prämie oder Arbeitnehmersparzulage verrechnet wird,
- Interbankgeschäfte,
- Zinszahlungen von Privaten und Unternehmen an andere,
- **Freistellungsauftrag** liegt vor; möglich bis zu 3100 DM je Person, Nur für natürliche Personen möglich, erlischt grundsätzlich bei Tod des Kontoinhabers. Nicht möglich bei Anderkonten, Gemeinschaftskonten nicht Verheirateter und Wohnungseigentumsgemeinschaften.
- **Nicht-Veranlagungs-Bescheinigung** liegt vor. Erteilt an Personen ohne Einkommensteuerpflicht für 3 Jahre; sinnvoll, wenn Einnahmen über Sparerfreibetrag hinausgehen, z.B. für Kinder.

Stückzinstopf:

Zweck: Errechnung des jeweils der Zinsabschlagsteuer unterliegenden Betrages. Verrechnung aller Kapitalerträge aus einem Depot mit gezahlten Stückzinsen in zeitlicher Reihenfolge.

Dividenden:

a) zu versteuernde Einnahmen	Summe aus b) und c)
b) anrechenbare Körperschaftsteuer	3/7 von c), bzw. 30 % von a)
c) Bardividende lt. Bekanntmachung	= Bruttodividende für die AG, aus Bilanzgewinn
d) Kapitalertragsteuer	25 % von c)
e) Solidaritätszuschlag	5,5 % von d)
e) Nettodividende	Betrag c) abzüglich Beträge d) und e)

AG zahlt nur Betrag e) aus, Bank zahlt Betrag a) aus bei Vorliegen eines Freistellungsauftrages oder einer Nicht-Veranlagungs-Bescheinigung.

Fondserträge: Besteuerung laut Bekanntmachung der Gesellschaft. "Zwischengewinn" aus Zinserträgen bei Veräußerung vor Ende eines Geschäftsjahres ist steuerpflichtig (ZAST)

Sparerfreibetrag: 3000 DM; Werbungskostenpauschale 100 DM je Person.

Spekulationsteuer für Gewinne aus privaten Veräußerungsgeschäften:
Keine besondere Steuer. Realisierte Kursgewinne unterliegen der Einkommensteuer als „sonstige Einkünfte“, wenn zwischen Anschaffung und Veräußerung von Wertpapieren nicht mehr als 6 Monate (12 Monate geplant) liegen; Veräußerungsgewinne ab 1000 DM je Kalenderjahr steuerpflichtig; Spekulationsverluste aus Effekten verrechenbar.

Körperschaftsteuer:
" Einkommensteuer" juristischer Personen. 30 % bei ausgeschütteten Gewinnen, 40 % bei einbehaltenen Gewinnen.

Beurteilung von Effektenanlagen

Schuldverschreibungen:

- Bonität des Schuldners (Ratingtabelle, beste Bonität AAA = triple A)
- Verhältnis Nominal- und Kapitalmarktzins in Verbindung mit Restlaufzeit
- Duration: durchschnittliche Kapitalbindungsdauer aus Zinszahlung und Rückzahlung

Fundamentale Aktienanalyse:
Ermittlung von Substanzwert, Ertragskraft und Liquidität; Zweck: Auswahl der Papiere.

Ertragskennzahlen:

$$\textbf{Dividendenrendite} = \frac{(\text{Dividende + Körperschaftsteuergutschrift}) \times 100}{\text{Kurswert}}$$

$$\textbf{Ergebnis je Aktie} = \frac{\text{Ergebnis nach DVFA (Deutsche Vereinigung .für Finanzanalyse)}}{\text{Zahl der ausgegebenen Aktien}}$$

$$\textbf{Kurs-Gewinn-Verhältnis (KGV)} = \frac{\text{Kurs der Aktie}}{\text{Ergebnis je Aktie}}$$

$$\textbf{Ertragswert je Aktie} = \frac{\text{Dividende je Aktie} \times 100}{\text{Kapitalisierungszinsfuß}}$$

$$\textbf{Substanzwert je Aktie} = \frac{\text{Vermögen - Schulden}}{\text{Zahl der ausgegebenen Aktien}}$$

$$\textbf{Cash-flow je Aktie} = \frac{\text{Cash-flow des Unternehmens}}{\text{Zahl der ausgegebenen Aktien}}$$

Cash flow: Jahresüberschuss
(brutto) + Abschreibungen auf Anlagen
+ Zuführung zu langfristigen Rückstellungen
+ außerordentliche Aufwendungen
- außerordentliche Erträge

(Renditeberechnungen siehe Teil „Rechnen“)

Bausparen

Zwecksparen: Sparvorgang gibt Anspruch auf ein Darlehen für wohnwirtschaftliche Zwecke zu den im Bausparvertrag vereinbarten Bedingungen.
Bausparsumme: Nach Erfüllung der Bedingungen ausgezahlter Betrag aus Darlehen und angespartem Guthaben. Grundlage für die Berechnung des Regelsparbeitrags (z.B. 4 ‰ pro Monat) und der Tilgungs- und Zinsrate (z.B. 6 ‰ pro Monat).

Ablauf des Bausparens:

Sparphase
↓ Abschlussgebühr, Regelsparbeitrag
Verzinsung, Kündbarkeit

Zuteilung
↓ Voraussetzung: Mindestsparbetrag
Zielbewertungszahl

Darlehensphase Gleichmäßige Raten, Festzins

Rechtsgrundlagen: Bausparkassengesetz, Bausparkassenverordnung, Allgemeine Geschäftsgrundsätze, Allgemeine Bausparbedingungen, Bausparvertrag
Bausparvertrag: Bausparkasse, Bausparer, Bausparsummen, Tarifart, evtl. Einzugsermächtigung, Drittbegünstigung, Vollmacht;
Vertragsabschluss nach Eingang des Antrags bei Bausparkasse oder Einzahlung.

Bauspartarife:
Standard-Tarif: Häufigste Tarifart, Zuteilung etwa nach 7 – 8 Jahren, Tilgung in 10 – 12 Jahren;
Schnelltarif: Hohe Sparrate, frühere Zuteilung, hohe Rückzahlung, z.B. für Renovierung geeignet;
Hochzinstarif: Für VL geeignet; höhere Verzinsung, spätere Zuteilung
Optionstarif: Wechsel in verschiedene Tarifvarianten während der Laufzeit möglich

Vorteile des Bausparens:
- Verzinsung und Sicherheit in der Sparphase
- Anspruch auf günstiges Darlehen
- hoher Beleihungssatz bei Darlehen (80 % des Beleihungswertes)
- Nachrangige Eintragung im Grundbuch
- Verfügung über Guthaben durch Kündigung (aber Prämienverlust)

Staatliche Bausparförderung:
Wohnungsbauprämie je Person 10 % jährlich aus maximal 1.000 DM, wenn zu versteuerndes Einkommen maximal 50.000,00 DM jährlich (bei gemeinsam veranlagten Verheirateten jeweils doppelter Betrag); Vertragslaufzeit mindestens 7 Jahre; Verwendung nach Ablauf der Bindungsfrist frei;
Zusätzlich als Vermögenswirksame Leistung 10 % aus 936 DM pro Jahr (Einkommensgrenze aber 35.000 DM.

Vorzeitige Verfügung ohne Verlust der Förderung bei:
- ➪ Verwendung für wohnwirtschaftliche Zwecke
- ➪ Tod oder Erwerbsunfähigkeit des Bausparers oder Ehegatten
- ➪ Arbeitslosigkeit des Bausparers mehr als 1 Jahr
- ➪ Rückkehr von ausländischen Arbeitnehmern

Kinder unter 16 Jahren sind nicht selbständig antragsberechtigt.

Kapitallebensversicherung

Merkmale:
Versicherungsschutz und Sparvorgang,
- sichere langfristige Anlage des Kapitals (Deckungsstockvorschriften),
- langfristige Bindung,
- vorzeitige Kündigung mit erheblichen Nachteilen,
- Erträge steuerfrei bei Laufzeit ab 12 Jahre,
- Einkommensteuervorteile bei Vorsorgeaufwendungen möglich.

Verwendung des Beitrags: Risikoanteil, Sparanteil, Verwaltungskostenanteil
Rückkaufswert bei vorzeitiger Kündung nur Sparanteil mit Verzinsung

Vermögenswirksame Leistungen

Anlageformen mit **Arbeitnehmersparzulage** aus max. (936 DM + 800 DM)/Jahr; zu versteuerndes Einkommen max. 35.000 DM Ledige, 70.000 DM Verheiratete
- ➪ Anlage auf Bausparvertrag (Vertragsdauer 7 Jahre),10 % Zulage. (keine Wohnungsbauprämie)
- ➪ Entschuldung für Wohnungsbau, 10 % Zulage.
- ➪ Sparvertrag über Wertpapiere und andere Vermögensbeteiligungen,
  einmalig 7 Jahre Laufzeit
  laufende Anlage, 6 Jahre
  + 1 Sperrjahr, 20 % Zulage bei Produktivvermögen
- ➪ Wertpapierkaufvertrag mit Arbeitgeber 20 % Zulage bei Produktivvermögen.

Arbeitnehmersparzulage 20 % (Ostdeutschland 25 %) aus zusätzlich maximal 800 DM (Ostdeutschland 1000 DM) bei Anlagen am Produktivkapital in Beteiligungswerten, z.B. Aktien, Investmentfonds (60 % Beteiligungswerte), Genossenschaftsanteile Kreditinstitute.

- ➪ **Ohne Arbeitnehmersparzulage** (Ausnutzung tariflicher Leistung des Arbeitgebers) Kontensparvertrag, einmalig 7 Jahre, laufend 6 + 1 Jahr
- ➪ Lebensversicherung (12 J.)

Vermögenswirksame Leistungen = Leistungen des Arbeitgebers für den Arbeitnehmer oder Teile des Arbeitslohns, die durch Vereinbarung mit Arbeitgeber angelegt werden.
Antragstellung beim Arbeitgeber, der Zahlung leistet, Arbeitnehmersparzulage am Ende des Festlegungszeitraumes über Finanzamt.

Anlageformen bei Beteiligungssparen:

- Aktien an deutscher Börse gehandelt oder des Arbeitgebers.
- Wandelschuldverschreibungen an deutschen Börsen gehandelt, Wandel- und Gewinnschuldverschreibungen des Arbeitgebers.
- Genossenschaftsanteile an Kreditinstituten oder Wohnungsgenossenschaften
- Investmentanteile mit mindestens 60 % Aktien im Fonds.
  (von Kapitalanlagegesellschaft oder nach Auslandsinvestmentgesetz zum Handel zugelassene Anteile).
- Börsenmäßig gehandelte Genussscheine deutscher Unternehmen.

Vorzeitige Verfügung ohne Sparzulagenverlust wie bei Bausparen, zusätzlich bei Heirat nach 2-jähriger Vertragsdauer und Verwendung für wohnwirtschaftliche Zwecke.

Aufgaben

1. Ordnen Sie folgende Einkünfte den betreffenden Einkunftsarten zu:
   a) Gewinnnanteil OHG-Gesellschafter
   b) Gehalt eines Angestellten
   c) Sparzinsen eines Kindes
   d) Mieteinnahmen
   e) Leibrente
   f) Einkünfte eines Arztes
   g) Gewinnanteil GmbH-Gesellschafter
   h) Dividenden

2. Unterscheiden Sie: Einnahmen, Überschuss-, Gewinneinkünfte, Einkommen, Werbungskosten, Sonderausgaben, außergewöhnliche Belastungen.

3. Ein verheirateter Unternehmer erzielte im Jahr 01 in seinem Einzelunternehmen einen steuerpflichtigen Gewinn laut GuV Höhe von 130.000 DM. Seine Frau hatte Einkünfte aus nichtselbständiger Arbeit in Höhe von 42.000 DM. Nach Abzug von Werbungskosten und Freibeträgen fielen Zinseinkünfte in Höhe von 14000 DM sowie Bardividenden in Höhe von 1000 DM an. Eine vermietete Eigentumswohnung brachte einen Überschuss von 4 000 DM. Sonderausgaben 20 000 DM; außergewöhnliche Belastungen 600 DM; weitere persönliche Freibeträge 9 000 DM. Ermitteln Sie in übersichtlicher Form das zu versteuernde Einkommen! Lesen Sie in einer Tabelle die Steuerschuld ab!

4. Wie sind die Einkommensteuertabelle und der -tarif aufgebaut?

5. Worin unterscheiden sich Grenz- und Durchschnittssteuersatz?

6. Am 20.3. kauft ein Anleger für 10 000 EUR Aktien, für 5000 EUR Wandelschuldverschreibungen und für 30 000 EUR Bundesanleihen. Er verkauft am 15.8. die Aktien für 12 000 EUR, am 15.9. die Bundesanleihen für 31 000 EUR und am 15.4.des Folgejahres die Wandelschuldverschreibungen für 2000 EUR.
   Wie hoch war ein zu versteuernder Spekulationsgewinn aus diesen Transaktionen?

7. Ein Depotinhaber kauft am 15.02. Schuldverschreibungen mit Belastung von 580 DM Stückzinsen und am 14.05. mit 2 300 DM Stückzinsen. Am 30.06. werden Festgeldzinsen mit 9000 DM fällig. Am 01.08. werden Zinsen aus Schuldverschreibungen in Höhe von 5 000 DM fällig. Am 01.10. reicht er Zinskupons zur Barauszahlung in Höhe von 3 000 DM ein.

7. Es liegt ein Freistellungsauftrag über 3 100 DM vor. Wie hoch ist jeweils die ZaSt?

8. Welche Faktoren bestimmen den Kurs eines Rentenwertes?

9. Der übliche und für die Zukunft weiterhin erwartete Kapitalmarktzins sei 8 %. Folgende Anleihen werden gehandelt:
   a) 9 %, fällig in 10 Jahren, d) 9 %, fällig in 5 Jahren
   b) 8 %, fällig in 1 Jahr e) 7 %, fällig in 1 Jahr
   c) 7 %, fällig in 10 Jahren
   Bringen Sie diese Anleihe in eine Rangordnung vom normalerweise niedrigsten zum höchsten Kurs!

10. Eine AG weist folgende Bilanzstruktur aus:

Aktiva	Mio. EUR	Passiva	Mio. EUR
Anlagevermögen	16	Gezeichnetes Kapital	8
Umlaufvermögen	24	Rücklagen	4
		Fremdkapital	28
Summe	40		40

Zusätzliche Angaben:
- Kurswert einer 5-EUR-Aktie ist 26 EUR
- Es wurden 1 EUR Dividende je Aktie ausgeschüttet
- Geschätzter Jahresüberschuss 2,8 Mio
- Abschreibungen 2 Mio
- Zuführung zu den Pensionsrückstellungen 1 Mio
- Außerordentliche Aufwendungen 0,2 Mio

Berechnen Sie Dividendenrendite, Substanzwert einer Aktie, Ergebnis je Aktie, Kurs-Gewinn-Verhältnis, Cash-flow je Aktie!

11. Kennzeichnen Sie das Bausparen mit seinen besonderen Merkmalen!

12. Vergleichen Sie den Abschluss eines Sparvertrages bei einer Bank über eine Laufzeit von 20 Jahren mit dem Abschluss einer Kapitallebensversicherung mit denselben Prämien wie die Sparraten und derselben Laufzeit!

13. Beschreiben Sie kurz die Formen der staatlichen Sparförderung!

14. Welchen Betrag kann unter Beanspruchung einer staatlichen Sparförderung sparen?
    a) alleinstehender Arbeitnehmer, Einkommen 30 000 DM
    b) verheirateter Rentner, Einkommen 70 000 DM
    c) alleinstehender Freiberufler, Einkommen 26 000 DM
    d) verheirateter Beamter, Einkommen 53 000 DM

15. Beschreiben Sie, wer Arbeitnehmer im Sinne der vermögenswirksamen Leistungen ist!

16. Unter welchen Bedingungen kann über das Guthaben eines Bausparvertrages ohne Verlust der Förderung verfügt werden?

17. Grenzen Sie ab, bei welchen Arten der verm. Anlage eine Arbeitnehmersparzulage von
a) 0 % b) 10 % c) 20 % gegeben wird!

18. Warum kann das Bruttoeinkommen eines Arbeitnehmers höher als die Einkommensgrenze für die Sparförderung sein?

4.6 Anlegerschutz und Anlageberatung

Stofftelegramm

Anlegerschutz

Zulassung nach KWG: Kredit- und Finanzinstitute nur betreiben, wenn nach § 32 KWG Zulassung erteilt; notwendige Voraussetzung: 2 Geschäftsleiter mit ausreichender Erfahrung; ausreichendes Eigenkapital.

Eigenmittel:

Haftendes Eigenkapital:
Kernkapital: bilanziertes EK, Einlagen stiller Gesellsch.
Ergänzungskapital: Genussrechte, Haftsummenzuschlag, Neubewertungsreserven
Drittrangmittel: nachrangige kurzfristige Verbindlichkeiten

Grundsätze über Eigenkapital und Liquidität:

Grundsatz I: Eigenmittel mindestens 8 % der Risikoaktiva (gewichtet 0,20,50,100 %)
Zusätzliche Einrechnung der Marktrisiken, insbes. aus Derivaten

Liquiditätsgrundsätze I und II:
Grundsatz II: Die innerhalb eines Monats als fällig angesehenen Zahlungsverpflichtungen müssen mindestens durch die in diesem Zeitraum zur Verfügung stehenden Zahlungsmittel gedeckt sein.

$$\text{Liquiditätskennzahl} = \frac{\text{Zahlungsmittel}}{\text{Zahlungsverpflichtungen}} \quad / 1$$

Vorschriften für Wertpapierdienstleistungen

Verhaltensregeln:
Interessenskonflikte vermeiden
Informationen über Risikobereitschaft und Erfahrung des Kunden einholen
Empfehlung nur im Interesse der Kunden
Eigengeschäfte nicht zum Nachteil von Kunden

Insiderüberwachung:
Insider = - Geschäftsführungs- und Aufsichtsorgane, persönlich haftende Gesellsch.
- beteiligungsmäßig verbundene Unternehmen
- Personen mit berufsmäßiger Kenntnis der Informationen

Verboten sind:
- Insiderpapiere für eigene oder fremde Rechnung erwerben oder veräußern
- Insidertatsacheninformationen weitergeben
- Erwerb- oder Veräußerungsempfehlung an andere

Compliance-Regelungen:
Interne Verhaltensregeln zum Umgang mit Kunden bei Wertpapiergeschäften:

Handelsempfehlungen immer im Interesse des Kunden geben, keine Mitarbeitergeschäfte, die Interessen des Kunden beeinträchtigen, Regeln für Kontoführung

Depotschutzbestimmungen:
Depotbuchhaltung für Verwahrer: nach Hinterleger, Gattung, Nennbetrag, Stückzahl
Personendepot muss mit Sachdepot übereinstimmen
Depotprüfung jährlich

Sonstige Schutzregelungen:
Prospekthaftung bei der Emission von Wertpapieren
Prüfung bei der Zulassung zum Wertpapierhandel an einer Börse
Selbsthilfeeinrichtungen
Liquiditäts-Konsortialbank GmbH: Liquiditätshilfe bei Run auf eine gesunde Bank
- Sicherungseinrichtungen der Bankengruppen durch Fonds und Umlagesystem: Sparkassen und Kreditgenossenschaften: Institutssicherung
  Private Banken: Einlagensicherungsfonds mit Garantie je Einleger bis 30 % des haftenden Eigenkapitals einer Bank;
- Einlagensicherungs- und Anlegerentschädigungsgesetz: Einlagenschutz für alle Einleger in der EU von mindestens 20.000 € je Einleger,

Anlagemotive

Rationale Anlagemotive	Ziel
Ertrag (Rentabilität)	Erzielung dauerhafter Erträge;
Spekulation:	Gewinn durch Ausnutzung von Wertschwankungen des Anlagegegenstandes;
Schutz vor Inflation: **(Stabilität)**	Sachwertorientierte Anlage mit langfristiger Wertsteigerungserwartung;
Sicherheit: **(Risikobegrenzung)**	Schutz vor Rückzahlungs- oder Veräußerungsverlusten;
Verfügbarkeit: **(Liquidität)**	rasche Verfügbarkeit bzw. Umsetzung in Geld.

Schlagwort: "Siedepunkt der Rentabilität ist der Gefrierpunkt der Liquidität"

Irrationale Motive:
Mitsprache- und Beherrschungswunsch
Ansehen in der Bezugsgruppe
Verlangen nach Reiz des Risikos

Anlagezwecke: Vermögensaufbau, Absicherung für das Alter, Anschaffungen für später, "Notfallreserve".
Übereinstimmung von Anlagezweck, Anlagemotiv und Anlageentscheidung ist Ziel einer Anlagestrategie.

Aufgaben

1. Beschreiben Sie allgemein Grundsätze I und II und deren Zweck.

2. Unterscheiden Sie die Varianten der freiwilligen Einlagensicherung.

3. Die Privatbank AG ist zahlungsunfähig. Das haftende Eigenkapital beläuft sich auf 50 Mio. DM. Kunde Mauz hat an diese Bank folgende Forderungen:
   Inhaberschuldverschreibungen 8 Mio. DM
   Termineinlagen 4 Mio. DM
   Sichteinlagen 6 Mio. DM
   Begründen Sie, mit welcher Einlagensicherung der Kunde rechnen kann.

4. Der Angestellte Flink der Wertpapierbank AG hat festgestellt, dass der Kurs einer Aktie durch vorliegende Kaufaufträge verschiedener Kunden an diesem Tag wahrscheinlich steigen wird. Auf eigene Rechnung erwirbt er telefonisch einen größeren Posten dieser Papiere mit der Erwartung, sie im Laufe des Tages mit Gewinn wieder abstoßen zu können. Beschreiben Sie, gegen welche Regeln Flink eventuell verstoßen hat.

5. Die spanische Bank Madrido hat in Deutschland eine Geschäftsstelle und nimmt Einlagen herein, die deutsche Einlagenbank AG hat ihrerseits eine Filiale in Madrid. Beschreiben Sie, wie die Einlagen für Einleger aus Madrid bzw. Deutschland bei der jeweiligen „Auslandsbank" gegen mögliche Insolvenzen gesichert sind.

6. Die Sekretärin Hill des Vorstands der Neu AG schreibt ein Aufsichtsratssitzungsprotokoll. Darin wird eine Diskussion über eine mögliche Fusion mit einem Weltunternehmen beschrieben. Sie ruft ihren Freund Benno an, der rasch für sich so viele Aktien der Neu aG an der Börse erwirbt, wie er bekommen kann. Beurteilen Sie diesen Vorgang und mögliche rechtliche Konsequenzen.

7. Nach welchen Gesichtspunkten kann man die Anlagemotive der Kunden grundsätzlich gliedern?

8. Wie kann ein Anlageberater die Anlagemotive erkunden?

9. Ein junges Ehepaar mit einem Kind möchte über einen Sparplan sprechen. Welche Anlagemotive und -zwecke könnten für diese Anleger am ehesten entscheidend sein?

Entscheidungs- und handlungsorientierte Aufgaben

1 Herr Stephan, Kunde Ihres Kreditinstituts, beabsichtigt, 20.000,00 EUR Giroeinlagen höherverzinslich anzulegen.

1.1 Da er den Geldbetrag in ca. 20 Tagen zum Kauf einer Neuemission von Bundesschatzbriefen verwenden will, möchte er für diesen Zeitraum ein Festgeldkonto einrichten. Warum wird Ihr Kreditinstitut auf einer Mindestanlagefrist von 30 Tagen bestehen?

1.2 Der Kundenberater der Bank empfiehlt Herrn Stephan anstelle des Kaufs von Bundesschatzbriefen die Anlage auf einem Festgeldkonto mit 80 Tagen Laufzeit. Welche Gründe könnten ihn zu diesem Alternativvorschlag bewegen?

1.3 Statt eines Festgeldes hätte der Kundenberater Herrn Stephan auch eine Spareinlage mit dreimonatiger Kündigungsfrist empfehlen können. Vergleichen Sie in einer Tabelle
- Höhe der Verzinsung
- Anlagebeträge
- Verfügbarkeit für den Kunden
- Anrechnung nach Grundsatz II des BAK

1.4 Stephan möchte einen Teil seines Geldes auf einem Sparkonto anlegen. Er fragt Sie nach dem Risiko, falls er das Sparbuch verlieren sollte. Erklären Sie für Stephan die Rechtslage, wenn eine andere Person das Sparbuch zur Auszahlung vorlegt.

2 In Ihrem Kreditinstitut werden heute durch die nachfolgenden Personen Anträge auf Eröffnung eines Sparkontos gestellt. Wie reagieren sie in diesen Fällen? (Begründung)
Beachten Sie - soweit erforderlich- die Bestimmungen der RechKredV.

2.1 Die vierzehnjährige Gisela Gärtner möchte ein Sparkonto mit 800,00 DM eröffnen, die sie zu ihrer Konfirmation geschenkt bekam. Sie möchte wegen der höheren Verzinsung eine einjährige Kündigungsfrist vereinbaren.

2.2 Prokurist Markus Meyer von der Novatec Computer AG beantragt die Eröffnung eines Sparkontos. Zweck: Die AG möchte Gelder ihres Mitarbeiter-Unterstützungsfonds anlegen. Der unternehmenseigene Fonds zahlt an die Mitarbeiter Zuschüsse für Brillen, Kuren usw.

2.3 Die 22jährige Studentin Bianca Ballinger will ein Sparkonto für die Gutschrift der monatlichen Bafög-Zahlungen des Studentenwerks eröffnen.

2.4 Herr Dietmar Dimmig möchte mit einem Scheck über 500,00 DM ein Sparkonto eröffnen und die Sparurkunde gleich mitnehmen. Der Scheck ist bei einer anderen Bank zahlbar.

2.5 Die Müller OHG, Eigentümerin mehrerer Wohnhäuser, möchte die Mietkautionen ihrer Mieter auf ein Sparkonto einzahlen.

2.6. Wer ist in den folgenden Fällen Gläubiger der Spareinlage? (Begründung)

2.6.1 Isabell Illig eröffnet mit 1.000,00 DM ein Sparkonto auf den Namen ihrer zehnjährigen Enkelin Nadine. Sie beabsichtigt, auch künftig monatlich 50,00 DM auf dieses Konto einzuzahlen. Mit dem Kreditinstitut vereinbart Illig, dass Nadine erst ab ihrem 18.Geburtstag über das Konto verfügen darf.

2.6.2 Kontoinhaber Frank Fenner verpfändet sein Sparguthaben von 4.000,00 DM an die kontoführende Bank.

2.7 Entscheiden Sie auf der Basis der RechKredV, ob in folgenden Fällen ein Sparkonto eröffnet werden kann:

2.7.1 Der Einzelunternehmer Siegfried Kupfer will 30.000,00 Firmengelder auf ein Sparkonto mit vereinbarter Kündigungsfrist einzahlen.

2.7.2 Der Geschäftsführer einer politischen Partei möchte für diese ein Sparkonto eröffnen.

2.7.3 Die Fa. Müller und Partner KG will ein Sparkonto mit jährlicher Kündigungsfrist eröffnen.

2.8 Günter Endlich hat eine neue Wohnung gemietet. Die Kaution soll auf ein Sparkonto, das auf den Namen des Vermieters mit Zusatz Mietkaution lautet, einbezahlt werden.

2.8.1 Beurteilen Sie den obigen Sachverhalt für Herrn Endlich unter steuerlichen Gesichtspunkten.

2.8.2 Erklären Sie dem Mieter eine andere Gestaltungsmöglichkeit für die Anlage der Mietkaution auf einem Sparkonto.

3 Der langjährige Kunde Gerhard Reich, 58 Jahre, verheiratet, ruft bei seiner Bank an, da er mit der Rendite seines Depots nicht zufrieden ist. In seinem Depot befinden sich: 50.000,00 nom. Bundesschatzbriefe Typ A (gekauft vor drei Jahren), Verzinsung im lfd. Jahr 4,8 %; 605 Stück offene Immobilienfonds (gekauft vor 1,5 Jahren), Rücknahmepreis 82,70; 1.300 Stück Techno-Aktien, Kurs 38,50/St.

3.1 Sie bereiten sich auf den Kundenbesuch vor.

3.2 Welche Unterlagen benötigen Sie für die Beratung?

3.3 Welche Angaben von dem Kunden sind gemäß Wertpapierhandelsgesetz notwendig? (vier wichtige Gesichtspunkte)

3.4 Das Wertpapierhandelsgesetz legt strenge Verhaltensregeln für die Wertpapierberatung fest. Was hat den Gesetzgeber dazu veranlasst?

3.5 Sie überlegen, ob die Umschichtung eines Teils des Depots des Kunden sinnvoll wäre. Dazu analysieren Sie den Depotbestand.

3.5.1 Bundesschatzbriefe:
Wie sind die Verzinsung und die Ausschüttung des Bundesschatzbriefes Typ A geregelt?
Was kann gegen die Rückgabe der Bundesschatzbriefe sprechen?

3.5.2 Hinsichtlich des offenen Immobilienfonds sind Sie der Meinung, dass sich diese Anlage nicht für eine Umschichtung eignet.
Erläutern Sie vier Vorteile der Anlage in offenen Immobilienfonds.
Warum lohnt sich ein Verkauf nach kurzer Zeit meistens nicht?

3.5.3 Von den Techno-Aktien haben Sie folgende Angaben: letzte Bar-Dividende: 0,70; Kurs-Gewinn-Verhältnis: 19
Berechnen Sie die laufende Dividendenrendite vor Steuern.
Im Branchenverhältnis ist das KGV sehr hoch. Beurteilen Sie diese Kennziffer.

3.5.4 Um die laufende Rendite seines Depots zu verbessern, verkauft der Kunde seine Techno-Aktien. Er beabsichtigt, Aktien mit einer hohen Dividendenrendite zu kaufen: Wir empfehlen ihm Dino-Aktien.
Welche Angaben sind unbedingt nötig, damit der Auftrag ausgeführt werden kann?
Welche weiteren Angaben sind sinnvoll? Begründen Sie Ihre Entscheidung an zwei Beispielen.

3.5.5 Ihre Bank gibt den Auftrag ihrem Händler an der Wertpapierbörse. Nennen Sie die Teilmärkte des Effektenhandels an der Börse.

3.5.6 Neben den Präsenzbörsen gewinnen die Computerbörsen heute immer mehr an Bedeutung. Welche Vorteile bringen die Computerbörsen dem Effektenhandel? (vier Vorteile)

3.5.7 Der Kaufauftrag des Kunden wurde ausgeführt und die Papiere wurden auf sein Depotkonto gebucht.
Welche Verwahrart schreibt das Depotgesetz vor, wenn der Kunde uns keine Weisung erteilt hat?

3.5.8 Wodurch erwirbt er das Eigentum an den gekauften Stücken?

3.6 Drei Wochen später erhält der Kunde eine Dividendengutschrift für seine 1000 Stück Dino-Aktien im Betrag von 1.050,00 (Solidaritätszuschlag bleibt unberücksichtigt). In der Zeitung liest er, dass die AG 1,40 Dividende pro Stück ausschüttet. Der Kunde, der seine Depotumschichtung in Erwartung einer hohen Dividendenrendite vornahm, beschwert sich bei seinem Anlageberater über die geringe Dividendengutschrift.

3.6.1 Klären Sie den Sachverhalt.

3.6.2 Sind die bereits gezahlten Steuern für den Kunden verloren? Begründen Sie Ihre Entscheidung, und berechnen Sie bei einem persönlichen Einkommensteuersatz des Kunden von 35 % die tatsächliche Steuerbelastung.

3.6.3 Welche Möglichkeiten hat der Kunde, dass im nächsten Kalenderjahr die Besteuerung der Dividendenerträge für ihn vereinfacht wird? Machen Sie dabei Zahlenangaben.

4 Der Kunde, Dr. med. Wolfgang Mohn, 60 Jahre, erhält demnächst aus seiner abgelaufenen Kapitallebensversicherung 300.000,00 ausbezahlt. Da er noch berufstätig ist, benötigt er das Kapital derzeit noch nicht und möchte es für ca. 4 bis 6 Jahre anlegen. Er wendet sich an Sie und bittet Sie um ein Beratungsgespräch. Nach seinen Vorstellungen möchte er
a) 1/3 der Anlagesumme gewinnorientiert und geldwertgesichert anlegen,
b) 1/3 möchte er mit festem und jährlichem Ertrag anlegen;
c) den Rest will er so anlegen, dass sich der Zinsertrag an der künftigen Zinsentwicklung orientiert.

4.1 Unterbreiten Sie Dr. Mohn einen Anlageplan, der seinen Vorstellungen entspricht. Begründen Sie, mit welchen Effekten die obigen Zielvorstellungen des Dr. Mohn erreicht werden können.

4.2 Im weiteren Gesprächsverlauf möchte der Kunde das Kriterium „Sicherheit" erklärt haben. Erläutern Sie, warum Anleihen der öffentlichen Hand und Pfandbriefe als besonders sichere Wertpapiere anzusehen sind.

4.3 Es gibt Schuldverschreibungen mit Sonderrechten. Dazu gehört u.a. die Optionsanleihe.

4.3.1 Worin liegen die Chancen bei einer Anlage in Optionsanleihen?

4.3.2 Zeigen Sie auf, warum eine Optionsanleihe auch für den Emittenten vorteilhaft ist.

4.4 Dr. Mohn interessiert sich für den Kauf von deutschen Standardaktien. Ein wichtiger Gesichtspunkt Ihrer Beratung ist die Aktienanalyse, mit der Sie für den Kunden die Erfolgschancen abschätzen. Ermitteln Sie deshalb jeweils für folgende Werte die Dividendenrendite vor Steuern und das Kurs-Gewinn-Verhältnis.

	Kurs	Grundkapital Mio.	Gewinn je Aktie	Bardividende
Auto-AG-Aktien	61,65	1.387,5	3,10	1,15
Chemie-AG-Aktien	59,20	2.939,7	3,20	2,15

4.4.1 Empfehlen Sie Dr. Mohn anhand dieser Analyse einen der beiden Werte. Begründen Sie Ihre Entscheidung.

4.4.2 Weisen Sie Dr. Mohn darauf hin, dass es außer den Ertragserwartungen einer AG weitere Gründe für Kursänderungen gibt. Nennen und erklären Sie ihm vier wichtige Faktoren, die einen Einfluss auf die Aktienkurse haben.

4.4.3 Dr. Mohn erfährt, dass den Aktionären der Metall-AG pro Aktie eine Bruttodividende von 10,00 zusteht. Dennoch erhalten diese nur 5,25 gutgeschrieben. Erklären Sie dem Kunden diesen Sachverhalt (Solidaritätszuschlag bleibt unberücksichtigt).

4.5 Auf dem Kurszettel für festverzinsliche Wertpapiere finden Sie folgende Kursnotizen:
- Öffentliche Anleihen Bundesrepublik, Zins 5 %, Kurs 100, Restlaufzeit 3 Jahre, Rendite 5%.
- Öffentliche Anleihen Bundespost, Zins 4 %, Kurs 97, Restlaufzeit 3 Jahre, Rendite 5%.

Ein Kunde mit jährlichem, zu versteuerndem Einkommen über 400.000, Steuersatz 50 % (Solidaritätszuschlag bleibt unberücksichtigt), Freistellungsgrenze bereits ausgeschöpft, will von Ihnen wissen:

4.5.1 Warum notiert eine Anleihe mit bester Bonität zum Kurs von z.B. 97?

4.5.2 Begründen Sie, welche Anleihe Sie unter Berücksichtigung steuerlicher Aspekte dem Kunden zum Kauf empfehlen würden. Berechnen Sie den steuerlichen Vorteil für den Kunden bei einer Kapitalanlage von ca. 100.000,00.

5 Dipl. Kaufmann Frank Mangler, 57 Jahre, bekommt in einem Monat aus dem Verkauf einer Wohnung 200.000,00 ausbezahlt, die er in Wertpapieren anlegen möchte. Herr Mangler ist verheiratet (1 Kind); seine Tochter hat soeben ein Medizinstudium begonnen. Das jährliche Bruttoeinkommen liegt z.Zt. bei 150.000,00. Mit 60 Jahren beabsichtigt Herr Mangler in den Ruhestand zu treten. Von dem Anlagebetrag möchte er mit 100.000,00 die Ausbildung seiner Tochter sicherstellen, mit dem Rest will er in den Investment- und Aktienmarkt einsteigen.

5.1 Nennen Sie vier Ziele, die Herr Mangler bei seiner Geldanlage verfolgt.

5.2 Für die Anlage der Mittel zur Sicherung der Ausbildung der Tochter haben Sie bereits die folgenden Papiere zur Auswahl zusammengestellt: Bundesschatzbrief Typ B, Spar-(kassen)-briefe abgezinst, Kommunalobligationen.

5.2.1 Um die Auswahl leichter treffen zu können, bittet Sie Herr Mangler um eine vergleichende Gegenüberstellung dieser Anlageformen nach folgender Tabelle:

	Bundesschatzbriefe Typ B	Spar-(kassen)-briefe	Kommunalobligationen
Verzinsung/ Zinszufluss			
Kursrisiko			
Liquidierbarkeit			
Besteuerung der Erträge			

5.2.2 Begründen Sie, mit welchem Papier Herr Mangler die Finanzierung des Studiums seiner Tochter unterstützen kann.

5.3 Herr Mangler will 40.000,00 in Investmentzertifikaten anlegen.

5.3.1 Erklären Sie Ihrem Kunden das Grundprinzip der Investmentanlage.

5.3.2 Nennen Sie stichwortartig vier wesentliche Bestimmungen, die der Sicherheit des Investmentsparens dienen.

5.3.3 Die Anlage erfolgt in einem Aktienfonds. Die Kapitalanlagegesellschaft ermittelt für die Ausschüttung folgende Werte je Anteil:

Barausschüttung	2,05
enthaltene Dividende	1,60
enthaltene Veräußerungsgewinne	0,45

Wieviel DM beträgt für Herrn Mangler der steuerpflichtige Gesamtertrag je Anteil unter Berücksichtigung des Körperschaftsteuerguthabens?

5.3.4 Auf welche drei Nachteile sollten Sie im Zusammenhang mit einer Anlage in Investmentzertifikaten in einem Beratungsgespräch hinweisen?

5.4 Die restlichen 60.000,00 möchte Herr Mangler in Aktien anlegen
Er möchte wissen, wie sich die Rechte eines Investmentsparers von den Rechten eines Aktionärs unterscheiden. (3 Merkmale)

6 Ihr Kunde Gustav Neureich hat eine größere Erbschaft gemacht und möchte am 30.11. bei Ihrer Bank 300 000 anlegen.

6.1 Beschreiben Sie die Phasen des Beratungsgesprächs.

6.2 Dem Gespräch entnehmen Sie, dass Ihr Kunde sich recht gut mit Wertpapieren auskennt und einen Teil des Geldbetrags auch mit einem gewissen Risiko anlegen möchte. Ihr Kunde erwartet vor allem für die Chemiebranche eine günstige wirtschaftliche Entwicklung und rechnet daher für die Aktien der entsprechenden Unternehmen mit Kurssteigerungen. Sie empfehlen ihm daraufhin den Optionsschein der Baywa AG von 1998, Laufzeit bis 2008, Bezugsverhältnis 1:1, Bezugskurs 140, momentaner Börsenkurs 100. Die Baywa Aktie notiert z.Zt. bei 230.

6.2.1 Welches Aufgeld wird z.Zt. für diesen Optionsschein gezahlt (Betrag und %)?

6.2.2 Warum sind Anleger grundsätzlich zur Zahlung eines Aufgelds für Optionsscheine bereit?

6.2.3 Annahme: Der Baywa-Kurs steigt auf 320.
Um wieviel % steigt dann der Kurs des Optionsscheins bei unverändertem prozentualem Aufgeld?

6.2.4 Wie entwickelt sich das Aufgeld gegen Ende der Optionsfrist? Begründung !

6.3 Ihr Kunde ist weiterhin der Meinung, dass der Kurs der Dega Aktie kurzfristig stark steigen wird. Sie empfehlen ihm deshalb den Kauf einer Kaufoption für Dega Aktien an der Frankfurter Börse. Im Handelsblatt finden Sie folgende Notiz:
Dega **1-260/38 B;** 1-300/12; 1-320/5; **4-280/35G;** 4-300/20; 4-340/8; **7-300/30;** 7-340/14B.

6.3.1 Erklären Sie die fettgedruckten Notierungen.

6.3.2 Welches Recht erwirbt Ihr Kunde, wenn er am nächsten Börsentag eine Option über
100 Dega Aktien 7-320/22
erhält?

6.3.3 Annahme: Am 15.04. steht der Kurs der Dega Aktie bei 350. Die Option (siehe 6.3.2) notiert mit 7-320/70. Ihr Kunde möchte seinen Gewinn realisieren. Welche Möglichkeiten hat er und was werden sie ihm empfehlen? Begründung!

6.4 Neureich möchte 200 000 in festverzinslichen Wertpapieren anlegen. Er hat Kurse dem Handelsblatt entnommen:
4,5 % DG-Hyp. Pfandbrief (tar.), Laufzeit. bis 2018 Kurs 85; 5,5 % Bundesanleihe v. 1996 (tar.), Laufz. bis 2006 Kurs 96

6.4.1 Erklären Sie dem Kunden die Kursunterschiede.

6.4.2 Welche Papiere werden Sie dem Kunden empfehlen, wenn sein Einkommen (ledig) 50 000 EUR pro Jahr beträgt bei einem Spitzensteuersatz von ca. 50 % (keine genaue Rechnung notwendig, aber Antwort begründen!)?

6.5 Kunde Neureich möchte einen Teil seiner Erbschaft in einem deutschen Aktienfonds anlegen. Sie empfehlen ihm Anteile von Unifonds.

6.5.1 Welche Vorteile hat der Kauf von Aktienfondsanteilen gegenüber einer direkten Aktienanlage?

6.5.2 Neureich hat sich für Unifonds-Anteile entschieden. Er will aber vor dem Kauf wissen, ob ihm dasselbe passieren kann wie seinerzeit den IOS-Fonds-Sparern (diese haben einen großen Teil ihres Vermögens verloren - das Geld war einfach verschwunden).

6.5.3 Neureich möchte außerdem wissen, wie er die Unifonds-Anteile wieder los wird, wenn er plötzlich Geld braucht, und ob er auch den beim Kauf gezahlten Preis wieder erhält.

7 Fritz Reich, ledig, kaufte am 12.02. 100 Stück XY-Stammaktien zu je 250,00 bei der AB-Bank (Verwahrung im GS-Depot). Einen Monat später liest er, dass eine Hauptversammlung der Gesellschaft stattfindet.

7.1 Reich möchte wissen, ob er an der Hauptversammlung teilnehmen kann, und welche Rechte er hat.

7.2 Wie wäre es, wenn Reich Vorzugsaktien des Unternehmens erworben hätte?

7.3 Die AG beschloss, das gezeichnete Kapital von 150 Mio auf 180 Mio durch Ausgabe von Berichtigungsaktien zu erhöhen. Wie verändert sich dadurch die Anzahl, der Kurs der Aktie und der Depotwert der betreffenden Aktienposition?

7.4 Die AG veröffentlicht die Ausschüttung einer Bardividende von 6,00/ Aktie. Wieviel DM erhält Reich pro Aktie:

7.4.1 bei Vorliegen eines Freistellungsauftrags?

7.4.2 ohne diesen Freistellungsauftrag?

7.5 Am 13.09. des Jahres verkauft Reich alle XY-Aktien zu 315,00. Wie hoch ist der Kursgewinn und welche steuerlichen Konsequenzen hat dies für ihn? (Begründung)

7.6 Frau Schön möchte monatlich 2 000,00 in Aktien anlegen. Der Anlageberater Klug empfiehlt ihr eine Anlage in einem Aktieninvestmentfonds.

7.6.1 Welche Gründe sprechen für den Vorschlag des Beraters und welche dagegen?

7.6.2 Wie kann Frau Schön sich über die Wertentwicklung des Fonds informieren?

7.6.3 Welche Vorteile bietet ein Ansparprogramm für den Anleger?

7.6.4 Am 30.06. hat der Aktienfonds ein Vermögen von 324 Mio und 3 600 000 Anteile. Wie hoch ist der Ausgabe- bzw. Rücknahmepreis, wenn 5 % Kosten in Rechnung gestellt werden?

7.6.5 Was versteht man unter der doppelten 10 %-Klausel bei Aktienfonds?

7.7 Kunde Meier hat Ihnen eine Verkaufsorder über 40 Stück AB Aktien bestens ultimo gegeben. Am Nachmittag erfahren Sie, dass der Börsenkurs 170,00 bB ist.

7.7.1 Was bedeutet dieser Kurs?

7.7.2 Wurde der obige Kundenauftrag ausgeführt? (Begründung)

7.8 Im Kursteil der Zeitung lesen Sie:

Kaufoptionen Frankfurt LH Aktien Verfall:7 – Basispreis 160 / Optionspreis 30

7.8.1 Welche Strategie verfolgt der Käufer bzw. der Verkäufer einer Kaufoption?

7.8.2 Welchen Gewinn bzw. Verlust (ohne Gebühren) erzielen Käufer bzw. Verkäufer, wenn Kunde Meier diese Option im März gekauft hat und drei Monate später bei einem Aktienkurs von 208,00 ausübt?

8 Die Kundin Carina Merkt hat bei Ihrem Kreditinstitut einen Beratungstermin vereinbart. Sie besitzt ein Wertpapierdepot, das sie vor kurzem von ihrem Patenonkel geerbt hat. Sie möchte ihr Wertpapierdepot überprüfen und teilweise in Aktien umschichten. Zur Vorbereitung auf das Gespräch wurde nachfolgender Depotauszug von Frau Merkt erstellt.

Kenn-Nr.	Nennwert/Stück	Wertpapierbezeichnung
113913	20 000	7,5 - 9 % Bundesschatzbrief Typ A Ausg. 91/3
113914	15 000	7,5 - 9 % Bundesschatzbrief Typ B Ausg. 91/4,
113875	10 000	8,75 % Finanzierungs-Schätze 91/93
244275	20 000	DSL Zinsvariable Anleihe Serie 185, 1995-05

8.1 Zunächst muss der Wertpapierberater das Depot von Frau Merkt analysieren.

8.1.1 Gehen Sie auf die Merkmale der einzelnen Werte ein!

8.1.2 Da eine Depotumschichtung gemacht werden soll, muss außerdem geklärt werden, ob und wie die einzelnen Depotwerte veräußert werden können. Beraten Sie die Kundin!

8.2 Bei der DSL-Anleihe ist der Kundin die Verzinsung unklar.

8.2.1 Erläutern Sie kurz die grundsätzlichen Merkmale.

8.2.2 Wäre es sinnvoll, in einer Kapitalmarktsituation mit einem relativ hohen Zinsniveau die zinsvariable DSL Anleihe zu veräußern? Diskutieren Sie das Pro und Contra.

8.3 Die "hohen Depotgebühren" der Kreditinstitute geben im Falle dieser Kundin wieder Gesprächsstoff, zumal sie folgende Pressenotiz gelesen hat: "Künftig ist auch bei Finanzierungsschätzen die gebührenfreie Eintragung im Bundesschuldbuch möglich." Was versteht man unter dem Bundesschuldbuch?

9 Der Angestellte Georg Kleinschmidt ist Kunde Ihres Hauses und unterhält bei Ihrer Bank neben seinem Gehaltskonto und zwei Sparkonten (dreimonatige Kündigung und VL-Sparvertrag) ein kleineres Wertpapierdepot, das folgende Werte enthält:

10 000,00 6,625 % Anleihe der Deutschen Bundesbahn 1995/05, 5000; Bundesschatzbriefe Typ B, Ausgabe 1996/8; 10 Stück Salamander-Aktien
Bei gelegentlichen Gesprächen mit dem Kunden haben Sie herausgefunden, dass dieser auf die Anlageziele Sicherheit und Rentabilität besonderen Wert legt.

9.1 Erklären Sie die möglichen Zielkonflikte zwischen den genannten Anlagezielen.

9.2 Erläutern Sie, inwieweit die genannten Anlageziele mit den Wertpapieren, die der Kunde in seinem Depot hat, verwirklicht werden.

9.3 Der Kunde Kleinschmidt hat aus einer Erbschaft ca. 10.000,00 zu erwarten, die er zinsgünstig anlegen möchte. Er hat sich zuhause bereits mit Anlagemöglichkeiten beschäftigt und hat folgende festverzinsliche Anlagen in Erwägung gezogen:

(1) 6,75 % neue Bundesanleihe mit 5jähriger Laufzeit, Ausgabekurs 101 %
(2) 5,5 % Anleihe der Deutschen Bundespost v. 1997, Restlaufzeit 4,5 Jahre, Kurs 97 %
(3) Sparbrief Ihres Hauses, normalverzinslich mit 5,5 % Laufzeit 5 Jahre.

9.3.1 Raten Sie dem Kunden zu der für ihn rentabelsten Anlage! (Rechnerischer Nachweis!) Beim Kauf über die Börse rechnen sie mit 0,55 % vom Nennwert an Spesen; steuerliche Gesichtspunkte sollen unberücksichtigt bleiben.

9.3.2 Der Kunde äußert beiläufig im Gespräch, dass sein Auto in absehbarer Zeit wohl "den Geist aufgebe", und dass er sich dann nach einem Ersatzfahrzeug umsehen müsse.
Könnte diese Tatsache den Kunden veranlassen, keine Sparbriefe zu kaufen? Begründung!

10 Der 59jährige verheiratete Fritz Allinger ist ein langjähriger Bankkunde, der über ein hohes Einkommen verfügt. Aus fälligen aufgezinsten Sparbriefen erhält Fritz Allinger 70 127,59 (einschließlich Zinsen), die er wieder anlegen möchte. Er kommt zu Ihnen, um sich über verschiedene Anlagemöglichkeiten zu informieren. Zunächst möchten Sie die Anlagemotive des Herrn Allinger erfahren.

10.1 Geben Sie vier rationale Anlagemotive an, und nennen Sie dazu jeweils ein typisches Anlagebeispiel!

10.2 Der Kunde möchte eine Anlageform, bei der möglichst alle genannten Anlagemotive maximal erreicht werden. Erläutern sie dem Kunden an Beispielen zwei mögliche Konflikte zwischen den Anlagemotiven!

10.3 Allinger möchte von ihnen wissen, wann die Zinsen in Höhe von 20 127,59 aus den fälligen Sparbriefen versteuert werden müssen. Begründen Sie dem Kunden den Zeitpunkt der Besteuerung bei aufgezinsten Sparbriefen!

10.4 Der Kunde sieht ein, dass die Anlageberatung vor fünf Jahren, als er seine Sparbriefe kaufte, zumindest aus steuerlichen Aspekten nicht optimal war. Da er in vier Jahren in Rente gehen wird, könnte die jetzige Wiederanlage von 50.000 aufgezinster Sparbriefe eine andere steuerliche Auswirkung auf den Kunden haben. Erklären sie Allinger, der jährlich außer den Zinserträgen aus dieser Anlage weitere 15.000,00 Zinseinkünfte hat, den möglichen steuerlichen Vorteil!

10.5 Allinger möchte von Ihnen Alternativanlagen zu den Sparbriefen wissen. Er interessiert sich insbesondere für festverzinsliche Wertpapiere und Investmentzertifikate.

10.5.1 Erklären sie dem Kunden die möglichen Risiken bei der Geldanlage in festverzinslichen Wertpapieren, insbesondere auch beim Verkauf der Papiere vor Fälligkeit

10.5.2 Allinger hat schon mal etwas von Bundesobligationen und Finanzierungsschätzen gehört. Zeigen Sie ihm den Unterschied anhand folgender Kriterien - in Tabellenform - auf: Laufzeit, Stückelung, Zinszahlungsmodus, Veräußerung.

10.5.3 Der Kunde möchte von Ihnen wissen, ob er die Bundesobligationen mit nach Hause nehmen kann. Erklären Sie dem Kunden den Sachverhalt und die kostengünstigste Verwahrungsart, falls er Bundesobligationen kaufen würde!

10.5.4 Erläutern Sie Allinger die unterschiedliche Preis- bzw. Kursfestlegung von festverzinslichen Wertpapieren und Investmentzertifikaten!

10.5.5 Mit der Geldanlage in Investmentzertifikaten ist die Ausnutzung des Cost-Average-Effekts besonders gut möglich.
Beschreiben Sie diesen Effekt und erklären sie, warum er gerade bei Investmentzertifikaten gut ausgenutzt werden kann!

10.6 Allinger möchte von Ihnen auch riskantere Anlagemöglichkeiten erklärt haben.

10.6.1 Allgemein wird in nächster Zeit mit Kursteigerungen am deutschen Aktienmarkt gerechnet. Zeigen Sie dem Kunden in dieser Marktsituation eine sinnvolle Anlagestrategie in Aktienoptionen auf!

10.6.2 Erklären Sie an einem selbstgewählten Beispiel den Hebeleffekt, der bei Aktienoptionen möglich ist.

11 Der 59jährige kaufmännische Angestellte Hans Müller, geschieden, Monatsgehalt 7.200,00 DM, erhielt aus einer Lebensversicherung 150.000,00 DM ausbezahlt. Er besitzt bei Ihrer Bank ein Depot, in welchem sich bereits - 8%ige Bundesanleihen im Nennwert von 100.000,00 DM, - 100 Anteile DIT Deutsche Aktien RB 50,31/47,91 befinden.

Er möchte sein Geld aus der Lebensversicherung bei Ihrer Bank anlegen. Dabei schwebt ihm eine Anlage etwa zur Hälfte in Rentenwerten und zur anderen Hälfte in Aktien oder Aktienoptionen vor. Bei den Rentenwerten interessiert er sich für Bundesobligationen und Bundesschatzbriefe. Bei den Aktien gilt sein Hauptinteresse folgenden Werten:

Gesellschaft	Kurswert je Stück	je Stück erwartete Bardividende	erwarteter Gewinn je Stück
A-Aktie	70,00	1,65	7,00
B-Aktie	66,00	1,30	4,10

11.1 Welche Anlagemotive sprechen für eine Anlage in Aktien oder in Rentenwerten? (je zwei Angaben)

11.2 Erläutern Sie allgemein, welche Auswirkungen sich auf die Einkommensteuer ergeben, wenn der Kunde sein Geld in
Bundesobligationen
Bundesschatzbriefen Typ A und Typ B
anlegt.

11.3 Welches der obengenannten Bundespapiere wäre für Müller unter dem steuerlichen Gesichtspunkt besonders geeignet?
Begründen Sie Ihre Ansicht.

11.4 Wodurch unterscheiden sich obige Anlageformen bezüglich der Möglichkeit, kurzfristig über das Kapital verfügen zu können?

11.5. Für die Entscheidung, welche Aktien erworben werden sollen, benötigt Herr Müller die Dividendenrendite (vor Steuern) und das KGV obiger Aktien.

11.5.1 Erstellen Sie eine Tabelle, in der Sie diese Werte angeben, und entscheiden Sie, welche Aktie das günstigste KGV aufweist.

11.5.2 Müller überlegt, ob er der Direktanlage in Aktien die Anlage in einem Aktienfonds vorziehen soll.
Welche Gründe sprechen für und welche gegen die Fondsanlage? (je zwei Angaben)

11.5.3 Welche Bedeutung hat bei obigen Investmentzertifikaten die Angabe 50,31/47,91, und wer ermittelt diese Werte?

11.6. Müller kaufte am 10.02.
600 B-Aktien zum Kurs von 66,00.
Am 27.07. des Jahres verkaufte er diese wieder. Von seiner Bank erhielt er folgende Abrechnung:
600 Stück zu 70,40 ex Div

11.6.1 Der Kurs hatte den Kurszusatz bG ex Div. Welche Bedeutung hat dieser Zusatz?

11.6.2 Welche Auswirkung hat der oben erzielte Kursgewinn auf die Einkommensteuer von Herrn Müller? (Begründung)

11.7 Herr Müller hat auch 500 C-Aktien zum Kurs von 33,00 gekauft. Bei diesen Aktien will er sich gegen einen zu starken Kursrückgang absichern. Welche Möglichkeiten bietet in diesem Zusammenhang das Optionsgeschäft?

11.7.1 Die für das abgeschlossene Optionsgeschäft geltenden Bedingungen lauten: Verkaufsoption: 4 - 30/0,8; Welche Bedeutung haben diese Angaben?

11.7.2 Wie hoch wäre sein Verlust, wenn er bei einem Börsenkurs von 25,00 seine Aktien zu den obigen Optionsbedingungen veräußert, und wie hoch wäre sein Verlust ohne Abschluss eines Optionsgeschäftes? (ohne Kosten)

12 Staatliche Vermögensbildung

Die Auszubildende im Gesundheitswesen, Isabel Kaufmann, hat im August 98 einen Bausparvertrag bei der Bausparkasse Heimbau abgeschlossen. Das zu versteuernde Jahreseinkommen 2000 betrug 19.856,00 . Am 25.01. erhält sie folgenden Kontoauszug:

Wert	Text	Lastschriften	Gutschriften
Saldovortrag			1.677,49
01.01.	Kontogebühr	12,00	
03.01.	Einzahlung		50,00
12.01.	Einzahlung VL		78,00
02.02.	Einzahlung		50,00
05.02.	WoP-Gebühr	3,00	
14.02.	Einzahlung VL		78,00
04.03.	Einzahlung		50,00
14.03.	Einzahlung VL		78,00
02.04.	Einzahlung		50,00
12.04.	Einzahlung VL		78,00
03.05.	Einzahlung		50,00
14.05.	Einzahlung VL		78,00
04.06.	Einzahlung		50,00
14.06.	Einzahlung VL		78,00
02.07.	Einzahlung		50,00
12.07.	Einzahlung VL		78,00
02.08.	Einzahlung		50,00
14.08.	Einzahlung VL		78,00
03.09.	Einzahlung		50,00
12.09.	Einzahlung VL		78,00
02.10.	Einzahlung		50,00
14.10.	Einzahlung VL		78,00
05.11.	Einzahlung		50,00
14.11.	Einzahlung VL		78,00
03.12.	Einzahlung		50,00
12.12.	Einzahlung VL		78,00
10.12.	WoP-Gebühr	3,00	
31.12.	Zins		61,41
Endsaldo Kapital			3.256,90

12.1 Begründen Sie, warum der Staat auch in Zeiten zurückgehender Steuereinnahmen das Sparen fördert.

12.2 Entscheiden Sie, welche Förderungsmöglichkeiten hier in Frage kommen. (Begründung)

12.3 Errechnen Sie die Förderbeträge, die der Staat für die Sparleistungen von Frau Kaufmann zur Verfügung stellt.

1.4 Beschreiben Sie, wie und wo Isabel Kaufmann die staatliche Förderung beantragt.

12.5 Erklären Sie,
- wann das Ende der Sperrfrist erreicht ist und
- in welchen drei Fällen vorher schon unschädliche Verfügungen möglich sind.

5 Kreditgeschäft

5.1 Kredite an Privatkunden

5.1.1 Kreditvertrag, Sicherheiten, Leasing

Stofftelegramm

Finanzierungsanlässe

Dispositionskredit: Kurzfristiger Kredit an Private über Girokonto (Kontokorrent) zum Liquiditätsausgleich, i.d.R. bei regelmäßigen Einkünften

Überziehungskredit nach § 5 Verbraucherkreditgesetz:
Eingeräumter Überziehungskredit:
- Mitteilung des „Dispolimits" auf Kontoauszug oder allgemein
- Keine Kosten neben Zinsen
- Zinsänderung durch Unterrichtung auf Kontoauszug möglich
- Kündigung meistens fristlos von beiden Seiten möglich

Geduldeter Überziehungskredit: Höhere Zinsberechnung möglich, Information

Ratenkredit:
- Längere Laufzeit mit Festzins
- Gleichbleibende regelmäßige Rückzahlung in Raten
- Verwendung für Konsumgüterbeschaffung
- Sicherheit z.B. durch Lohnabtretung und Sicherungsübereignung

Widerrufsrecht innerhalb acht Tagen nach Vertragsabschluss, Angaben des Effektivzinses und des Tilgungsplans einschl. aller Kosten im schriftlichen Kreditvertrag erforderlich. Bei Verzug mit mindestens zwei Raten Kündigung durch Bank möglich. Verbraucherkredit: ab 400 DM, Existenzgründung bis 100 000 DM an natürliche Personen;

Baufinanzierungskredit (Vgl. Kap. 5.1.2)

Langfristiger Kredit gegen Beleihung von Grundstücken im ersten Rang. Regelmäßige Rückzahlung in Form gleichmäßiger Raten (Zins und Tilgung)

Kreditfähigkeit und -würdigkeit

Kreditfähigkeit: Fähigkeit, rechtswirksam Kreditverpflichtungen eingehen zu können
Voll Geschäftsfähige: Keine Einschränkung, evtl. bei Betreuten (Einwilligungsvorbehalt); beschränkt Geschäftsfähige: Zustimmung Vormundschaftsgericht erforderlich. Bei Eheleuten mit Zugewinngemeinschaft evtl. Zustimmung erforderlich.
Kreditwürdigkeit: Fähigkeit, den Kapitaldienst störungsfrei erbringen zu können.
Persönlich: Guter Ruf

Wirtschaftlich: ausreichendes Vermögen oder Einkommen erforderlich (Nachweise)
- Selbstauskunft mit entsprechenden Angaben
- SCHUFA-Auskunft: abgewickelte und bestehende Kredit, Karten, negative Merkmale wie Mahnbescheid oder Scheckrückgabe

Sicherheiten

Zweck: Absicherung der Bank gegen unvorhergesehene Zahlungsstörungen

Pfandklausel nach AGB gibt der Bank ein Verwertungsvorrecht für Vermögenswerte des Kreditnehmers bei der kreditgebenden Bank

Sicherungsvertrag: gesonderte Vereinbarung oder Bestandteil des Kreditvertrags mit folgendem Inhalt:

- Vertragsparteien
- Zweckbestimmungserklärung
- Beschreibung der Sicherheit
- Übertragungserklärung für die Sicherheit
- Verwertungsregelung
- Rückgabeverpflichtung bei abstrakten Sicherheiten

Arten der Sicherheiten:
Personale Sicherheiten: Bürgschaft
Sachsicherheiten (reale Sicherheiten): Sicherungsübereignung, Pfandrecht, Zession
Akzessorische Sicherheiten: Bestand der Sicherheit vom Bestehen einer Forderung abhängig; Pfandrecht und Bürgschaft
Fiduziarische (abstrake) Sicherheiten: Bestand der Sicherheit unabhängig vom Forderungsbestand; Sicherungsübereignung, Zession, Grundschuld

Selbstschuldnerische Bürgschaft

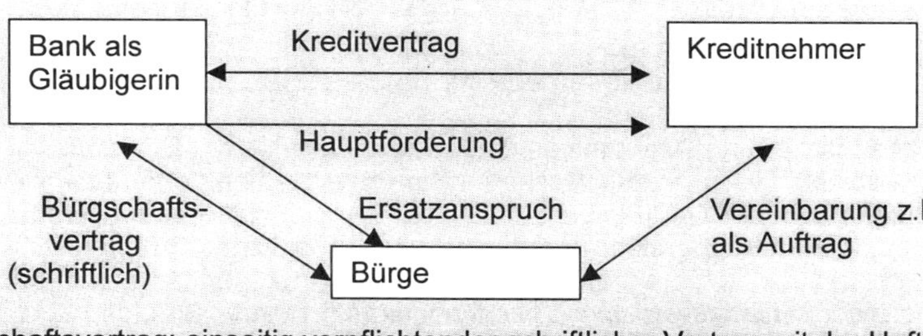

Bürgschaftsvertrag: einseitig verpflichtender schriftlicher Vertrag mit der Haftungsübernahme für eine oder mehrere Forderungen.
Bürgschaft besteht nur, soweit eine Hauptforderung besteht (akzessorisch); Abschluss für Nichtkaufleute nur schriftlich gültig. Unwirksamkeit des Kreditvertrages bedeutet auch Unwirksamkeit der Bürgschaft. **Selbstschuldnerisch** ist die Bürgschaft, wenn der Bürge diese als solche erklärt hat oder ausdrücklich auf die „Einrede der Vorausklage" verzichtet hat. Auf Anforderung des Gläubigers muss der Bürge zahlen, wenn die Schuld fällig gestellt ist und vom Schuldner nicht beglichen wird.

Sicherungsübereignung

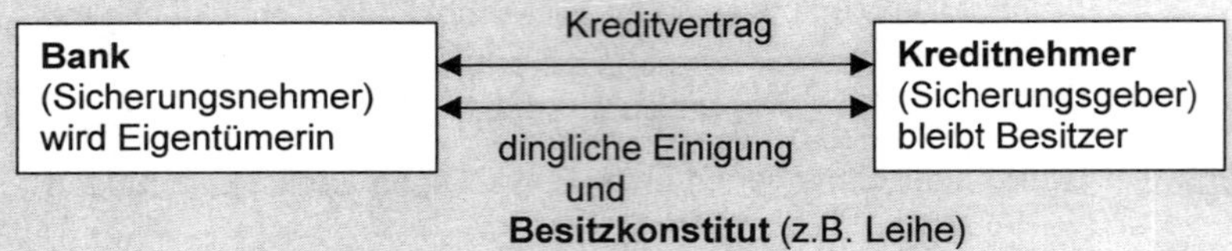

Gutgläubiger Erwerb durch Bank ist nicht möglich, solange Kreditnehmer im Besitz des Sicherungsgutes bleibt. Im Sicherungsvertrag wird auf genaue Bestimmbarkeit des Sicherungsgutes geachtet, beim Fahrzeug durch Zulassungs- und Fahrgestellnummer.
Inhalt des Sicherungsvertrags bei Fahrzeugen:

- Genaue Beschreibung des Fahrzeugs (Nummern und Kennzeichen)
- Zweckbestimmung (Sicherungsabrede)
- Verpflichtung zur Pflege und Wartung durch Kreditnehmer
- Verpflichtung zur Fahrzeugversicherung (Vollkasko) und Abtretung des Anspruchs; Versicherung bestätigt durch Sicherungsschein
- Vorlage des Fahrzeugbriefs (Nachweis der Verfügungsberechtigung und Klärung der Eigentümerverhältnisse; Verhinderung des gutgläubigen Erwerbs durch Dritte)

Freihändige Verwertung durch Bank nach Androhung (Fälligkeit des Kredits) und Herausgabe des Fahrzeugs durch Kreditnehmer.

Verpfändung

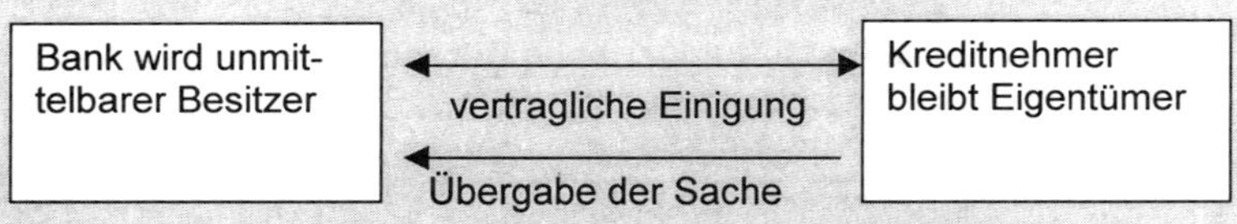

Pfandrecht = Verwertungsanspruch an einer Sache wegen einer Forderung
Der Bank als Gläubigerin wird die Sache für Pfandzwecke übergeben bzw. sie ist bereits Besitzerin, z.B. bei Wertpapieren im Depot. Gutgläubiger Pfanderwerb ist möglich. Wertpapiere im Kundendepot werden gesperrt. Anzeige der Verpfändung, wenn Wertpapiere im Depot einer anderen Bank durch Kreditnehmer. Verwertung der Wertpapiere bei Zahlungsverzug des Kreditnehmers (Pfandreife) durch Verkauf an einer Börse.

Sicherungsabtretung

Zessionsvertrag ist formlos möglich. Bei der **stillen Zession** wird der Drittschuldner nicht benachrichtigt, die Zession ist aber voll gültig (üblich z.B. bei Gehaltsabtretung). Bei der **offenen Zession** wird der Drittschuldner von der Zession in Kenntnis gesetzt und kann mit befreiender Wirkung nur noch an den neuen Gläubiger zahlen (bei Abtretung von Versicherungen zwingend vorgeschrieben). Die Abtretung einer Versicherung bestätigt diese durch den **Sicherungsschein**.

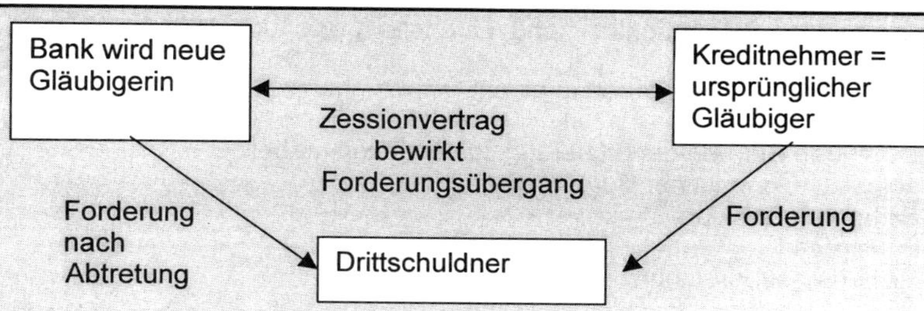

Bank kann Forderung einziehen, wenn Kredit nicht beglichen wird.

PKW-Leasing

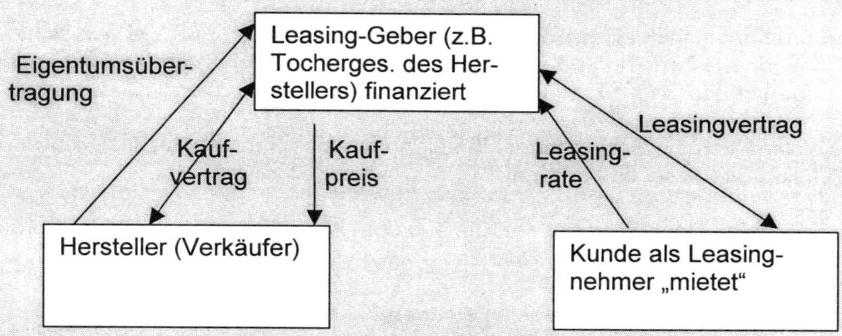

Leasing = Nutzung von Gütern ohne Eigentümer zu sein. Der Leasingvertrag ist während der **Grundmietzeit** nicht kündbar. Das Risiko der Beschädigung, auch der zufälligen, trägt im Unterschied zum Mietvertrag der Leasingnehmer. Gewährleistungsansprüche sind direkt an den Lieferanten zu richten. Der Leasing-Nehmer zahlt bei Fahrzeugen üblicherweise eine Anzahlung und laufende feste Leasingraten. Nach Ablauf der Grundmietzeit, z.B. nach 3 Jahren, ist das Fahrzeug an den Leasinggeber zurückzugeben, evtl. Kaufrecht zum Marktwert beim Leasingnehmer bzw. Entschädigungspflicht bei übermäßiger Abnutzung. Bei Kilometervereinbarung Ausgleich durch Nachzahlung oder teilweiser Rückvergütung. Bei „Andienungsrecht“ des Leasinggebers muss der Leasingnehmer das Fahrzeug übernehmen. In den Leasingraten sind Wertminderung des Fahrzeugs, Verzinsung, Kosten und Gewinn des Leasingnehmers eingerechnet. Bei Privaten keine Steuervorteile.

Aufgaben

1. Unterscheiden Sie die Kreditarten nach Fristigkeit, Abwicklungs- und Buchungstechnik und geeigneten Sicherheiten!
   a) Dispositionskredit
   b) Ratenkredit
   c) Baudarlehn

2. Unterscheiden Sie Kreditfähigkeit und Kreditwürdigkeit!

3. Unterscheiden Sie persönliche und materielle Kreditwürdigkeit!

4. Welche Hauptpunkte werden in einem Sicherungsvertrag vereinbart?

5. Beschreiben Sie, wie die Sicherung zustandekommt bei
   a) selbstschuldnerischer Bürgschaft
   b) Sicherungszession
   c) Faustpfand
   d) Sicherungsübereignung eines Fahrzeugs

6. Unterscheiden Sie die Besitz- und Eigentumsverhältnisse bei Faustpfand und Sicherungsübereignung!

7. Warum verlangen Banken selbstschuldnerische Bürgschaften?

8. Ein Bürge hat sich in einer Höchstbetragsbürgschaft bis 20 000 DM verpflichtet. Ein Bekannter warnt ihn und meint, dass die Bank unter Umständen noch mehr verlangen könne. Wie ist die Rechtslage?

9. Wie sichert sich die Bank bei der Übereignung eines Fahrzeugs zusätzlich? Beurteilen Sie diese Vorkehrung!

10. Wie kann eine Bank Wertpapiere, die aus dem Kundendepot verpfändet worden sind, verwerten?

11. Vergleichen Sie Miete und Leasing eines Autos.

12. Welche Argumente sprechen für die Aufnahme eines Bankkredits zur Beschaffung eines PKWs anstelle des Abschlusses eines Leasingvertrages?

13. Welche Risiken hat der Leasingnehmer bei einem Vertrag mit Kilometerabrechnung?

5.1.2 Grundbuch, Baufinanzierung

Stofftelegramm

Grundbuch

Öffentliches Verzeichnis der Grundstücke einer Gemeinde. Eintragung genießt guten Glauben, Übersicht über Rechtslage (Sonderform Wohnungs-, Teileigentums-, Erbbaugrundbuch)

Inhalt: Aufschrift: Ort, Gemarkung.

Bestandsverzeichnis (mit Auszug aus Kataster).

- Erste Abteilung: Eigentümer und Grund des Erwerbs.
- Zweite Abteilung: Lasten und Beschränkungen.
  Verfügungsbeschränkung, Vorkaufsrecht, Vormerkung, Widerspruch, Dienstbarkeit, Reallast.
- Dritte Abteilung: Grundschulden, Hypotheken, Rentenschulden.

Rangfolge nach der Reihenfolge der Eintragung.

Grundschuld

<u>Wesen</u> Recht auf Zahlung vom Eigentümer eines Grundstücks

<u>Haftung</u> Grundstück einschließlich Zubehör
bei Sicherungsgrundschuld: Persönliche Haftung aus Kreditvertrag

<u>Formen</u> Buchgrundschuld (nur Eintragung im Grundbuch)
Briefgrundschuld (Eintragung und Brief = Rektawertpapier)

<u>Entstehung</u> Einigung+ Eintragung+ Briefübergabe (Briefgrundschuld)
Einigung + Eintragung (Buchgrundschuld)
Voraussetzungen der Eintragung durch Grundbuchamt:
1. Voreintragung des durch die Eintragung Betroffenen
2. Antrag (formlos)
3. Bewilligung (beglaubigt)

<u>Erlöschen</u> Löschung im Grundbuch mit Löschungsbewilligung der Bank

<u>Verwertung</u>: Vollstreckbarer Titel (z.B. Zwangsvollstreckungsklausel), Antrag auf Zwangsvollstreckung oder Zwangsverwaltung durch Amtsger.

Baufinanzierung

Ermittlung des Beleihungswertes:
<u>Sachwert:</u> Üblich bei eigengenutzten Wohnbauten.
Bauwert + Nebenkosten, Grundstückswert
Neubauten: Bauwert nach Abschlag auf Baukosten (z.B. 15 – 25 %)
Altbauten: Indexverfahren: Kubikmeter umbauten Raumes mal Index abzüglich Alterungsabschlag
<u>Ertragswert:</u> Üblich bei vermieteten Objekten (Renditeobjekte)
Jahresbruttomiete abzüglich Abschlag (15 – 25 %) mal Kapitalisierungsfaktor (bei 5 % erwarteter Rendite Faktor 20)
<u>Beleihungsgrenze:</u> „erstrangige Sicherheit“ 60 % des Beleihungswertes (Realkredit)
<u>Kreditobergrenze:</u> Beleihungswert x Beleihungsgrenze/100

Finanzierungsplanung

Eigenmittel:
<u>Direkte Eigenmittel</u>: Bargeld, fällig zu stellende Einlagen, Guthaben Bausparverträge, Eigenleistungen
<u>Indirekte Eigenmittel:</u> Nachrangige Fremdmittel: Arbeitgeber- und Verwandtendarlehen
Übliche Fremdmittel: <u>Langfristiges Bankdarlehn</u>, evtl. längere Festzinsbindung, üblich als Annuitätendarlehn bis zu 60 % des Beleihungswertes
<u>Bauspardarlehn</u> (Bausparsumme minus Bausparguthaben) mit Beleihung im zweiten Rang bis zu 80 % des Beleihungswerts.
<u>Zwischenfinanzierung</u>: bis zur endgültigen Finanzierung oder Zuteilung eines Bausparvertrags gegebenes Darlehn; Tilgung ausgesetzt bis zur endgültigen Finanzierung

Darlehnsformen:

- Annuitätendarlehn (Tilgungsdarlehn): gleichbleibende Raten für Zins und Tilgung
- Festdarlehn: Tilgung in einer Summe (Vorausdarlehn -Versicherungsdarlehn)
- Abzahlungsdarlehn: gleichmäßige Tilgung und fallende Zinsbelastung

Üblicher Finanzierungsvorschlag:

- 30 % Eigenmittel (direkte einschließlich Bausparguthaben, indirekte)
- 40 % Bankdarlehn
- 30 % Bauspardarlehn

bzw. z.B. 20 % Eigenmittel ohne Bausparguthaben und je 40 % Bankdarlehn bzw. Bausparsumme

Staatliche Förderung:

Eigennutzung: Eigenheimzulage bei Neubauten 5000 DM (2500 DM bei Altbauten und Ausbauten) p.a. für insgesamt 8 Jahre, wenn Summe der Einkünfte im Jahr der Fertigstellung und Vorjahr insgesamt 160.000 DM (320.000 DM bei Verheirateten) + 60.000 DM/Kind nicht übersteigt; Kinderzulage 1500 DM je kindergeldberechtigtem Kind; Ökozulage insgesamt maximal 900 DM p.a.
Vermietung: Abschreibung und Betriebskosten einschließlich Zinsen als Werbungskosten.

Aufgaben

1. Nach welchen Gesichtspunkten bestimmt sich die Rangordnung der verschiedenen im Grundbuch eingetragenen Lasten?
2. Inwiefern ist das Grundbuch öffentlich, und inwiefern kann man auf die Eintragungen vertrauen?
3. Worin liegt der Unterschied zwischen einer privat eingeräumten Grundschuld und der Sicherungsgrundschuld für eine Bank?
4. Warum werden heute von den Banken fast ausschließlich Grundschulden als Grundpfandrecht verlangt?
5. Wie wird eine Briefgrundschuld übertragen?
6. Wann entsteht eine Briefgrundschuld?
7. Welche Folge hat die Rückzahlung der mit einer Grundschuld gesicherten Forderung?

8. Erstrangige Grundschuld: 200.000 DM zugunsten der Sparkasse X-Stadt. 2.Grundschuld zugunsten der Volksbank X-Stadt: 150.000 DM. 3. Grundschuld zugunsten der Firma Teufel in Höhe von 40.000 DM. Teufel beantragt die Vollstreckung in das Grundstück. Der Versteigerungserlös ist 330.000 DM. Welche Gläubiger werden in welcher Reihenfolge befriedigt?

9. Welchen Vorteil bringt die Vereinbarung eines Damnums für den Kreditnehmer?

10. Ermitteln Sie den Beleihungswert nach dem Abschlagsverfahren für einen Wohnungsneubau aus folgenden Angaben:
Grundstück 500 qm, Kaufpreis 150 DM/qm, Bauwerkskosten 450.000 DM, Planungs- Garten- und Nebenkosten 90.000 DM; Abschlag 20 %

11. Bis zu welchem Betrag gilt ein Kredit auf das in Aufgabe 10 beschriebene Objekt als erstrangig?

12. Machen Sie einen Finanzierungsvorschlag für das in Aufgabe 10 beschriebene Objekt. Der Erwerber hat seit dem letzten Jahr ein Nettoeinkommen von 4500 DM je Monat, verheiratet, 2 Kinder unter 16 Jahren. Eigenmittel in Höhe von 250.000 DM sind vorhanden, davon sind 80.000 DM in einen Bausparvertrag über 200.000 DM eingezahlt worden (Mindestguthaben 40 %).
Der Bausparvertrag ist noch nicht zuteilungsreif! Was ist dann zu tun?

13. Mit welcher staatlichen Förderung kann der Erwerber aus Aufgabe 12 rechnen?

5.2 Kredite an Firmenkunden

Stofftelegramm

Finanzierung = Beschaffung von Mitteln für Betriebszwecke
Eigenfinanzierung: Beteiligungen und Selbstfinanzierung aus Gewinnen
Fremdfinanzierung: Mittel von Dritten, z.B. Lieferanten, Banken

Kontokorrentkredit: kurzfristiger Kredite zur Finanzierung von Betriebsmitteln und Forderungen an Kunden; jederzeit rückzahlbar, verzinslich nur soweit beansprucht.
Darlehn: Mittel- und langfristiger Kredit, gesonderte Buchung, evtl. Festzins, hauptsächlich zur Finanzierung von Investitionen.
Avalkredit: Bereitschaft einer Bank, für einen Kunden eine Bürgschaft oder Garantie zu übernehmen, z.B. zur Absicherung von Lieferungen, Gewährleistungen, Anzahlungen, Kautionen. Kostenberechnung zeit- und betragsabhängig, Buchung „unter dem Bilanzstrich" als Eventualverbindlichkeiten. Bürgschaftsvertrag entsteht mit Übergabe der Avalurkunde an den Gläubiger des Bankkunden.

Kreditwesengesetz

Vorschriften des KWG begrenzen die Kreditvergabe. Ziele des KWG:
➪ Risiken erkennen
➪ Risiken streuen
➪ Risiken vermeiden

Grundsatz I: Risikoaktiva müssen mindestens zu 8 % mit haftendem Eigenkapital gedeckt sein. Kreditforderungen machen den Hauptteil der Risikoaktiva aus.

Großkredite (§ 13 KWG): ab 10 % bis maximal 25 % des haftenden Eigenkapitals; alle Großkredite maximal das Achtfache des haftenden Eigenkapitals. Einstimmiger Beschluss der Geschäftsleiter vor Kreditvergabe erforderlich; Anzeige an Bundesbank bzw. Bundesaufsichtsamt für Kreditwesen. Ausgenommen sind Kredite an öffentlich-rechtliche Institutionen, da Staatshaftung gegeben.

3-Millionen-Kredite (§ 14 KWG): Meldung an Bundesbank, wenn Kredite an einen Kreditnehmer in einem Quartal 3 Millionen übersteigen. Rückmeldung der Bundesbank („Evidenzzentrale") über Gesamtverschuldung an meldende Banken.

Kreditunterlagen (§ 18 KWG): ab 500.000 DM Gesamtverschuldung sind vom Kreditnehmer Kreditunterlagen, insbesondere Jahresabschlüsse einzufordern.

Kreditwürdigkeitsprüfung

Kreditwürdigkeit = materielle Möglichkeit, Kapitaldienst zu leisten
Unterlagen:
- Auszüge öffentlicher Register
- Betriebsinformationen
- Jahresabschlüsse
- Auskünfte von Banken, Auskunfteien

Bilanzanalyse: Gliederung und Aufbereitung der Bilanzpositionen; Ermittlung von Kennzahlen und Bewegungsrechnungen.
Bilanzkritik: Auswertung der Analyse durch Zeit- und Branchenvergleich.
Finanzierungsgrundsatz: Goldene Bilanzregel: Langfristig gebundene Anlagen gedeckt durch langfristig zur Verfügung stehende Mittel.

Bilanzkennzahlen:
Anlagendeckung (I): Eigenkapital * 100 / Anlagevermögen (AV)
Anlagendeckung (II) (Eigenkapital + langfr.Fremdkapital)*100 / AV
Kapitalstruktur: . Eigenkapital * 100 / Gesamtkapital
Vermögenstruktur: Anlagevermögen * 100 / Gesamtvermögen
Liquidität: Liquide Mittel * 100 / kurzfr. Verbindlichkeiten
1.Grad: Kasse, Bank, Wechsel
2.Grad: zusätzlich Forderungen
Rentabilität: Gewinn*100 / jahresdurchschnittliches Eigenkapital
Gesamtkapitalrentabilität: (Gewinn+Zinsen)*100 / durchschn. Gesamtkapital
Cash-flow:: Jahresüberschuss + Abschreibungen + langfristige Rückstellungen + außerordentliche Aufwendungen ./. außerordentliche Erträge

Zukunftsorientierte Analyse beurteilt folgende Faktoren:
Marktentwicklung
➪ Umwelt im Rahmen der unternehmerischen Ziele
➪ Ethik des Unternehmens
➪ Management
➪ Bewältigung des Generationenwechsels

- ➪ Insolvenzprognosen über Branche
- ➪ Shareholder Value: Berücksichtigung der Interessen der Kapitalgeber
- ➪ Stakeholder Value: Berücksichtigung der Interessen anderer Gesellschaftsgruppen

Sicherheiten von Firmenkunden

Bürgschaft: immer selbstschulderisch bei Kaufleuten, meistens als Höchstbetragsbürgschaft, auch von sonst nicht haftenden Gesellschaftern.

Sicherungsabtretung: Bei Forderungen als Rahmenabtretung i.d.R. Globalzession: Abtretung aller bestehenden Forderungen und aller künftigen, sobald sie entstehen. Von Kreditnehmer sind „Blankobenachrichtigungen" in ausreichender Zahl zur etwaigen Offenlegung der Zession vorzulegen.
Risiken für Bank: Mehrfachabtretung, Bonität der Drittschuldner, Verletzung des Abtretungsverbots, Kollision mit verlängertem Eigentumsvorbehalt.

Sicherungsübereignung: Bei Maschinen ist besonders auf genaue Kennzeichnung zu achten. Etwaige Grundschulden können Maschinen als Zubehör erfassen und die Sicherheit damit entwerten. Üblich Überdeckung von mindestens 120 % des Kredits.

Sicherungsgrundschuld: Weite Zweckerklärung für Forderungen aus dem gesamten Geschäftsbetrieb üblich.

Kreditüberwachung

Nach Vergabe des Kredits ist laufende Überwachung des Kreditverlaufs notwendig. Alarmzeichen sind Störungen in der Erbringung des Kapitaldienstes, rückläufige Umsätze auf dem Bankkonto, Häufung von Kreditanfragen, Kreditüberziehungen, verzögerte Bilanzvorlage. Ziel ist die Vermeidung der Gefährdung durch rechtzeitige Einleitung von Sanierungsmaßnahmen.

Ursachen der Kreditgefährdung:
Insbesondere in folgenden Bereichen können Störungen auftreten:
- ➪ Unternehmensführung: hohe Fluktuation
- ➪ Produktion: veraltete Technik
- ➪ Marktsituation: zunehmender Wettbewerb, mangelnde Flexibilität
- ➪ Personal: mangelnde Qualifikation, hohe Fluktuation
- ➪ Rechnungswesen: unzureichendes Mahnwesen, mangelnde Finanzplanung
- ➪ Überbetriebliche Ursachen: Konjunkturrückgang

Gerichtliches Mahnverfahren:
Antrag auf Mahnbescheid beim (zentralen) Amtsgericht und Entrichtung der Gerichtskosten; von dort Zustellung an Schuldner; Frist zur Reaktion zwei Wochen; bei Widerspruch des Schuldners ist Verfahren beendet, Gläubiger kann klagen; reagiert der Schuldner nicht, kann vollstreckbarer Titel beantragt werden.

Aufgaben

1. Unterscheiden Sie die Kreditarten nach Fristigkeit, Abwicklungs- und Buchungstechnik und geeigneten Sicherheiten!
   a) Kontokorrentkredit
   b) Darlehn
   c) Avalkredit

2. Unterscheiden Sie Bilanzanalyse und Bilanzkritik!

3. Nennen Sie 4 Unterlagen für eine Kreditwürdigkeitsbeurteilung!

4. Beschreiben Sie die goldene Bilanzregel!

5. Welche Bedeutung haben die Anlagendeckungskennziffern?

6. Inwiefern können die Liquididitätskennziffern kritisiert werden?

7. Welche Aussagekraft hat der Cash-flow?

8. Die Bilanz eines Industriebetriebes weist folgende Zahlen aus:

Sachanlagen	660.000,00	Eigenkapital	460.000,00
Finanzanlagen	60.000,00	Langfr.Fremdkapital	320.000,00
Roh-, Hilfs- und Betriebsstoffe	210.000,00	Kurzfr.Fremdkapital	190.000,00
Forderungen	84.000,00	Langfr.Rückstellungen	101.000,00
Bank, Kasse	57.000,00		
	1.071.000,00		1.071.000,00

Reingewinn laut Guv: 92 000,00
Abschreibungen lt. GuV: 140 000,00
Zinsaufwendungen 40 000,00
Zuführung zu Pensionsrückstellungen: 32 000,00
Bilanzsumme am Jahresanfang 950 000,00
Ermitteln Sie die im Stofftelegramm angegebenen Kennzahlen!

9. Vergleichen Sie die Risiken bei der offenen und stillen Zession für die Bank!

10. Vergleichen Sie die Mantel- und Globalzession nach ihrer Wirksamkeit und praktischen Verwendung!

11. Auf welche Punkte wird eine Bank achten müssen, wenn sie eine Zessionsprüfung bei einem Kreditnehmer durchführt?

Entscheidungs- und handlungsorientierte Aufgaben

1 Das Ehepaar Petra und Johannes Klein, seit 6 Jahren verheiratet, 3 Kinder, hat bei der Sparkasse Schönberg ein Allzweckdarlehn in Höhe von 20.000,00 zur Finanzierung einer Wohnungseinrichtung aufgenommen. Durch einen Verkehrsunfall von Herrn Klein ist die Familie in Not geraten. Herr Klein kann zur Zeit seinen Beruf als Vertreter nicht mehr ausüben, seine Frau ist nicht berufstätig. Die Sparkasse hat mit Herrn Klein die Aussetzung der Kredittilgung (Forderung der Sparkasse z.Zt. 17.50,00) für 1 Jahr vereinbart. Sie fordert aber eine zusätzliche Kreditsicherheit in Form einer Bürgschaft. Herr Ulrich Koch, Oberstudienrat, der Vater von Petra Klein, ist zur Übernahme einer Bürgschaft bereit.

1.1 Verdeutlichen Sie die Übernahme einer Bürgschaft im vorliegenden Fall unter Angabe der Rechtsbeziehungen der Beteiligten. (Skizze)

1.2 Die Bürgschaft ist eine akzessorische Kreditsicherheit. Welche Folgerungen ergeben sich aus der Akzessorietät?

2 Michael und Elke Huber haben geheiratet. Für die Gründung ihres Hausstandes benötigen sie zusätzlich zu ihren eigenen Mitteln einen Kredit in Höhe von 30.000,00. Als Mitarbeiter Ihres Kreditinstituts ist es Ihre Aufgabe, die Eheleute zu beraten und die für eine Kreditentscheidung notwendigen Informationen zu beschaffen.

2.1 Ermitteln Sie das frei verfügbare Einkommen für die monatliche Belastung nach Aufnahme eines Anschaffungsdarlehns über 30.000,00.

Monatliches Nettoeinkommem	Michael Huber	2.400,00
	Elke Huber	2.600,00
Fixe Ausgaben pro Monat:		
Lebensunterhalt		1.600,00
Miete		1.100,00
Kfz-Kosten		500,00
Versicherungen		350,00
Sparbeiträge für spätere Verwendung		450,00

2.2 Errechnen Sie zwei alternative Kreditvorschläge für eine Laufzeit von 36 und 60 Monaten und die jeweilige monatliche Belastung. Der Monatszinssatz für Ratenkredite liegt zur Zeit bei 0,35 % p.M bis 36 Monate Laufzeit und 0,4 % p.M. bis 60 Monate Laufzeit; die Bearbeitungsgebühr liegt jeweils bei 2 % der Darlehnssumme.

2.3 Machen Sie den Eheleuten Huber einen begründeten Vorschlag, welche Kreditlaufzeit Sie empfehlen würden.
Zeigen Sie dabei auch weitere mögliche Laufzeitvarianten auf (ohne Berechnung).

2.4 Welche Angaben und Unterlagen über die in 2.1 genannten hinaus benötigen Sie noch zur Kreditprüfung?

2.5 Das Ehepaar Huber entscheidet sich für die Kreditaufnahme.
Nennen Sie sechs Punkte, die der Kreditvertrag mindestens beinhalten muss.

2.6 Wann ist der Kreditvertrag zwischen Ihrem Institut und den Eheleuten Huber zustandegekommen? Nennen Sie dabei die erste und zweite Willenserklärung und die Frist für einen eventuellen Widerruf durch den Kreditnehmer.

2.7 In welchem Gesetz sind diese genormten Ratenkredite im Interesse der Verbraucher geregelt?

3. Im Verlauf des Kreditgesprächs stellt sich heraus. dass das Ehepaar Huber mittelfristig den Erwerb einer Eigentumswohnung plant.

3.1 Vergleichen Sie anhand von drei Merkmalen die Finanzierung des Hausstandes (Einrichtung der Wohnung etc.) mit der Finanzierung einer Eigentumswohnung.

3.2 Die Eheleute bitten Sie um Auskunft, welche Besonderheiten beim Abschluss eines Immobilienkaufvertrages und dessen Erfüllung im Gegensatz zu einem Kaufvertrag über Einrichtungsgegenstände zu beachten sind.

3.3 In der Baufinanzierung werden Grundpfandrechte als Kreditsicherheiten verwendet. Beschreiben Sie die Grundpfandrechte, und begründen Sie, welches Grundpfandrecht in der Praxis meist verwendet wird.

3.4 Nehmen Sie kritisch Stellung zu der Aussage: "Grundpfandrechte sind immer die beste Kreditsicherung."

4 Das Ehepaar Andreas und Heike Semmeling hat zwei Kinder im Alter von fünf und neun Jahren. Andreas (40 Jahre) verdient als Maschinenschlosser in dem Betrieb, in dem er auch gelernt hat, netto ca. 3.500,00/Monat. Heike (36 Jahre) ist als Kontoristin stundenweise beschäftigt und erhält monatlich 900,00 netto. Die Semmelings zahlen für ihre Mietwohnung monatlich 1.000,00. Für Versicherungen, Heizung, Strom Telefon etc. fallen monatlich 500,00 an. Für die Lebenshaltung einschließlich Autokosten rechnen Sie mit 1.500,00 im Monat. 200,00 brauchen sie für Urlaub und Hobby und die restlichen 700,00 werden auf einem Bausparvertrag bzw. einem Sparbuch angelegt. Die Semmelings haben einen Bausparvertrag über 100.000,00, der mit 40 % bespart ist. Der Vertrag ist zuteilungsreif, der vereinbarte Tarif sieht eine 3%ige Guthabenverzinsung, eine 5%ige Darlehnsverzinsung und eine Annuität von 6,00 je 1.000,00 Bauparsumme pro Monat vor. Sie haben ferner ein Sparbuch mit 10.000,00 und Wertpapiere im Gesamtwert von 130.000,00. Andreas hat eine Kapitallebensversicherung über 100.000,00 mit einem aktuellen Rückkaufswert von 30.000,00. Heike ist mit 50.000,00 risikolebensversichert. Die Semmelings wollen eine 15 Jahre alte Doppelhaushälfte mit 150 m² Wohnfläche, 600 m³ umbautem Raum, 250 m² Grundstücksfläche kaufen. Das Haus solle 480.000,00 kosten. An Nebenkosten für Makler, Notar, Grunderwerbsteuer, Umzug usw. ist mit weiteren 50.000,00 zu rechnen. Wenn sie das Haus kaufen, können sie mit Schenkungen hierfür aus der Verwandtschaft in Höhe von 100.000,00 rechnen. Die Semmelings, die bisher nicht Kunden Ihres Instituts sind, wenden sich wegen der Finanzierung ihres Hauses an Sie.

4.1 Beschreiben Sie, welche vier Merkmale bei der Beurteilung der persönlichen Kreditwürdigkeit eine positive Rolle spielen.

4.2 Erläutern Sie, welche Unterlagen (vier) Sie im Beispiel für die Prüfung der materiellen Kreditwürdigkeit heranziehen werden.

4.3 Ermitteln Sie die Kreditobergrenze für ein erstrangig gesichertes Bankdarlehn. Folgende weitere Informationen liegen Ihnen vor:
-Der Beleihungswert eines Einfamilienhauses wird in Ihrem Hause üblicherweise aus dem Sachwert ermittelt. Die Beleihungsgrenze ist in Ihrem Hause auf 60 % des Beleihungswertes festgelegt, wobei ggf. auch Überschreitungen möglich sind.
- Bodenwert 500,00 m²
- Aktuelle Baukosten am Ort: 600,00 m² umbauter Raum
- Abschlag im Beispiel, da das Haus 15 Jahre alt ist, pauschal 25%

4.4 Die Semmelings haben bereits gerechnet und sind unsicher, ob sie sich das Haus leisten können. Unterbreiten Sie einen begründeten Finanzierungsvorschlag, und ermitteln Sie die monatliche Belastung bei einer Annuität von 8 %. Es ist von der üblichen jährlichen staatl. Förderung beim Erwerb des Hauses in den ersten 8 Jahren auszugehen. Berücksichtigen Sie auch die Mietersparnis und die Bewirtschaftungskosten für das Haus in Höhe von 330,00 im Monat.

4.5 Die Semmelings möchten bei Ihrem Institut nun ein Darlehn für den Hauskauf aufnehmen. Entscheiden Sie sich begründet für eine Form der Besicherung eines solchen Darlehns.

4.6 Der von Ihnen ausgearbeitete und von den Semmelings akzeptierte Darlehnsvertrag hat folgende Konditionen:
Langfristiges Darlehn 200 000,00, Auszahlung 95 %, Tilgung 1 % p.a., Zinsfestschreibung fünf Jahre nominal 7 % p.a., gleichbleibende Annuität.

4.6.1 Begründen Sie Herrn Semmeling mit zwei Argumenten, warum Sie das Darlehn mit einem Disagio (Damnum) ausgestattet haben.

4.6.2 Erstellen Sie einen Tilgungsplan für dieses Annuitätendarlehn für die ersten drei Jahre.

5 Die Eheleute Klaus und Sabine Kraft beabsichtigen, von der Gemeinnützigen Baugesellschaft Göppingen eine Eigentumswohnung zu erwerben. Der Kaufpreis der Wohnung beträgt 350.000,00. Er setzt sich zusammen aus den Baukosten für die Wohnung mit 320.000,00 und 30.000,00 anteiligem Grundstückswert. Für den Kauf fallen noch 3,5 % Grunderwerbsteuer und ca. 1 % Notariatskosten an. Der Baubeginn steht unmittelbar bevor. Die Fertigstellung erfolgt in ca. 12 Monaten. Die Eheleute haben folgende Finanzierungsvorstellung:
Bausparvertrag über 100.000,00 (einbezahlt mit 40 %, Zuteilung etwa in einem Jahr), Festgeldeinlage (kurzfristig verfügbar) über 90.000,00, Spareinlage (drei Monate Kündigungsfrist) über 9.000,00, der Rest soll durch ein Bankdarlehn der Hausbank finanziert werden. Mit Baubeginn werden 30 % des Kaufpreises fällig. Entsprechend dem Baufortschritt sind weitere Teilbeträge zu entrichten.

5.1 Ermitteln Sie aus der Sicht der Hausbank die Beleihungsgrenze nach dem Sachwertverfahren unter Berücksichtigung eines Risikoabschlags von 25 % vom Bauwert und prüfen Sie, ob die Finanzierungsvorstellungen der Eheleute durchführbar sind. Das Darlehn soll im Realkreditbereich liegen.

5.2 Die Eheleute Kraft sehen ein Problem darin, dass der Bausparvertrag erst nach Fälligkeit der Zahlungen zuteilungsreif wird.
Erklären Sie, welche Möglichkeit die Bank hier anbietet und wie dabei abwicklungsmäßig mit der Sicherstellung verfahren wird.

5.3 Prüfen Sie, ob im Hinblick auf die Finanzierung mit dem Bauspardarlehn der Beleihungswert der Wohnung ausreicht.

5.4 Die Hausbank verlangt bei der Sicherstellung der Finanzierung ein Grundpfandrecht mit einer Erklärung der "dinglichen Vollstreckungsunterwerfung". Begründen Sie diese Maßnahme aus der Sicht der Bank.

5.5 Die Hausbank bereitet für die Eheleute Kraft die Grundschuldbestellung vor. Darin steht unter anderen: " ... nebst 15 % Jahreszinsen ... ." Die Eheleute sehen darin einen Verstoß gegen die mit der Bank getroffene Zinsvereinbarung. Nehmen Sie dazu Stellung.

5.6 Im Kaufvertrag steht folgende Regelung:
„Die Auflassung erfolgt nach Bezugsfertigstellung, wenn die Erwerber ihre finanziellen Verpflichtungen aus diesem Vertrag erfüllt haben. ... Die Baugesell-

schaft bewilligt und beantragt die Eintragung einer entsprechenden Auflassungsvormerkung für die Erwerber."
Im Rahmen des Kreditvertrages verlangt die Hausbank von den Eheleuten Kraft die Eintragung einer Auflassungsvormerkung. Begründen Sie den Zweck dieser Maßnahme.

6 Die Thermo-Pack AG beantragt einen Betriebsmittelkredit in Höhe von 400.000 und reicht u.a, die folgende Bilanz bei der Bank ein:

A Bilanz zum 31.12. P

	Tsd.		Tsd.
Gebäude	2.000	Gezeichn.Kapital	1.800
Maschinen	5.040	Kapitalrücklage	900
BGA	1.850	Gewinnrücklage	1.650
Fahrzeuge	380	Darlehn	3.100
Roh-,Hilfs-,Betriebsstoffe	1.250	Rückstellungen	250
Waren	3.820	Verbindlichkeiten	4.180
Forderungen	2.780	Bank	5.105
Bank	115	Bilanzgewinn	300
Kasse	50		
	17.285		17.285

Zusätzliche Angaben:
vom Bilanzgewinn sollen 200.000,00 ausgeschüttet werden. Jahresüberschuss 550.000,00, Zinsaufwand 720.000,00.

6.1 Welche Unterlagen neben Bilanz und GuV-Rechnung werden Sie zusätzlich verlangen?

6.2 Errechnen Sie je eine Kennzahl zur

6.2.1 Anlagendeckung (= Kapital-/Vermögensstruktur)

6.2.2 Kapitalstruktur

6.2.3 Liquidität 1. Grades

6.2.4 Gesamtkapitalrentabilität (zur Vereinfachung aus Endkapital)

6.3 Beurteilen Sie die errechneten Kennzahlen im Hinblick auf den beantragten Kredit (soweit möglich).

6.4 Der Firma wird der Kredit in der gewünschten Höhe zugesagt. Daraufhin bewegt sich der Kontostand ständig zwischen 200.000,00 und 250.000,00 Soll. Welche Kreditkosten werden den Unternehmen bei Ihrer Bank in Rechnung gestellt?

6.5 Welche Vermögensgegenstände aus obiger Bilanz können für die Absicherung des Kredits verwendet werden und in welcher Weise?

7 Das Bauunternehmen Maichle & Mohr OHG erwartet durch Maßnahmen der Wirtschaftsförderung eine verbesserte Baukonjunktur. Das Unternehmen möchte deshalb zwei neue Schaufelbagger und einen Baukran im Gesamtwert von 1.200 000 anschaffen.

7.1 Maichle plädiert bei der Finanzierungsentscheidung eher für Maßnahmen der Innenfinanzierung, Mohr hingegen ist für die Beschaffung der Mittel im Rahmen der Außenfinanzierung.

Erläutern Sie, welche Finanzierungsmöglichkeiten in den beiden Fällen in Betracht kommen!

7.2 Da sich Maichles Vorstellungen nicht realisieren lassen, einigen sich beide Gesellschafter, einen Kreditantrag bei ihrer Hausbank zu stellen und um ein Darlehn in Höhe von 1,2 Mio. nachzusuchen. Als Anlage reichen sie folgende Bilanz ein:

A	Bilanz (in Tsd.)		P
Gebäude	1.400	EK Maichle	1.500
Masch.Anl.	950	EK Mohr	500
Fuhrpark	350	lfr. Rückst.	90
BGA	30	Hyp. Schulden	810
Vorräte	110	Verb.a.L.u.L.	250
Ford.a.L.u.L.	290		
flüssige Mittel	20		
	3.150		3.150

Erläutern Sie mindestens 6 Gesichtspunkte, warum aus den vorgelegten Bilanzzahlen allein nicht erkennbar ist, in welchem Umfang die Vermögensteile der Unternehmung zur Besicherung des benötigten Kredits herangezogen werden können.

7.3 Welche KWG-Vorschriften sind bei dieser Kreditvergabe zu beachten?

7.4 Welche weiteren Daten und Unterlagen wird das Kreditinstitut von Maichle & Mohr verlangen? (3 Beispiele)

7.5 Aus der GuV-Rechnung liegen nachstehende Zahlen vor:
Gesamtgewinn (im EK der Gesellschafter enthalten) 230.000,00;
Zinsaufwand 75.000,00 Ermitteln Sie im Rahmen der Bilanzanalyse:
a) die Vermögens- und Kapitalstruktur
b) den Anlagedeckungsgrad I und II
c) die Liquidität 1. und 2. Grades
d) die Rentabilität des Gesamtkapitals (aus Endkapital)

7.6 Wie beurteilen Sie das Kreditersuchen aufgrund der errechneten Zahlen?

7.7 Machen Sie in tabellarischer Form deutlich, wie die beweglichen Vermögensteile des Unternehmens zur Kreditbesicherung herangezogen werden könnten; gehen Sie jeweils auf wenigstens 2 Risiken ein, die sich aus der Besicherung ergeben können, und erläutern Sie, wie sich diese Risiken wenigstens teilweise ausschließen lassen!

7.8 Sowohl Maichle als auch Mohr verfügen neben ihrem Geschäftsvermögen auch über ein beträchtliches Privatvermögen. Wäre es in diesem Zusammenhang sinnvoll, dass beide Gesellschafter gegenüber der Bank eine selbstschuldnerische Bürgschaft übernehmen?

8 Hans Ehrmann, Installateurmeister, möchte sich selbständig machen. Als Betriebsstätte steht ihm die Schlosserei seines Großvaters Wilhelm Eisenmann zur Verfügung, der seinen Betrieb im vorigen Jahr wegen eines Unfalls aufgeben musste. Hans Ehrmann soll die Schlosserei zwar erben, doch möchte ihm der Großvater das Anwesen noch nicht überschreiben, da die Schwester von

Hans nicht leer ausgehen soll. Der Großvater ist aber bereit, das Anwesen zur Absicherung der benötigten Kredite zur Verfügung zu stellen. Das Grundbuch enthält hierüber (auszugsweise) folgende Eintragungen:

(1)

Lfd.Nr. der Grundst.	Bezeichnung der Grundstücke	Größe
1	Hof- und Gebäudefläche, Pfedelbacher Str. 76	16 ar 33 qm

(2)

Lfd. Nr. der Eintrag.	Eigentümer	lfd. Nr. der Grundst.	Grundlage der Eintragung
1	Wilhelm Eisenmann, Schlossermeister, Öhringen	1	Auf Grund der Auflassung vom 12. Mai 62 eingetragen am 25. Juli 1962

(3)

Lfd. Nr. der Eintrag.	Lfd. Nr. des betroff. Grundstücks	Lasten und Beschränkungen
1	1	Beschränkte persönliche Dienstbarkeit (Verlegen und Unterhalten eines Stromkabels) zugunsten der Energieversorgung Schwaben AG, Stuttgart. Unter Bezugnahme auf die Bewilligung vom 4. Januar 1963 eingetragen am 12. Februar 1963

4)

Lfd. Nr. der Eintrag.	Lfd. Nr. der belasteten Grundstücke	Betrag DM	Hypotheken, Grundschulden, Rentenschulden
1	1	80.000,00	Achtzigtausend Deutsche Mark Hypothek für die Handels- u. Gewerbebank AG Heilbronn, Filiale Öhringen, verzinslich zu 12 v.H. jährlich, sofort vollstreckbar gegen den jeweiligen Eigentümer. Unter Bezugnahme auf die Bewilligung vom 12. November 1962 eingetragen am 2. Dezember 1962.
2	1	15.800,00	Fünfzehntausendachthundert Deutsche Mark Grundschuld ohne Brief für die Bausparkasse Gemeinschaft der Freunde Wüstenrot GmbH, Ludwigsburg, verzinslich zu 8 vom Hundert jährlich. Unter Bezugnahme auf die Bewilligung vom 27. März 1966, eingetragen am 3. Mai 1966.

8.1 Erläutern Sie kurz Wesen und Bedeutung des Grundbuches.

8.2 Was besagt die Aussage: "Das Grundbuch genießt öffentlichen Glauben."

8.3 Wie werden die Teile des Grundbuchs bezeichnet, in welchen die Eintragungen (1) bis (4) stehen?

8.4 Woran erkennen Sie, dass eine Grundbucheintragung gelöscht wurde?

8.5.1 Erklären Sie kurz die unterstrichenen Sachverhalte bei der Grundbucheintragung (4). (Im Original-Grundbuch **keine** Unterstreichung!)

8.5.2 Wie läßt sich mit der Grundbucheintragung (4) bezüglich der Verzinsung der Hypothek die Tatsache vereinbaren, dass beim damaligen Kreditvertrag über das Hypothekendarlehn ein Zinsfuß von 7,25 % vereinbart wurde?

8.6 Die Schlosserwerkstatt muss erweitert und mit den notwendigen Einrichtungen versehen werden. Wegen der Finanzierung dieser Maßnahmen, die mit 600.000,00 DM veranschlagt werden, hat Hans Ehrmann mit der Volksbank Öhringen Gespräche geführt. Er verfügt über Ersparnisse von 90.000,00 DM und will Eigenleistungen im Wert von 20.000,00 DM erbringen. Von seiner Mutter erhält er einen zuteilungsreifen Bausparvertrag über 50.000,00 DM, auf den 50 % eingezahlt sind. Er kann außerdem mit einem Junghandwerkerdarlehn von 50.000,00 DM rechnen. Den Restbetrag will die Volksbank mit einem grundpfandrechtlich gesicherten Darlehn finanzieren.

8.6.1 Stellen Sie einen Finanzierungsplan auf und weisen Sie nach, wieviel Fremdkapital Hans Ehrmann aufnehmen muss.

8.6.2 Die vom Großvater seinerzeit beanspruchten und grundpfandrechtlich gesicherten Kredite sind schon seit Jahren zurückbezahlt und sollen deshalb im Grundbuch gelöscht werden.
Welche rechtlichen Voraussetzungen sind hierzu erforderlich?

8.6.3 Zwischen der Volksbank Öhringen und Hans Ehrmann wird folgender Vertrag abgeschlossen:

Ausreichung eines langfristigen Darlehns von 400.000,00 DM gegen eine Briefgrundschuld auf das Anwesen Pfedelbacher Str.76, Öhringen, verzinslich zu 8,75 % p.a. mit vierjähriger Zinsfestschreibung, Auszahlungskurs 98 %, mit einer Tilgung von 2 % p.a. zuzüglich ersparter Zinsen, in vierteljährlichen Annuitäten; außerplanmäßige Tilgungen können jederzeit erbracht werden; sofortige Tilgungsverrechnung.

8.6.3.1 Warum wird in der Praxis die Grundschuld als Sicherungsmittel gegenüber der Hypothek bevorzugt?

8.6.3.2 Auf welche Weise entsteht das Grundpfandrecht zugunsten der Volksbank Öhringen?

8.6.3.3 Wodurch erwirbt die Volksbank Öhringen das Grundpfandrecht?

8.6.3.4 Wie hoch sind die Zins- und Tilgungsraten (Annuitäten), die Hans Ehrmann gemäß Vertrag nach erfolgter Auszahlung des Darlehns vierteljährlich an die Volksbank Öhringen bezahlen muss?

8.7 Wie hoch ist Hans Ehrmanns Restschuld aus dem Darlehn gegenüber der Volksbank Öhringen nach einem halben Jahr, wenn er den Vertrag planmäßig erfüllt? (Rechnerischer Nachweis!)

8.8 Für zinsverbilligte Junghandwerkerdarlehn stehen zum Zweck von Existenzgründungen Landesmittel zur Verfügung, welche vom Wirtschaftsministerium zugeteilt und über die Gemeinden beantragt werden können. Die Gemeinden haben im Falle einer Darlehnsgewährung für Sicherheit und Rückzahlung der Kredite eine Bürgschaft zu übernehmen, wobei es sich regelmäßig um "gewöhnliche" Bürgschaften handelt. Die Stadt Öhringen übernimmt für einen derartigen Kredit an Hans Ehrmann eine solche Bürgschaft.

8.8.1 Zwischen welchen Personen kommt dieser Bürgschaftsvertrag zustande?

8.8.2 Wodurch ist eine selbstschuldnerische Bürgschaft gekennzeichnet?

8.9 Als weitere Sicherheit bietet eine GmbH für ein Darlehn von 240.000,00 DM die zu finanzierenden Produktionsanlagen an. Diese haben eine Nutzungsdauer von acht Jahren. Für ihre Finanzierung macht die Hausbank folgendes Angebot:

Auszahlung	98 %
Zinssatz	10 %
Kreditlaufzeit	fünf Jahre.

Tilgung in fünf gleichen Jahresraten. Tilgung und Zinszahlung erfolgen jeweils am Jahresende.

8.9.1 Stellen Sie den Zins- und Tilgungsplan auf.

8.9.2 In welcher Weise könnten die Produktionsanlagen als Kreditsicherheit herangezogen werden? Wie erfolgt die Besicherung?

8.9.3 Nennen Sie drei Gefahren, die bei dieser Kreditsicherheit der Bank drohen, und zeigen Sie jeweils eine mögliche Absicherung.

8.10 Für einen evtl. ungesicherten Rest der Gesamtfinanzierung käme noch das vertragliche Pfandrecht und die Forderungsabtretung in Betracht.

8.10.1 Welche Vermögenspositionen könnte man jeweils auswählen?

8.10.2 In welcher Höhe könnten diese Positionen jeweils herangezogen werden, und wie erfolgt jeweils die Bestellung?

8.10.3 Auf welcher Art der Forderungsabtretung wird die Hausbank bestehen, wenn der Kredit über längere Zeit zu sichern ist?
Begründen Sie Ihr Urteil!

9 Die Firma Franz Müller GmbH, Bauunternehmung, hat für einen Bauträger einen Rohbau für 10 Millionen erstellt. Für eventuell auftretende Mängel wurde eine längere Gewährleistungsfrist vereinbart. Um die Ansprüche des Bauträgers abzusichern, wurde eine Gewährleistungsgarantie von der Hausbank der Firma Franz Müller übernommen.

9.1 Wie nennt man diese Art von Bankgeschäft?

9.2 Erklären Sie den Unterschied zwischen einer Bankbürgschaft und einer Bankgarantie.

9.3 Beschreiben Sie die Bedeutung dieser Garantie für die Bauunternehmung und den Bauträger.

9.4 Wie behandelt die Hausbank der Bauunternehmung diese Bürgschaft bei der Bilanzierung? (Begründung)

10 Das Autohaus Schwarz GmbH in Bergheim plant im Rahmen einer Betriebserweiterung die Erstellung einer Werkstatthalle einschließlich der hierfür erforderlichen technischen Einrichtung.
Geplantes Investitionsvolumen: 500.000,00.
Nennen Sie jeweils zwei Arten der Innen- und Außenfinanzierung.
Aufgrund der Unternehmenssituation müssen 350.000,00 DM über einen Kredit bei der Bergheimer Bank eG finanziert werden.

10.1 Welche Unterlagen kann die Bergheimer Bank zur Prüfung der Kreditwürdigkeit der Schwarz GmbH heranziehen? (sechs Beispiele)

10.2 Im Rahmen der vergangenheitsorientierten Kreditprüfung wurden folgende Kennzahlen ermittelt:

	Vorvorjahr	**Vorjahr**	**Berichtsjahr**
Eigenkapitalquote	20%	16%	12%
Finanzierungsstruktur:			
Anlagendeckungsgrad I (nur Eigenkapital)	60%	55%	58%
Anlagendeckungsgrad II (incl. langfristigem FK)	210%	220%	216%
Eigenkapitalrentabilität	0%	1%	2%

10.2.1 Definieren und interpretieren Sie die vier Kennziffern und deren Entwicklung.

10.2.2 Stellen Sie Stärken und Schwächen der vergangenheitsorientierten Kreditprüfung einander gegenüber, und begründen Sie, ob eine Kreditentscheidung auf dieser Basis möglich ist.

10.2.3 Welche zukunftsorientierte Informationen würden Sie in die Kreditvergabeentscheidung miteinbeziehen? (drei Beispiele)

10.3. Angenommen, der Kredit von 350.000,00 an das Autohaus Schwarz GmbH wurde gewährt und wie folgt besichert:
erstrangige Grundschuld: 200.000,00 (Sachwert 500.000,00)
Sicherungsübereignung der technischen
Einrichtung: (Anschaffungswert 200.000,00) 100.000,00
Durchschnittlicher Forderungsbestand: 200.000,00
(hiervon abgetreten 100.000,00)

10.3.1 Nennen Sie drei Gründe, die für eine regelmäßige Kreditüberwachung sprechen.

10.4 Beurteilen Sie die Werthaltigkeit der angegebenen Kreditsicherheiten Grundschuld, Sicherungsübereignung der technischen Einrichtungen und Zession aus der Sicht der Bergheimer Bank eG in der vorliegenden Situation.

11 Eine Bank hat ein haftendes Eigenkapital von 5 Mio. Welche Grenzen für Großkreditgewährung sind dadurch gegeben?

12 Welche Absicht verfolgt das KWG mit den Vorschriften zu den §§ 13, 14,18? Gehen Sie bei der Beantwortung auf jede dieser Vorschriften ein!

13 Kreditnehmer K hat bei verschiedenen Banken Kredit aufgenommen: Bei Bank A Kontokorrentkreditrahmen 4 Mio, ausgenutzt bis 1,6 Mio; bei Bank B Kredit 3,2 Mio und bei Bank C Darlehn 4 Mio. Welche Information gibt die Bundesbank an welche Bank?

14 Eine Bank gibt an ein Unternehmen, an dem sie beteiligt ist, einen Kredit in Höhe von 4,5 Mio DM. Das haftende Eigenkapital beträgt 20 Mio. Begründen Sie, welche KWG-Vorschriften bei diesem Kredit zum Zuge kommen!

15 Die Baustoffgroßhandlung Hans Bauer KG will in Sachsen ein neues Absatzgebiet erschließen. Zur laufenden Vorfinanzierung der dadurch stark steigenden Lagerhaltung benötigt die KG einen zusätzlichen Kredit in Höhe von 1.000.000,00.
Geplant ist ein Umsatz in Sachsen von anfänglich 10 Mio. pro Jahr. Das Eigenkapital der KG beträgt 4,2 Mio. Sie führen mit dem Komplementär Hans Bauer die Kreditverhandlungen.

15.1 Hans Bauer ist seit 30 Jahren Kunde Ihrer Bank. An seiner Bonität besteht kein Zweifel. Deshalb glaubt er, dass Sie ihm den Kredit auch ohne weitere Prüfung geben werden. Klären Sie Herrn Bauer auf.

15.2 Bei der Bilanzanalyse errechnen sie eine Eigenkapitalquote von 60 % und eine Eigenkapitalrentabilität von 1,2 %. Beurteilen Sie die beiden Kennziffern.

15.3 Wie hoch ist die Eigenkapitalquote nach der Kreditgewährung?

15.4 Herr Bauer denkt an die Bereitstellung des Kredits in Form eines Darlehns. Sie dagegen schlagen eine Kontokorrentlinie von 1.000.000,00 (bisher kein Kontokorrentkredit) vor. Begründen Sie die Vorteile Ihres Vorschlags.

15.5 Zur Absicherung des Kontokorrentkredits möchten Hans Bauer, der ein beträchtliches Privatvermögen in Form eines Wertpapierdepots in Höhe von 1,2 Mio. DM hat, und der Kommanditist Heinz Kunz (Einlage 10.000,00, sonstiges Vermögen = Wertpapierdepot mit 20.000,00) eine Bürgschaft übernehmen. Beurteilen Sie den Wert dieser Sicherheiten für Ihr Kreditinstitut.

15.6 Hans Bauer verpfändet uns sein Wertpapierdepot als Kreditsicherheit. Welche Vorteile hätte diese Verpfändung im Falle eines Konkurses der Hans Bauer KG für Ihr Kreditinstitut?

15.7 Warum kommt eine Verpfändung des Warenlagers der KG als Kreditsicherheit nicht in Betracht?

15.8 Zur Absicherung des Kontokorrentkredits schließen Sie mit der Hans Bauer KG einen Abtretungsvertrag (Zession).
Wie hoch sollte der Wert der abgetretenen Forderungen sein? (Begründung)

15.9 Sie vereinbaren mit Hans Bauer eine Sicherungsabtretung in Form einer stillen Zession aller Forderungen gegen Kunden im Land Sachsen.
Ihre Bank wird durch diesen Abtretungsvertrag fiduziarische Gläubigerin. Welche Bedeutung hat dies für Ihre Bank und für die Bilanzierung der abgetretenen Forderungen?

15.10 Begründen Sie, wann die von der KG abgetretenen Forderungen auf Ihr Kreditinstitut übergehen, und welche Rolle dabei die monatlichen Bestandsmeldungen spielen.

15.11 Erläutern Sie, warum Hans Bauer unterschriebene Blankobenachrichtigungsschreiben mit einreichen muss.

16 Der Kommanditist Heinz Kunz ist ebenfalls Kunde Ihrer Bank. Für die Anschaffung des allerneuesten Multimediacomputers (Kaufpreis 16.000,00) benötigt er einen Kredit über 15.000,00. Als Angestellter verdient Herr Kunz nach seinen Angaben 4.500,00 pro Monat netto. Nach Abzug aller Verpflichtungen (einschl. Lebenshaltungskosten) verbleiben ihm 350,00.

16.1 Berechnen Sie, ob Heinz Kunz den gewünschten Kredit innerhalb von fünf Jahren zurückbezahlen kann. Die Konditionen ihrer Bank für Ratenkredite sind: Zins = 0,43 % p.M., einmalige Bearbeitungsgebühr = 2 %

16.2 Wie überprüfen Sie die Kreditwürdigkeit Ihres Kunden? (vier Angaben)

16.3 Der Kredit soll durch Sicherungsübereignung des Computers gesichert werden. Welche Wirkung hat dies auf die Eigentums- und Besitzverhältnisse am Computer?

16.4 Begründen Sie, warum Sie auf zusätzlichen Sicherheiten bestehen. (vier Angaben)

16.5 Die Freundin von Heinz Kunz wäre bereit, für ihn zu bürgen. Erklären Sie der Freundin, was das Prinzip der Akzessorietät der Bürgschaft für sie bedeutet.

17 Die Fahrradfabrik J. Ulrich GmbH lieferte in den vergangenen Jahren 15 verschiedene Modelle von Damen- und Herrensporträdern an den Einzelhandel in Süddeutschland. Nach starkem Umsatzrückgang in den letzten zwei Jahren wurde in einer Marktstudie festgestellt, dass auf die individuellen Kundenwünsche flexibler reagiert werden muss. Notwendige Organisationsveränderungen und eine Modernisierung des Maschinenparks erfordern einen Kapitalbedarf von 3,5 Mio. Die Fahrradfabrik bittet ihre Hausbank, die Bodensee-Bank eG, um die Finanzierung des Maschinenparks in Höhe von 2,8 Mio. durch einen Bankkredit und legt folgende Bilanz vor:

17.1 Welche weiteren internen und externen Informationen (je drei) würden Sie zur Kreditwürdigkeitsprüfung heranziehen?

17.2 Die Bodensee-Bank eG ist grundsätzlich bereit, den gewünschten Kredit in Höhe von 2,8 Mio. bei entsprechender Sicherung zu gewähren. Machen Sie einen begründeten Vorschlag für die Sicherung des Investitionskredits mit Angaben zu den möglichen Beleihungswerten. Die Wertpapiere wurden schon zur Absicherung des Darlehns verpfändet.

17.3 Trotz aller Kreditwürdigkeitsprüfungen kommt es in den letzten Monaten bei den Kunden der Bodensee-Bank eG verstärkt zu Insolvenzen (= Zahlungsunfähigkeit).

17.3.1 Worin können die Ursachen für Insolvenzen liegen? (4 Gründe)

17.3.2 Was kann die Bodensee-Bank eG tun, um auftretende Zahlungsschwierigkeiten ihrer Kunden frühzeitig zu erkennen? (4 Möglichkeiten)

17.3.3 Wegen wiederholter Zahlungsverweigerung entschließt sich die Bank, das gerichtliche Mahnverfahren einzuleiten. Beschreiben Sie den Ablauf dieses Verfahrens.

6 Auslandsgeschäft

6.1 Risiken und Dokumente

Stofftelegramm

Risiken aus der Sicht des Exporteurs

Wirtschaftliches Risiko	Politisches Risiko
- Zahlungsunfähigkeit - Zahlungsunwilligkeit - Zahlungsverzug des Käufers - Abnahmerisiko (Fabrikationsrisiko) bei auf Bestellung gefertigten Waren	- Wirtschaftspolitische Eingriffe des Staates - Ein- und Ausfuhrverbote - Beschlagnahme bei Nichtbeachtung von Vorschriften - Länderrisiko - Aufruhr, Streik, Krieg - Wirtschaftslage, Zahlungsbilanz des Importlandes
Währungsrisiko	**Transportrisiko**
- Kursrisiko - Transferrisiko (Verbot des Umtauschs)	- Untergang der Sache - Beschädigung - Fehlleitungen

Risiken aus der Sicht des Importeurs

Je nach Vertragsgestaltung können beim Exporteur entstehende Risiken auch vom Importeur getragen werden. Hinzu kommen für den Importeur besondere Risiken:

- Nichteinhaltung des Liefertermins durch den Exporteur
- Mangelhafte Qualität der gelieferten Ware
- Verlust der geleisteten Anzahlungen
- Schwierigkeiten beim staatlichen Zulassungsverfahren

Möglichkeiten zur Verminderung der Risiken

Vereinbarungen der Händler über	Staat
- Lieferungs- und Zahlungsbedingungen - geeignete Dokumente - Schiedsgerichte - Fakturierung (Wahl der Rechnungswährung)	- Bürgschaften und Garantien - internationale Abkommen - Tätigkeit der Konsulate

Kreditinstitute

- Akkreditive - Garantien - Abwicklung der Zahlungen	- Vermittlung von Währungstermingeschäften - Führung von Fremdwährungskonten

INCOTERMS

International Commercial Terms der Int.Handelskammer (Fassung 2000). 13 Klauseln nach Buchstaben : Pflichten des Verkäufers nehmen mit aufsteigender Folge zu.
Regelungen: Lieferung, Abnahme, Zahlung des Kaufpreises; Beförderungs- und Versicherungsvertrag; Gefahrübergang; Kostentragung.

E-Klausel: EXW = Ex Works, ab Werk -> Abholklausel
F-Klauseln: FCA = Free carrier; FAS = Free Alongside Ship
FOB = Free On Board -> Übergabe an Frachtführer
C-Klauseln: **CIF** = Cost, Insurance, Freight -> Zweipunktklauseln
D-Klauseln DAF = Delivered At Frontier, Geliefert Grenze
DEQ = Delivered Ex Quay, Geliefert ab Kai
= Ankunftsklausel

Dokumente

Versicherungsdokumente: - Einzelpolice; Zertifikat bei Generalpolice
Handelsdokumente: - Handelsfaktura (Unterschrift nicht erforderlich
Warendokumente:

mit Wertpapierfunktion	nur Legitimation oder Sperrfunktion
Konnossement (Seefrachtbrief) verbrieft Eigentum an Ware	Frachtbriefdoppel der Eisenbahn oder Luftfahrt

Aufgaben

1. Welche Risiken entstehen ausschließlich im Außenhandel, und welche Risiken bestehen auch im Binnenhandel, sind aber im Außenhandel wesentlich größer?
2. Mit welchen Dienstleistungen können Kreditinstitute zur Verminderung der Außenhandelsrisiken beitragen?
3. Unter welcher Voraussetzung kommt eine Klausel der INCOTERMS zur Anwendung?
4. Was bedeutet eine "Zweipunkt-Klausel"? Beschreiben Sie dies am Beispiel CIF.
5. Nach welchem Gesichtspunkt sind die INCOTERMS angeordnet?

6. Beschreiben Sie die Funktionen folgender Dokumente:
   a) Konnossement
   b) Versicherungszertifikat
   c) Eisenbahnfrachtbriefdoppel

6.2 Zahlungen in das Ausland

Stofftelegramm

Devisenhandelsgeschäfte

Devisen = (unbare) Zahlungsmittel in ausländischer Währung, insbes. Bankguthaben, Schecks und Wechsel.
Sorten = bare ausländische Zahlungsmittel.
Kurse:
Mengennotiz: Angabe der Menge ausländischer Währung für 1 Einheit inländischer Währung (€-Teilnehmerländer, N.-Y., London).
Briefkurs = Devisenkurs beim Verkauf durch Kunden, Ankauf Bank
Geldkurs = Devisenkurs beim Kauf durch Kunden, Verkauf Bank.
Preisnotiz: Angabe des Preises von z.B. 100 Deviseneinheiten in inländischer Währung (in manchen Nicht-Euro-Ländern).
Handel: Telefonhandel unter Banken, Euro-Fixing um 13:00 Uhr unter 15 Banken; Kassahandel (Erfüllung in 2 Tagen) und Terminhandel.
Termingeschäfte:
Fixgeschäfte: Erfüllung später als 2 Tage nach Abschluss, Möglichkeit der Kurssicherung für Kunden.

- Report: Terminkurs über Kassakurs (Aufschlag).
- Deport: Terminkurs unter Kassakurs (Abschlag).

Kursabweichung abhängig von Zinsniveau, Inflationserwartung und Spekulation auf Auf- oder Abwertung.

Rangordnung der Zahlungsbedingungen

aus der Sicht des Exporteurs (von der günstigsten bis zur ungünstigsten)

Vorauszahlung c.b.d.: cash before delivery bzw. Anzahlung des Käufers

Dokumentenakkreditiv: Ein unwiderrufliches Akkreditiv sichert dem Exporteur Zahlungseingang wie Vorauszahlung

Dokumenteninkasso
Dokumente gegen Kasse D/P: Documents against Payment, c.a.d: cash against documents

Dokumente gegen Akzept: D/A:Documents against Acceptance

Zahlung netto Kasse oder gegen offene Rechnung: clean payment
c.o.d.: cash on delivery

Nichtdokumentäre Zahlung

Überweisung

Sachliche Voraussetzung:
Kontoverbindung zwischen den Banken, sog. "A-Korrespondenzen".
Rechtliche Vorschriften: Meldepflichten Z 1 zur AWV (Außenwirtschaftsverordnung) Beträge über 5000 DM bzw. Euro-Gegenwert.
Nostrokonto: Bank in Deutschland ist Kontoinhaber eines Fremdwährungskontos bei der ausländischen Bank.
Lorokonto. Bank in Deutschland führt ein Konto für ausländische Bank, meistens in DM.
Auftragsübermittlung: brieflich mit Einheitsformular; telegrafisch mit Sicherungscode;
SWIFT: Society for Worldwide Interbank Financial Telecommunication,
System zur beleglosen Nachrichtenübermittlung zwischen Banken.
SWIFT-Netz: Nationale Konzentratoren verbunden mit Schaltzentrale.
Swift-Adresse: Kurzcode zur Identifizierung der Bank (8stellig).
TARGET: Gironetz in Euro der Zentralbanken des ESZB der EU, für alle nutzbar.

Scheckeinsatz:
Kontoverbindung nicht bekannt; direkte Weitergabe durch Zahler an Empfänger; Laufzeitvorteil bei Zahlungspflichtigem.

Scheckarten:
DM-Scheck oder internationaler gekreuzter Orderscheck; Kundenscheck oder Bankenscheck.
Scheck- Einlösung: Gutschrift zum Sichtkurs (Geldkurs ./. Abschlag).

Aufgaben

1. Unterscheiden Sie die verschiedenen Arten der Devisennotierungen.

2. Im Land A ist das Zinsniveau am kurzfristigen Geldmarkt bei 6 %, im Land B bei 8 %.
   a) Wie wird der Terminkurs vom Kassakurs, gesehen aus der Sicht des Landes B, abweichen?
   b) Durch welche Transaktion kann ein Geldhändler im Land A den Zinsunterschied gewinnbringend ausnutzen?

3. Der Ex- und Importhändler X erwartet in drei Monaten den Eingang von 3 Mio US-$. In zwei Monaten hat er 500 000 sfrs zu zahlen. Mit einem dritten Kunden steht er in Vertragsverhandlungen; käme der Vertrag zustande, würde er 1 Mio £ erhalten. Durch welche Geschäfte kann sich X vor Währungsunsicherheiten bei diesen Transaktionen sichern?

4. Nennen Sie die sachlichen und rechtlichen Voraussetzungen des Zahlungsverkehrs mit dem Ausland.

5. Unterscheiden Sie Währungs-Nostro-Konto und DM-Loro-Konto!

6. In welchen Formen kann ein Zahlungsauftrag zwischen den Banken übermittelt werden?
7. Beschreiben Sie eine Scheckzahlung mit Währungs-Banken-Scheck eines deutschen Kunden in die USA von der Ausstellung bis zur Einlösung.
8. Nehmen Sie Stellung zur Behauptung: "Das SWIFT ist ein automatisches Gironetz mit dem Ausland".

6.3 Dokumentärer Zahlungsverkehr

Stofftelegramm

	Dokumenteninkasso	Dokumentenakkreditiv
Rechtsgrundlage	Geschäftsbesorgung ERI 95	- Geschäftsbesorgung ERA 93 (ICC Nr. 500) - evtl. Kreditvertrag
Beteiligte	- Auftraggeber (Exporteur) - - Einreicherbank - Inkassobank - - Bezogener (Importeur)	- Auftraggeber (Importeur) - Akkreditivbank - Akkreditivstelle - Begünstigter (Exporteur)
Haftung der Bank	- für Einhaltung der Auftragsbedingungen - keine Haftung für Zahlung oder ordnungsmäßigkeit der Dokumente	- für Zahlung bei Vorlage der Dokumente
Formen	- Dokumente gegen Zahlung (Kasse) - Dokumente gegen Akzept	- einmalig - revolvierend - bestätigt/unbestätigt - widerruflich (besondere Kennzeichnung notwendig) - unwiderruflich nach ERA
Bleibende Risiken	- Annahmerisiko f.Exporteur - Warenrisiko f.Importeur.	- Transferrisiko bei unbestätigtem Akkreditiv - Warenrisiko f.Importeur

Ablauf Dokumenteninkasso

1. Exporteur versendet Ware gemäß Kaufvertrag mit Importeur
2. Exporteur gibt Inkassoauftrag an Einreicherbank
3. Einreicherbank beauftragt Inkassobank mit Einzug

4. Inkassobank legt Dokumente dem Importeur vor
5. Importeur erhält Dokumente gegen Zahlung
6. Verrechnung des Gegenwertes Inkassobank an Einreicherbank

Ablauf Dokumentenakkreditiv

Vor Versand der Ware:
1. Importeur vereinbart mit Exporteur Zahlung durch Akkreditiv
2. Importeur beantragt bei Akkreditivbank Akkreditiveröffnung
3. Akkreditivbank eröffnet Akkreditiv über Akkreditivstelle
4. Akkreditivstelle avisiert dem Exporteur das Akkreditiv

Nach Eröffnung:

5. Exporteur versendet Ware und Dokumente
6. Exporteur reicht Dokumente bei Akkreditivstelle ein
7. Akkreditivstelle legt Dokumente vor
8. Akkreditivbank zahlt, wenn Dokumente ordnungsgemäß
9. Verrechnung des Gegenwertes

Aufgaben

1. Vergleichen Sie Dokumentenakkreditiv und Dokumenteninkasso nach folgenden Gesichtspunkten:
   a) Verpflichtung der beteiligten Banken
   b) Ausgeschaltete und verbleibende Risiken für Importeur und Exporteur

2. Worin liegt der Unterschied zwischen einem bestätigten und einem unbestätigten Akkreditiv?

3. Warum sind Dokumentenakkreditive regelmäßig unwiderruflich?

4. Wann erlischt die Haftung der Akkreditivbank?

Entscheidungs- und handlungsorientierte Aufgaben

1 Ein deutscher Exporteur beauftragt sein Kreditinstitut, einen Betrag von 5 500 GBP (Pfund Sterling) seinem Lieferer in England zu übermitteln. Die Bank des Zahlungsempfängers und die Bank des Auftraggebers sind Korrespondenzbanken.

1.1 Auf welchem Vordruck hat der Importeur den Auftrag einzureichen?

1.2 Beschreiben Sie, welchem Zweck diese Vordrucke dienen.

1.3 Wie erfolgt die buchungsmäßige Abwicklung zwischen Auftraggeber und seinem Kreditinstitut, und welche Spesenarten fallen für den Auftraggeber an?

1.4 Beschreiben Sie Kontoverbindung und buchungsmäßige Abwicklung zwischen der Bank des Auftraggebers und der Bank des Zahlungsempfängers.

1.5 Auf welche Weise wird von der Bank des Auftraggebers der Korrespondenzbank der Zahlungsauftrag angezeigt?

2 Die Firma Medi-Tech GmbH, Karlsruhe, Herstellerin von Einrichtungsgegenständen für Krankenhäuser, hat mit einer Importfirma in Chile Kontakt aufgenommen. Ein erster Auftrag über einen Wert von 100 000,00 soll durch ein unwiderrufliches, bestätigtes Dokumentenakkreditiv abgewickelt werden.

2.1 Beschreiben Sie die Rechtsbeziehung zwischen den Beteiligten. Die Kreditinstitute von Exporteur und Importeur sind Korrespondenzbanken.

2.2 Für den Versand stehen See- oder Lufttransport zur Auswahl. Beschreiben Sie die dabei vorkommenden Transportdokumente hinsichtlich ihrer rechtlichen Bedeutung.

2.3 Aus Kostengründen wird der Seetransport gewählt. In den Akkreditivbedingungen wird zu den Dokumenten unter anderem folgendes verlangt: "voller Satz reiner An-Bord-Seekonnossemente"

2.3.1 Erläutern Sie die Bezeichnung "voller Satz". Erklären Sie die rechtliche Bedeutung der einzelnen Bestandteile des vollen Satzes und geben Sie an, wie diese übermittelt werden.

2.3.2 Erklären Sie die Bezeichnung "rein".

2.3.3 In diesen Bedingungen wird ein Bordkonnossement verlangt.
Warum ist es gegenüber dem Übernahmekonnossement zu bevorzugen?

2.4 In der Akkreditiveröffnung sind ferner unter anderem folgende Termine genannt:
"Datum des Verfalls 30.09.
"Die Dokumente sind innerhalb von 15 Tagen nach Ausstellungsdatum des Transportdokuments zu präsentieren."
Erklären Sie jeweils den Sinn dieser Regelungen.

2.5 Der Importeur besteht auf einer Lieferung auf der Basis "CIF". Dabei ist er bereit, einen entsprechend höheren Preis gegenüber einer "FOB"-Lieferung zu bezahlen.
Welche abwicklungstechnischen Vorteile entstehen dadurch dem Importeur?

2.6 Angenommen, durch einen Seeunfall wird die gesamte Lieferung stark beschädigt.
Kann der Importeur nochmalige Lieferung verlangen? (Begründung)

3 Die Badische Weinkellerei e. G., Breisach, möchte ihr Sortiment durch hochwertige Weine aus Nicht-EU-Ländern ergänzen. Ihr Geschäftsführer, Herr Großmann, beabsichtigt deshalb, eine Fachmesse in San Franzisco/USA zu besuchen. Er wendet sich wegen der erforderlichen Reisezahlungsmittel an seine Hausbank, die Handelsbank AG in Freiburg.

3.1 Herr Großmann besitzt bereits eine Kreditkarte, möchte aber noch US-Reiseschecks und Bargeld mitnehmen. Vergleichen sie diese Zahlungsmittel hinsichtlich Akzeptanz, Verlustrisiko, Kosten und Belastungszeitpunkt. Übertragen Sie das folgende Schema auf Ihr Lösungsblatt.

	Akzeptanz	Verlust-risiko	Kosten	Belastungs-zeitpunkt
Kreditkarte				
Reisescheck				
Bargeld				

3.2 Auf der Messe lernt er Herrn Beringer, Mitinhaber des Weingutes Beringer Brothers, St. Helena/Ca., kennen, der seinerseits sehr am deutschen Markt interessiert ist, und lädt ihn zu einem Besuch in Breisach ein. Im Gespräch ist eine Lieferung der Sorte Chardonnay im Gesamtwert von ca. 90.000 USD. Die Verhandlungen sollen dann in Breisach fortgeführt werden.

3.2.1 Bei der Vertragsgestaltung haben Exporteur und Importeur gegensätzliche Interessen. Welche Zahlungsbedingungen wären für den Exporteur bzw. Importeur ideal?

3.2.2 Die Lieferbedingungen sind als Incoterms standardisiert. Erläutern Sie die Unterschiede der Klauseln CIF und FOB bezüglich Kostenund Gefahrenübergang.

3.3 Bei den Vertragsverhandlungen in Breisach einigen sich die Partner auf die Zahlungsbedingung "documents against payment". Lieferung in etwa 3 Monaten. Die Fakturierung soll in USD erfolgen. Als Dokumente werden Handelsrechnung, Versicherungszertifikat und Konnossement, jeweils mit Duplikat, vereinbart.
Nennen Sie Aussteller und Inhalt jedes Dokuments.

3.4 Welche Risiken verbleiben bei dieser Zahlungsform bei den Vertragspartnern?

3.5 Nach einiger Zeit kommt Herr Großmann zu seiner Hausbank, da ihn der täglich steigende Dollar-Kurs stark beunruhigt. Die Handelsbank AG bietet ihm ein Devisentermingeschäft über 3 Monate zu einem Deport von 0,0154 an (Kassakurs 1,0224/1,0232)

3.5.1 Welche Ursache führt zu einem Deport? Welche Kalkulationsbasis ergäbe sich für Herrn Großmann durch dieses Devisentermingeschäft?

3.5.2 Herr Großmann entscheidet sich für das Devisentermingeschäft. Wie kann die Handelsbank AG das damit verbundene Währungsrisiko absichern? Beschreiben Sie den Vorgang.

4 Die Amadeus GmbH stellt CD-Produktionsanlagen her und gehört zu den führenden Anbietern dieser neuen Technik. Mit einem amerikanischen Schallplattenkonzern wird ein Vertrag über die Lieferung von fünf Produktionsanlagen per Seefracht ab Hamburg Hafen geschlossen, als Bestimmungshafen wird Long Island vereinbart. Die Lieferung soll in drei Monaten erfolgen.

4.1. Bei den Verhandlungen über die Lieferungsbedingungen stützt man sich auf die INCOTERMS:

4.1.1 Was sind INCOTERMS?

4.1.2 Welchen Vorteil bringt eine INCOTERM-Klausel im Vergleich zu einer privat vereinbarten Lieferungsbedingung mit sich?

4.1.3 Diskutiert werden die Klauseln FOB und CIF. Stellen Sie tabellarisch gegenüber: Kostenübergang, Gefahrenübergang, Dispositionspflicht in bezug auf Schiffsraumbesorgung und Konnossementsbesorgung.

4.1.4 Vereinbart wird schließlich CIF. Welche Pflichten muß die Amadeus GmbH bezüglich der Versicherung erfüllen?

4.2. Neben den Lieferungsbedingungen spielen auch die Zahlungsbedingungen eine Rolle. Da man mit dem amerikanischen Plattenkonzern bisher keine Geschäftsverbindung unterhielt, soll die Zahlungsabwicklung dokumentär erfolgen.

4.2.1 Unterscheiden Sie Dokumenteninkasso (d/p) und Dokumentenakkreditiv anhand folgender Gesichtspunkte: (mit Tabelle)
- Risiko des Importeurs
- Risiko des Exporteurs
- Funktion der Exporteurbank

4.2.2 Vereinbart wird schließlich ein bestätigtes Dokumentenakkreditiv:

4.2.2.1 Stellen Sie die Rechtsbeziehung zwischen den Beteiligten dar.

4.2.2.2 Wäre mit einem bestätigten Dokumentenakkreditiv für den Exporteur jedes Risiko ausgeschlossen? (drei Gesichtspunkte mit Begründung!)

4.3 Beim Akkreditivgeschäft müssen sich die beteiligten Kreditinstitute intensiv mit der Prüfung beschäftigen, inwieweit die vorgelegten Dokumente dem Akkreditiv entsprechen.
4.3.1 Welche Bedeutung hat die Prüfung, ob ein „on board" - Konnossement vorliegt?
4.3.2 Weshalb wird geprüft, ob das Konnossement rein (clean) gezeichnet ist?

5 Fakturiert werden soll in USD:
5.1 In welcher Situation wird sich die Amadeus GmbH durch ein Devisentermingeschäft absichern?
5.2 Woher rühren die Auf- oder Abschläge im Vergleich zum Kassakurs und wie heißen sie?
5.3 Errechnen Sie den entsprechenden Terminkurs für den USD für drei Monate anhand folgender Kursnotiz bzw. Zinsdaten:

USD Mittelkurs 1,01245
Spanne G/B USD 0,008
Zinsen D 3 Monate 6,20%
Zinsen USA 3 Monate 3,375%

5.4 Zeigen Sie zwei mögliche Maßnahmen auf, welche die Hausbank der Amadeus GmbH ihrerseits zur Kompensation des eingegangenen Kursrisikos ergreifen kann.

6 Die Metall GmbH, Dornierstraße 56, 71034 Böblingen, hat auf der Messe in Frankfurt ein neues Besteck vorgestellt, für das die Kaufhauskette DOMENICA in Caracas, Venezuela, großes Interesse zeigt. Der Auftrag soll eine Größenordnung von 500 000 USD haben.
Die Metall GmbH hat bisher noch nicht auf den südamerikanischen Markt geliefert. Sie erkundigt sich daher bei Ihrer Hausbank, der LIST-Bank AG, Böblingen, was sie bei dem Kaufabschluß beachten muß.
6.1 In den ersten Verkaufsgesprächen wurde über mögliche Vertragsbedingungen gesprochen. Die Metall GmbH möchte dazu einige Auskünfte haben.
Welche Risiken können bei diesem Geschäft auftreten (vier Risiken), und wie könnten diese jeweils abgesichert werden (Zuordnung!)?
6.2 Bei der Vertragsgestaltung wurden auch die INCOTERMS erwähnt.
Es werden FAS oder CIF genannt. Als Verschiffungshafen ist Bremen vorgesehen und als Bestimmungshafen Caracas.
6.2.1 Entscheiden Sie, welche Klausel für die Metall GmbH günstiger wäre. Begründen Sie Ihre Entscheidung.
6.2.2 Wo liegen bei der CIF Klausel der Kosten- und der Gefahrenübergang?
6.3 Die LIST-Bank AG rät zu einer Zahlung auf dokumentärer Basis.
6.3.1 DOMEMICA will d/a zahlen. Die LIST-Bank hält dies nicht für empfehlenswert. Wie begründet sie dies?
6.3.2 Im Gespräch sind ein Dokumenten-Akkreditiv oder ein Dokumenteninkasso d/p. Zeigen Sie die Unterschiede dieser Zahlungsweisen (in Tabellenform) im Hinblick auf:
- das Risiko für beide Vertragspartner
- die Eröffnung durch einen Vertragspartner.

6.4 Beide Vertragspartner einigen sich auf ein "unwiderrufliches, befristetes Dokumenten-Akkreditiv".

Warum haben bei dieser Zahlungsform beide einen Vorteil?
Wäre in diesem Fall ein bestätigtes Akkreditiv nötig? Begründen Sie Ihre Entscheidung.

6.5 Da es sich um ein hohes Auftragsvolumen handelt, rät die LIST-Bank AG zur Kursabsicherung.

6.5.1 Welche Kurssicherungsmöglichkeiten kommen in Frage? (zwei Beispiele)

6.5.2 Der USD wird wie folgt notiert:
Kassakurs: 0,98824/0,99624
Swapsatz in € für sechs Monate (Mittelkurs): 0,0104 Abschlag
Was bedeuten diese Angaben, und wodurch ist ein Abschlag begründet?

6.5.3 Wieviel DM erhält die Metall GmbH, wenn sie den Zahlungseingang in Höhe von 500.000,00 USD am 02.05. d.J. erwartet und ihn per Termin absichern will? (Berechnung ohne Spesen)

6.6. In den weiteren Verhandlungen werden die erforderlichen Dokumente erwähnt.

6.6.1 Die Fa. DOMENICA verlangt für die Einfuhr:
- ein Konnossement
- eine Versicherungspolice
Erläutern Sie kurz diese Dokumente, und gehen Sie dabei auch auf deren Charakter ein.

6.6.2 Erklären Sie, warum die Bank des Importeurs eine gründliche Dokumentenprüfung vornehmen muss.

7 Buchführung

7.1 Inventar, Inventur, Bilanz

Stofftelegramm

Bankbilanz

Aktiva	**€**	**Passiva**	**€**
1. Barreserve		1. Verbindlichkeiten gegenüber Kreditinstituten	
• Kassenbestand	14.178		
• Guthaben bei Zentralnotenbanken	5.175	• täglich fällig	595
		• mit vereinbarter Laufzeit oder Kündigungsfrist	118.293
2. Schuldtitel öffentlicher Stellen	347	2. Verbindlichkeiten gegenüber Kunden	
3. Forderungen an Kreditinst.		• Spareinlagen	693.351
• täglich fällig	20.765	• and. Verbindlichkeiten	
• andere Forderungen	24.704	--täglich fällig	191.343
4. Forderungen an Kunden	1.069.645	--mit vereinbarter Laufzeit oder Kündigungsfrist	244.447
darunter durch Grundpfandrechte gesichert	(400.036)	3. Verbriefte Verbindlichkeiten	
5. Schuldverschreibungen und andere festverzinsliche Wertpapiere		• begebene Schuldverschreibungen	121.520
• Geldmarktpapiere	0	• andere verbriefte Verbindlichkeiten	2.200
• Anleihen	264.912	4. Treuhandverbindlichkeiten	5.552
• eigene Schuldverschreibungen	2.666	5. Sonstige Verbindlichkeiten	2.935
6. Aktien und andere nicht festverzinsliche Wertpapiere	30.455	6. Rechnungsabgrenzung	4.317
		7. Rückstellungen	
7. Beteiligungen	3.946	• Pensionsrückstellungen	5.808
		• Steuerrückstellungen	12
8. Anteile an verbundenen Unternehmen	0	• andere Rückstellungen	9.381
		8. Sonderposten mit Rücklageanteil	
9. Treuhandvermögen	5.552	9. Nachrangige Verbindlichkei-	0
10. Ausgleichsforderungen	0	ten	8.221
11. Immaterielle Anlagewerte	129	10. Genussrechtskapital	0
12. Sachanlagen	23.908	11. Fonds für allgemeine Bankrisiken	129
13. Ausstehende Einlagen auf das gezeichnete Kapital	0	12. Eigenkapital	
		gezeichnetes Kapital	24.492
14. Eigene Aktien	0	Kaptalrücklage	0
15. Sonstige Vermögenswerte	3.734	Gewinnrücklage	
		gesetzliche Rücklage	9.090
16. Rechnungsabgrenzung	1.617	Rücklage für eigene Aktien	0
		andere Gewinnrücklagen	28.330
17. Nicht durch das Eigenkapital gedeckter Fehlbetrag	0	Bilanzgewinn/verlust	1.717
Summe Aktiva	**1.471.733**	**Summe Passiva**	**1.471.733**

Industriebilanz

Aktiva	€	Passiva	€
A. Anlagevermögen		**A. Eigenkapital**	
1. Immaterielles Vermögen	1.951	1. Gezeichnetes Kapital	2.577
• Konzessionen, Lizenzen		2. Kapitalrücklage	5.080
• Geschäfts- oder Firmenwert		3. Gewinnrücklagen	18.736
• geleistete Anzahlungen		• gesetzliche Rücklage	
2. Sachanlagen	18.225	• Rücklage für eigene Anteile	
• Grundstücke und Gebäude		• satzungsgemäße Rücklage	
• technische Anlagen		• andere Gewinnrücklagen	
• Betriebs- und		4. Gewinn-/Verlustvortrag	
• Geschäftsausstattung		5. Jahresüberschuss Jahresfehlbetrag	2.762
• geleistete Anzahlungen und			
• Anlagen im Bau			
3. Finanzanlagen	15.477	**B. Rückstellungen**	
• täglich fällig		6. Pensionsrückstellung	20.886
• andere Forderungen		7 Steuerrückstellungen	7.000
• Anteile an verbundenen		8.sonstige Rückstellungen	7.427
• Unternehmen			
• Ausleihungen an verbundene Unternehmen		**C. Verbindlichkeiten**	
• Beteiligungen		9. Anleihen	
• Wertpapiere des Anlagevermögens		10. Verbindlichkeiten bei Banken	27.182
		11. erhaltene Anzahlungen	
B. Umlaufvermögen		12. Verbindlichkeiten aus Lieferungen und Leistungen	9.027
		13. Wechselschulden	
4. Vorräte	13.602	14. sonstige Verbindlichkeiten	10.460
• Roh-, Hilfs-, Betriebsstoffe		• Steuerverbindlichkeiten	
• Unfertige Erzeugnisse		• Verbindlichkeiten gegenüb. Sozialversicherungsträger	
• Fertigerzeugnisse und			
• Waren		**D. Rechnungsabgrenzung**	1.324
• (Großhandel: Waren)			
• geleistete Anzahlungen			
5. Forderungen und sonstige Vermögensgegenstände			
• Forderungen aus Lieferungen und Leistungen	29.916		
• sonstige Vermögensgegenstände	18.562		
6. Wertpapiere	9.783		
7. Liquide Mittel (Kasse, Bank, Postbank)	4.557		
C. Rechnungsabgrenzung	388		
Summe Aktiva	**112.461**	**Summe Passiva**	**112.461**

Die Bilanz eines Großhandelsbetriebs unterscheidet sich wesentlich nur bei der Aktivposition Vorräte, die Großhandelsbilanz hat hier die Position Waren (mit denen der Betrieb handelt).

Die Bilanz von Personengesellschaften unterscheiden sich in der Position Eigenkapital. Die Bilanz kennt kein gezeichnetes Kapital, sondern Einlagen des Eigentümers.

Gewinn- und Verlustrechnung

1. Umsatzerlöse
2. -/+ Bestandsveränderungen an fertigen und unfertigen Erzeugnissen (nicht bei Handel)
3. + aktivierte Eigenleistungen (z.B. selbsterstellte Anlagen)
4. + sonstige betriebliche Erträge
5. - Materialaufwand (Wareneinsatz bei Handel)
6. - Personalaufwand (Löhne, Gehälter, Sozialaufwand)
7. - Abschreibungen auf Anlagewerte, Forderungen, Wertpapiere und Beteiligungen
11. - Sonstige betriebliche Aufwendungen
12. + Erträge aus Beteiligungen
13. + Erträge aus Finanzanlagen (Wertpapiere und Ausleihungen)
14. + Zinserträge und zinsähnliche Erträge
15. - Abschreibungen auf Finanzanlagen und Wertpapiere des Umlaufvermögens
16. - Zinsen und ähnliche Aufwendungen

= **Ergebnis der normalen Geschäftstätigkeit**

17. + Außerordentliche Erträge
18. - Außerordentliche Aufwendungen
19. - Steuern vom Einkommen und Ertrag
20. - Sonstige Steuern

= **Jahresüberschuss/Jahresfehlbetrag**

18. + Gewinnvortrag/Verlustvortrag aus dem Vorjahr
19. + Entnahmen aus der Kapitalrücklage und aus den Gewinnrücklagen (wenn notwendig)
20. - Einstellungen in die Gewinnrücklagen
    - in die gesetzliche Rücklage
    - in die Rücklage für eigene Aktien
    - in die satzungsmäßige Rücklage
    - in andere Gewinnrücklagen

= **Bilanzgewinn/Bilanzverlust**

7.2 Bestands- und Ergebniskonten

Stofftelegramm

Die Grundregeln der doppelten Buchführung

- Aus der Aktivseite der Bilanz ergeben sich die Aktivkonten.
- Aus der Passivseite der Bilanz ergeben sich die Passivkonten.
- Die linke Seite eines T-Kontos ist die Soll-Seite.
- Die rechte Seite eines T-Kontos ist die Haben-Seite.
- Aktivkonten haben ihren Anfangsbestand im Soll.
- Aktivkonten nehmen demnach auf der Soll-Seite zu, auf der Haben-Seite ab.
- Passivkonten haben ihren Anfangsbestand im Haben.
- Passivkonten nehmen demnach auf der Haben-Seite zu, auf der Soll-Seite ab.
- Aktiv- und Passivkonten kommen aus der Bilanz und werden am Ende des Geschäftsjahres zur Schlußbilanz zusammengefasst.
- Aufwands- und Ertragskonten sind die Ergebniskonten.
- Ergebniskonten sind Unterkonten der Passivposition Eigenkapital.
- Ergebniskonten stehen zu Beginn eines Geschäftsjahres auf Null, erfassen im Laufe eines Geschäftsjahres alle Aufwendungen (Eigenkapitalminderungen) im Soll der Aufwandskonten und Erträge (Eigenkapitalmehrungen) im Haben der Ertragskonten. Sie werden am Ende in der Gewinn- und Verlustrechnung gegen

übergestellt. Sind die Erträge höher als der Aufwendungen, hat die Unternehmung Gewinn erwirtschaftet, der dem Eigenkapital zugerechnet wird.

- Um den Gewinn ist die Aktivseite der Schlußbilanz größer als die Passivseite.
- Bei Verlusten ist es in GuV-Rechnung und Bilanz umgekehrt.

Soll	**Aktivkonto**	**Haben**
Anfangsbestand		**Abnahmen**
Zunahmen		**Endbestand**

Soll	**Passivkonto**	**Haben**
Abnahmen		**Anfangsbestand**
Endbestand		**Zunahmen**

Die vier Buchungssatztypen

Bei Banken

1. Geschäftsfall (Aktivtausch)

Ein Kundenkredit wird bar ausbezahlt: 4.000 €

• Betroffene Konten	Kundenkredit		Kasse
• Kontoart	Aktivkonto		Aktivkonto
• Buchungsregel	Anfangsbestand im Soll Zugänge im Soll Abgänge im Haben		Anfangsbestand im Soll Zugänge im Soll Abgänge im Haben
• Bestandsveränderung	Zunahme		Abnahme
• **Buchung im Grundbuch**	**Kundenkredit**	**an**	**Kasse 4.000 €**

2. Geschäftsfall (Passivtausch)

Eine Sichteinlage wird in eine Spareinlage umgewandelt. 4.000 €

• Betroffene Konten	Sichteinlagen		Spareinlagen
• Kontoart	Passivkonto		Passivkonto
• Buchungsregel	Anfangsbestand im Haben Zugänge im Haben Abgänge im Soll		Anfangsbestand im Haben Zugänge im Haben Abgänge im Soll
• Bestandsveränderung	Abnahme		Zunahme
• **Buchung im Grundbuch**	**Sichteinlagen**	**an**	**Spareinlagen 4.000 €**

3. Geschäftsfall (Aktiv-Passiv-Mehrung)

Auf die Sichteinlage eines Kunden werden 1.000 € bar eingezahlt.

• Betroffene Konten	Kasse		Sichteinlagen
• Kontoart	Aktivkonto		Passivkonto
• Buchungsregel	Anfangsbestand im Soll Zugänge im Soll Abgänge im Haben		Anfangsbestand im Haben Zugänge im Haben Abgänge im Soll
• Bestandsveränderung	Zunahme		Zunahme
• **Buchung im Grundbuch**	**Kasse**	**an**	**Sichteinlagen 1.000 €**

4. Geschäftsfall (Aktiv-Passiv-Minderung)

Von der Sichteinlage eines Kunden werden 3.000 € bar abgehoben.

• Betroffene Konten	Sichteinlagen		Kasse
• Kontoart	Passivkonto		Aktivkonto
• Buchungsregel	Anfangsbestand im Haben Zugänge im Haben Abgänge im Soll		Anfangsbestand im Soll Zugänge im Soll Abgänge im Haben
• Bestandsveränderung	Abnahme		Abnahme
• **Buchung im Grundbuch**	**Sichteinlagen**	**an**	**Kasse 3.000 €**

Bei Nichtbanken

1. Geschäftsfall (Aktivtausch)

Barkauf von Waren: 4.000 €

• Betroffene Konten	Waren	Kasse
• Kontoart	Aktivkonto	Aktivkonto
• Buchungsregel	Anfangsbestand im Soll Zugänge im Soll Abgänge im Haben	Anfangsbestand im Soll Zugänge im Soll Abgänge im Haben
• Bestandsveränderung	Zunahme	Abnahme
• **Buchung im Grundbuch**	**Waren an**	**Kasse 4.000 €**

2. Geschäftsfall (Passivtausch)

Eine Verbindlichkeit wird in ein Darlehen umgewandelt. 4.000 €

• Betroffene Konten	Verbindlichkeiten	Darlehen
• Kontoart	Passivkonto	Passivkonto
• Buchungsregel	Anfangsbestand im Haben Zugänge im Haben Abgänge im Soll	Anfangsbestand im Haben Zugänge im Haben Abgänge im Soll
• Bestandsveränderung	Abnahme	Zunahme
• **Buchung im Grundbuch**	**Verbindlichkeiten an**	**Darlehen 4.000 €**

3. Geschäftsfall (Aktiv-Passiv-Mehrung)

Kauf von Waren auf Ziel: 1.000 €

• Betroffene Konten	Waren	Verbindlichkeiten
• Kontoart	Aktivkonto	Passivkonto
• Buchungsregel	Anfangsbestand im Soll Zugänge im Soll Abgänge im Haben	Anfangsbestand im Haben Zugänge im Haben Abgänge im Soll
• Bestandsveränderung	Zunahme	Zunahme
• **Buchung im Grundbuch**	**Waren an**	**Verbindlichkeiten 1.000 €**

4. Geschäftsfall (Aktiv-Passiv-Minderung)

Eine Verbindlichkeit wird bar beglichen: 3.000 €

• Betroffene Konten	Verbindlichkeiten	Kasse
• Kontoart	Passivkonto	Aktivkonto
• Buchungsregel	Anfangsbestand im Haben Zugänge im Haben Abgänge im Soll	Anfangsbestand im Soll Zugänge im Soll Abgänge im Haben
• Bestandsveränderung	Abnahme	Abnahme
• **Buchung im Grundbuch**	**Verbindlichkeiten an**	**Kasse 3.000 €**

1.	**Aktivtausch:**	Ein Aktivkonto nimmt im **Soll** zu. Ein anderes Aktivkonto nimmt im **Haben** ab.
2.	**Passivtausch:**	Ein Passivkonto nimmt im **Soll** ab. Ein anderes Passivkonto im **Haben** zu
3.	**Aktiv-Passiv-Mehrung:**	Ein Aktivkonto nimmt im **Soll** zu. Ein Passivkonto nimmt im **Haben** zu.
4.	**Aktiv-Passiv-Minderung:**	Ein Passivkonto nimmt im **Soll** ab Ein Aktivkonto nimmt im **Haben** ab.

Die Regeln der doppelten Buchführung gelten im Banken- und Nichtbankenbereich gleichermaßen!

Bildung eines Buchungssatzes

- **Welche Konten werden berührt?**
- **Nehmen die Konten zu oder ab?**
- **Ein Buchungssatz besteht immer aus Soll- und Habenbuchung.**
- **Soll- und Habenbuchung sind im Betrag immer gleich.**
- **Die Sollbuchung wird stets zuerst genannt: Soll an Haben.**

Geschäftsfälle

1. Bareinkauf von Geschenkartikeln.
2. Kunde begleicht eine Lieferantenrechnung bar.
3. Tilgung unserer Darlehensschuld per Landeszentralbank.
4. Unser Büromöbellieferant erhält einen LZB-Scheck zum Rechnungsausgleich.
5. Wie bucht der Lieferant den Rechnungsausgang und den Zahlungseingang.
6. Eine gebrauchte Rechenmaschine wird bar verkauft.
7. Wir bezahlen einen neuen PC per Postbank.
8. Ein Kunde zahlt bar an der Kasse auf sein Kontokorrentkonto ein.
9. Wie bucht der Kunde diese Einzahlung auf sein Bankkonto?
10. Wir bezahlen einen neuen Geschäfts-PKW durch Überweisung auf Kundenkontokorrent. Wie bucht das Autohaus diesen Vorgang?
11. Eine Spareinlage wird in eine Sichteinlage umgewandelt.
12. Wir kaufen eine Registratureinrichtung per Zentrale-Scheck.
13. Zahlung an einen Computerlieferanten per Postbank.
14. Barverkauf von Sorten.
15. Barkauf eines Schreibautomaten.
16. Wir verkaufen den alten Geschäfts-PKW gegen Bankscheck.
17. Ein Sparer zahlt bar auf sein Sparkonto ein.
18. Barabhebung vom LZB-Konto. Wie bucht die LZB diesen Vorgang?
19. Postüberweisung zugunsten eines Sparers.
20. Wir kaufen ein Grundstück gegen Zentralescheck.
21. Wir zahlen auf unser LZB-Konto bar ein.
22. Wie lauten die Buchungssätze bei den Geschäftspartnern im Fall 20?
23. Die Telefonrechnung wird vom Girokonto bei der Postbank abgebucht.
24. Eine Werbeanzeige wird bar bezahlt.
25 Unsere Zentrale schreibt uns Zinsen gut. Wie lautet die Buchung bei der Zentrale?
26. Wir bezahlen unsere Internetrechnung per Zentrale.
27. Wir bezahlen Zinsen für aufgenommene Gelder per Zentrale,
28. Die Benzinrechnung für den vergangenen Monat wird auf das Girokonto der Tankstelle bei unserer Bank überwiesen.
29. Wie bucht die Tankstelle diesen Vorgang.
30. Der Jahresbeitrag für die Mitgliedschaft bei der IHK wird auf das Girokonto der IHK bei einer Korrespondenzbank überwiesen.
31. Wir verkaufen Goldbarren gegen Belastung des Sparkontos eines Kunden.
32. Wir kaufen Formulare und überweisen per Zentrale.
33. Ein Großhändler kauft Ware auf Ziel. Bei Fälligkeit bezahlt er per Bank. Wie buchen der Großhändler und die Bank?

Aufgaben

1. Nennen Sie die vier Kontoarten und die zugehörigen Oberbegriffe.
2. Erklären Sie den Begriff Ergebnis (Erfolg).
3. Warum werden Aufwendungen im Soll und Erträge im Haben gebucht?
4. Versuchen Sie die Doppik der Buchhaltung so zu beschreiben, dass ein Laie das Prinzip versteht.
5. Welche Geschäftsvorfälle können hinter folgenden Buchungssätzen stehen?
   Kasse an Bank
   Verbindlichkeiten an Bank
   Grundstücke an Hypothekenschulden
   Waren an Verbindlichkeiten
   Bank an Kasse
   Forderungen an Umsatzerlöse
   Forderungen an Betriebs- und Geschäftsausstattung
   Mietaufwand an Kasse

7.3 Umsatzsteuer

Stofftelegramm

Versteuerung aller Umsätze
Nach dem System der Mehrwertsteuer

Entgeltliche Lieferungen | Entgeltliche Leistungen | Eigenverbrauch

Bankleistungen unterliegen in der Regel nicht der Umsatzbesteuerung.

Umsatzsteuerpflichtig sind:

- Handel mit Edelmetallen (ausgenommen Barrengold und Goldmünzen, die auch als Zahlungsmittel gelten)
- Geschenkartikel
- Schließfachvermietung
- Provisionen aus Immobiliengeschäften
- Verkauf von Vermögensgegenständen aus umsatzsteuerpflichtigen Geschäften

Bei umsatzsteuerpflichtigen Geschäften gilt:

Eingangsrechnungen (Einkäufe)
Konto Vorsteuer
Soll

Buchungssatz:
Wareneinkauf und
Vorsteuer an Verbindlichkeiten

Ausgangsrechnungen (Verkäufe)
Konto Umsatzsteuer
Haben

Buchungssatz:
Forderungen an Umsatzerlöse
und Umsatzsteuer

Abschluss der Umsatzsteuerkonten

- Abschluss des Kontos Vorsteuer über das Konto Umsatzsteuer
  - Buchungssatz: **Umsatzsteuer** **an** **Vorsteuer**
- Das Konto Vorsteuer ist nun ausgeglichen.
- Abführen der Zahllast (Saldo des Kontos Umsatzsteuer) per Zentrale.
  - Buchungssatz: **Umsatzsteuer** **an** **Zentrale**
- Am 31. Dezember wird die Zahllast über **Sonstige Verbindlichkeiten passiviert** und am 10. Januar des Folgejahres an das Finanzamt abgeführt.

Geschäftsfälle

1. Einkauf von Software für Immobilienabteilung gegen LZB-Scheck 80.000 €
   + 16% Mehrwertsteuer 12.800 €
   Eingangsrechnung 92.800 €
2. Das Vorsteuerkonto zeigt Sollumsätze über 15.000 € und Habenumsätze (aus Steuerberichtigungen) über 1.000 €. Das Konto Umsatzsteuer weist im Soll einen Umsatz (aus Steuerberichtigungen) von 2.000 € und im Haben von 23.000 € aus.
   - Schließen Sie die Konten ab und überweisen Sie die Zahllast per LZB.
   - Wie lauten die Abschlussbuchungen am 31.12.?
3. Vermittlung einer Eigentumswohnung im Wert von 300.000 €. Die Vermittlungsprovision der Bank beträgt 3% + gesetzliche Mehrwertsteuer. Wir belasten das Girokonto des Kunden.
4. Ein Großhändler kauft Ware auf Ziel für 16.000 € + 16% MWSt. Bei Fälligkeit bezahlt er die Rechnung per Bank.
   - Buchen Sie für den Großhändler.
   - Buchen Sie den Vorgang bei der Bank. Die Überweisung wird per Zentrale weitergeleitet.
5. Unsere Bank kauft bei einem Kunden eine neue Büroeinrichtung für 50.000 € + 16% MWSt. Wir schreiben den Gegenwert abzüglich 2% Skonto auf Kundenkontokorrent gut. Buchen Sie für beide Geschäftspartner.

Aufgaben

1. Erklären Sie die Begriffe Vorsteuer und Umsatzsteuer.
2. Welche Vorgänge sind bei Banken umsatzsteuerpflichtig?
3 Erklären Sie die Systematik der Mehrwertsteuer.
4. Erklären Sie, weshalb die Mehrwertsteuer eine Endverbrauchersteuer ist.
5. Wie entsteht ein Vorsteuerüberhang?
6. Wie entsteht eine Zahllast?
7. Wie wirkt sich ein Umsatzsteuerüberhang am 31.12. auf die Bilanz aus?
8. Welchen Einfluss haben Umsatzsteuer- und Vorsteuerbuchungen auf den Erfolg einer Unternehmung?
9. Welcher Kontoart sind Vorsteuer- bzw. Umsatzsteuerkonto zuzuordnen ?
10. Warum kann die Mehrwertsteuer bei Nichtbanken als durchlaufender Posten betrachtet werden?

7.4 Personalaufwendungen

Stofftelegramm

Gehaltsabrechnung eines verheirateten Bankangestellten mit 2 Kindern. Die Sozialversicherungssätze entsprechen den Sätzen für 2000; die Krankenkasse habe einen Satz von 13%).

Grundgehalt		5.000,00 DM
+ Zulagen (z.B. Kleiderzulage)		150,00 DM
+ Vermögenswirksame Leistung		78,00 DM
Steuer- und Sozialversicherungspflichtiges Bruttogehalt		5.228,00 DM
- Lohnsteuer lt. Lohnsteuertabelle	800,00 DM	
- Solidaritätszuschlag(2000 5,5% aus 800 DM)	44,00 DM	
- Kirchensteuer (8% aus 800 DM)	64,00 DM	
Arbeitnehmeranteile Sozialversicherung		
- Krankenversicherung (6,5% aus 5.228 DM)	339,82 DM	
- Rentenversicherung (9,75% aus 5.228 DM)	509,73 DM	
- Arbeitslosenversicherung (3,25% aus 5.228 DM)	169,91 DM	
- Pflegeversicherung (0,85% aus 5.228 DM)	44,44 DM	1.971,90 DM
Nettogehalt		3.256,10 DM
- Vermögenswirksame Leistung (Bausparvertrag)		78,00 DM
+ Kindergeld für 2 Kinder (vom AG ausbezahlt)		540,00 DM
Überweisungsbetrag		3.718,10 DM
Arbeitgeberanteil an der Sozialversicherung		
- Krankenversicherung (6,5% aus 5.228 DM)	339,82 DM	
- Rentenversicherung (9,75% aus 5.228 DM)	509,73 DM	
- Arbeitslosenversicherung (3,25% aus 5.228 DM)	169,91 DM	
- Pflegeversicherung (0,85% aus 5.228 DM)	44,44 DM	
	1.063,90 DM	

Grundbuch

Konten		DM-Beträge	
Soll	Haben	Soll	Haben
Personalaufwendungen		5.228,00	
Forderungen an Finanzamt		540,00	
(entfällt, wenn Kindergeld nicht über den Arbeitgeber ausbezahlt wird)	Kundenkontokorrent		3.718,10
	Zentrale (vermögenswirksame Leistung)		78,00
	Verbindlichkeiten gegenüber Finanzamt		910,00
	Verbindlichkeiten gegenüber Sozialversicherungsträgern		1.063,90
Aufwand für Sozialleistungen		1.063,90	
	Verbindlichkeiten gegenüber Sozialversicherungsträgern		1.063,90
Verbindlichkeiten gegenüber Finanzamt		540,00	
	Forderungen an Finanzamt		540,00
Verbindlichkeiten gegenüber Finanzamt		370,00	
	LZB		370,00

Verbindlichkeiten gegenüber Sozialversicherungsträger	LZB	2.127,80	2.127,80

Geschäftsfälle

1. Der Angestellte Franz Schwender erhält 800,00 DM Vorschuss bar.

2. Franz Schwender erhält am Ende des Monats folgende Gehaltsabrechnung:

Grundgehalt	4.250,00 DM
+ vermögenswirksame Leistung	39,00 DM
steuer- und sozialversicherungspflichtiges Gehalt	4.289,00 DM
- Lohnsteuer einschließlich Solidaritätszuschlag	930,00 DM
- Kirchensteuer	74,40 DM
- Beiträge zur Sozialversicherung	790,00 DM
- Vorschussverrechnung	800,00 DM
Nettogehalt	1.694,60 DM
- Vermögenswirksames Investmentsparen (Zentrale)	78,00 DM
Auszahlung per Kasse	1.616,60 DM

   2.1. Buchen Sie die Gehaltsauszahlung bar.
   2.2. Buchen Sie den Arbeitgeberanteil an der Sozialversicherung.
   2.3. Führen Sie Steuern und Beiträge per LZB ab.

3. Das Grundgehalt eines leitenden Bankangestellten beträgt 8.000,00 DM, für eine Dienstwohnung behält die Bank Miete in Höhe von 900,00 DM ein. 78,00 DM vermögenswirksame Leistung wird voll von der Bank bezahlt und über LZB an einen Investmentfonds abgeführt. Für die beiden Kinder erhält der Mitarbeiter 540,00 DM Kindergeld, das die Bank mit der abzuführenden Lohnsteuer verrechnen kann. Laut Lohnsteuertabelle hat der Angestellte 1.460,00 DM Lohnsteuer zu bezahlen. Der Solidaritätszuschlag liegt bei 5,5%. Die Krankenkasse des Angestellten hat einen Beitragssatz von 12%, die Pflegeversicherung beträgt 1,7% (Bemessungsgrenze sei 6.400,00 DM). Für 19,5% Rentenversicherungsbeitrag und 6,5% Arbeitslosenversicherung gilt eine Bemessungsgrenze von 8.500,00 DM.
   3.1. Erstellen Sie die Gehaltsabrechnung.
   3.2. Buchen Sie die Gehaltsabrechnung (Gutschrift auf Kundenkontokorrent).
   3.3. Buchen Sie den Arbeitgeberanteil an der Sozialversicherung.
   3.4. Führen Sie Sozialversicherungsbeiträge und Lohnsteuer per LZB ab.

4. Die Ausbildungshilfe eine Auszubildenden beträgt 1.100,00 DM pro Monat; er erhält 78,00 DM Vermögenswirksame Leistung und eine Leistungszulage von 100,00 DM. Der Ausbildungsbetrieb behält 21,50 Lohnsteuer, 83,00 DM Krankenversicherungsbeitrag, 124,00 DM Rentenversicherung, 41,00 DM Arbeitslosenversicherung und 10,86 DM Pflegeversicherung ein. Nehmen Sie alle notwendigen Buchungen vor.

Aufgaben

1. Welche Vorteile hat die Auszahlung des Kindergeldes durch den Arbeitgeber?
2. Welche Rolle spielen die Krankenversicherungsgesellschaften im System der Sozialversicherungen?
3. Wie ist die Lohnsteuer im System der Einkommensbesteuerung einzuordnen?
4. Welche Wirkung hat die jährliche Anpassung der Bemessungsgrenzen nach oben?
5. Warum hat der Gesetzgeber Bemessungsgrenzen für die Sozialversicherungen festgelegt?

7.5 Geschäftsfälle in Laufender Rechnung bei Banken

Stofftelegramm

Kundenkontokorrent

Kundenkontokorrentkonten (KKK) erfassen die täglich fälligen Verbindlichkeiten der Banken gegenüber Nichtbanken (Sichteinlagen) und die täglich fälligen Forderungen gegenüber Nichtbanken (KKK-Kredite). Während des laufenden Geschäftsbetriebes wird Kundenkontokorrent für die Schuldner der Bank (Debitoren) und die Gläubiger der Bank (Kreditoren) nicht getrennt geführt, da durch Geschäftsfälle ein Debitor jederzeit zum Kreditor werden kann und umgekehrt. Die Systematik der Buchführung erlaubt ein „gemischtes“ Kundenkontokorrent, denn

- **Belastungen des Kunden erfolgen immer im Soll**, d.h. bei einem Debitor werden dadurch die Forderungen der Bank an ihn erhöht, bei einem Kreditor verringern sich durch Belastungen die Verbindlichkeiten der Bank gegenüber dem Kreditor.
- **Gutschriften für den Kunden erfolgen immer im Haben**, d.h. bei einem Debitor werden dadurch die Forderungen der Bank an ihn verringert; bei einem Kreditor erhöhen sich durch Gutschriften die Verbindlichkeiten der Bank gegenüber dem Kreditor.
- **Interbankenbuchungen erfolgen seit dem 01.01.1999 in €.**, d.h. es sind Zwischenkonten einzurichten. Außerdem müssen die Rundungsfehler bei der Umrechnung verbucht werden.
- **Den €-Zahlungsströmen werden die DM-Beträge nachrichtlich beigefügt,** damit sichergestellt ist, dass der DM-Empfänger den angewiesenen DM-Betrag erhält.

<u>**Daraus ergeben sich folgende Konsequenzen:**</u>

- Da 90% aller Geschäftsfälle bei Banken mit Kunden zu tun haben, muss vor der Buchung nur die Frage beantwortet werden, „Zahlt der Kunde oder bekommt er Geld?“
- Damit ist die erste Hälfte des Buchungssatzes schnell gelöst; die zweite Hälfte ist oft einfache Ergänzung.
- Bis zum Jahre 2002 muss zwischen Interbankenbuchungen und €-Kundenbuchungen mit Zwischenkonten gearbeitet werden.

Am Jahresende zur Vorbereitung der Bilanz müssen Debitoren (Aktivseite der Bilanz) und Kreditoren (Passivseite der Bilanz) getrennt werden. Zu diesem Zweck werden getrennte Saldenlisten für Debitoren und Kreditoren erstellt.

Bankenkontokorrent

Bankenkontokorrentkonten (BKK) erfassen die täglich fälligen Verbindlichkeiten der Banken gegenüber anderen Banken (Sichteinlagen) und die täglich fälligen Forderungen gegenüber anderen Banken (aufgenommene Gelder) in €. Während des laufenden Geschäftsbetriebes wird Bankenkontokorrent für die Schuldner der Bank und die Gläubiger der Bank nicht getrennt geführt, da durch Geschäftsfälle Gläubiger- und Schuldnerstatus wechseln können. Die Systematik der Buchführung erlaubt ein „gemischtes" Bankenkontokorrent, denn

- **Belastungen der Partnerbank durch uns erfolgen immer im Soll**, d.h. bei uns werden dadurch die Forderungen an die Korrespondenzbank erhöht, bzw. unsere Verbindlichkeiten bei der Partnerbank verringert.
- **Gutschriften für die Korrespondenzbank erfolgen immer im Haben**, d.h. bei uns werden dadurch die Forderungen an die Korrespondenzbank verringert; bzw die Verbindlichkeiten unserer Bank gegenüber der Korrespondenzbank erhöht.
- Am Jahresende zur Vorbereitung der Bilanz müssen Schuldner (Aktivseite der Bilanz) und Gläubiger (Passivseite der Bilanz) getrennt werden. Zu diesem Zweck werden getrennte Saldenlisten für Schuldner und Gläubiger erstellt.
- Unabhängig vom Gläubiger- und Schuldnerstatus einer Korrespondenzbank ist zwischen Nostro- und Lorobank zu unterscheiden. Nostrokonto ist unser Konto bei einer anderen Bank – diese erstellt die Kontoauszüge. Beim Lorokonto ist unsere Bank Kontoführer und erstellt die Kontoauszüge.
- Für die Buchungstechnik hat dies nur die Bedeutung, dass unsere Bank bei Nostrokonten die Kontoauszüge mit unseren Gegenbuchungen vergleichen müssen. Differenzen sind dem kontoführenden Institut zu melden – es sei denn, eine hausinterne Fehlbuchung liegt vor.

Aufgaben

1. In der fortgeschriebenen Tagesbilanz zeigt Kundenkontokorrent einen Saldo im Soll mit 1.500.000 €. Die Saldenliste der Debitoren ergibt 17.600.000 €. Wie hoch sind die Kreditoren.
2. In der Saldenbilanz I einer Betriebsübersicht Banken zeigt einen Habensaldo von 1.700.000 €. Für den Jahresabschluss sind noch 300.000 € Kreditorenzinsen und 2.400.000 € Debitorenzinsen zu buchen. Nach der Kapitalisierung der Zinsen ergibt die Saldenliste einen Debitorenbestand von 65.400.000 €. Berechnen Sie die Kreditoren.
3. In der Saldenbilanz II einer Betriebsübersicht zeigt Kundenkontokorrent im Soll einen Saldo von 2.300.000 €. Die Saldenliste der Kreditoren zeigt nach der Kapitalisierung der Zinsen einen Bestand von 35.600.000 €.
4. Warum unterhalten Banken Kontobeziehungen mit anderen Banken fremder Gironetze?
5. Sind buchungstechnische Alternativen zu einem Netz von Kontobeziehungen zu anderen Banken denkbar? Wie könnten diese Alternativen aussehen?

6. Wie wird die Umrechnung von DM in € für den Interbankenverkehr buchungstechnisch gelöst?
7. Unser Bankenkontokorrent zeigt einschließlich Anfangsbestände Sollumsätze in Höhe von 230 Mio € und Habenumsätze über 210 Mio €. Die Saldenliste der Forderungen gegen Banken zeigt 45 Mio €. Wie hoch sind die Verbindlichkeiten gegen Banken?
8. Ein Kunde erteilt den Auftrag, 10.000,00 DM zu überweisen. Wir wählen den Verrechnungsweg über LZB.
   - Wieviel € werden überwiesen?
   - Welcher Rundungsfehler muss verbucht werden?
   - Wie lauten die Buchungssätze?

Stofftelegramm

Kassenbuchungen

Geschäftsfälle	Sollbuchung	Habenbuchung
Einzahlungen	Kasse	KKK, Spareinlagen....
Auszahlungen	KKK, Spareinlagen...	Kasse
Entstehung Kassenfehlbetrag	Kassenfehlbeträge	Kasse
Aufklärung Kassenfehlbetrag	Kasse	Kassenfehlbeträge
Kassenfehlbetrag wird nicht geklärt bis 31.12.	sonstiger Aufwand G u V	Kassenfehlbeträge Sonstiger Aufwand
Aufklärung Kassenfehlbetrag im nächsten Jahr	Kasse, KKK	Sonstiger Ertrag
Entstehung Kassenüberschuss	Kasse	Kassenüberschüsse
Aufklärung Kassenüberschuss	Kassenüberschüsse	Kasse
Kassenüberschuss wird nicht geklärt bis 31.12.	Kassenüberschüsse Sonst.Verbindlichkeiten	Sonst. Verbindlichkeiten Schlussbilanz
Aufklärung Kassenüberschuss im nächsten Jahr	Sonst.Verbindlichkeiten	Kasse

Die Bilanzposition Kasse enthält neben den Bargeldkassen noch die Sortenkasse, die Portokasse und Spesenkasse, die Geldausgabeautomaten, den Briefmarkenbestand, die Wertstreifen und den Bestand an Gerichtsmarken.

Geschäftsfälle

1. Am 15.10. zeigt unser Kassenkonto folgendes Bild

Soll	Kasse		Haben
	450.000,00		320.000,00
		Schlußbestand lt.Inventur	129.000,00

Die Kassendifferenz wird bis zum 31.12. nicht aufgeklärt. Buchen Sie am 15.10. und am 31.12.
2. Ein Neukunde eröffnet ein Kontokorrentkonto und zahlt 500,00 DM bar ein.
3. Am 21.10. fehlen in der Kasse der Bank 100,00 DM. Die Differenz ist am 31.12. noch nicht aufgeklärt. Im Februar des Folgejahres gehen per Postbank 100,00 DM ein. Ein Mensch hat Reue empfunden.
4. Unsere Bank wird überfallen. Die Täter entkommen mit 50.000,00 DM. Das Verbrechen kann nicht aufgeklärt werden. Nach zwei Monaten ersetzt die Versicherung den Schaden per LZB-Überweisung.
5. Die Kasse unserer Bank weist einen Überschuss von 10,00 DM auf. Einige Tage später kann eine Kundin nachweisen, daß sie bei einer Auszahlung 10,00 DM zu wenig erhalten hatte.
6. Die Kasse unserer Bank weist einen Überschuss von 50,00 DM auf. Die Differenz läßt sich bis Jahresende nicht aufklären. Mitte Januar entdecken wir den Fehler zufällig; dem Kunden werden 50,00 DM auf das Sparkonto gutgeschrieben.

Aufgaben

1. Nennen Sie 5 Kassendifferenzquellen im praktischen Bankbetrieb.
2. Welche Hauptbuchpositionen gehen in die Bilanzposition Kasse ein?
3. Beschreiben Sie den Vorgang der Kassenabstimmung bei Ihrer Bank.

Stofftelegramm

Überweisung, Scheck, Lastschrift

Geschäftsfälle	Sollbuchung	Habenbuchung
Überweisungsausgänge	Kundenkontokorrent selten auch Spareinlagen, denkbar auch Kasse in DM	Kundenkontokorrent u. Spareinlagen in € Übw-Ausgänge in DM
Für den Interbankenverkehr müssen die DM-Überweisungen in € umgerechnet werden. Dabei entstehen Rundungsfehler, die auf – dem €-Rundungskonto im Soll bzw. Haben erfasst werden. Die beiden Übw-Ausgangskonten in DM und € müssen sich betragsmäßig entsprechen.	Übw.-Ausgänge in € €-Rundungskonto	Bankenkontokorrent, Landeszentralbank Postbank, Zentrale Ertragskonten der Bank in € €-Rundungskonto

Überweisungseingänge	Bankenkontokorrent, Landeszentralbank, Postbank, Zentrale in € Kundenkontokorrent/ Spareinlagen in DM Übw-Eingänge in DM	Übw. Eingänge in € Kundenkontokorrent, Spareinlagen, Termineinlagen, Konto pro Diverse (Empfänger hat kein Konto bei uns) in DM

Aus buchungstechnischen Gründen ist es bis 2002 notwendig, dass ein Konto Überweisungsausgänge bzw. ein Konto Überweisungseingänge zwischengeschaltet wird. Diese Konten nehmen dann alle Aus- und Eingänge auf, um von dort in die €-Verrechnungswege geleitet zu werden.
Generell gilt bis 2002, dass bei allen DM-Buchungen, die in den Interbankenverkehr hineinwirken, ein DM- und ein entsprechendes €-Zwischenkonto eingeschaltet werden muss. Die entstehenden Rundungsfehler werden auf dem €-Rundungskonto erfasst. Da dies bei allen folgenden Geschäftsfällen sich darstellt wie bei den Überweisungen, für das Verständnis der Buchführung jedoch zweitrangig ist, wird in der Folge die Umrechnung DM - € ignoriert. Der Lernende kann davon ausgehen, dass alle Bankkunden schon auf € umgestellt haben.

Einreichung von Schecks zur Gutschrift E.v. (Eingang vorbehalten.und Einzug des Gegenwertes über Zentrale • mit Einschaltung des Kontos Schecks • ohne Einschaltung des Kontos Schecks	 Schecks Zentrale Zentrale	 Kundenkontokorrent Schecks Schecks

Als Scheckinkassowege kommen neben dem eigenen Gironetz und dem Gironetz der Landeszentralbank noch Bankenkontokorrent, Kundenkontokorrent der eigenen Bank und auch die Postbank in Frage.

Vorlage eines BSE-Schecks durch LZB, die Einlösung ist möglich (Belegloser Scheckeinzug, d.h. die Belastung des Kundenkontos ist vorweggenommen.) Vorlage eines BSE-Schecks durch LZB; die Einlösung muss verweigert werden (Stornobuchung mittels Rücklastschrift)	Kundenkontokorrent Kundenkontokorrent LZB	LZB LZB Kundenkontokorrent
Ein Rückscheck trifft über LZB ein; der Scheckeinreicher wird zuzüglich Gebühr rückbelastet	Rückscheck Kundenkontokorrent	LZB Rückscheck Provision und Gebühr

Bareinlösung eines Euroschecks und Inkasso per Zentrale Bareinlösung eines €-Reiseschecks und Inkasso per Zentrale	Schecks Zentrale Schecks Zentrale	Kasse Schecks Kasse Schecks
Verkauf von eigenen €-Reiseschecks Vorlage der eigenen Reiseschecks durch LZB zur Einlösung Verkauf von Reiseschecks in Kommission zuzüglich Gebühr Weiterleitung des Gegenwertes der Reiseschecks an die bezogene Bank	Kundenkontokorrent umlaufende Reiseschecks Kundenkontokorrent Reisescheckkommission	umlaufende Reiseschecks LZB Reisescheckkommission LZB Provision und Gebühr
Einreichung von Lastschriften zur Gutschrift E.v. und zum Inkasso per Zentrale • mit Zwischenkonto Lastschriften • ohne Zwischenkonto Lastschrift	 Lastschriften Zentrale Zentrale	 Kundenkontokorrent Lastschriften Kundenkontokorrent
Vorlage von Lastschriften zur Einlösung durch die Zentrale • beleglose Lastschrift • beleghafte Lastschrift (Ausnahmefall)	 Kundenkontokorrent Kundenkontokorrent	 Zentrale Zentrale
Nichteinlösung von Lastschriften beleglose Lastschrift (unter Umständen wird eine beleghafte Rücklastschrift erstellt) beleghafte Lastschrift wird beleghaft zurückgegeben (identische Buchung)	Zentrale	Kundenkontokorrent (Storno der ungerechtfertigten Belastung) Provision und Gebühr
Im Lastschriftverkehr sind dieselben Inkassowege denkbar wie beim Scheckverkehr.		

Geschäftsfälle

1. Ein Sammelüberweisungsauftrag zu Lasten Kundenkontokorrent wird ausgeführt:

	über die Zentrale	2.000,00 DM
	über Postbank	1.800,00 DM
	über Korrespondenzbank	1.200,00 DM
	für eigene Kontokorrentkunden	12.400,00 DM
	über LZB	3.800,00 DM

   Leiten Sie die Beträge im Interbankenverkehr per € weiter.

2. Für unser Kundenkontokorrent kommen Gutschriften:

   über Korrespondenzbanken 35.790,43 €

über Postbank	1.533,88 €
über Zentrale	12.782,30 €

Die Beträge kommen aus dem Interbankenverkehr und werden in DM gutgeschrieben (70.000,00 DM; 3.000,00 DM und 25.000,00 DM)

3. Über unsere Zentrale geht eine Überweisung über 30.000,00 € für Günther Alt ein. Herr Alt hat kein Konto bei uns, obwohl auf dem Überweisungsträger eine entsprechende Kontoverbindung mit uns angegeben ist. Wir nehmen Kontakt auf, Herr Alt eröffnet ein €-Sparbuch bei uns.
4. Unsere Kunden haben über das Wochenende kräftig online-banking betrieben und ihre Kontokorrentkonten um insgesamt 40.000 DM erleichtert. Unser online-banking läuft über die Rechenzentrale, mit der wir wiederum per Zentrale kontenmäßig verknüpft sind. Wir leiten in € weiter.
5. Ein Kunde reklamiert eine versehentliche Gutschrift auf seinem Kontokorrent. Er möchte den Betrag von 100.000,00 DM als Darlehenstilgung verstanden wissen. Wir buchen um.
6. Ein anderer Kunde reklamiert eine versehentliche Belastung seines Kontokorrents mit 800,00 DM. Wir prüfen und stellen fest, daß jemand eine falsche, aber „computerrichtige" Kontonummer angegeben hatte. Wir belasten den wahren Auftraggeber.
7. Ein von unserem Kunden auf uns gezogener Barscheck wird von einem Nichtkunden zur Einlösung vorgelegt. Wir lösen mangels Deckung nicht ein.
8. Ein Nichtkunde legt einen Euroscheck – von ihm selbst über 400,00 DM ausgestellt zur Barauszahlung vor. Wir berechnen 10,00 DM Gebühr und verweisen auf bessere Möglichkeiten der Bargeldbeschaffung.

Die folgenden Aufgaben können ebenso in DM gebucht werden, wobei Sie bitte nur die Währung, nicht die Beträge tauschen!

9. Ein Kunde reicht einen Scheck über 8.000,00 € zur Gutschrift E.v. auf Kontokorrent ein. Wir geben den Scheck an die LZB zum Inkasso. Von dort kommt der Scheck uneingelöst und mit 20,00 € Rückgriffskosten belastet zurück. Der Einreicher wird unter Berechnung von weiteren 5,00 € Gebühr rückbelastet.
10. Für einen Kunden besorgen wir einen bestätigten LZB-Scheck über 100.000,00 €; Gebühr der LZB sei 30,00 €; unsere Gebühr beträgt für diese Dienstleistung 50,00 € zusätzlich.
11. Wir erhalten von unserem Kunden Maiwald einen auf uns gezogenen Scheck über 800,00 €, den wir ihm auf Kontokorrent gutschreiben. Aussteller des Schecks ist unser Kunde Bauer.
12. Ein Nichtkunde legt uns einen Scheck auf eine Bank außerhalb über 5.000,00 € zur Einlösung vor. Wir machen ihn darauf aufmerksam, daß er erst in ein paar Tagen über den Gegenwert verfügen kann, wenn sichergestellt ist, daß der Scheck auch eingelöst worden sein wird. Der Nichtkunde ist einverstanden. Nehmen Sie alle notwendigen Buchungen vor. Der Gegenwert wird übrigens am Ende bar ausbezahlt, wir berechnen 100,00 € Gebühr.
13. Ein Geschäftspartner übergibt uns eine Diskette für den Lastschrifteneinzug. Die beigelegte Liste zeigt, daß 6.500,00 € unsere eigenen Kunden betreffen, 9.000,00 € über die Zentrale und 5.500,00 € über Korrespondenzbanken eingezogen wird.
14. Von diesen Lastschriften kommt über die Zentrale eine nicht eingelöste Lastschrift über 300,00 € beleghaft und mit 10,00 € Gebühr belastet zurück. Wir rückbelasten den Einreicher.

15. Zu Lasten eines Kontokorrentkunden kommt per Zentrale eine Lastschrift über 850,00 €, die nicht gedeckt ist. Da der Kunde versichert, bis zum nächsten Tage für Deckung zu sorgen, legen wir die Lastschrift zurück. Die Lastschrift kann am nächsten Tage trotzdem nicht eingelöst werden; die Lastschrift geht mit 15,00 € Kosten belastet zurück.
16. Eine im Wege der Einzugsermächtigung vorgenommene Belastung über 172,00 € wird 2 Wochen nach erfolgter Belastung vom Kontoinhaber beanstandet. Er verlangt die Rücknahme der Einlösung ohne Kosten für ihn.
17. Zu Lasten eines Kontokorrentkunden kommt per Zentrale eine Lastschrift über 400,00 €, die nicht gedeckt ist. Da der Kunde versichert, bis zum nächsten Tage für Deckung zu sorgen, legen wir die Lastschrift zurück. Die Einlösung kann am nächsten Tage erfolgen, nachdem der Zahlungspflichtige eine Bareinzahlung über 500,00 € leistete. Erledigen Sie die notwendigen Buchungen.
18. Ein Kunde reicht Lastschriften zum Einzug ein. Davon betreffen 8.000,00 € unsere eigenen Kunden; 2.000,00 € werden über die Zentrale: 1.000,00 € über die Postbank und 4.000,00 € über Bankenkontokorrent weitergeleitet. Eine Lastschrift über 500,00 € zuzüglich 5,00 € Gebühr kommt uneingelöst per Zentrale zurück. Wir belasten das Kundenkonto unter Berechnung von weiteren 5,00 € Gebühren.
19. Über die Rechenzentrale kommen im Datenträgeraustausch Lastschriften zu Lasten unserer Kontokorrentkunden über 12.000,00 €. Die Nachdisposition ergibt, daß eine Belastung über 500,00 € auf keinen Fall möglich ist, da der Kunde extrem dubios ist. Da die Lastschrift von einem ringeigenen Institut kommt, geht sie kostenfrei zurück. Eine weitere Lastschrift über 150,00 € muß sofort zurück, da der Zahlungspflichtige schon vor Monaten sein Konto aufgelöst hatte. In diesem Falle berechnen wir 10,00 € Gebühr. Zwei Lastschriften werden bis zum nächsten Tage zurückgehalten, 800,00 € und 400,00 €. Die Kunden werden telefonisch benachrichtigt und gebeten, für Deckung bis zum nächsten Werktag zu sorgen. Einer der beiden Kunden zahlt daraufhin 450,00 € bar ein – wir geben grünes Licht für die Lastschrift über 800,00 €. Die Lastschrift über 400,00 € geht uneingelöst per Zentrale zurück. Nehmen Sie die notwendigen Buchungen vor.
20. Zu Lasten unserer Kunden treffen über die Zentrale beleglose Lastschriften über 5.000,00 € ein. Die Nachdisposition ergibt, daß eine Lastschrift über 600,00 € nicht eingelöst werden kann, es sei denn der Kunde sorgt für Deckung, was er verspricht, aber nicht einhalten kann. Am nächsten Tag geht die Lastschrift den Weg, den sie gekommen war. Die Rücklastschrift – jetzt beleghaft – lautet über 610,00 €.
    Wie buchte die Zentrale im Rechenzentrum für uns? Wie buchen wir nach der Disposition? Wie buchen wir und die Zentrale die Rücklastschrift?

Aufgaben

1. Welchen Sinn haben in der Bankbuchhaltung die Zwischenkonten Überweisungseingänge und Überweisungsausgänge?
2. Welche Möglichkeiten gibt es, den Überweisungsverkehr noch schneller zu machen?
3. Warum muss das aktive Bestandskonto Schecks während des laufenden Geschäftsjahres nicht zwingend geführt werden?
4. Zu welcher Bilanzpositionsgruppe gehört die Bilanzposition Schecks?
5. In welchen Fällen bewirkt die Scheckrückgabe mangels Deckung eine Stornobuchung?
6. Was bedeutet Nachdisposition?
7. Wann kann eine Lastschrift im Datenträgeraustausch beleghaft werden?
8. Welche Bedeutung hat die Bankleitzahl im Zahlungsverkehr?
9. In welchen Fällen muß das Konto „zurückgelegte Lastschriften" eingeschaltet werden?
10. Wie werden von Kunden eingereichte Schecks buchhalterisch behandelt, die sich am Jahresende noch im Bestand der Bank befinden?

Stofftelegramm

Spareinlagen, Termineinlagen, aufgenommene Gelder

Geschäftsfälle	Sollbuchung	Habenbuchung
Bareinzahlung auf Sparkonto	Kasse	Spareinlagen
Barauszahlung vom Sparkonto	Spareinlage	Kasse
Überweisung auf Sparkonto zu Lasten KKK	KKK	Spareinlagen
Überweisung vom Sparkonto auf KKK	Spareinlagen	KKK
Anlage einer Termineinlage zu Lasten KKK	KKK	Termineinlagen
Auflösung Termineinlage zu Gunsten KKK	Termineinlage	KKK
Kapitalisierung der Zinsen mit Freistellungsauftrag	Zinsaufwand	Spareinlagen bzw. Termineinlagen
Kapitalisierung der Zinsen ohne Freistellungsauftrag	Zinsaufwand	Spareinlagen bzw. Termineinlagen Verbindlichkeiten gegenüber Finanzamt
Auflösung eines Sparbuches unter Berechnung von Gebühren	Zinsaufwand Spareinlagen	Spareinlagen Kasse Provision und Gebühr
Unsere Bank erhält von der Zentrale ein gebundenes Darlehen	Zentrale	Verbindlichkeiten gegenüber Banken mit vereinbarter Laufzeit
Zinsen für das Darlehen werden bezahlt	Zinsaufwand	Zentrale
Wir gewähren einer Korrespondenzbank ein kurzfristiges Darlehen	Forderungen gegenüber Banken mit Laufzeit bis 4 Jahre	Bankenkontokorrent

Wir erhalten für diesen Kredit Zinsen	Bankenkontokorrent	Zinserträge
Wir nehmen bei der Zentralbank einen kurzfristigen Kredit gegen Verpfändung von Sicherheiten auf	LZB-Giro	LZB-Lombard
Wir zahlen diesen Kredit zurück und bezahlen die angefallenen Zinsen	LZB-Lombard Zinsaufwand	LZB-Giro

Geschäftsfälle

1. Ein Kunde überweist zu Lasten seines Kontokorrentkontos 400,00 DM auf sein Sparkonto.
2. Zur Gutschrift auf ein Sparkonto wird ein Verrechnungsscheck über 3.000,00 DM eingereicht.
3. Ein Sparkonto wird neu eröffnet; es werden 8.000,00 DM bar einbezahlt.
4. Ein Kunde hebt 6.000,00 DM von seinem Sparkonto ohne vorherige Kündigung ab. Die Vorschusszinsen über 45,00 DM werden sofort ins Sparbuch eingetragen und abgebucht.
5. Wir kapitalisieren die Sparzinsen des vergangenen Jahres:
   Spareinlagen mit 3-moniger Kündigungsfrist 4.500.000 DM
   Spareinlagen mit vereinbarter Kündigungsfrist 6.000.000 DM
   von den Zinsen betreffen 7.000.000 DM Kunden mit Freistellungsanträgen; 3.500.000 DM unterliegen der Zinsabschlagsteuer.
6. Ein Sparer zieht von Wuppertal nach Essen. Seiner neuen Bank in Essen übergibt er sein Sparbuch einer Wuppertaler Bank mit einem ausgewiesenen Guthaben von 7.000,00 DM; die Zinsen der letzten beiden Jahre sind noch nicht eingetragen. Die Wuppertaler Bank rechnet das Sparkonto ab, trägt noch 420,00 DM Zinsen für die letzen Jahre nach und kapitalisiert für das laufende Jahr noch 300,00 DM Zinsen. Bei der neuen Bank in Essen trifft per Zentrale eine Überweisung zu Gunsten des Neukunden über 7.720,00 DM ein.Ein neues Sparbuch wird angelegt. Buchen Sie für Wuppertal und Essen.
7. Ein Kunde legt heute einen fälligen abgezinsten Sparbrief über 6.000,00 DM zur Auszahlung vor. Die Verrechnung erfolgt über sein Sparkonto.
8. Ein Kunde löst sein Sparkonto ohne vorherige Kündigung auf und nimmt den Gegenwert bar mit.
   Guthaben 13.000,00 DM; aufgelaufene Zinsen 430,00 DM; Vorschusszinsen 60,00 DM; Auflösungsgebühr 10,00 DM
   Buchen Sie die Auflösung.
9. Ein Kunde kauft am 25.05. eine Schuldverschreibung unserer Bank über 10.000,00 DM zu Lasten Kontokorrent. Die Schuldverschreibung wurde am 30.04. emittiert und wird mit 8% verzinst. Die Zinszahlung erfolgt jährlich nachträglich. Buchen Sie für den 25.05., den 31.12. und den 30.04. des Folgejahres.
10. Im Rahmen der Liquiditätsversorgung unserer Bank nehmen wir einen 14 Tage laufenden Kredit bei der Zentralbank gegen Verpfändung von erstklassigen Sicherheiten auf. Kreditaufnahme zu 3,25%, Wert 25.05.; Rückzahlung einschließlich Zinsen am 09.06.. Die Liquidität steht auf LZB-Giro zur Verfügung. Kreditbetrag 1.000.000 DM

Aufgaben

1. Wie werden Vorschusszinsen bei der Auflösung eines Sparkontos buchhalterisch behandelt?
2. Unter welcher Bilanzposition erscheinen verkaufte Sparbriefe?
3. Mit welchem Wert werden abgezinste Sparbriefe bilanziert und welcher Grundgedanke steckt dahinter?

Stofftelegramm

Wertpapierhandel

Aktien und Bezugsrechte

Musterabrechnung (Kaufauftrag) 24.01.

100 Stück A-Aktien, Kurs 350,00		35.000,00 €
+ 0,8 % vom Kurswert Provision	280,00 €	
+ 0,4‰ vom Kurswert Courtage	14,00 €	294,00 €
Belastung, Wert 26.01. (1,95583 DM für 1 €)		**35.294,00 €**

Die Gebührensätze der Banken für Wertpapiergeschäfte mit Kunden sind inzwischen recht unterschiedlich. In der Folge setzen wir die Sätze so fest, wie sie die Musterabrechnung zeigt. Da Wertpapiergeschäfte aus der Sicht der Börse in € abgerechnet werden, gehen wir davon aus, daß in € gebucht wird. Dort wo ein Kunde DM-Abrechnung wünscht, ist dies angegeben. Der Umrechnungskurs liegt bei 1,95583 DM für 1 €

Geschäftsfall	Sollbuchung	Habenbuchung
Kommissionsgeschäft (Kaufauftrag) • Händlergeschäft • Kundengeschäft	Wertpapierumsätze Kundenkontokorrent	Bankenkontokorrent Wertpapierumsätze Provisionserträge Courtagezwischenkonto
Kommissionsgeschäft (Verkaufsauftrag) • Händlergeschäft • Kundengeschäft	Bankenkontokorrent Wertpapierumsätze	Wertpapierumsätze Kundenkontokorrent Provisionserträge Courtagezwischenkonto
Selbsteintritt (Kaufauftrag) • Kundengeschäft	Kundenkontokorrent	eigene Wertpapiere Provisionserträge Courtagezwischenkonto
Abführen der Courtage per LZB	Courtagezwischenkonto	LZB

Doppelkommissionsgeschäft (Kaufautrag) aus der Sicht der Börsenbank • Händlergeschäft • Zwischenkommission (halbe Provision) aus der Sicht der Nichtbörsenbank • Kundengeschäft	 Wertpapierumsätze Nichtbörsenbank Kundenkontokorrent	 Bankenkontokorrent Wertpapierumsätze Provisionserträge Courtagezwischenkonto Börsenbank Provisionserträge
Botengeschäft (Verkaufsauftrag) aus der Sicht der Börsenbank • Händlergeschäft • Botengeschäft mit Nichtbörsenbank (volle Provision) aus der Sicht der Nichtbörsenbank • Kundengeschäft • Provisionsanteil am Monatsende	 Bankenkontokorrent Wertpapierumsätze Börsenbank Börsenbank	 Wertpapierumsätze Nichtbörsenbank Provisionserträge Courtagezwischenkonto Kundenkontokorrent Provisionserträge

Festverzinsliche Wertpapiere

Musterabrechnung (Verkaufsauftrag); 20.01 (Freistellungsauftrag liegt nicht vor)

20.000,00 € 6%-Anleihe, 01.07.ganzjährig, 101%		20.200,00 €
+ Stückzinsen (act/360) für 205 Tage aus 20.000,00 €		683,33 €
ausmachender Betrag		20.883,33 €
- 30% Zinsabschlagsteuer aus 683,33 €		205,00 €
- 0,5% Provision vom Kurswert	101,00 €	
- 0,75‰ Courtage vom Nennwert	15,00 €	116,00 €
Gutschrift, Wert 22.01.		20.562,33 €

(Der Solidaritätszuschlag bleibt unberücksichtigt)

Auch bei festverzinslichen Wertpapieren gilt, dass inzwischen Provisions- und Gebührensätze von Bank zu Bank und Geschäft zu Geschäft schwanken können.

Geschäftsfall	**Sollbuchung**	**Habenbuchung**
Kommissionsgeschäft (Kaufauftrag) • Händlergeschäft • Kundengeschäft (ausmachender Betrag auf Wertpapierumsätze)	 Wertpapierumsätze Kundenkontokorrent	 Bankenkontokorrent Wertpapierumsätze Provisionserträge Courtagezwischenkonto
Kommissionsgeschäft (Verkaufsauftrag) • Händlergeschäft • Kundengeschäft (ausmachender Betrag auf Wertpapierumsätze)	 Bankenkontokorrent Wertpapierumsätze	 Wertpapierumsätze Kundenkontokorrent Provisionserträge Courtagezwischenkonto sonst.Verbindlichkeiten (wenn ZASt sofort bezahlt wird; sonst Übernahme in den Stückzinsentopf))
Festpreisgeschäft (Kaufauftrag) • Kundengeschäft (Kurswert auf eigene Wertpapier; Stückzinsen auch getrennt auf Erträge)	 Kundenkontokorrent	 eigene Wertpapiere Wertpapiererträge

Festpreisgeschäft (Verkaufsauftrag) • Kundengeschäft (Kurswert auf eigene Wertpapiere; Stückzinsen als vorläufig negativer Ertrag auch auf Erträge im Soll.)	eigene Wertpapiere Wertpapiererträge	Kundenkontokorrent sonstige Verbindlichkeiten gegenüber Finanzamt (ZASt-Zahlung des Verkäufers)
Abführen der Courtage per LZB	Courtagezwischenkonto	LZB
Doppelkommissionsgeschäft (Kaufautrag) aus der Sicht der Börsenbank • Händlergeschäft • Zwischenkommission (halbe Provision) (ausmachender Betrag auf Konto Wertpapierumsätze) aus der Sicht der Nichtbörsenbank • Kundengeschäft	 Wertpapierumsätze Nichtbörsenbank Kundenkontokorrent	 Bankenkontokorrent Wertpapierumsätze Provisionserträge Courtagezwischenkonto Börsenbank Provisionserträge
Botengeschäft (Verkaufsautrag) aus der Sicht der Börsenbank • Händlergeschäft • Botengeschäft mit Nichtbörsenbank (volle Provision) (ausmachender Betrag auf Konto Wertpapierumsätze aus der Sicht der Nichtbörsenbank • Kundengeschäft • Provisionsanteil am Monatsende	 Bankenkontokorrent Wertpapierumsätze Börsenbank Börsenbank	 Wertpapierumsätze Nichtbörsenbank Provisionserträge Courtagezwischenkonto Kundenkontokorrent Provisionserträge

Stückzinsentopf

Zur Ermittlung des Zinsabschlages bei Stückzinsen und anderen steuerpflichtigen Erträgen aus dem Verkauf von Wertpapieren sind die depotführenden Banken verpflichtet, einen Zinsabschlag von 30% einzubehalten, wenn kein Freistellungsauftrag vorliegt. Im gleichen Kalenderjahr gezahlte Stückzinsen dürfen bei der Ermittlung der Bemessungsgrundlage für den Zinsabschlag aufgerechnet werden. Zu diesem Zweck richten die Banken einen Stückzinsentopf ein, um nach der Nettomethode den Zinsabschlag zu errechnen.

Datum	Vorgang	Stückzinsen	Topfguthaben	Freibetrag	Grundlage	30% ZAST	Zinsgutschrift
20.01	Verkauf	683,33	683,33	700			
21.05	Kauf	720,50	-37,17	700			
10.09	Verkauf	1250,00	1287,17	700	587,17	176,15	1111,02

Geschäftsfälle

Gehen Sie bei den folgenden Geschäftsfällen von einer Börsenbank aus und buchen Sie jeweils das Börsen- und Kundengeschäft. Unser Provisionssatz soll vereinfacht für Aktien und Bezugsrechten bei 1% vom Kurswert liegen; für festverzinsliche Wertpapiere berechnen wir 0,5% vom Kurswert. Als Satz für die Courtage wählen wir aus denselben Gründen 0,5‰ vom Kurswert bzw. 0,4‰ vom Nennwert für festverzinsliche Wertpapiere. Alle Buchungen erfolgen in €. Eine Umrechnung in DM beim Kundengeschäft ist auf der Basis 1,95583 DM für 1 € vorzunehmen, Rundungsdifferenzen sind auf dem €-Rundungskonto zu sammeln. Die Stückzinsen sind act/act zu rechnen.

1. **Kundenkaufaufträge**
   20 Stück DaimlerChrysler, Kurs 59,80 €
   42 Stück Siemens, Kurs 152,40 €
   150 Stück Bezugsrechte auf Allianz, Kurs 12,54 €
   nom. 80.000 € 5%-Anleihe, 1.6. gj; Kurs 101%, Handelstag Do, 04.04., Freistellungsauftrag liegt vor
   nom. 100.000 € 4%-Anleihe, 1.8. gj, Kurs 98,5%, Handelstag Mi 10.04; Freistellungauftrag liegt nicht vor.
2. **Kundenverkaufsaufträge**
   85 Stück DaimlerChrysler, Kurs 101,05 €
   100 Stück Siemens, Kurs 95,55 €
   1500 Stück Bezugsrechte auf Allianz, Kurs 14,56 €
   nom. 70.000 € 6%-Anleihe, 1.9. gj; Kurs 108%, Handelstag Do, 14.09., Freistellungsauftrag liegt vor
   nom. 200.000 € 4,5%-Anleihe, 1.12. gj, Kurs 99,75%, Handelstag Mo 11.09; Freistellungauftrag liegt nicht vor.

Gehen Sie bei den folgenden Geschäftsfällen von einer Nichtbörsenbank aus und erledigen Sie die anfallenden Buchungen bei der Börsen- und bei der Nichtbörsenbank. Erledigen Sie die Geschäfte als Botengeschäfte und verwenden Sie die bekannten Provisions- und Courtagesätze.

3. **Kundenkaufaufträge**
   150 Stück VW, Kurs 71,20 €
   200 Stück Metallgesellschaft, Kurs 18,55 €
   nom. 300.000 € 6%-Anleihe, 01.05. gj., Kurs 109%, Handelstag, Do, 12.03., Freistellungsauftrag liegt vor.
   nom. 400.000 € 4%-Anleihe, 01.04. gj, Kurs 98,5%, Handelstag, Mo, 09.03. Freistellungsauftrag liegt nicht vor.
   350 Investmentzertifikate Dekafonds, Kaufpreis 44,15 €
4. **Kundenverkaufsaufträge**
   250 Stück BMW, Kurs 68,20 € (Umstellung auf nennwertlose Aktie wird unterstellt)
   400 Stück BASF, Kurs 35,80 €
   nom. 200.000 € 8%-Anleihe, 01.11. gj., Kurs 119%, Handelstag, Fr, 13.03., Freistellungsauftrag liegt vor.
   nom. 300.000 € 3,5%-Anleihe, 01.01. gj, Kurs 96,5%, Handelstag, Di, 10.03. Freistellungsauftrag liegt nicht vor.
   400 Investmentzertifikate Unifonds, Rückgabepreis 83,20 €

Gehen Sie bei den folgenden Geschäftsfällen von Selbsteintritt der Bank bzw. von Festpreisgeschäften aus. Die Kosten für diese Geschäfte sind in besonderem Maße

Sache der Geschäftspartner. Aus diesem Grunde bleiben sie hier unberücksichtigt. Dem Lernenden bleibt es überlassen, die bankeigenen Sätze anzuwenden.

5. Kundenkaufaufträge

Wir verkaufen im Wege des Selbsteintritts 130 Stück Hoechst, Kurs 38,20 €
Als Festpreisgeschäft geben wir nom. 10.000 € 4% Anleihe, 01.07. gj, Kurs 99,5%, ab. Handelstag Fr. 12.01.

6. Kundenverkaufsaufträge

Wir kaufen im Wege des Selbsteintritts 250 Stück Bayer, Kurs 36,20 €
Als Festpreisgeschäft nehmen wir nom. 50.000 € 7% Anleihe, 01.08. gj, Kurs 112,5%, in unserem Bestand. Handelstag Mi. 10.01.

Aufgaben

1. Welche Dienstleistungen bietet die Bank im Rahmen des Wertpapiergeschäfts an?
2. Worin unterscheiden sich buchungstechnisch Hauptkommissions- und Botengeschäft?
3. Worin unterscheiden sich Eigenhändler- und Kommissionsgeschäft?
4. Wenn bei Eigenhändlergeschäften der Banken zwischen Ankaufs- und Verkaufskurs eine betragmäßiger Unterschied besteht, wird die Differenz auch als Provision verbucht. Begründen Sie!
5. Für beim Verkauf festverzinslicher Wertpapiere eingenommene Stückzinsen wird u.U. Zinsabschlagsteuer in Höhe von 30% einbehalten und abgeführt oder die Stückzinsen werden in einer eigens für den Kunden geschaffenen Stückzinsendatei bis zum Jahresende gespeichert und verrechnet. Erklären Sie diese Vorgehensweise.
6. Zinsen für festverzinsliche Wertpapiere werden meist jährlich nachträglich zum Beispiel per 01.07. gegen Vorlage des Zinsscheines ausbezahlt. Bei Eigentumswechsel während der Zinsperiode erfolgt ein Zinsausgleich über die Stückzinsen. Begründen Sie diese Vorgehensweise, indem Sie den Sachverhalt einem Laien erklären.

Stofftelegramm

Zins- und Dividendenscheine

Geschäftsfälle	Sollbuchung	Habenbuchung
Zinsscheine (Kundenpapiere)		
Trennung der Zinsscheine von Wertpapieren, die im eigenen Hause verwahrt werden	Kupons	Kuponzwischenkonto
Inkasso der Zinsscheine über Zentrale (andere Inkassowege sind möglich)	Zentrale	Kupons
Gutschrift auf Kundenkontokorrent (Freistellungsauftrag liegt vor)	Kuponzwischenkonto	Kundenkontokorrent (Spareinlagen)
Gutschrift auf Kundenkontokorrent (ohne Freistellungsauftrag)	Kuponzwischenkonto	Kundenkontokorrent sonst. Verbindlichkeiten gegenüber Finanzamt
Auf das Kuponzwischenkonto kann verzichtet werden; die Gutschrift erfolgt dann nach der Zinsscheintrennung valutagemäß auf Kundenkontokorrent.		
Die Kundenwertpapiere liegen bei einer Wertpapiersammelbank; der Gegenwert der Zinsscheine trifft per LZB ein (Freistellungsauftrag liegt vor)	LZB Kupons	Kupons Kundenkontokorrent (Spareinlagen)

Zinsscheine (eigene Wertpapiere)		
Trennung der Zinsscheine von Wertpapieren, die im eigenen Hause verwahrt werden	Kupons	Wertpapiererträge
Inkasso der Zinsscheine über LZB	LZB	Kupons
Die bankeigenen Wertpapiere liegen bei einer Wertpapiersammelbank; über die Zentrale trifft der Gegenwert der Zinsscheine ein.	Zentrale	Kupons
Erfolgswirksame Zinsgutschrift	Kupons	Wertpapiererträge

Dividendenzahlung (Musterrechnung)

			Gutschriftswert mit
Bruttodividende (zu verst. Einnahme)		**100,00 €** ...	→ Freistellungsauftrag
- 30% Körperschaftsteuer		30,00 €	→ Steuergutschrift
Bardividende	**100 %**	**70,00 €**	→ Wert, der veröffentlicht wird
- 25% Kapitalertragsteuer	25%	17,50 €	→ Steuergutschrift
- 5,5% Solidaritätszuschlag		0,96 €	→ Steuergutschrift
Nettodividende	**74,04%**	**51,54 €**	→ Inkassowert des Dividenden scheins und Gutschriftswert ohne Freistellungauftrag.

Bruttodividende = Bardividende + 3/7 der Bardividende.
Nettodividende (zur Zeit) = 51,54 % der Bruttodividende.
Die bekannteste Formulierung von Dividende ist die Bardividende; sie spielt jedoch nur eine Rolle als Größe, die nach der Hauptversammlung publiziert wird.

Geschäftsfälle	Sollbuchung	Habenbuchung
Dividendenscheine (Kundenpapiere) Der Inkassowert der Dividendenscheine ist immer die Nettodividende!		
Dividendenscheine werden zur Barauszahlung vorgelegt (immer nur Nettodividende)	Kupons	Kasse
Inkasso der Dividendenschein über Zentrale	Zentrale	Kupons
Bei der Wertpapiersammelbank liegen Kundenwertpapiere, die Nettodividende trifft per Zentrale ein (z.B. 6.000,00 €)	Zentrale 6.000,00 €	Kupons 6.000,00 €
Dividendengutschrift mit Freistellungsauftrag	Kupons 6.000,00 € Steuerforderungen 5.641,44 €	Kundenkontokorrent (Spareinlagen) 11.641,44 €
Dividendengutschrift ohne Freistellungsauftrag (Steuerbescheinigung über 5.641,44 €)	Kupons 6.000,00 €	Kundenkontokorrent (Spareinlagen) 6.000,00 €
Dividendengutschrift für bankeigene Aktien, die bei der Wertpapiersammelbank liegen Gutschrift erfolgt brutto; Körperschaftssteuer und Kapitalertragssteuer gelten als Steuervorauszahlung.	Kupons 6.000,00 € Ertragssteuern 5.641,44 €	Wertpapiererträge 11.641,44 €

Geschäftsfälle

Alle Kunden, die Wertpapiergeschäfte machen, führen ihr Kontokorrent in €

1. Ein Kontokorrentkunde legt am Schalter fällige Dividendenscheine zum Einzug des Gegenwertes vor. Ein Freistellungsauftrag liegt vor.
   Bardividende 200,00 €
   Kapitalertragssteuer 50,00 €
   Nettodividende 150,00 €
   Wir bezahlen in € bar aus!
2. Wir erteilen unseren Kontokorrentkunden, die keinen Freistellungsauftrag besitzen, Dividendengutschrift über netto 4 000,00 €; die Überweisung des Gegenwertes steht noch aus (über Zins- und Dividendenscheine bzw. Kupons). Die Wertpapiersammelbank überweist uns per LZB die Dividenden Für unsere eigenen Wertpapiere erhalten wir eine Überweisung per LZB über 10 000,00 € Nettodividende.
3. Für Kontokorrentkunden, die Freistellungsaufträge besitzen, wird per LZB Nettodividende überwiesen, 20 000,00 €. Wir schreiben einschließlich Steuergutschrift auf Kundenkontokorrent gut.
4. Wir sind Zahlstelle für die Dividendenzahlung einer AG. über Bankenkontokorrent werden uns Kupons über netto 150 000,00 € zur Einlösung vorgelegt.
5. Die Eurobank AG beschließt eine Dividendenzahlung von 1,60 € Bardividende pro Aktie. Das Grundkapital beträgt 10 Mio €; Nennwert pro Aktie sei 1€. Buchen Sie die Dividendenbereitstellung unter Begleichung der fälligen Körperschaftssteuer und Kapitalertragsteuer über Bankenkontokorrent werden Dividendenscheine über Nettowert 100 000,00 € zur Einlösung vorgelegt.

6. Ein Realkreditinstitut stellt die fälligen Zinsen aus 8%-Pfandbriefen bereit: 8 Mio € über Bankenkontokorrent werden Zinsscheine im Wert von 1 Mio € zur Einlösung vorgelegt.
7. Unsere Bank unterhält bei einer Wertpapiersammelbank ein Depot mit 1 Mio € eigenen 8% Rentenpapieren und 4 Mio € 8%-Renten unserer Kunden. Die jährliche Zinszahlung ist fällig. Wir schreiben per 30.6. gut; der Gegenwert kommt am 1.7., Wert 30.6. Freistellungsaufträge liegen vor.
8. Die Wertpapiersammelbank überweist uns per Zentrale Dividenden für Kundenwertpapiere, die wir sofort gutschreiben; netto 5 000,00 €.
   8.1 mit Freistellungsauftrag
   8.2 ohne Freistellungsauftrag
9. Die Wertpapiersammelbank überweist uns per Zentrale Dividenden für eigene Wertpapiere, netto 7 500,00 €
10. Die Hauptversammlung einer Bank-AG beschließt eine Dividende von 1,20 €. Bardividende insgesamt 21 Mio.€ (Netto 15,75 Mio €/Brutto 30 Mio €) Stellen Sie die Dividende bereit und überweisen Sie Körperschaftsteuer und Kapitalertragsteuer per LZB. Über BKK werden 200 Kupons zur Einlösung vorgelegt. Der Solidaritätszuschlag bleibt unberücksichtigt.
11. Die Südbank AG erhöht ihr Grundkapital um 10 Mio €. 5 Mio € stammen aus der freiwilligen Rücklage; 5 Mio € werden durch die Ausgabe junger Aktien besorgt. Ausgabekurs soll 12,00 € pro 1,00 € Nennwert sein. Der Gegenwert trifft per LZB ein.
12. Am Schalter werden eingereicht:
   12.1 zur Gutschrift E.v.: 10 Zinsscheine über je 8,00 € (35%ZaSt)
   100 Dividendenscheine über je 2,00 € Bardividende
   12.2 zum Inkasso 10 Dividendenscheine der Volksbank Wuppertal über je 4,00 € Bardividende.
   Wir geben die Dividendenscheine an die Zentrale weiter; die Einlösung ist gesichert; der Kunde verfügt bar in €.
13. Im Tresor werden getrennt:
   13.1 200 Zinsscheine über je 7,00 € zur Gutschrift auf Kundenkontokorrent (Freistellungsauftrag)
   13.2 60 Dividendenscheine über je 8,00 € Bardividende; Freistellungsauftrag liegt vor; Gutschrift auf Kundenkontokorrent.
   13.3 40 Dividendenscheine über je 8,00 € Bardividende; Freistellungsauftrag liegt nicht vor; Gutschrift auf Kundenkontokorrent.
   13.4 1000 Dividendenscheine über je 8,00 € Bardividende aus dem eigenen Wertpapier-Bestand.
   13.5 Inkasso der Kupons über Zentrale.
14. Grundaufgabe:

	Bardividende	12,00 €
	Nettodividende	9,00 €
	Bruttoertrag	17,14 €

   14.1 Bareinlösung am Schalter
   14.2 Trennung der Kupons aus eigenem Tresor und Inkasso per LZB
   Gutschrift mit Freistellungsauftrag
   Gutschrift ohne Freistellungsauftrag
   Gutschrift bei eigenen Wertpapieren
   14.3 Wertpapiere liegen bei der Wertpapiersammelbank; Gegenwert trifft per LZB ein.Gutschrift mit/ohne Freistellungsauftrag/Eigene Wertpapiere

Aufgaben

1. Erklären Sie das Wesen des Hauptbuchkontos „Zins- und Dividendenscheine".
2. Erklären Sie die Dividendenbesteuerung bei Kundenpapieren.
3. Erklären Sie Tarifbesteuerung der festverzinslichen Wertpapiere unter Berücksichtigung der Zinsabschlagsteuer.
4. Erklären Sie die Besteuerung von Dividendenerträgen und vergleichen Sie mit der Tarifbesteuerung von Wertpapiererträgen.
5. Welcher Betrag ist bei der Steuererklärung anzugeben bei einer Nettodividende von 3,50 €?
6. Inwieweit verhindert die Besteuerungsart der Dividenden eine Steuerhinterziehung?
7. Für welche Einkommenshöhen kann die Besteuerungsart der Dividenden dazu verführen die Wertpapiererträge bei der Steuererklärung nicht anzugeben.
8. Erklären Sie die Zinsberechnungsarten
   30/360 act/360 act/act
9. Warum wird in absehbarer Zeit act/act zur üblichen Zinsberechnung?
10. Erklären Sie die Stückzinsenvaluta.

Stofftelegramm

Kreditbuchungen

Geschäftsfälle	Sollbuchungen	Habenbuchungen
Einräumung einer Kreditlinie auf Kontokorrent		keine extra Buchung
Anschaffungsdarlehen Vertragsabschluss und Auszahlung auf Kundenkontokorrent (Bearbeitungsgebühren sind vorweggenommene Zinsen und damit als Zinsen aus dem Kreditgeschäft auszuweisen)	Persönliches Anschaffungsdarlehen	Kundenkontokorrent Zinserträge zinsähnliche Erträge
Ratenzahlung zur Tilgung (monatlich)	Kundenkontokorrent	Persönliches Anschaffungsdarlehen
Abgrenzung der Zinsen und zinsähnlichen Erträgen für die Folgejahre	Zinserträge zinsähnliche Erträge	Passive Rechnungsabgrenzung
Grundschulddarlehen Vertragsabschluss und Bereitstellung auf Kundenkontokorrent mit sofortiger Abgrenzung des Disagios für die Folgejahre	Darlehensforderungen	Kundenkontokorrent zinsähnliche Erträge Passive Rechnungsabgrenzung
Annuität als monatliche Zahlung (Zins und Tilgung)	Kundenkontokorrent	Darlehensforderungen
Kapitalisierung der Zinsen am 31.12.	Darlehensforderungen	Zinserträge
Avalkredit Vertragsabschluss und Einräumung (Avalprovision ist kein Zinsertrag)	Avalforderungen Kundenkontokorrent	Avalverbindlichkeiten Avalprovision
Aval wird in Anspruch genommen Zahlung erfolgt per LZB	Kundenkontokorrent Avalverbindlichkeiten	LZB Avalforderungen
Aval erlischt ohne Inanspruchnahme	Avalverbindlichkeiten	Avalforderungen
Abschlussbuchung für Avale, die am 31.12. bestehen (Kompensationsbuchung) Avale werden als Eventualverbindlichkeiten unter dem Strich der Bilanz ausgewiesen)	Avalverbindlichkeiten	Avalforderungen

Geschäftsfälle

1. Unsere Bank schließt mit einem Kunden einen Kreditvertrag über ein Anschaffungsdarlehen in Höhe von 30.000,00 € per 01.04.. Das Darlehen wird auf Kontokorrent bereitgestellt.
   Laufzeit 36 Monate
   0,4% Zins pro Monat
   2% Bearbeitungsgebühr
   1.1. Stellen Sie den Sachverhalt rechnerisch dar.

1.2. Buchen Sie die Bereitstellung, die Abgrenzung der Zinsen und der Bearbeitungsgebühr am Ende des ersten Jahres und die Zahlung der beiden ersten Raten am 01.05. und 01.06.

2. Unsere Bank schließt mit einem Kunden einen Avalkreditvertrag über 30.000,00 € auf 2 Monate. Wir berechnen 1/5% Avalprovision pro Monat. Wir werden mit 15.000,00 € aus dem Aval in Anspruch genommen und überweisen per LZB. Anschließend lösen wir den Vertrag.
Nehmen Sie alle notwendigen Buchungen vor.

3. Für eine Hausfinanzierung geben wir auf 01.01. eine erste Hypothek gegen Grundschuldsicherung über 300.000,00 € zu 5% bei einer Auszahlung von 98%. Wir stellen den Kredit auf Kontokorrent zur Verfügung. Die Annuität betrage 6%, d.h. der Kredit wird anfänglich mit 1% getilgt.

3.1 Erstellen Sie einen Tilgungsplan für die beiden ersten Jahre auf. Nehmen Sie dabei vereinfachend an, im ersten Jahr gebe es Vierteljahresraten und im zweiten nur Halbjahresraten.

3.2 Nehmen Sie alle notwendigen Buchungen vor. Valutieren Sie die Raten auf den 30. eines Monats vor jeweiliger Fälligkeit und buchen Sie nur die erste Rate beispielhaft. Bei den Abschlussbuchungen unterstellen Sie, dass das Disagio auf 4 Jahre verteilt wird.

4. Am Jahresende werden 3.000.000,00 € Kreditzinsen kapitalisiert.

5. Ein Debitor wird am Monatsende mit folgenden Kreditkosten auf seinem Kontokorrent belastet: 982,00 € Monatsannuität (Zinsanteil 956,00 €);
5,00 € Kontoführung; die Zinsen werden am Jahresende kapitalisiert.

Aufgaben

1. Warum hat die Einräumung eines Kontokorrentkredits noch keine Buchung zur Folge?
2. Warum sind Überziehungsprovisionen zinsähnliche Erträge?
3. In welcher Bilanzposition werden Kontokorrentkredite ausgewiesen?
4. Weshalb werden die Bearbeitungsgebühren bei standardisierten Krediten nicht als Provisionsertrag ausgewiesen?
5. In welcher Bilanzposition werden standardisierte Kredite ausgewiesen?
6. Warum werden Avalkredite „unter dem Strich" der Bilanz ausgewiesen?
7. Warum sind bei Grundschulddarlehen monatliche Rückzahlungen zwingend?

Stofftelegramm

Buchungen im Auslandsgeschäft

Geschäftsfälle	Sollbuchung	Habenbuchung
Sortengeschäft		
Ankauf von Sorten gegen bar	Sorten	Kasse
Verkauf von Sorten gegen bar	Kasse	Sorten
Inventurbestand an Sorten zum Kurs 31.12. (Bilanzierung erfolgt unter Position Kasse)	Kasse	Sorten
Erfolgswirksame Buchung eines Kursgewinns	Sorten	Kursgewinne

Devisengeschäft

€-Buchführung			Währungsbuchführung		
Kundenkontokorrent	an	Devisen	Währungskonto	an	Währungs bankenkon-to-korrent

Devisen und Währungskonto: wertmäßig identisch

Geschäftsfälle (Beispiel mit CHF)	Sollbuchung	Habenbuchung
Überweisungen ins Ausland €-Buchung (mit Provision und Courtage)	Kundenkontokorrent	Devisen Provisionserträge Courtagezwischenkto.
Währungsbuchung	CHF-Währungskonto	CHF-Bankenkontokorrent
Überweisung aus dem Ausland €-Buchung (mit Provision und Courtage)	Devisen	Kundenkontokorrent Provisionserträge Courtagezwischenkto.
Währungsbuchung	CHF-Bankenkontokorrent	CHF-Währungskonto

In der Währungsbuchhaltung einer Bank sind grundsätzlich die gleichen Bestands und Erfolgskonten möglich wie in der €-Buchhaltung. In welchem Umfange dies genutzt wird, hängt von der notwendigen Differenzierung ab. Verknüpfungskonto mit der €-Buchhaltung ist das Fremdwährungskonto; dieses wird mit dem Devisenkonto abgestimmt. Kursdifferenzen und Kursschwankungen führen zu Kursgewinnen bzw. –verlusten, die erfolgswirksam ausgebucht werden. Mit der Einführung des €, wird die Zahl der Fremdwährungskonten zurückgehen und sich wesentlich auf die wichtigen Weltwährungen USD und Yen sowie auf die übrigen europäischen Währungen, vor allem GBP und CHF konzentrieren.

Geschäftsfälle

1. Ein Kunde unserer Bank überweist 10.000,00 CHF in die Schweiz. Wir unterhalten bei einer Schweizer Bank ein CHF-Konto. Der Kunde erhält folgende Abrechnung in €:

10.000,00 CHF, Mengennotierung 1,5601 CHF für 1 €		6.409,85 €
+ 1,50‰ Provision	9,61 €	
+ 0,25‰ Maklergebühr	1,60 €	11,21 €
Belastung		6.421,06 €

2. Für einen Kunden gehen 20.000,00 USD per Bankenkontokorrent ein. Wir schreiben in € gut.

20.000,00 USD; Mengennotierung 0,9245 USD/€		21.633.315 €
- 1,50‰ Provision	32,45 €	
- 0,25‰ Maklergebühr	4,06 €	36,510 €
Gutschrift		21.596,805 €

Buchen Sie, indem Sie den Rundungsfehler buchhalterisch beachten!

7.6 Jahresabschluss der Kreditinstitute

Stofftelegramm

Periodengerechte Ergebnisabgrenzung

Am Ende eines Geschäftsjahres ist der Erfolg des Unternehmens festzustellen. Dies liegt im Interesse der Eigentümer, der im Unternehmen Beschäftigten, aber auch im Interesse des Staates, der über die Finanzbehörden seine Beteiligung am Erfolg des Unternehmens in Form von Ertragssteuern (Einkommens- und Körperschaftssteuer) einfordert. Wichtig ist deshalb, dass der „richtige Erfolg" ermittelt wird. Ein Kriterium des „richtigen Erfolgs" ist seine Periodenbezogenheit. Zum „richtigen Erfolg" gehören demnach nur die Aufwendungen und Erträge, die die abzuschließende Periode, d.h. das zu Ende gegangene Geschäftsjahr betreffen. Da die Geschäfte eines Unternehmens kontinuierlich laufen, also keine Rücksicht auf den Bilanzstichtag nehmen, sind folgende 4 Fälle denkbar, die eine periodengerechte Abgrenzung notwendig machen.

- **Ein Aufwand hat seinen Grund im alten Jahr, führt jedoch erst im neuen Jahr zu einer Ausgabe.**
- **Ein Ertrag hat seinen Grund im alten Jahr, führt jedoch erst im neuen Jahr zu einer Einnahme.**
- **Ein Aufwand, der ganz oder teilweise das neue Jahr betrifft, hat schon im alten Jahr zu einer Ausgabe geführt.**
- **Ein Ertrag, der ganz oder teilweise das neue Jahr betrifft, hat schon im alten Jahr zu einer Einnahme geführt.**

1. Sonstige Verbindlichkeiten

Beispiel: Wir zahlen im Januar des Jahres 02 die Miete für Dezember 01 bar.

Der Aufwand betrifft das alte Jahr, die Zahlung (Ausgabe) erfolgt im neuen Jahr

Buchung 31.12.:	Mietaufwendungen	an	sonstige Verbindlichkeiten
Buchung Januar:	sonstige Verbindlichkeiten	an	Kasse

2. Sonstige Forderungen

Beispiel: Wir erhalten im Januar 02 die Miete für Dezember 01 bar.

Der Ertrag betrifft das alte Jahr, die Zahlung (Einnahme) erfolgt im neuen Jahr

Buchung 31.12.:	sonstige Forderungen	an	Mieterträge
Buchung Januar:	Kasse	an	sonstige Forderungen

3. Aktiver Rechnungsabgrenzungsposten (ARA)

Beispiel: Wir zahlen im Dezember des Jahres 01 die Miete für Januar 02 bar.

Die Zahlung (Ausgabe) erfolgt im alten Jahr, der Aufwand betrifft das neue Jahr

Buchung Zahlung Dezember 01:	Mietaufwand	an	Kasse
Buchung am 31.12.:	ARA	an	Mietaufwand
Buchung am 01.01:	Mietaufwand	an	ARA

4. Passiver Rechnungsabgrenzungsposten (PRA)

Beispiel: Wir erhalten im Dezember des Jahres 01 die Miete für Januar bar.

Die Zahlung (Einnahme) erfolgt im alten Jahr, der Ertrag betrifft das neue Jahr

Buchung Zahlung Dezember 01:	Kasse	an	Mieterträge
Buchung am 31.12.:	Mieterträge	an	PRA
Buchung am 01.01:	PRA	an	Mieterträge

Rechnungsabgrenzungen können nur für Aufwendungen und Erträge vorgenommen werden, die in Fälligkeit und Höhe genau feststehen, die also genau begründet sind.

Rückstellungen

Für Verbindlichkeiten, die im abzuschließenden Jahr begründet sind, deren Höhe und /oder Fälligkeit ungewiss ist, werden Rückstellungen gebildet. Die Höhe der notwendigen Rückstellung wird geschätzt.

Rückstellungen für
- ungewisse Verbindlichkeiten
- drohende Verluste aus schwebenden Geschäften
- noch nicht bezahlte Instandhaltungen von Gebäuden
- Gewährleistungen
- Pensionszahlungen (Sonderfall).

Geschäftsfälle	Sollbuchung	Habenbuchungen
Bildung einer Rückstellung	Aufwandskonto	Rückstellungen
Rückstellungen werden passiviert	Rückstellungen	Schlussbilanz
Auflösung einer Rückstellung		
bei zu hoch gebildeter Rückstellung	Rückstellungen	z.B. LZB sonstige Erträge
bei zu niedrig gebildeter Rückstellung	Rückstellungen sonstige Aufwendungen	 z.B. LZB

Geschäftsfälle

1. Wir haben am 31.12. die Dezembermiete noch nicht bezahlt, 700,00 €.
2. Am 01.08. hatten wir per Bankenkontokorrent die Feuerversicherungsprämie für ein Jahr im voraus bezahlt, 1.200,00 €.
3. Für ein von unserer Bank gewährtes Darlehen stehen am 31.12. noch Zinsen seit dem 1.11. aus, 600,00 €
4. Am 1.11. erhielten wir Miete für vermietete Räume für 3 Monate im voraus, 900,00 €
5. In der Weihnachtswoche wurden Überstunden geleistet, die erst mit dem Januargehalt abgerechnet werden. Löhne 6 000,00 €; AG-Anteil an der Sozialversicherung 900,00 €
6. Am 31.03. des neuen Jahres werden Zinsen für aufgenommene Gelder fällig, Halbjahreszinsen 60.000,00 €

7. Mitte Dezember wurde der Bezugspreis einer abonnierten Fachzeitschrift für das neue Jahr überwiesen, 100,00 € + 16% MWST.
8. Wie lautet die Abgrenzung in 7., wenn es sich um eine Immobilienfachzeitschrift handelt?
9. Die Gewerbesteuer für das letzte Quartal wird erst im Januar per LZB überwiesen. 1.000,00 €
10. Die KFZ-Steuer wurde am 31.10. für ein halbes Jahr im voraus per Postbank überwiesen. 800,00 €
11. Im Dezember erhalten wir eine Vorauszahlung für eine Vermittlungsleistung im Immobilienbereich, die erst im Januar erbracht wird. 2.000,00 €
12. Für festverzinsliche Wertpapiere in unserem bankeigenen Depot sind Zinsen bis 31.12. aufgelaufen. 12.000,00 €
13. Wir haben in unserem Depot 1.000.000,00 € 6%ige Obligationen, deren Zinszahlung jährlich nachträglich zum 1.6. erfolgt. Grenzen Sie richtig ab.
14. Unsere Bank schreibt die Zinsen für Kundenfestgelder erst im Januar gut 115,00 €
15. Wir verpachten ein Grundstück und erhalten dafür vierteljährlich nachträglich 360,00 € Pacht. Die Pacht für das 4. Quartal kommt erst im Januar.
16. Am 1.10. wurden 100.000,00 € für 3 Monate bei einer befreundeten Bank aufgenommen; 6% p.a.; die Zinsen sind am Ende der Laufzeit fällig. Abgrenzung zum 31.12.
17. Unsere Immobilienabteilung hat am 31.12. noch Provision ausstehen über 2.000,00 € + 16% MWST.
18. Unser Hausmeister meldet uns einen Heizölbestand von 10.000 Litern Heizöl. Wir bewerten diesen Bestand mit 4.200,00 €.
19. Für eine Wohnung im Bankgebäude wurde die Januarmiete bereits im Dezember bezahlt, 800,00 €
20. Bis zum 31.12. sind für unseren Bestand an festverzinslichen Wertpapieren 550.000,00 € Zinsen aufgelaufen.
21. Im Oktober der ablaufenden Jahres wurde eine Gebäudereparatur durchgeführt. Der Kostenvoranschlag betrug 12.000,00 €. Vermutlich wird dieser Voranschlag um 10% überschritten. Die Rechnung steht aus. Im März des folgenden Jahres trifft die Rechnung ein 15.000,00 € + 16% MWST. Die Bank bezahlt per LZB. Nehmen Sie die notwendigen Buchungen vor.

Aufgaben

1. Welchem Zweck dienen die Konten "Sonstige Verbindlichkeiten bzw. Forderungen und "Aktive/Passive Rechnungsabgrenzungsposten"?
2. Wann wird auf den Konten "Aktive Rechnungsabgrenzungsposten" bzw. "Sonstige Forderungen" gebucht?
3. Wann wird auf den Konten "Passive Rechnungsabgrenzungsposten" bzw. "Sonstige Verbindlichkeiten" gebucht?
4. Nennen Sie einen Geschäftsfall, der im Rahmen der zeitlichen Abgrenzung zur Buchung einer Sonstigen Forderung bzw. Sonstigen Verbindlichkeit führt.
5. Nennen Sie einen Geschäftsfall, der im Rahmen der zeitlichen Abgrenzung zur Buchung eines Aktiven bzw. Passiven Rechnungsabgrenzungspostens führt.
6. Welche Auswirkungen auf den Gewinn haben die Bildung eines(r)

- Aktiven Rechnungsabgrenzungsposten
- Passiven Rechnungsabgrenzungsposten
- Sonstigen Verbindlichkeiten
- Sonstigen Forderungen?

7. Welchen Zweck erfüllen die Jahresabgrenzungsbuchungen?
8. Worin unterscheiden sich aktive Rechnungsabgrenzungsposten von sonstigen Forderungen?
9. Warum müssen aktive und passive Rechungsabgrenzung Bestandskonten sein?
10. Begründen Sie, warum vorbereitende Abschlussbuchungen notwendig sind.
11. Erklären Sie den Unterschied zwischen sonstigen Verbindlichkeiten und Rückstellungen.
12. Erläutern Sie, wodurch transitorische Posten der Rechnungsabgrenzung entstehen und wie sie buchungsmäßig behandelt werden.

Bewertung von Sachanlagen und Forderungen

Kaufpreis
+ Anschaffungsnebenkosten
- Anschaffungskostenminderungen
= Anschaffungskosten

- **Anschaffungsnebenkosten** sind einmalige Ausgaben im Zusammenhang mit der Anschaffung (Montagekosten, Transportkosten, Verpackungskosten, Zölle, Notariatskosten, Grunderwerbsteuer und für Banken wichtig: nicht abzugsfähige Vorsteuer)
- **Anschaffungskostenminderungen** sind eingeräumte Nachlässe vom Kaufpreis (z.B. Skonti, Rabatte, Boni)
- Die so errechneten **Anschaffungskosten** sind zu aktivieren (= gebuchter Betrag auf einem Aktivkonto).
- Generell gilt: **Was nicht aktiviert wird, ist als Aufwand zu verbuchen!**

Hauptziele der Rechnungslegung

- Informationen über Vermögen, Schulden, Ertragslage der Unternehmung
- Handelsrechtliche und steuerrechtliche Gewinnermittlung durch die Erstellung der Handels- sowie Steuerbilanz (nach den Rechnungslegungsvorschriften des HGB)
- Betriebsintern wird eine Bilanz auf der Basis der Kostenrechnung zusätzlich erstellt; sie unterliegt keinen Vorschriften, sondern kann nach rein kaufmännischen Gesichtspunkten gestaltet werden, hat somit für Entscheidungen der Unternehmensleitung besondere Aussagekraft.

Wichtigste Bilanzadressaten

- Eigentümer
- Gläubiger
- Finanzbehörden
- Öffentlichkeit bei AG und anderen Kapitalgesellschaften gemäß Spezialvorschriften

Zur Erreichung dieser Ziele sind Rechtsnormen für die Buchführung und die Bilanzierung notwendig (Bewertungsvorschriften)

Schutzfunktion der Bewertungsvorschriften

- **Teilhaberschutz:** Die Eigentümer haben Interesse an stabilen Gewinnausschüttungen, d.h. die Bewertungsvorschriften müssen vor Unterbewertung des Vermögens schützen.
- **Gläubigerschutz:** Die Gläubiger haben Interesse, dass die Zahlungs- insbesondere die Tilgungsfähigkeit der Unternehmung erhalten bleiben, d.h. die Bewertungsvorschriften müssen vor zu hohen Gewinnmitnahmen schützen.

Daraus ergeben sich folgende Bewertungsprinzipien:

Vorsichtsprinzip: Bei der Vermögensbewertung ist eher der niedrigere (von mehreren möglichen), bei der Schuldenbewertung eher der höhere (von mehreren möglichen) Wert anzusetzen. Dieses Prinzip der kaufmännischen Vorsicht ist in vier „Unterprinzipien" aufgeteilt:

Anschaffungswertprinzip, d.h. die Anschaffungskosten dürfen bei der Bewertung nie überschritten werden.

Niederstwertprinzip, d.h. bei Gegenständen des Umlaufvermögens ist stets der niedrigste von meist 3 möglichen Werten anzusetzen **(strenges Niederstwertprinzip).** Bei Gegenständen des Anlagevermögens muss ein niedrigerer Wert solange nicht angesetzt werden, solange die Wertminderung vermutlich vorübergehend ist. Bei endgültig eingetretener Wertminderung ist diese bei der Bilanzierung zu berücksichtigen. Tritt eine Werterholung ein, darf unter bestimmten Bedingungen wieder höher bewertet werden, höchstens bis zum Anschaffungswert **(gemildertes Niederstwertprinzip)**

Höchstwertprinzip, d.h. Verbindlichkeiten sind stets mit ihrem Zukunftswert (Nennwert) anzusetzen.

Imparitätsprinzip, d.h. alle am Bilanzstichtag drohenden Verluste sind auszuweisen, in Aussicht stehende Gewinne dürfen dagegen nicht ausgewiesen werden.

Abschreibungen auf Gegenstände des Anlagevermögens

Gegenstände des Anlagevermögens bei Banken sind

Sachanlagen, wie Grundstücke und Gebäude sowie Betriebs- und Geschäftsausstattung.

Finanzanlagen, wie Wertpapiere des Anlagevermögens und Beteiligungen sowie Anteile an verbundenen Unternehmen.

Bewegliche Gegenstände des Anlagevermögens bis zu einem Anschaffungswert von 800,00 DM (400 €)+ nicht abzugsfähige Vorsteuer sind **Geringwertige Wirtschaftsgüter**. Sie dürfen im Jahr der Anschaffung ganz abgeschrieben werden.

Kurzlebige Wirtschaftsgüter sind Güter mit Anschaffungswerten bis 100,00 DM (50 €)+ nicht abzugsfähige Vorsteuer. Sie werden beim Kauf als Aufwand verbucht.

Die Gegenstände des Anlagevermögens unterliegen unter Umständen im Laufe ihrer Nutzung einer Wertminderung, die buchhalterisch über Abschreibungen erfasst werden kann. Wertminderungsgründe sind

- Alterung und normale Abnutzung (planmäßige Abschreibung),
- außerplanmäßige Abnutzung (außerplanmäßige Abschreibung)
- technische Neuentwicklungen (außerplanmäßige Abschreibung)
- Untergang des Anlagegutes, z.B. Vernichtung, Diebstahl (Ausbuchung)

Abschreibungsplan enthält Anschaffungs- und Herstellkosten
Abschreibungsbeginn und Nutzungsdauer
Abschreibungsmethode

Anschaffungen im ersten Halbjahr eines Jahres können im ersten Jahr zum vollen Jahressatz abgeschrieben werden; im zweiten Halbjahr angeschaffte Gegenstände im ersten Jahr nur mit dem halben Satz.

Abschreibungsmethoden

lineare Abschreibung, d.h. gleichmäßig über die Nutzungsdauer verteilt als Prozentsatz vom Anschaffungswert. (handelsrechtliche Abschreibung)
degressive Abschreibung, d.h. mit fallenden Abschreibungsbeträgen bei gleichbleibendem Abschreibungsprozentsatz vom jeweiligen Restbuchwert. (handelsrechtliche Abschreibung)
direkte Abschreibung, d.h. die Abschreibung erfolgt durch buchmäßige Minderung des zu aktivierenden Wertes in Höhe des Abschreibungsbetrages (siehe Abschreibungen auf Sachanlagen).
indirekte Abschreibungen, d.h. die Abschreibung erfolgt über eine „Korrekturposition" auf der Passivseite der Bilanz (siehe Einzelwertberichtigungen auf Forderungen)

Buchungssätze bei der Abschreibung

Beispiel: Ein Gebäude, Bilanzansatz 500 000 €; Anschaffungswert 600.000 €, wird mit 2% linear abgeschrieben

Sollbuchung	**Habenbuchung**
Abschreibungen auf Sachanlagen	Aktivkonto im Anlagevermögen 12.000
GuV-Rechnung	Abschreibungen auf Sachanlagen 12 000
Schlussbilanz	Aktivkonto im Anlagevermögen 488.000

Abschreibungen auf Forderungen

Die Forderungen der Kreditinstitute gehören zum Umlaufvermögen, d.h. sie sind nach dem strengen Niederstwertprinzip zu bewerten. Die Bewertung erfolgt zum Nennwert der Forderung zuzüglich der zu kapitalisierenden Zinsen und Provisionen. Kann die Bank nicht damit rechnen, dass die Forderung in voller Höhe fristgerecht bezahlt wird, ist der niedrigere Tageswert anzusetzen. Demnach unterscheiden wir

risikofreie Forderungen (Öffentliche Hand)	keine Abschreibungen möglich
einwandfreie Forderungen	keine Einzelabschreibung
zweifelhafte Forderungen	indirekte Abschreibung (Einzelwertberichtigung)
uneinbringliche Forderungen	direkte Abschreibung

Geschäftsfälle	**Sollbuchung**	**Habenbuchung**
Direktabschreibung einer Forderung	Abschreibungen auf Forderungen	Kundenkontokorrent oder Darlehen
Bildung einer Einzelwertberichtigung	Abschreibungen auf Forderungen	Einzelwertberichtigung
Abschluss am Jahresende Abschreibung über GuV	GuV-Rechnung	Abschreibungen

Einzelwertberichtigung als Kompensation mit Forderungen (Einzelwertberichtigungen werden nicht betragsmäßig in der Bilanz ausgewiesen, damit werden die Forderungen mit ihrem niedrigeren Tageswert bilanziert)	Einzelwertberichtigungen	Kundenkontokorrent oder Darlehen
Auflösung eines Debitorkontos mit einer gebildeten Einzelwertberichtigung, die zu niedrig angesetzt war	Einzelwertberichtigungen sonstiger Aufwand	Kundenkontokorrent
Auflösung eines Debitorkontos mit einer gebildeten Einzelwertberichtigung, die zu hoch angesetzt war	Einzelwertberichtigungen	Kundenkontokorrent sonstiger Ertrag

Pauschalwertberichtigung auf Forderungen

Latente Kreditrisiken können im Rahmen der Pauschalwertberichtigung berücksichtigt werden. Grundlage ist der Forderungsausfall der letzten fünf Jahre vor dem gerade abzuschließenden Jahr

Berechnung des maßgeblichen Forderungsausfalls am 31.12.
(auch als Durchschnitt aus fünf Jahren)
Verbrauch von Einzelwertberichtigungen (realisierter Forderungsausfall)
\+ direkt abgeschriebene uneinbringliche Forderungen
\- Eingänge aus abgeschriebenen Forderungen (sonstige Erträge)
= durchschnittlicher Forderungsausfall (Nettoausfall)
\- 40% Abschlag, höchstens Bestand Einzelwertberichtigungen am Bilanzstichtag
= maßgeblicher Forderungsausfall
Ermittlung des risikobehafteten Kreditvolumens
Forderungen an Kunden (Ziffer 4 der Bilanz)
\- Forderungen an staatliche Einrichtungen im In- und Ausland
\- Forderungen, für die staatliche Stellen bürgen
\- Forderungen, für die Kreditversicherungen bestehen
= risikobehaftetes Kreditvolumen
\- Gesamtbetrag der einzelwertberichtigten Forderungen (Nennwert der Forderungen)
= verbleibendes risikobehaftetes Kreditvolumen mit latentem Risiko

$$= \frac{\text{maßgeblicher Forderungsausfall} * 100}{\text{durchschnittliches risikobehaftetes Kreditvolumen}} = \text{Pauschalwertberichtigungssatz}$$

Pauschalwertberichtigungssatz
Ermittlung der Pauschalwertberichtigung am Bilanzstichtag
1 % vom verbleibenden risikobehafteten Kreditvolumen mit latentem Risiko
$*$ Pauschalwertberichtigungssatz

Beispiel

Durchschnittliches risikobehaftetes Kreditvolumen	120.000.000 €
Durchschnittlicher Forderungsausfall (Nettoausfall)	2.000.000 €
Maßgeblicher Forderungsausfall	1.200.000 €
Pauschalwertberichtigungssatz	1%
risikobehaftetes Kreditvolumen mit latentem Risiko im lfd. Jahr	124.500.000 €

Pauschalwertberichtigung 1%	1.245.000 €
Bestand der Pauschalwertberichtigung aus dem Vorjahr sei	1.050.000 €
Aufstockung der Pauschalwertberichtigung	195.000 €

Sollbuchung	**Habenbuchung**
Abschreibungen auf Forderungen	Pauschalwertberichtigung 195.000

Ist die Pauschalwertberichtigung im Vorjahr höher als im laufenden Jahr berechnet, wird der Mehrbetrag über sonstige Erträge erfolgswirksam ausgebucht.

Sonderposten für allgemeine Bankrisiken

Offene Vorsorgereserven für allgemeine Bankrisiken sind Reserven, die über den Sonderposten „Fonds für allgemeine Bankrisiken" passiviert werden. Im Gegensatz zu stillen Vorsorgereserven (§340 f, Absatz 1, Satz 1) sind sie in ihrer Höhe nicht begrenzt. Diese offenen Vorsorgereserven gehören zum Kernkapital einer Bank. (wichtig für die Berechnung des haftenden Eigenkapitals).

Geschäftsfälle	Sollbuchung	Habenbuchungen
Bildung einer offenen Vorsorgereserve Vorsorgereserven werden passiviert (Die Einstellung von Beträgen in diesen Fonds ist keine Ergebnisverwendung)	Einstellung in den Fonds für allgemeine Bankrisiken (Aufwandskonto)	Fonds für allgemeine Bankrisiken

Die Höhe der Einstellung in den Fonds liegt im Ermessen der Bank und erfolgt wohl ergebnisabhängig und nach vernünftiger kaufmännischer Beurteilung.

Geschäftsfälle

1. Kauf eines Kassenautomaten gegen LZB-Scheck: 30.000,00 € + 16% MWST. Transportkosten 700,00 € netto + 16% MWST., Montagekosten 1.500,00 € + 16% MWST.;
   1.1. Buchen Sie die Eingangsrechnung.
   1.2. Buchen Sie die Zahlung unter Abzug von 2 % Skonto.
2. Kauf einer fahrbaren Zweigstelle: Kaufpreis netto 120.000,00 €, Spezialaufbau11.000,00 € netto, Anhängerkupplung 1.200,00 € netto, Überführungskosten 1.000,00 € netto, Zulassungskosten 400,00 € netto. Wir überweisen die KFZ-Steuer in Höhe von 1.600,00 € sowie die Haftpflichtversicherung in Höhe von 2.300,00 €. Tankfüllung: 500,00 €; die umsatzsteuerpflichtigen Vorgänge sind mit 16 % MWST belegt.
   2.1. Ermitteln Sie die Anschaffungskosten.
   2.2. Buchen Sie die Zahlung per Bankenkontokorrent unter Abzug von 2 % Skonto.
3. Kauf eines Betriebsgrundstückes: Kaufpreis 400.000,00 €, 3,5% Grunderwerbsteuer vom Kaufpreis, Maklergebühr 9.000,00 € +16% MWST, Kosten für Grundbucheintragung 600,00 €, Kanalanschlusskosten 5.000 00 € + 16 % MWST. Überweisung der Grundsteuer 900,00 €. Ermitteln sie die Anschaffungskosten und buchen Sie den Sachverhalt. Die Zahlung erfolgt per Zentrale.

4. Verkauf einer gebrauchten Maschine, Buchwert 11.500,00 €, für
   4.1. 11.500,00 €
   4.2. 13.800,00 €
   4.3. 8.050,00 € (jeweils per BKK, umsatzsteuerfreies Geschäft)
5. Kauf eines PKW für 100.000,00 € + 16.000 € MWSt. Ein alter PKW (Restbuchwert 25.000,00 €) wird für
   5.1. 40.250,00 €
   5.2. 23.000,00 € (jeweils umsatzsteuerfreies Geschäft)
   in Zahlung gegeben. Die Restzahlung erfolgt durch Bankscheck.
6. Am 31.12. haben wir Debitoren in Höhe von 12.560.000,00 € Die folgenden Forderungen bedürfen einer Spezialbehandlung:
   A über 150.000,00 € ist uneinbringlich
   B über 90.000,00 € ist zu 50% schlecht
   C über 60.000,00 € ist zu 30% schlecht.
   Schreiben Sie ab! Nehmen Sie die Abschlussbuchungen vor!
   Im neuen Jahr werden die Verfahren gegen A, B, C abgeschlossen. Über LZB gehen ein
   für A 20.000,00 €
   B 30.000,00 €
   C 0,00 €
   Lösen Sie die Wertberichtigungen auf und eliminieren Sie die Kunden aus unserem Kontenbestand.
7. Ein KI weist in den letzten 5 Geschäftsjahren folgende Debitorenbestände aus: in Mio €: 310, 270, 300, 305, 315 - Dabei sind durchschnittlich 12 Mio Forderungen an den Staat enthalten. Folgende Nettoforderungsausfälle waren zu verzeichnen: in Mio € je Geschäftsjahr 1,8; 1,6; 1,4; 1,5; 1,7; Risikobehaftetes Kreditvolumen im abzuschließenden Geschäftsjahr 280 Mio, dabei 10 Mio einzelwertberichtigte Forderungen. Der Bestand der Pauschalwertberichtigung am Ende des Vorjahres war 0,8 Mio. Berechnen Sie den zusätzlichen Pauschalwertberichtigungsbedarf.
8. Im August wird eine uneinbringliche Forderung ausgebucht, 150.000,00 €
   Abschlussbuchungen zum 31.12.:
   Die Forderung gegen B muss noch wertberichtigt werden; voraussichtlicher Totalausfall 25.000,00 €
9. Im Vorjahr wurde die Forderung gegen A mit 40% wertberichtigt;
   Forderung 280.000,00 €
   Bestand der unversteuerten Pauschalwertberichtigung aus dem Vorjahr: 105.555,00 €
   Für das laufende Geschäftsjahr werden 0,75% berechnet.
   Debitorenbestand lt. Inventur 14.520.000,00 € (vor Buchung der Abschreibung zum 31.12.)
   Im neuen Jahr wird der Fall A abgeschlossen. Über LZB gehen noch 48.000,00 € ein. Der Rest ist uneinbringlich.

Aufgaben

1. Welche Bewertungsprinzipien gelten für folgende Bilanzpositionen:
   - Anlagevermögen, Umlaufvermögen, Schulden?

2. Erklären Sie folgende Begriffe:
   - Vorsichtsprinzip
   - gemildertes Niederstwertprinzip
   - strenges Niederstwertprinzip
   - Höchstwertprinzip
   - Anschaffungswertprinzip
   - Imparitätsprinzip
   - Gläubigerschutz
   - Teilhaberschutz
3. Erklären Sie den Begriff "stille Reserven" (stille Rücklagen). Wie entstehen sie allgemein?
4. In welchen Positionen sind hohe stille Rücklagen enthalten?
5. Nehmen Sie kritisch Stellung zur Bildung stiller Rücklagen.
6. Am 01. Juli kauften wir Aktien zum Kurs von 280. Am 31.12. ist der Kurs auf 320 gestiegen. Bewertung? (Begründung)
7. Im August kaufen wir aus Spekulationsgründen Aktien zum Kurs von 450 €. Wie sind die Aktien am 31.12. zu bewerten, wenn der Kurs auf 400 € gesunken ist? Begründung. Wie wäre zu antworten, wenn eine langfristige Beteiligung an der AG vorliegt?
8. Was versteht man unter Aktivierung?
9. Wie wird der aktivierungspflichtige Betrag beim Kauf von Anlagen ermittelt?
10. Erklären Sie den Begriff "Anschaffungsnebenkosten". Nennen Sie 5 Beispiele.
11. Nennen Sie 3 Beispiele für Anschaffungskostenminderungen.
12. Welche der folgenden Kosten sind nicht Bestandteil der Anschaffungskosten, also nicht aktivierungsfähig?
    - KFZ-Versicherung
    - KFZ-Steuer
    - Transportversicherung
    - Finanzierungskosten im Zusammenhang mit der Anschaffung
    - Fundamentierungskosten
    - Erschließungskosten
    - Baugenehmigungsgebühr
    - Grundsteuer
    - Grunderwerbsteuer
    - Umsatzsteuer
13. Warum muss der Wert eines bebauten Grundstücks in Bodenwert und Gebäudewert aufgeteilt werden?
14. Beim Kauf eines Grundstücks fallen folgende Ausgaben an:

Anschaffungspreis	200.000,00	€
+ Grunderwerbsteuer	4.000,00	€
+ Notariats-, Vermessungs-und Grundbuchkosten	6.000,00	€
	210.000,00	€
gezahlte Grundsteuer	200,00	€
Kreditzinsen für Grundstücksfinanzierung	800,00	€

    14.1 Mit welchem Wert ist das Grundstück zu aktivieren?
    14.2. Begründen Sie Ihre Entscheidung
15. Begründen Sie, weshalb am Jahresende Abschreibungen auf Forderungen notwendig werden können.
16. Beschreiben Sie die wesentlichen Faktoren, die die Höhe der Abschreibung bestimmen.

Bewertung eigener Wertpapiere

Wertpapiere in der Bankbilanz	Bilanzierungsregeln
Position 2 Schatzwechsel und unverzinsliche Schatzanweisungen	Bilanzierung zu Barwert per 31.12.
Position 5 Anleihen und Schuldverschreibungen	Bilanzierung nach dem strengen Niederstwertprinzip, wobei die bis zum 31.12. aufgelaufenen Zinsen mit zu aktivieren sind.
Eigene Schuldverschreibungen	Es sind zurückgekaufte Schuldverschreibungen, deren Weiterverkauf nicht ausgeschlossen ist
Position 6 Aktien und andere nicht festverzinsliche Wertpapiere	Wertpapiere des Umlaufvermögens sind nach dem strengen Niederstwertprinzip zu bewerten
Position 7 Beteiligungen	Es handelt sich um Anlagevermögen und kann nach dem gemilderten Niederstwertprinzip bewertet werden, wobei die Anschaffungskosten Höchstgrenze darstellen und ein niedrigerer Tageswert angesetzt werden kann.
Position 8 Anteile an verbundenen Unternehmen	Sie sind gemäß § 17 AktG unter Angabe des Nennwert anzusetzen
Position 14 Eigene Aktien	Aktien auf die eigene Unternehmung; für sie ist immer der Nennwert anzusetzen
Position 15 Sonstige Vermögenswerte, wie fällige Zins- und Dividendenscheine	Bilanzierung zum Nennwert, wenn sie im Bestand der Bank sind

Bewertungsprinzipien bei eigenen Wertpapieren (HGB §§ 252 ff)

1. Wertansätze in der Eröffnungsbilanz müssen identisch sein mit den Wertansätzen in der Schlussbilanz des abgelaufenen Geschäftsjahres.
2. Grundsätzlich gilt die Einzelbewertung. Da Effekten vertretbar (fungibel) sind, sind bestimmte vereinfachte Bewertungsverfahren zulässig (Durchschnittsverfahren, Zuordnungsverfahren).
3. Es gilt das Imparitätsprinzip, d.h. die Bank muss vorsichtig bewerten.
4. Es gilt das Prinzip der Stetigkeit, d.h. die Bewertungsprinzipien dürfen nicht ohne weiteres geändert werden.
5. Es gilt das Prinzip der Maßgeblichkeit, d.h. der Wertansatz in der Steuerbilanz darf nicht niedriger sein als in der Handelsbilanz.
6. Der Bewertungsstichtag ist identisch mit dem Bilanzstichtag.

Bewertung der Wertpapiere des Anlagevermögens (Daueranlageabsicht)
Die Bilanzierung erfolgt zu Anschaffungskosten; ist der Tageswert niedriger als die Anschaffungskosten, **kann** vom Anschaffungswert abgewichen werden.
Gemildertes Niederstwertprinzip

Bewertung der Wertpapiere des Umlaufvermögens (keine Daueranlageabsicht)
Die Bilanzierung erfolgt zu Anschaffungskosten; ist der Tageswert niedriger als die Anschaffungskosten, **muss** der niedrigere Tageswert angesetzt werden.
Strenges Niederstwertprinzip

Bewertung nach dem Durchschnittsverfahren (Beispiel)

Datum	Stückzahl			Kurs	Buchwerte	
	Zugang	Abgang	Bestand	in Euro €	Soll	Haben
01.01	(8.000)		8.000	24,00	192.000,00	
10.03	2.000		10.000	25,00	50.000,00	
16.04		6.000	4.000	30,00		180.000,00
05.08.		3.000	1.000	29,50		88.500,00
02.11.	4.000		5.000	18,00	72.000,00	
31.12.	14.000	9.000	5.000	22,429	314.000,00	268.500,00
Tageskurs am Bilanzstichtag sei 15,00 d.h. Inventurbestand nach dem Niederstwertprinzip 5000 ∗ 15,00 =						75.000,00
Abschreibung auf Wertpapiere aus Buchverlusten						37.145,00
Durch Verkäufe realisierte Kursgewinne					66.645,00	
					380.645,00	380.645,00

Berechnungen
Der Durchschnittskurs ergibt sich, wenn wir den Buchwert des Anfangsbestandes und der Zugänge durch die Stückzahl des Anfangsbestandes und der Zugänge dividieren.
(314.000 : 14.000 = 22,429 €)
Der Vergleich des Anschaffungskurses (22,429) mit dem Tageskurs (15,00) ergibt den Bilanzansatz 15,00.

Bewertung des Schlussbestandes mit dem Anschaffungswert:	5000 ∗ 22,429 =	112.145,00 €
Bewertung des Schlussbestandes mit dem Tageskurs	5000 ∗ 15,00 =	75.000,00 €
Abschreibung auf Effekten		37.145,00 €

Der realisierte Kursgewinn ergibt sich als Saldo der Wertpapierkontos nach der Bewertung des Schlussbestandes mit dem Niederstwert und der erfolgswirksamen Abschreibung realisierter Verluste und der Buchverluste.

Geschäftsfälle	Sollbuchung	Habenbuchung
Abschreibung nicht realisierter Buchverluste (indirekte Abschreibung ist üblich)	Abschreibungen auf Wertpapiere	eigene Wertpapiere (Wertberichtigungen auf Wertpapiere)
Bilanzierung des Inventurbestandes zum Niederstwert	Schlussbilanz	eigene Wertpapiere
Erfolgswirksame Buchung des realisierten Kursgewinnes	eigene Wertpapiere	Kursgewinne

International Accounting Standards

International Accounting Standards ist ein Rechnungslegungssystem (IAS), das zum Teil wesentlich vom Rechnungslegungssystem des HGB abweicht.

- IAS kennt weniger Bewertungswahlrechte als das HGB
- IAS erlaubt die Bildung Stiller Reserven nicht.
- Überkreuzkompensationen (Verrechnung von Aufwandspositionen mit Passivposten) sind nicht erlaubt.
- Versteuerte Reserven nach § 340f HGB sind aufzulösen
- Handelsbestand (an Wertpapieren) ist zu Marktpreisen zu bewerten.

Insgesamt müssen die internen Strukturen einer deutschen Firma zunächst an die Bewertung nach IAS angepasst werden, bevor diese internationale Rechnungslegung angewendet wird.

Geschäftsfälle

Alle Aufgaben sind in € zu rechnen; die Umrechnung in DM erfolgt mit dem festgelegten Umtauschkurs 1,95583

1. Unsere Bank hat folgendes Aktienskontro:

Datum	Kauf	Verkauf	Bestand	Kurs
05.08.	150		150	30,10
07.09.	300		450	29,60
20.09.		200	250	30,70
05.11.	200		450	29,00
15.12.		150	300	29,80

Ermitteln Sie den Bilanzansatz nach dem Niederstwertprinzip unter Anwendung des Durchschnittsverfahrens. Kassakurs per 31.12. 29,80 €. Ermitteln Sie den Kurserfolg nach dem Durchschnittsverfahren. 29,53
Formulieren Sie die Buchungssätze.

2. Unsere Bank hat folgendes Aktienskontro:

Datum	Kauf	Verkauf	Bestand	Kurs
31.12.	AB		1000	16,00
05.03.	600		1600	18,00
10.04		1100	5000	21,00

Ermitteln Sie den Kurserfolg und den Bilanzansatz (BA) nach dem strengen Niederstwertprinzip; Kassakurs am 31.12.: 20,00
Formulieren Sie die Buchungssätze.

3. Unsere Bank hat folgendes Wertpapierskontro: 7%-Anleihe

Datum	Kauf	Verkauf	Bestand	Kurs
31.12.	AB + Stückzinsen ab 31.08.		500.000	98%
31.03.	500.000			96%
31.05.	400.000			95%
01.09.	Zinszahlung aus 1,4 Mio Anleihe für 1 Jahr			
31.12.			1.400.000	94%

3.1. Wie lautete der Bilanzansatz im Vorjahr (mit aufgelaufenen Zinsen)?
3.2. Buchen Sie per 31.12., 31.3. und 31.5. einschl.Stückzinsen
3.3. Wie lautet der neue Bilanzansatz?
3.4. Buchen Sie den Kurserfolg aus!

4. Unsere Bank hat folgende Aktien im eigenen Depot:

WP-Art	Anschaffungswert	Tageswert	letzter Bilanzansatz
A-Aktie	500 Stück/74,00	78,00	71,00
Anleihe	100.000/98%	82%	91%
B-Aktie	5000 Stück/20,50	30,40	18,00
C-Aktie	1000 Stück/43,00	49,00	43,00
Anleihe	200.000/96%	94%	95%

Es handelt sich ausschließlich um Altbestände. Alle im Laufe des Jahres gekauften WP sind wieder verkauft worden. Unser WP-Konto zeigt folgende Umsätze: Soll 3 400 000,00 € Haben 2 500 000,00 €
Bilanzieren Sie und buchen Sie den Kurserfolg aus.

5. Unsere Bank hat folgende Aktien am Jahresbeginn im eigenen Depot:

WP-Art	Menge	Tageswert	letzter Bilanzansatz
A-Aktie	5000 Stück	65000	13,00
B-Aktie	10000 Stück	201000	20,10
C-Aktie	5000 Stück	140000	28,00
D-Aktie	20000 Stück	600000	30,00
E-Aktie	10000 Stück	280000	28,00

Im Laufe des Jahres erfolgen folgende Käufe und Verkäufe:

WP-Art	Kauf	Verkauf	Kaufkurs	Verkaufskurs
A-Aktie	1000	2000	25,00	28,00
B-Aktie	5000	5000	35,00	32,00
C-Aktie	4000	2000	40,00	45,00
D-Aktie	10000	5000	78,00	74,20
E-Aktie	5000	5000	62,00	61,00

Die Kassakurse am 31.12.:

A-Aktie	30,10
B-Aktie	32,00
C-Aktie	41,00
D-Aktie	71,00
E-Aktie	63,00

Bewerten Sie nach dem Niederstwertprinzip, nehmen Sie die notwendigen Buchungen vor.

Aufgaben

1. Worin unterscheiden sich Wertpapiere des Anlagevermögens von Wertpapieren des Umlaufvermögens im Hinblick auf ihre Zweckbestimmung?
2. Welche Bewertungsgrundsätze gelten für die Wertpapiere des Anlagevermögens? Welche Bewertungsgrundsätze gelten für die Wertpapieren des Umlaufvermögens?
3. Erklären Sie das Durchschnittsverfahren bei der Bewertung der Wertpapiere des Umlaufvermögens.

4. Erklären Sie die Aussage: "Nicht realisierte Kursverluste sind erfolgswirksam zu buchen."
5. Erklären Sie die Aussage: "Nicht realisierte Kursgewinne dürfen nicht erfolgswirksam gebucht werden."
6. Beschreiben Sie die möglichen handelsrechtlichen Bewertungsprinzipien am Beispiel der Bewertung eigener Wertpapiere.
7. Erläutern Sie die Skontren, die in Ergänzung zum Hauptbuchkonto "Eigene Wertpapiere" geführt werden.
8. Nennen Sie die Positionen der GuV, in denen sich die Wertpapiergeschäfte der Banken niederschlagen können.
9. Das Konto Anleihen und Schuldverschreibungen im Handelsbestand zeigt am 31.12. einen Sollsaldo von 260.000 € bei einem Nennwert von 250.000 €. Die Papiere sind mit 6% zum 1.Mai ganzjährig verzinst. Ankaufskurs war 104%; der Kurs am 31.12. liegt bei 101%.
   - 9.1. Berechnen Sie die aufgelaufenen Stückzinsen act/act.
   - 9.2. Berechnen Sie den nicht realisierten Verlust.
   - 9.3. Ermitteln Sie den Bilanzansatz.
   - 9.4. Nehmen Sie die notwendigen Buchungen vor und schließen Sie die Konten ab.
10. Am 12.01. wurden 3000 Stück A-Aktien zum Kurs von 24,10 €/Stück und am 18.02. 2000 Stück B-Aktien zu 18,20 € gekauft. Am 31.12. notiert die A-Aktie 27,20 € und die B-Aktie 16,50 €. Rechnen und buchen Sie, schließen Sie die Konten ab (Bilanzansatz, Abschreibungen und Kontenabschluss)

7.7 Bankkostenrechnung

Stofftelegramm

Übersicht über die Bankkostenrechnung

1. Stufe (Grundrechnung)

Betriebsbereich		**Wertbereich**	
Betriebskosten	Betriebserlöse	Wertkosten	Werterlöse

Gesamtkostenkalkulation

2. Stufe (Aufgliederungs rechnung)

- **Kostenartenrechnung** → **Kostenstellenrechnung** → **Kostenträgerzeitrechnung**
- **Gesamtzinsspannenrechnung** → **Zinsertragsbilanz** → **Teilzinsspannenrechnung** (Marktzinsmethode)

Stückkostenrechnung (Standardeinzelkostenrechnung)

3. Stufe (Zusammenführung der Vorstufen)

Spartenrechnung
Kontenkalkulation
Kundenkalkulation

Aufgaben der Kostenrechnung

1. Lenkungsfunktion durch Selbstkostenermittlung
2. Kontrollfunktion (Soll-Ist-Vergleich von Budgetvorgaben)
   Budget ist eine vorgegebene Wertgröße, z.B. ein Kostenrahmen für ein Projekt
3. Dokumentationsfunktion (Erfassung und Verrechnung der Istdaten)
   Vorbereitung von Kosten- und Erfolgskontrollen
4. Einzelaufgaben
   Welche Vorgänge verursachen Kosten?
   Welche Kosten sind der Art nach entstanden?
   Wie können Erfolg und Wirtschaftlichkeit festgestellt werden?

Controlling

Strategisches Controlling
= langfristig angelegt
z.B. sicherheitsorientierte Bankbilanz

operatives Controlling
= kurzfristig angelegt
z.B. Einhaltung der Jahresvorgaben (Budgetmanagement)

Das Controllingsystem soll für die Unternehmenssteuerung Informationen und Mittel zur Verfügung stellen. Um dies leisten zu können, muss die Bankstruktur controllingorientiert sein (nach Büschgen):

- erfolgsorientierte Geschäftsphilosophie mit erfolgsorientierter Mitarbeiterentlohnung
- organisatorisch festgelegte Analysemechanismen (z.B. für Erfassung der Einzelkosten)
- Führungsinformationssystem
- kundenorientierte Profit-Center-Organisation mit Ergebnisverantwortung
- Zielvorgaben (Ergebnisvorgaben, Bugdetvorgaben u.a.)

Ansätze des Controlling

Bottom-up-Ansatz → Kosten- und Erlösbewußtsein der Mitarbeiter stärken, um die Zielsetzungen des Managements durchzusetzen.

Top-Down-Ansatz → Kosten- und Erlösdenken wird von Unternehmensspitze konsequent umgesetzt

Regelkreislauf des Controlling

Nach strategischen und operativen Zielsetzung erfolgt die Planung geeigneter alternativer Maßnahmen, unter denen dann ausgewählt wird, was umgesetzt werden soll. Der Prozess wird durch das Controllingsystem begleitet, wobei über entsprechendes Feedback Veränderungen im Prozessablauf steuernd vorgenommen werden können.

Grundlagen für betriebswirtschaftliche Entscheidungen

Zahlen der Buchhaltung; sie geben jedoch keine Informationen über

- Produkte, Abteilungen, Filialen und Geschäftsbeziehungen bezüglich Kosten und Erlöse.
- Kosten einzelner Bankleistungen aus Zahlungsverkehr, Geldanlage, Kreditbereich und sonstigen
- kostendeckende Preise

Zahlen der Kosten- und Erlösrechnung geben Informationen über

- Kosten und Erlöse von Bankleistungen
- Grundlagen für die Kalkulation, Entscheidung und Planung
- Grundlagen für Wirtschaftlichkeits- und Erfolgskontrollen

Grundbegriffe der Kosten- und Erlösrechnung

Auszahlungen, Ausgaben, Aufwendungen und Kosten

- **Auszahlungen** vermindern die Barreserve, beeinflussen also die Liquidität.
- **Ausgaben** vermindern das Geldvermögen, sind also Geldabflüsse.
- **Aufwendungen** sind Eigenkapitalverbrauch.
- **Kosten** sind betriebsbedingter Werteverzehr.

<table>
<tr><td colspan="2">Aufwendungen
sie werden in der GuV-Rechnung erfasst</td><td></td></tr>
<tr><td>Neutrale Aufwendungen</td><td>Aufwendungen = Kosten
(Ordentliche Zweckaufwendungen)</td><td></td></tr>
<tr><td></td><td>Aufwendungen = Kosten
(Grundkosten)</td><td>Zusatzkosten
(kalkulatorische Kosten)</td></tr>
<tr><td></td><td colspan="2">Kosten
sie werden in der Kosten- und Erlösrechnung erfasst</td></tr>
</table>

- **Neutrale Aufwendungen** sind z.B. betriebsfremde, periodenfremde, außerordentliche oder bewertungsbedingte Aufwendungen
- **Zusatzkosten** sind z.B. kalkulatorische Kosten aus Abschreibungen, Mietaufwendungen, Eigenkapitalverzinsung, Risikokosten (den Zusatzkosten stehen keine konkreten Geldabflüsse über Aufwendungen gegenüber, gleichwohl sind sie für eine Kostenkalkulation unverzichtbar.)
- **Kalkulatorische Abschreibung:** steuerlich zulässiger Abschreibungssatz und Abschreibung gemäß Nutzungsdauer unterscheiden sich. Für die Kostenrechnung ist die Nutzungsdauer maßgebend.
- **Kalkulatorische Miete:** Bank nutzt Räume im eigenen Gebäude; Kostenrechnung berücksichtigt die Kosten, die bei Anmietung entstehen würden.
- **Kalkulatorische Risikokosten:** kalkulatorische Ausfallquoten bei Forderungen werden als langjähriger Durchschnitt errechnet und in der Kostenrechnung berücksichtigt.
- **Kalkulatorische Zinsen:** werden angesetzt, um die Eigenkapitalkosten zu decken; Ausgangspunkt ist die betriebswirtschaftlich notwendige Verzinsung des Eigenkapitals, um aus dem Gewinn Rücklagenzuführung und Gewinnausschüttung finanzieren zu können.

Einzahlungen, Einnahmen, Erträge, Erlöse aus Leistungen

- **Einzahlungen** erhöhen die Barreserve, beeinflussen also die Liquidität.
- **Einnahmen** erhöhen das Geldvermögen, sind also Geldzuflüsse.
- **Erträge** sind Eigenkapitalerhöhungen.
- **Erlöse** aus Leistungen sind betriebsbedingter Wertezuwachs, verbunden mit einer Zunahme des Geldvermögens beim Verkauf der Leistung.

<table>
<tr><td colspan="2">Erträge
sie werden in der GuV-Rechnung erfasst</td></tr>
<tr><td>Neutrale Erträge</td><td>Betriebsbedingte Erträge
(ordentliche Zweckerträge)</td></tr>
<tr><td></td><td>Erlöse aus Leistungen
sie werden in Kosten- und Erlösrechnung erfasst</td></tr>
</table>

Kosten- und Erlösarten

Betriebskosten (Stückkosten)	entstehen im Betriebsbereich
nach der Art des Werteverzehrs	Personalkosten Sachkosten (Büro-, Fuhrparkkosten etc.) Kostensteuern (Gewerbesteuer etc.) betriebsnotwendige Abschreibungen
nach der Zurechenbarkeit	Einzelkosten (den Produkten direkt zurechenbar, Kosten für Vordrucke) Gemeinkosten (den Produkten nur mittelbar zurechenbar, z.B. Miete für Büroräume)
nach der Abhängigkeit vom Beschäftigungsgrad	Fixkosten (entstehen unabhängig von der Erstellung konkreter Bankleistungen, z.B. Miete für Büroräume) Variable Kosten (entstehen bei der konkreten Leistungserstellung z.B. alle Wertkosten)

Wertkosten entstehen durch die finanzielle Leistungserstellung

- Zinsen für Einlagen aller Art
- Risikokosten

Bankleistungen: werden eingeteilt in Betriebsleistungen und Wertleistungen

Erlöse werden eingeteilt in:

- **Betriebserlöse:** z.B. Gebühren, Inkassoprovisionen
- **Werterlöse:** z.B. Zinserlöse aus Kreditgeschäften aller Art, Erlöse aus zinsähnlichen Provisionen, Erlöse aus Kapitalanlagen aller Art

Bestandteile der Bankkalkulation

Betriebsergebnis der Bank

Das Betriebsergebnis kann aus der GuV-Rechnung abgeleitet werden (siehe RW 7 - 2)
Aus der Kostenrechnung ergibt sich die kalkulatorische Betriebsergebnisrechnung:

Werterlöse (Zinserlöse)		z.B. 6,0 Mio €
- Wertkosten (Zinskosten)		z.B. 2,0 Mio €
= **Zinsüberschuss**		**z.B. 4,0 Mio €**
+ Betriebserlöse (Provisions- und Gebührenerlöse)		z.B. 1.0 Mio €
- Betriebskosten (Personal-, Sachkosten etc.)		z.B. 1.9 Mio €
- Kostensteuern		z.B. 0,1 Mio €
- Risikokosten		z.B. 0,2 Mio €
+ Kursgewinne		z.B. 1,3 Mio €
= **Betriebsergebnis**		**4,1 Mio €**
+/- außerordentliches Ergebnis	z.B.	+ 0,1 Mio €
= **Jahresüberschuss**		**4,2 Mio €**

Das Geschäftsvolumen (Bilanzsumme zuzüglich Verpflichtungen unter dem Strich) sei für die Berechnungen 150 Mio €.

Die Bankkalkulation dient

der Preisfindung für Bankleistungen
Kalkulation im Betriebsbereich als Vollkostenrechnung, Teilkostenrechnung, Produktkalkulation. Geschäftsstellenkalkulation, Kundenkalkulation

der Ermittlung von Zinsmargen
Kalkulation im Wertebereich als Kalkulation einzelner Geschäftsbeziehungen, einzelner Sparten, Filialen oder als Kalkulation der Gesamtbank

Verfahren der Bankkalkulation

Bruttozinsspanne für den Gesamtbetrieb (daraus abgeleitet: Nettozinsspanne)
Zinsertragsbilanz für die Nachbetrachtung einer Periode
Zinsspannenrechnung als Pool-, Schichtenbilanz- oder Marktzinsmethode
Standard-Einzelkostenrechnung als Teilkostenrechnung im Betriebsbereich

$$\text{Bruttozinsspanne} = \frac{(\text{Werterlöse} - \text{Wertkosten}) * 100}{\text{Geschäftsvolumen}} = \frac{4 * 100}{150} = 2{,}93\%$$

Bruttozinsspanne

Zieht man die Bedarfsspanne (Betriebskosten – Betriebserlöse + Risikokosten) ab, erhält man die Nettozinsspanne). Diese Gesamtzinsspannenrechnung stammt aus einer Zeit, in der die Betriebskosten im Verhältnis zum Wertbereich eine geringe Rolle gespielt haben. Heute sind weitergehende Rechnungen aussagekräftiger.

Zinsertragsbilanz

- wird bei ausgewählten Kreditinstituten von der Zentralbank zu Vergleichszwecken erhoben,
- wird auf der Basis von Durchschnittszinssätzen zusammengestellt,
- dient dem Zeitvergleich,
- ermöglicht einen Aufschluss über Veränderungen der Bilanzstruktur.

Vereinfachte Zinsertragsbilanz in TEUR

Aktiva	Durchschn. Bestand	Zinsen	p.a. %	Passiva	Durchschn. Bestand	Zinsen	p.a. %
1. Unverzinsliche Werte	17.600	0,0	0,0	6. Verbindl. Banken	17.200	516,00	3,0
2. Ford. an Banken	22.000	1.100,00	5,0	7. Verbindl. andere	190.000	7.220,00	3,8
3. Ford. an Kunden	185.360	12.975,20	7,0	8. Sonst. verz. Passiva	20.960	104,80	0,5
4. Sonst. verz. Aktiva	19.200	268,80	1,4	9. Sonst. unverz. Pass.	3.200		0,0
5. Sonst. unverz. Aktiva	3.200	0,0	0,0	10 Eigene Mittel	16.000		0,0
Summe	247.360	14.344,00			247.360	7.840,80	

Zinsertrag 5,80 % → Bruttozinsspanne 2,63 % ← Zinsaufwand 3,17 %

Im Folgemonat kann mit neuen durchschnittlichen Beständen und den Zinssätzen vom Vormonat festgestellt werden, ob sich die Verbesserung/Verschlechterung der Bruttozinsspanne auf eine strukturelle Veränderung der Bilanz zurückführen lässt. Erhöht sich die Spanne bei gleichbleibenden Zinssätzen, ist der Schluss erlaubt, dass die höher verzinslichen Ausleihungen gestiegen sind, bzw. die höher verzinslichen Einlagen gesunken sind: **Strukturbedingte Abweichung**

Teilzinsspannenrechnung

Bei der Pool- und **Schichtenbilanz-Methode** wird untersucht, welche Passiva zur Finanzierung bestimmter Aktivgeschäfte herangezogen worden sind und in welchen Aktiva bestimmte Passiva angelegt sind.
Bei der **Marktzinsmethode** wird untersucht, welches Aktiv- bzw. Passivgeschäft als Ersatz zum Kundengeschäft am Geld- bzw. Kapitalmarkt getätigt werden kann. Es werden also Kundengeschäfte jeweils mit Interbankgeschäften verglichen. Die beiden Seiten der Bilanz sind jeweils für sich selbst Bewertungsmaßstab.

Beispiel: Die Bank gewährt einem Kunden ein Grundschulddarlehen auf 5 Jahre zu 5% Zinsen. Die Bank vergleicht dieses Engagement mit einer Kapitalanlage auf dem Kapitalmarkt zum Kapitalmarktzins von 4%. Das Kundengeschäft leistet einen Konditionenbeitrag von 1%.
Die Bank nimmt auf 6 Monate eine Termineinlage von einem Kunden zu 2,5% herein. Alternative ist am Geldmarkt aufgenommenes Geld zum Geldmarktsatz von 3%. Das Kundengeschäft leistet einen Konditionenbeitrag von 0,5%.
Ein Aktiv-Passivvergleich der beiden alternativen Interbankgeschäfte zeigt eine Differenz von 1%. (Strukturbeitrag)
Die beiden Konditionenbeiträge aus den Kundengeschäften in Höhe von 1,5% und der Strukturbeitrag aus den alternativ (gedachten) Interbankgeschäften von 1% ergibt die Bruttozinsspanne dieses Aktivitäten von 2,5%.

Interpretation: Die Bank hat mit den beiden Geschäften Fristentransformation geleistet, d.h. sie hat aus kurzfristig hereingenommenem Geld eine längerfristige Ausleihung finanziert. Dadurch wird ein höheres Risiko (z.B. der Zinsänderung) eingegangen, aber auch ein höherer Zinssatz realisiert.

Teilkostenrechnung

Betriebsabrechnungsbogen zur Verteilung der Gemeinkosten auf Kostenstellen als Grundlage der Stückkostenkalkulation in Form einer Zuschlagskalkulation wie im Industriebetrieb spielt im Bankbereich keine überragende Rolle. Statt der Vollkostenrechnung setzt sich im Bankbereich eine besondere Art der Teilkostenrechnung durch:

Standard-Einzelkostenrechnung

Merkmale:

- Verzicht, bestimmte Kosten in die Kalkulation einzubeziehen.
- Erfassung der Einzelkosten als variable, stückbezogene Kosten und als fixe, periodenbezogene Kosten.
- Verringerung des Gemeinkostenblockes (nicht direkt zuordenbare Kosten) durch die Methode der Standard-Einzelkosten.

Die Standard-Einzelkostenrechnung

- systematisiert die Marktleistungen,
- analysiert die Arbeitsabläufe und erhält innerbetriebliche Teilleistungen, die
- quantifiziert Marktleistungen zuordenbar sind;
- legt Zeit- und Mengengrößen für innerbetriebliche Teilleistungen fest,
- bewertet die Zeit- und Mengengrößen geldlich und
- errechnet die Standard-Einzelkosten für Teilleistungen.

Beispiel (stark vereinfacht): Eröffnung eines Sparkontos

1. Personalleistungen

Tätigkeiten	Häufigkeit	Zeiteinheit	Kosten/Zeiteinheit	Standard-Einzelkosten
Bearbeitung des Antrags	1	10	0,80 €	8,00 €
Kontoeröffn.	1	10	0,80 €	8,00 €
Summe				16,00 €

2. Verwaltungsleistungen

Tätigkeiten	Häufigkeit	Zeiteinheit	Kosten/Zeiteinheit	Standard-Einzelkosten
Kontoeröffnung.	1	0,04	30,00 €	1,20 €
Kontoführung	12	0,02	30,00 €	7,20 €
Jahresabschluss.	1	0,05	30,00 €	1,50 €
Summe				9,90 €

3. Sonstige Leistungen

Tätigkeiten	Häufigkeit	Zeiteinheit	Kosten/Zeiteinheit	Standard-Einzelkosten
Sparbuch	1		1,50 €	1,50 €
Formular	1		0,20 €	0,20 €
Porto	2		1,10 €	2,20 €
Summe				3,90 €

Standard-Einzelkosten einer Sparkonten-Eröffnung liegen im Beispiel bei 29,80 €

Bereiche der Bankkalkulation

Die Werte aus der Zinsspannenrechnung (Marktzinsmethode und Zinsertragsbilanz) und aus der Standard-Einzelkostenrechnung ergeben zusammen mit dem Ergebnis der Risikomargenberechnung die Grundlage für:

- die Kalkulation einzelner Kundenengagements,
- die Kalkulation einzelner Konten und Kontengruppen,
- die Kalkulation einzelner Geschäftsstellen

Alle Kalkulationen werden als **Deckungsbeitragsrechnungen** durchgeführt, d.h. es wird ermittelt, welcher Beitrag zur Deckung des verbliebenen nicht zuzuordnenden Gemeinkostenblock geleistet wird und welcher Beitrag darüber hinaus zum Erfolg der Bank beigetragen wird.

Die Deckungsbeitragsrechnung hat folgende Grundstruktur:

Konditionenbeitrag (Deckungsbeitrag I)
- Risikokosten
= Überschuss im Wertbereich (Deckungsbeitrag II)
- Standard-Einzelkosten
+ Provisionsüberschuss
= Ergebnis des Kontos, des Kundenengagements, der Sparte, der Filiale
= Deckungsbeitrag III

Für eine Leistung im Aktivbereich kann die Deckungsbeitragsrechnung so aussehen:

Erzielte Zinsen bei einem Kreditengagement
- Marktzinsen für eine Anlage am Kapitalmarkt (alternativ)
= Konditionenbeitrag (Deckungsbeitrag I)
- Risikokosten
= Überschuss im Wertbereich (Deckungsbeitrag II)
- Standard-Einzelkosten
+ Provisionsüberschuss
= Netto-Konditionenbeitrag (Deckungsbeitrag III)

Beispiel einer Kundenkalkulation

Wertbereich

Kredit	50.000,00 €, 9% Sollzins, 0,5% Risiko Konditionenbeitrag	4.250,00
Sparbuch:	10.000 € 2% Habenzins	200,00
Zinsüberschuss beim Kundenengagement		**4.050,00**

Betriebsbereich

50 Auszahlungen zu je	2,00 €	100,00
100 Überweisungen zu je	1,00 €	100,00
150 Lastschriften zu je	0,50 €	75,00
40 Kontoauszüge zu je	1,00 €	40,00
Betriebskosten des Kontos		**315,00**
Entgelte pro Monat pauschal 30,00		360,00
Betriebsergebnis beim Kundenengagement		45,00
Zinsüberschuss		4.050,00
Deckungsbeitrag des Kundenengagements		**4.095,00**

Zusammenfassung

Die Kosten- und Erlösrechnung ist:

- ein Instrument des internen Rechnungswesens als Ergänzung zur Buchhaltung der Banken,
- muss nicht offengelegt werden, ist damit ein sehr anpassungsfähiges Instrument;
- dient der Steuerung, Lenkung und Überwachung im Sinne der gesetzten Unternehmensziele, wie z.B.
  - Rentabilität (Verhältnis Gewinn/Kapitaleinsatz)

- Liquidität (Verhältnis Geldausgänge/Geldeingänge)
- Sicherheit (Verhältnis Risikoübernahme/Risikodeckung)
- Wachstum (Verhältnis zweier Geschäftsvolumen hintereinander)
- Produktivität/Wirtschaftlichkeit (Verhältnis Ertrag/Aufwand)
- Ökologie
- Sozialengagement

Aufgaben

1. Die Sparkasse kaufte im vergangenen Jahr eine neue Einrichtung für den Kundenbereich einer Zweigstelle für 400.000,00 €. Bei Lieferung am 20.05. waren 90% der Kaufsumme fällig; der Rest wird nach Mängelbeseitigung im Laufe des Frühjahrs bezahlt. Die bilanzielle Anschreibung erfolgt degressiv mit 25% vom Anschaffungswert, die kalkulatorische orientiert sich an der Nutzungsdauer 10 Jahre.
   Beziffern Sie Auszahlung, Ausgabe, Aufwendung und Kosten.
2. Die Volksbank nimmt eine Termineinlage über 10 Mio € zu 2,5% für 30 Tage herein. Wie verhalten sich Auszahlung, Ausgabe, Aufwendung und Kosten am Fälligkeitstag, wenn 2% Mindestreserve gehalten werden müssen (die Verzinsung der Mindestreserve soll vernachlässigt werden). Beachten Sie bei der Lösung, dass nur 9.800.000 € für das Aktivgeschäft zur Verfügung stehen, aber 10 Mio € verzinst werden müssen.
3. Die Volksbank legt überschüssige Liquidität in Höhe von 20 Mio € over night zu 3% bei der Zentralbank an. Einen Tag später wird der Betrag einschließlich Zinsen auf dem Zentralbankkonto zur Verfügung gestellt. Wie beziffern sich Einzahlung, Einnahme, Erträge und Erlöse? Zinsberechnung act/act.
4. Welche der folgenden Auszahlungen sind gleichzeitig Kosten? Körperschaftsteuer, Grunderwerbsteuer, Umsatzsteuer, KfZ-Steuer, Telefongebühren, Leistungsprämie für Mitarbeiter, Spende für die örtliche Kirchengemeinde.
5. Ordnen Sie folgende Kosten und Erlöse dem Werte- bzw. Betriebsbereich zu. Depotgebühren, Buchungspostenentgelt, Festgeldzinsen, Avalprovision, Vorschusszinsen, Kursgewinne bei Wertpapiereigengeschäften.
6. Die Sparkasse schließt mit einem Industriekunden einen Darlehensvertrag über 200.000,00 €, Laufzeit 5 Jahre, zu 6% ab. Auf dem Kapitalmarkt kann eine 5-Jahres-Anlage zu 5% platziert werden. Welchen Beitrag leistet das Geschäft zum Gesamterfolg der Bank?
   Für die Festgeldanlage eines Kunden über 200.000,00 €, Laufzeit 12 Monate, zahlt die Volksbank 3,5%. Auf dem Kapitalmarkt könnte dieser Betrag bei 12 Monaten Laufzeit zu 4% beschafft werden. Welchen Beitrag leistet dieses Geschäft zum Gesamterfolg der Bank? Zeigen Sie außerdem die Konditionenbeiträge, den Strukturbeitrag und die Bruttozinsspanne. Der Zinssatz für Tagesgeld liegt bei 2,5%.
7. Welche Vorteile bietet die Marktzinsmethode verglichen mit der Kalkulation auf der Basis der Zinsertragsbilanz?
8. Erklären Sie Struktur- und Konditionenbeitrag, indem Sie die unterschiedlichen Aussagen der Größen einander gegenüber stellen.
9. Welche Leistungen sollten durch die Strukturbeiträge in erster Linie abdecken?

10. Eine Bank hat folgende Aktiva und Passiva:
Grundschuldkredite, Laufzeit 5 Jahre, 4 Mio €, 5,25%
Spareinlagen mit 3 Monaten Kündigungsfrist, 3 Mio €, 2,5%
Sparkassenbriefe, Laufzeit 5 Jahre, 1 Mio €, 3,5%
Der Geldmarktzins für 3-Monatsgeld liegt bei 3%; der Kapitalmarktzins für 4- bis 5-jährige Anlagen bewegt sich um 4,25%.
Ermitteln Sie die Konditionenbeiträge für die Einzelpositionen und für alle drei Positionen zusammen.
Berechnen Sie die Bruttozinsspanne und den Zinsüberschuss in €.
Die Kapitalmarktzinssätze sinken um 0,5%, die Geldmarktsätze um 0,25%. Bei den Kundengeschäften ist die Bank an die Sätze gebunden. Wie verändern sich die Beiträge?
Überlegen Sie, welche Auswirkungen eine Steigerung der Zinssätze um 0,5% bzw. um 0,25% haben.

11. Wenden Sie die Marktzinsmethode an.

Vereinfachte Zinsertragsbilanz in T€

Aktiva	Durchschn. Bestand	p.a. %	Passiva	Durchschn. Bestand	p.a. %
1. Barreserve	200	0,0	6. Verbindl. Banken	19.000	3,0
2. Ford. an Banken	22.000	4,0	7. Verbindl. andere	200.000	3,5
3. Ford. an Kunden	200.000	8,0	8. Sonst. verz. Passiva	20.800	0,5
4. Sonst. verz. Aktiva	30.000	2,0	9. Sonst. unverz. Pass.	3.200	0,0
5. Sonst. unverz. Aktiva	3.800	0,0	10 Eigene Mittel	16.000	0,0
Summe	259.000			259.000	

Gehen Sie von folgenden fristengleichen Zinssätzen auf dem Geld- bzw. Kapitalmarkt aus:

Tagesgeld	2,5%
Wertpapiere	5,0%
Termineinlagen bei Banken	5,0%

Die Verzinsung der eigenen Mittel soll vernachlässigt werden.
Ermitteln Sie den Zinsüberschuss und die Bruttozinsspanne.
Beziffern Sie Konditionenbeiträge und Strukturbeiträge.

12. Kalkulieren Sie folgende Produkte:

12.1.	Darlehen	300.000,00 €
	Laufzeit	4 Jahre
	Kapitalmarktzins für 4 jährige Anlagen	3,5%
	Bankkondition	5,5%
	Risikokosten	0,4%
	Betriebskosten (Stückkosten lt. Standard-Einzelkosten)	0,3%
	Provisionserlöse	0,2%
	Ermitteln Sie die Nettomarge in % und €.	
12.2	Termineinlage	100.000,00 €
	Laufzeit	3 Monate
	Geldmarktsatz	3%

	Bankkondition	2,25%
	Mindestreservesatz (ohne Verzinsung)	1,5%
	Betriebskosten	0,1%

Berechnen Sie die Nettomarge unter Berücksichtigung der Mindestreserve.
Ermitteln Sie die Deckungsbeiträge.

12.3 Kontokorrentvolumen Soll 100.000,00 € Haben 40.000,00 €

Sollzinssatz 9%

Habenzinssatz 3%

Leistungen:

50	Barauszahlungen je	2,00 €
200	Überweisungsausgänge je	1,50 €
20	Überweisungseingänge je	1,00 €
15	Scheckinkassi je	1,50 €

Entgelte

Grundpreis je Monat 12,00 €

Ermitteln Sie die Deckungsbeiträge.

13. Eine Bank erzielt Zinserträge über 250 Mio € und bezahlt 120 Mio Zinsen. Die Summe aller Konditionenbeiträge beträgt 90 Mio €. Erklären Sie den Rest von 40 Mio €.

14. Eine Bank wendet bei der Kalkulation die Marktzinsmethode an. Erklären Sie, welche Entscheidungen für den Zinsüberschuss der Bank verantwortlich zeichnen.

15. Beschreiben Sie zwei Aufgaben der Kostenartenrechnung.
Beschreiben Sie die Grundlagen zur Verteilung von Gemeinkosten
Unterscheiden Sie Kostenstellen, Kostenarten, Kostenträger.

Grenzen Sie ab:	Gemeinkosten	Einzelkosten
	Betriebskosten	Wertkosten
	Marktleistung	Hilfsleistung

16. Eine Bank ermittelt am Jahresende folgende Zahlen:

Zinskosten	541.080 T€	Zinserträge	779.760 T€
Provisionsaufwand	680 T€	Provisionen	33.092 T€
Abschreibungen/Ford.	6.120 T€		
Personalkosten	64.972 T€		
Sachkosten	27.288 T€		

Die Bilanzsumme betrug durchschnittlich 10.563.200 T€
Avale 236.800 T€.
Erstellen Sie die Gesamtzinsspannenrechnung in € und in %.

17. Eine Bank will einen Kopierautomaten beschaffen. Sie entscheidet zwischen Kauf und Leasing.

Kauf: Anschaffungspreis 30.000,00 €, Nutzungsdauer 4 Jahre bei linearer Abschreibung. Das durchschnittlich eingesetzte Kapital wird mit 9% verzinst. Jährlich fallen unabhängig von der Nutzung 750,00 € Wartungskosten an. Je Blatt Papier fallen 2 Cents an und je 1000 Blatt beträgt der Betriebsstoffverbrauch 4,50 €.

Leasing: Der Kopierautomat wird mietfrei überlassen, je Kopie sind lediglich 4 Cents zu bezahlen. Papier- und Betriebskosten entsprechen den Kosten beim Kauf.

17. Berechnen Sie die fixen und variablen Kosten für 60.000, 100.000, 150.000 und 200.000 Kopien.

    Entscheiden Sie, bei welcher Menge Sie kaufen bzw. leasen (ohne steuerliche Auswirkung).

    Errechnen Sie die Stückkosten.

7.8 Prüfungsaufgaben Rechnungswesen

Die folgenden Prüfungsaufgaben sind an die geänderten Anforderungen der neuen Lehrpläne angepasst. Dort wo diese Änderungen deutlich werden, sind die Fragestellungen ***kursiv gedruckt***. Die erste Prüfung Rechnungswesen Sommer 2000 nach neuen Lehrplänen findet sich in Kapitel 11. Viele DM-Beträge sind in € verändert.

PRÜFUNGSAUFGABE 1

1. Wir weisen eine Korrespondenzbank an, von unserem Nostrokonto 1.000 000,00 € auf unser Postbankkonto zu überweisen.

2.1 Ein Scheck über 2.350,00 €, den wir der LZB zum Einzug übergeben hatten, wird uns von dieser mit dem Vorlegungsvermerk zurückbelastet.

2.2 Wir belasten diesen Scheck dem Einreicher unter Berechnung von 6,00 € Gebühren.

3. Am 15. Oktober 01 erwarb ein Kreditinstitut einen Geldausgabeautomaten im Werte von 140 000.00 € zuzüglich 16 % Mehrwertsteuer.

3.1 Buchen Sie den Kauf, wenn der Verkäufer ein Kontokorrentkonto bei einer Korrespondenzbank unterhält.

3.2 Buchen Sie die Abschreibung des Geldausgabeautomaten zum 31.12.02, wenn die gewöhnliche Nutzungsdauer 5 Jahre beträgt und geometrisch-degressiv mit dem Höchstsatz abgeschrieben wird.

3.3 Welche kalkulatorische Abschreibung geht in die Kostenrechnung ein?

4. Am 27.04.01 wird Ihnen am Schalter ein Zinsschein über 7,00 € zur Einlösung vorgelegt. Der Kunde wünscht Barauszahlung der Zinsen in €.
Rechnen Sie und buchen Sie.
Wir versenden den Zinsschein an die Dotationsstelle unter gleichzeitiger Belastung deren Kontos.

5. Ein Kunde Ihrer Bank hat Antrag auf Eröffnung des Konkursverfahrens gestellt. Die Bank hat eine Forderung gegen den Kunden in Höhe von 35.000,00 € und rechnet mit einem Ausfall von 75 %.

6. Einem KK-Kunden, der eine im Eigentum Ihrer Bank befindliche Wohnung gemietet hat, wird für die Dezembermiete in Höhe von 1.200,00 € ein Zahlungsaufschub bis zum 10.02. des nächsten Jahres gewährt.

7. Ihre Bank hat im Laufe des Jahres 700 Stück X-Aktien zum Kurs von 31,50 €/Stück und 1000 Stück Z-Aktien zum Kurs von 28,50 €/Stück für den eigenen Bestand gekauft. Es fanden keine weiteren Umsätze während des Jahres statt.
Beide Aktien werden dem Umlaufvermögen zugerechnet.
Die Kurse am Bilanzstichtag sind: X-Aktie: 30,50 €/Stück
Z-Aktie: 29,00 €/Stück
Nennen Sie sämtliche Buchungssätze, die für den Abschluss dieser Wertpapierkonten notwendig sind.

8. Erläutern Sie den Begriff "Rückstellungen".

PRÜFUNGSAUFGABE 2

1.1 Ein KK-Kunde reicht einen Scheck über 5 000 € zum Einzug und zur Gutschrift des Gegenwertes ein. Die Gutschrift erfolgt bei uns E.v.

1.2 Wir ziehen den Scheck per LZB ein.

1.3 Die bezogene Bank gibt uns den Scheck zurück und verrechnet über LZB mit 10,00 € Kosten

1 4 Wir geben den Scheck an den Einreicher zurück. Wir belasten ihn mit:
- Fremde Kosten 10,00 €
- Eigene Kosten 10,00 €

2.1 Der Kassenverein überweist auf unser LZB-Konto den Gegenwert von

- Zinsscheinen, die KK-Kunden gehören	10.000,00€
Dividendenscheinen aus eigenen Wertpapieren	30 000,00 €

2.2 Die Beträge aus Nr. 2.1 sind gutzuschreiben. Die Zinsscheine sind voll durch Freistellungsaufträge gedeckt.

3. Die Bank erwirbt für den eigenen Gebrauch einen neuen PKW

Kaufpreis netto	66 500,00 €
+ 16 % MwSt	10.640,00 €
	77.475,00 €

3.1 Buchen Sie den Kauf; die Zahlung an den Autohändler erfolgt über unser LZB-Konto.

3.2 Wie bucht der Autohändler den Verkauf und den Geldeingang?

4.1 Im Auftrag eines KK-Kunden überweisen wir in die USA 8 000 USD Abrechnung für den Kunden, Abwicklungsgebühr 1/8%; Courtage 1/4‰: 8 000,00 USD , Geldkurs 0,9245; Briefkurs 0,9265 USD/€

4.2 Wir übermitteln den Auftrag unserer Korrespondenzbank 8 000 USD

5. Für Gewerbesteuer hatten wir eine Rückstellung in Höhe von 29.500,00 € gebildet. Der im neuen Jahr eingehende Steuerbescheid lautet über 25.000,00 €. Ausgleich über LZB.

6. Am 14.07.02. erwarb die Bank einen PKW für netto 85.000,00 € + 16% MWST von einem Firmenkunden Die angenommene Nutzungsdauer des Fahrzeugs beträgt fünf Jahre. Es soll geometrisch-degressiv mit dem steuerlich zulässigen Höchstsatz abgeschrieben werden.

6.1 Buchen Sie die Abschreibungen der ersten beiden Nutzungsjahre.

6.2 Ermitteln Sie die kalkulatorische Abschreibung gemäß Nutzungsdauer.

7. Am 31.12. weisen die Umsatzsteuerkonten folgenden Stand auf:

Vorsteuer:	Soll 14 270,00 €; Haben 3 890,00 €
Mehrwertsteuer:	Soll 12 400,00 €, Haben 88 270,00 €

Die Zahllast wird erst am 10.Januar des nächsten Jahres an das Finanzamt überwiesen. Schließen Sie die Konten zum Jahresende ab.

8. Anlässlich der Inventur wird am 31.12. ein Kassenbestand von 283 988,60 € ermittelt. Der Saldo des Hauptbuchkontos Kasse beträgt 283 998,60 €.

9. Die Forderungen des Kreditinstituts an Kunden werden für den Jahresabschluss unter dem Gesichtspunkt der Bonität in drei Arten eingeteilt. Nennen Sie diese drei Arten.

PRÜFUNGSAUFGABE 3

1. Der Kassenabschluss liefert folgende Informationen:

Kassenbestand vom Vortag	396 520,00 €
Barauszahlungen	3 111 222,00 €
Bareinzahlungen	2 902 833,00 €
Ist-Bestand laut Inventur	188 001,00 €

Buchen Sie die Kassendifferenz aus!

2. Die Maschinenfabrik AG beschließt auf ihrer Hauptversammlung eine Bardividende in Höhe von 1,20 €/Stück.

2.1 Ein Kunde reicht uns 100 Dividendenscheine der Maschinenfabrik ein. Wir übernehmen die Dividendenscheine zum Einzug.

2.2 Wir halten 3500 Stück Aktien der Maschinenfabrik AG in unserem eigenen Wertpapierbestand. Wir trennen die fälligen Dividendenscheine.

2.3 Wir reichen unsere eigenen Dividendenscheine sowie diejenigen unseres Kunden an unsere Zentrale weiter, die als Hausbank der Maschinenfabrik AG Zahlstelle ist.

2.4 Wir buchen die eigenen Dividendenerträge erfolgswirksam.

2.5 Über welchen Betrag lautet die Steuerbescheinigung des Kunden, wenn wir die Bescheinigung in EUR ausstellen?

3. Wir erwerben einen Schreibtisch mit einem Bürostuhl für unsere Schließfachkunden. Der Kaufpreis beträgt 3.000,00 € zuzüglich 16% Umsatzsteuer. Wir bezahlen den Kaufpreis durch Kontogutschrift.
Wie bucht unser Lieferant diesen Vorgang?

4. Bei unserer Korrespondenzbank in London gehen 3.000,00 GBP zugunsten eines Kunden ein; Kurs 0,7147 gegen den €. Die Gutschrift erfolgt auf dem €-Kontokorrentkonto unseres Kunden. Wir berechnen eine Abwicklungsgebühr von 12,75 €.

5. Die Stadtwerke buchen die geschätzte Jahresrechnung in gleichbleibenden 2-Monatsraten nachträglich bei ihren Kunden ab. Wir werden deshalb jeweils am 15.2., 15.4., 15.6., 15.8., 15.10. und 15.12. nachträglich mit der 2-Monatsrate in Höhe von 8.400,00 € belastet. Grenzen Sie zeitlich ab.

6. Wir erhalten vom Finanzamt den korrigierten Körperschaftsteuerbescheid. Wir müssen 35.000,00 € nachzahlen. Es besteht für diesen Zweck eine Rückstellung in Höhe von 20.000,00 €. Wir überweisen den Betrag per LZB.

7. Aufgrund neu bestellter Sicherheiten wird der Betriebsmittelkredit an unseren Kunden nicht mehr als zweifelhaft angesehen. Wir hatten vorsorglich eine Wertberichtigung über 54.000,00 € gebildet.

8. Begründen Sie, weshalb das Konto "Bankenkontokorrent" nicht in der Schlussbilanz erscheint. In welchen Positionen der zu veröffentlichenden Bilanz sind die Endbestände dieses Kontos auszuweisen?

9. Ein Kreditinstitut hat zum Jahresende Bestände an kurzfristigen Fremdwährungsforderungen und Fremdwährungsverbindlichkeiten. Geben sie jeweils an, ob die Bestände zum Geldkurs bzw. Briefkurs zu bilanzieren sind, und welche Bilanzierungsprinzipien anzuwenden sind.

PRÜFUNGSAUFGABE 4

1. Wir erhalten der Gewerbesteuerbescheid für das vorausgegangene Geschäftsjahr zugesandt. Danach müssen wir 21.600,00 € an Gewerbesteuer nachzahlen, die wir von unserem laufenden LZB-Girokonto überweisen. Im vergangenen Jahr wurde eine Rückstellung in Höhe von 24.000,00 € gebildet.

2. Über unsere Korrespondenzbank in Zürich führen wir den Zahlungsauftrag über 5.000,00 CHF aus. Auf seinem Kontokorrentkonto belasten wir 3.185 €, zuzüglich 25,00 € Gebühren. Buchung in Währung und €. Welcher Kurs liegt dem Geschäft zugrunde.

3. Einem Kunden wurde ein Bankdarlehen gewährt. Von seinem Girokonto ziehen wir die fällige Annuität in Höhe von 2.100,00 € ein. Die Zinsen betragen 1.150,00 €.
   3.1 Wie lautet die Buchung für die Zinskapitalisierung?
   3.2 Wie ist die Belastung der Annuität zu buchen?
4. Der Saldo auf dem Konto "Kunden-Avalforderungen" betrug am 31.12. des vorigen Jahres 160.000,00 €. Wie lautet die Eröffnungsbuchung am 02.01. dieses Jahres?
5. Ein Kunde erhält von uns (Börsenbank) die folgende Abrechnung über den Verkauf eines festverzinslichen Wertpapiers:
   Kurswert 24.240,00 €; Stückzinsen 280,00 €; Provision 121,20 €
   Maklergebühr 18,00 €
   Der Zinsschein wurde mitgeliefert. Keine ZASt-Pflicht, weil Zinstopf vorausgezahlte Stückzinsen enthält. Das Händlergeschäft (Deckungsgeschäft) wird über das beim Kassenverein unterhaltene Konto abgerechnet. Die Gutschrift des Verkaufserlöses erfolgt auf dem €-Girokonto des Kunden.
   5.1 Buchen Sie das Händlergeschäft.
   5.2 Buchen Sie das Kundengeschäft.
6. Im November ist ein Bürostuhl für 920,00 € einschließlich Umsatzsteuer erworben worden; Anschaffung für die Kreditabteilung. Beachten Sie bei Ihrer Buchung, das der ausgewiesene Gewinn so niedrig wie möglich gehalten werden soll. (GWG-Grenze sei netto 800,00 €)
7. Bei der Auszahlung eines Anschaffungsdarlehens wurden 1.296,00 € Zinsen und 360,00 € Bearbeitungsgebühr berechnet. Von den Zinsen entfallen 99,66 € und von der Bearbeitungsgebühr 27,96 € auf das nächste Geschäftsjahr. Grenzen Sie per 31.12. ab.
8. Am 30.09.01 kauften wir einen PKW für die Direktion; Anschaffungswert 92.000,00 € inklusive 16% MWSt; der PKW wird mit dem steuerlich zulässigen Höchstsatz degressiv abgeschrieben. Buchen Sie die Abschreibung zum 31.12. 01.
9. Erklären Sie, weshalb im Rahmen des Jahresabschlussarbeiten eine "zeitliche Erfolgsabgrenzung" durchgeführt wird.
10. Am 31.12. beträgt der Sortenbestand 8.400,00 €. Erklären Sie, wie dieser Bestand in der Bilanz ausgewiesen ist.
11. Erklären Sie, worin bei der Bewertung von Wertpapieren des Anlagevermögens einmal der Grundsatz der kaufmännischen Vorsicht und zum anderen der Grundsatz des Gläubigerschutzes zum Ausdruck kommt.
12. Erläutern Sie am Beispiel des Erwerbs eines Schreibtisches für die Kreditabteilung, wie die beim Kauf in Rechnung gestellte Umsatzsteuer zu buchen ist.

Prüfungsaufgabe Rechnungswesen 1

1.1 Buchen Sie die nachstehende Gehaltsabrechnung auf Gehaltskonten:

Bruttogehälter	30.000,00
vermögenswirksame Leistungen	312,00
Lohnsteuer	9.000,00
Solidaritätszuschlag	675,00
Kirchensteuer	720,00
Sozialversicherung Arbeitnehmeranteil	5.400,00
Vermögenswirksame Leistungen in Höhe von	468,00

werden über die LZB an die Bausparkasse überwiesen.
Nettogehälter ?

1.2 Arbeitgeberanteil zur Sozialversicherung ?

2. Wir kaufen am Freitag, 02.05. im Auftrag eines KK-Kunden an der Börse nom.10.000,00 € einer 6 %igen Schuldverschreibung 1.10. ff zum Kurs von 96 %. Stückzinsenberechnung act/act. *(Provision 0,4% v. KW/Courtage 0,4‰)*
   2.1 Erstellen Sie die Kundenabrechnung
   2.2. Buchen Sie die Kundenabrechnung.
   2.3. Buchen Sie das Deckungsgeschäft über LBZ.

3. Auf unserem Konto beim Credit Lyonnais gehen für einen unserer Kunden 40.000,00 FRF ein. Wir schreiben den Gegenwert seinem €-KK-Konto gut; Kurs FRF 6,55957; Kurs € 1,95583 ,
Provision 0,5%., Abwicklungsgebühr 0,25‰

3.1 Erstellen Sie die Abrechnung

3.2 Wie buchen Sie in der DM-Buchhaltung?

3.3 Wie lautet die Buchung in der Währungsbuchhaltung

3.4. Wie bucht der Kunde den Geldeingang, wenn es sich um eine Exportlieferung handelte.

4. Unsere Kunden haben an Geldausgabeautomaten fremder Kreditinstitute 4.200,00 € abgehoben, Gebühren 40,00 €.

5. Wir haben eine Forderung an den Kunden Müller in Höhe von 50.000,00 €, für die wir im Vorjahr eine Einzelwertberichtigung über 10.000,00 € gebildet hatten. Die Vermögensverhältnisse des Kunden haben sich weiter verschlechtert und wir können unsere Forderung an ihn nur noch mit 30 % bewerten.

6 Eine Korrespondenzbank hatte am 17.12. bei uns 1.800.000,00 EUR für einen Monat zu 3,5 % p.a. Zinsen aufgenommen (act/360). Buchung am 31.12..

7. Wir hatten Wert 30.11. Sparbriefe (abgezinster Typ) über nom. 5.000,00 € zu 4.240,00 € verkauft. Der Zinsanteil, der auf das laufende Jahr entfällt, beträgt 15,00 €.

8. Wir hatten Wert 30.10. für einen Kunden ein Zollaval in Höhe von 30.000,00 € für drei Monate übernommen. Die Avalprovision wurde mit 75,00 € berechnet. (Buchung am 31.12.)

9. Wie werden Eigene Avale bei der Bilanzierung behandelt (Begründung)?

10. Wie werden von Kunden eingereichte Schecks buchhalterisch behandelt, die sich am Jahresende noch im Bestand des Kreditinstituts befinden?

11. Wodurch können in der Bilanz eines Kreditinstituts stille Reserven entstehen? (2 Beispiele)

12. Die Immobilien-Abteilung Ihrer Bank vermittelt einem Kunden den Kauf einer Eigentumswohnung. Sie berechnet für ihre Vermittlung eine Maklerprovision von 3 % zuzüglich 16 % Umsatzsteuer. Der Kunde muss insgesamt an den Verkäufer und an die Bank 349.557,55 € bezahlen. Wie hoch war der Kaufpreis der Wohnung?

13. Ein Geschäftsmann reicht Ihrer Bank einen Auslandsscheck über FRF 86.500 zur Gutschrift auf sein Konto ein. Die Bank rechnet zum Sichtkurs ab und berechnet als Sichtkursaufschlag 1,5‰; Kurse FRF 6,55957; DM 1,95583
Abwicklungsgebühr 0,15 %, Maklergebühr 0,25 ‰
Erstellen Sie die Abrechnung der Bank für den Kunden in DM.
Buchen Sie die DM-Gutschrift, den Einzug des Gegenwertes in EUR; verwenden Sie das EUR-Rundungskonto.

14. Aufgabe Effekten (Gegenstand der SWL-Prüfung)

Ein Kunde hat auf seinem Konto 77.350,00 € zur Verfügung. Er möchte möglichst den gesamten Betrag am Freitag, dem 20.März (Schlusstag) in folgender Obligation anlegen: 8 1/8 % Bayer.Vereinsbank von 92-02, die Zinszahlung erfolgt mit Wert 15.Mai ganzjährig, Kurs 110,50 Stückelung 100 € nominal. Die Bank berechnet beim Kauf 0,5 % Provision und 0,7 ‰ Maklergebühr jeweils vom Kurswert. Wieviel Obligationen nominal können Sie für den Kunden kaufen? Erstellen Sie die Abrechnung. (act/360)

15. Aufgabe Wertpapierrendite (Gegenstand der SWL-Prüfung)

Ein Kunde verkaufte Wert 25.März 1999 175 Stück Stahlaktien zum Kurs von 134,08 € pro Stück, die er Wert 19.Juni 1995 zum Kurs von 492,60 € pro 50-€-Aktie (35 Aktien) gekauft hatte. Zum 1.1.99 wurde der Nennwert pro Aktie so geändert, dass die Stückzahl 175 beträgt. In den Anlagezeitraum fiel eine Kapitalerhöhung im Bezugsverhältnis von 5 : 1, die er aber nicht ausnutzte. Seine Bezugsrechte verkaufte er zu einem Kurs von 11,30 €/St.. Während der Anlagedauer wurden zweimal 8,00 €/St. und zweimal 10 €/St. Bardividende von der Gesellschaft gezahlt. An Depotgebühren fielen insgesamt 86,50 € an.
Wie hat sich die Anlage vor Steuern rentiert, wenn für alle Effektenumsätze jeweils 0,86 % Spesen, mindestens aber 30 € pro Umsatz anfielen?

Prüfungsaufgabe Rechnungswesen 2

1. Vom Kassenverein ging auf Kuponzwischenkonto eine Dividendengutschrift für Kunden ein über 2.625,00 €. Die Bank schreibt jetzt auf Spareinlagen gut. Freistellungsaufträge liegen vor.
2. Die Kundin Klara Nau nimmt zum 01.04.einen Anschaffungskredit auf.
   Kreditbetrag 15.000,00 €,
   0,6 % Zinsen p.M., Laufzeit 24 Monate; 2 % Bearbeitungsgebühr
   Stellen Sie die Kreditvergabe rechnerisch dar.
   Buchen Sie die Auszahlung des Kredits über KKK.
   Grenzen Sie am Jahresende Zinserträge und Provisionserträge ab.
3. Kontokorrentforderungen von 320.000,00 € sind zweifelhaft geworden. Der voraussichtliche Forderungseingang beträgt 40%.
4. Die Reparatur an den sanitären Anlagen im Bankgebäude ist noch nicht beendet. Die voraussichtlichen Kosten belaufen sich auf 9.200,00 €.
5. Erläutern Sie, was ein gemischtes Konto ist. Geben Sie drei Beispiele.
6. Erklären Sie Grundbuch, Hauptbuch und Nebenbücher.
7. Welchen Zweck verfolgen die depotführenden Kreditinstitute mit der Anlage von Stückzinsdateien?
8. Wie verbinden die Kreditinstitute die Fremdwährungsbuchführung mit der €-Buchführung?
9. Die Zahlungsbedingungen bei einem Warenverkauf lauten: "Ziel 30 Tage, bei Zahlung innerhalb 10 Tagen 2 % Skonto."
   Der Schuldner einer Rechnung über 9.600,00 € kann das Skontoangebot nur ausnutzen, wenn er seinen Kontokorrentkredit bei der Bank beansprucht. Die

Bank berechnet zur Zeit 10 % p.a. Zinsen für den in Anspruch genommenen Kredit.

9.1 Lohnt sich die Kreditbeanspruchung für den Schuldner und wieviel € beträgt die Differenz zwischen Bankzinsen und Skontoabzug?

9.2 Wieviel % p.a. Vor- oder Nachteil entspricht das Skontoangebot gegenüber dem Zinsfuß der Bank?

9.3 Wie bucht der Unternehmer den Warenverkauf und die Zahlung per Bank? (Skonto kann hier unberücksichtigt bleiben)

9.4. Wie bucht die Bank diesen Vorgang in EUR zu Lasten KKK; Verrechnungsweg sei die Zentrale

10. Aufgabe Wertpapierrechnen (Gegenstand der SWL-Prüfung)

Wert 18.04.96 kaufte ein Kunde 75 Stück einer Aktie zum Kurs von 253,00 € pro Stück. Der Nennwert der Aktie betrug 50,00 €. Im Oktober 97 führte die AG eine Kapitalerhöhung gegen Einlagen durch. Dabei wurde das Grundkapital um 10 Mio.€ auf 60 Mio.€ erhöht. Der Emmissionskurs betrug 220,00 € bei einem Börsenkurs von 280,00 € am Tag vor dem 1. Bezugsrechtshandelstag. Der Kunde verkauft alle seine Bezugsrechte zum rechnerischen Wert der Bezugsrechte. Jeweils im Mai 96 und 97 wurde eine Bardividende von 5,00 € pro Stück gezahlt, 98 und 99 je 4,00 € pro Stück. Die Körperschaftsteuer beträgt 30 %.
Wert 10.01.00 wurden die Aktien zum Kurs von 291,50 € pro Stück verkauft. Die Bank berechnet jeweils Kosten von 0,86 % vom Kurswert für jeden Börsenauftrag. Berechnen Sie die Effektivverzinsung vor Steuern der Wertpapieranlage für die Anlagedauer.

11. Aufgabe Kreditrechnen (Gegenstand der SWL-Prüfung)

Ein Kunde unserer Bank erhält ein Anschaffungsdarlehen über 30.000,00 € zu 0,39% p.M. und 2% Bearbeitungsgebühr, Laufzeit 48 Monate. Der Kunde hat ein frei verfügbares Nettoeinkommen von 2.500,00 € monatlich, ist Alleinverdiener, verheiratet und hat 2 minderjährige Kinder, die zur Schule gehen. Als Grund für die Kreditaufnahme nennt der Kunde einen USA-Aufenthalt der ganzen Familie in den bevorstehenden Sommerferien.

1. Berechnen Sie die monatliche Belastung, die Effektivverzinsung (Näherungsformel). Ist die Kreditgewährung zu verantworten? Begründung!
2. Wieviel Nennwert (in €) festverzinsliche Wertpapiere müsste der Kunde bei einem Kurs von 104% und bei 80%iger Beleihung für diesen Kredit im Depot haben?

Prüfungsaufgabe Rechnungswesen 3

Im Edelmetallgeschäft sind folgende Umsätze zu buchen. Falls erforderlich rechnen Sie mit 16 % USt.

1.1 Ihre Bank verkauft am Schalter gegen bar an einen Geschäftskunden fünf Goldbarren zu je 100 g. Preis je Barren: 1.980 DM.

1.2 Verkauf einer Silbermünze (Sammlerstück) an einen Privatkunden zu 265 DM. Der Gegenwert wird dem KK-Konto des Kunden belastet.

2 Ihre Bank kauft für den eigenen Bestand nom. 100.000 € 6 % Bundesanleihen zum Kurs von 99,6 %. Stückzinsen: 2.500 €. Verrechnung über LBZ-Giro. Die Maklergebühr beträgt 75 €. Sie wird erst am Ende des Monats abgeführt.

3 Beim Kassenverein werden Zins- und Dividendenscheine getrennt. Der Solidaritätszuschlag bleibt unberücksichtigt.

3.1 Über das LZB-Konto geht der Gegenwert für getrennte Zins- und Dividendenscheine in Höhe von 27.125 € ein.

3.2 14.000 € Zinsen betreffen Kundenpapiere. Freistellungsaufträge liegen nicht vor bzw. sind bereits ausgeschöpft, ebenso liegen keine NV-Bescheinigungen vor.

3.3 13.125 € Dividenden betreffen Aktien des eigenen Bestands der Bank.

4 Am 01.07. wird einem Kunden ein grundpfandrechtlich gesichertes Darlehen auf dem Kontokorrentkonto bereitgestellt.

Darlehensbedingungen:
- Darlehen: 140.000 €
- Auszahlung: 96%

5 Für vermietete Geschäftsräume gingen am 1. Dezember 5.400 € für ein Vierteljahr im voraus ein.

6 Die Jahresinspektion für den Firmen-PKW wurde Ende Dezember durchgeführt. Der Rechnungseingang erfolgt Anfang Januar des nächsten Jahres. Der Kostenvoranschlag lautet auf 1.800 € zuzüglich 288 € Umsatzsteuer.

7 Die Konten Vorsteuer und Umsatzsteuer weisen am Jahresende folgende Summen aus:

Konto Umsatzsteuer:	Soll 1.727 €	Haben 75.353 €
Konto Vorsteuer:	Soll 40.319 €	Haben 3.905 €

Schließen Sie die Konten ab.

8 Unsere Forderung aus einem Kontokorrentkredit gegenüber Firma A. Huber GmbH beträgt 203.000 DM. Im laufenden Geschäftsjahr wurde eine Einzelwertberichtigung in Höhe von 120.000 DM gebildet. Das Konkursverfahren wird mangels Masse Ende Dezember eingestellt.

9 Die Avalkonten werden am 31.12. kompensiert. Erläutern und begründen Sie diese Bilanzierungsvorschrift.

10 Beurteilen Sie die Auswirkung folgender Steuern auf den Unternehmenserfolg des Kreditinstituts:
Grunderwerbssteuer für ein neues unbebautes Grundstück
Umsatzsteuer auf ein Kopiergerät, das je zur Hälfte in der Kreditabteilung und im Depot- und Schließfachbereich genutzt wird.

11.1 Für die im letzten Monat stattgefundene Weltsparwoche waren in Ihrem Institut acht Mitarbeiter bei sechsstündiger täglicher Arbeitszeit für die Weltsparwoche (5 Tage) eingeplant.
Nach einem Tag wurden zwei Mitarbeiter krank. Wieviel Überstunden pro Tag mussten die verbleibenden Mitarbeiter leisten um den konstant gebliebenen Kundenandrang zu bewältigen?

11.2 Ein Vermögensberater hat acht Jahre lang das Vermögen seines Kunden Müller verwaltet. Nach genau acht Jahren benötigt Herr Müller das Guthaben für seinen Hausbau. Wie hoch war das Guthaben zu Beginn der Vermögensverwaltung, wenn es sich jährlich um 5 % vermehrt hat und Herr Müller jetzt 155.132,82 DM ausbezahlt bekommt?

11.3 Ihr Kreditinstitut gibt zur Zeit abgezinste Sparbriefe (nom. 1.000,00 DM) zu 800,00 DM aus. Die Rückzahlung erfolgt nach vier Jahren. Ein sehr an diesem Produkt interessierter Kunde möchte die Effektivverzinsung dieser Anlage wissen (Zinseszinsen und evtl. Kosten bleiben unberücksichtigt).

12. Michael Vogt eröffnete am 15.02.99 bei Ihrer Bank ein Sparkonto über 20.000,00 DM zu folgenden Bedingungen: vereinbarte Kündigungsfrist 1 Jahr vereinbarte Kündigungssperrfrist 6 Monate; Da 1999 keine weiteren Umsätze stattfanden, hat Ihre Bank Herrn Vogt für 1999 Zinsen in Höhe von 550,00 DM gutgeschrieben. 2000 fanden folgende Bewegungen auf dem Konto statt:

Wert 15.01. Abhebung	1.000,00 DM	ohne Ankündigung
Wert 20.05. Einzahlung	10.000,00 DM	
Wert 20.07. Abhebung	23.000,00 DM	gekündigt am 20.06.98
Wert 18.08. Abhebung	4.851,35 DM	ohne Kündigung

Rechnen Sie das Konto zum 31.12.2000 unter Einbeziehung der üblichen Vorschusszinsen ab. Zinssatz 2000: 4 %.

Prüfungsaufgabe Rechnungswesen 4

1 Die Gewerbesteuer des Vorjahres, für die wir eine Rückstellung von 24.000,00 € gebildet hatten, beläuft sich laut Bescheid des Finanzamtes, das unser Kunde ist, auf 27.800,00 €.

2 Ihr Kreditinstitut kauft von einer Korrespondenzbank 15 Silberbarren je 1 kg zum Stückpreis von 280,00 DM + 16 % MWSt.

3.1 Wir erhalten einen dem Kunden noch nicht gutgeschriebenen direkt versandten Scheck über 12.420,00 DM von der LBZ mit 10,00 DM Spesen der bezogenen Bank zurück.

3.2 Wir geben den Scheck mit 15,00 DM eigenen Spesen an unseren Kunden weiter.

4 Vierteljahresabschlussrechnung für einen Kontokorrentkunden:

Sollzinsen	254,68 DM
Habenzinsen	17,37 DM
Überziehungsprovision	85,53 DM
Kontoführungsgebühren	15,00 DM
Porto und Spesen	9,90 DM

5.1 Als Dividendengutschrift gehen 5.650,00 € über LZB ein.

5.2 Von dieser Gutschrift sind 2.500,00 € für KK-Kunden ohne Freistellungsauftrag, der Rest steht Ihrem Kreditinstitut aus eigenen Wertpapierbeständen zu. Der Solidaritätszuschlag bleibt unberücksichtigt.

6 Ein vierjähriges Darlehen über 65.000,00 DM wurde am 02.01. zu 95 % ausgezahlt. Holen Sie die dabei nicht erfolgte Abgrenzung des Disagios nach.

7 In den Wertpapieren des Handelsbestandes befinden sich am 31.12. 7%ige Pfandbriefe M/N Nennwert von 900.000,00 €. Der Buchwert der Papiere ist 877.500,00 €, der Börsenkurs am Bilanzstichtag 96 %. Welche vorbereitenden Abschlussbuchungen sind noch durchzuführen

8 Der noch nicht fällige Bonus für unsere Bonussparverträge beläuft sich auf 74.515,00 DM.

9 Erläutern Sie Unterschiede bei der buchhalterischen Erfassung der Geschäftsfälle im Grund-,Haupt- und Nebenbuch.

10.1 Was sind geringwertige Wirtschaftsgüter?

10.2 Wie können sie im Jahresabschluss bewertet werden?

11 Für ein Annuitäten-Darlehen war im 1. Jahr eine Annuität von 45.000,00 € fällig; die Zinsbelastung des 1. Jahres betrug 35.000,00 €.
Wie hoch ist die Tilgung des 2. Jahres, wenn die Darlehensschuld zu Beginn des 2. Jahres 490.000,00 € beträgt?

12 Erstellen Sie die Zinsstaffel zum 31.12. mit Ausweis der für die Zinsberechnung notwendigen Zinszahlensummen. Umsätze bis 31.12.

Wert	Umsätze
30.09.	S 4.510,00
20.11.	S 3.421,00
15.11.	H 3.826,00
17.11.	H 2.357,00
02.01. n.J.	H 3.041,00

Wechsel des Sollzinses Wert 16.11., Habenzinsen bleiben unverändert.

13 Aufgabe Kreditrechnen (Gegenstand der SWL-Prüfung).

Ein Kunde benötigt zur Aufstockung seiner Lagerbestände 400.000,00 DM. Für die Zeit vom 10.04.1997 bis 31.10.1997 stehen ihm folgende Kredite zur Verfügung:
Kredit 1:180.000,00 DM zu 8 % Kreditgebühr 0,5 % , Auszahlung 100 %
Kredit 2:110.000,00 DM zu 7,5 %, keine Kreditgebühr, Auszahlung 100 %
Zur Abdeckung des restlichen Kapitalbedarfs macht ihm seine Hausbank folgendes Angebot: Kredit 3: Auszahlung 100 %
Welchen Zinssatz kann der Kunde höchstens akzeptieren, wenn er eine Gesamtbelastung von max. 17.850,00 DM für alle drei Kredite anstrebt?

14 Aufgabe Wertpapierrechnen (Gegenstand der SWL-Prüfung).

Ein Kunde erwarb eine 7 % Industrie-Obligation zum Kurs von 106 %. Anstelle dieser Papiere sollen Aktien der SES AG im Nennwert von 5,00 €, deren Kurs 82 beträgt, erworben werden. Welche Dividende müssen diese Aktien erbringen, um eine effektive Verzinsung wie vorher zu erzielen?

15 Aufgabe Wertpapierrechnen (Gegenstand der SWL-Prüfung).

15.1 Ein Bankkunde kauft Wert 04.11.99, 10.000,00 €, 6 % Anl. Münchner Hypo, F/A zu103,50 %. Die Kaufspesen betragen 60,00 €. Die Anleihe wird in zehn gleichen Jahresraten durch Auslosung mit 100 % zurückgezahlt. Der erste Rückzahlungstermin ist der 01.08.2005. Der Bankkunde bittet Sie um Berechnung der günstigsten Rendite vor Steuern.

15.2 Unser Kunde erwirbt 12.000,00 € nom., 7 % Bundesanleihe v. 91(01), 1.7. ganzjährig, Kurs104,50. Die Spesen beim Kauf betragen: Prov. 0,5 % v. KW, Courtage 0,75 ‰ v. NW. Seinem Konto werden 12.915,03 € belastet. Berechnen Sie den Schlusstag, wenn der Tag der Zinsvaluta ein Sonntag war.

Prüfungsaufgabe Rechnungswesen 5

1 Festgeld-Anlagedauer: 6 Monate; Zinssatz: 3 %

1.1 Ein KK-Kunde lässt 70.000,00 DM auf ein Festgeldkonto übertragen.

1.2 Nach Ablauf der sechs Monate wird das Festgeld zu den ursprünglichen Konditionen verlängert. Die fälligen Zinsen werden dem KK-Konto gutgeschrieben.

2 Ein Kunde reicht am Schalter fällige Zinsscheine im Wert von 8.400,00 DM zur Gutschrift auf sein Sparkonto ein.

3 An der Börse kauft Ihre Bank für den eigenen Bestand nom. 1.000.000,00 € 6 % Industrieobligationen. Die Verrechnung erfolgt über Bankenkontokorrent.

Kurswert	1.010.000,00 €
+ Stückzinsen	10.000,00 €
ausmachender Betrag	1.020.000,00 €
Maklergebühr	800,00 €

4 Von unserer Korrespondenzbank in New York erhalten wir eine Gutschriftanzeige über 34.000,00 US $ zugunsten eines Kunden. Dieser wünscht Gutschrift in DM auf sein laufendes Konto.
Kurs: 1 US $ = 1,7604
Abwicklungsgebühr: 90,00 DM; Courtage 15,00 DM; Spesen 10,00 DM
Buchen Sie in DM und in Fremdwährung.

5 Ihre Bank stundet einem Darlehensnehmer die am 31.12. fälligen Zinsen über 18.000,00 DM bis zum 20.02. des nächsten Jahres.

6 Ihre Bank kaufte am 17.04. des letzten Jahres einen PC zum Preis von 6.400,00 DM zuzüglich 16 % MwSt. für den Schalterbereich; Nutzungsdauer: 4 Jahre. Buchen Sie die lineare Abschreibung für das laufende Geschäftsjahr.

7 Die Konten Vorsteuer und Umsatzsteuer weisen folgende Salden auf: Vorsteuer im Soll 10.500,00 DM; Umsatzsteuer im Haben 13.875,00 DM. Schließen Sie die Konten ab.

8 Das Sortenkonto weist folgende Umsätze einschließlich Anfangsbestand aus: Soll 280.600,00 DM; Haben 310.300,00 DM. Der Inventurbestand beträgt 26.700,00 DM.

9 Geben Sie ein Beispiel für einen Aktivtausch an und erklären Sie die Auswirkung auf die Bilanzsumme.

10 In welchem Fall werden Einzelwertberichtigungen auf Forderungen gebildet? Wie folgt die bilanzielle Behandlung der EWB.

11 Aus welchem Grund werden Avalkredite "unter dem Strich" der Bilanz ausgewiesen?

12 Aufgabe Zinsrechnen (Gegenstand der Prüfung in RW)

12.1 Ein Kreditinstitut hat bei der Bundesbank einen Refinanzierungskredit von 1.800.000,00 € vom 26.08. bis 02.09. aufgenommen. Bei der Rückzahlung werden 1.487,50 € Zinsen berechnet. Wie hoch ist der Refinanzierungssatz?

12.2 Ein Handelsunternehmen erhält die folgende Rechnung:
"Rechnungsbetrag 650.000,00 €, zahlbar mit 1,5 % Skonto innerhalb von 14 Tagen, 45 Tage netto".
Um das Skonto auszunutzen, müsste das Unternehmen auf einen Bankkredit zurückgreifen, für den zur Zeit 8,5 % p. a. Zins berechnet werden.
12.2.1 Ist die Kreditaufnahme für das Unternehmen vorteilhaft? Die Berechnung ist in € vorzunehmen.
12.2.2 Welchem Jahreszinssatz entspricht der Skontosatz?

13 Aufgabe Sparkontenrechnen (Gegenstand der Prüfung in RW)

Schließen Sie folgendes Sparkonto mit einjähriger Kündigungsfrist und vereinbarter sechsmonatiger Kündigungssperrfrist zum 31.08.1999 ab. Die Kundin hebt an diesem Tag das gesamte Guthaben ohne vorherige Kündigung ab und lässt das Konto auflösen.
Berechnen Sie den Auszahlungsbetrag unter Berücksichtigung der üblichen Vorschusszinsen. Eine Freistellung von der ZASt ist nicht gegeben.
Das Konto wurde am 30.06.1998 mit einer Einzahlung von 12.000,00 DM eröffnet. Zinsen bis 30.04.1999 4,5 %, dann 4 %.
Das Sparkonto weist für 1999 folgende Umsätze auf:

Wert 31.12.1998	Saldovortrag	12.270,00 DM, (enthält 270,00 DM Zins)
Wert 20.01.1999	Abhebung	2.270,00 DM, ohne Kündigung
Wert 10.05.1999	Einzahlung	5.000,00 DM
Wert 15.07.1999	Abhebung	3.000,00 DM, gekündigt am 15.03.1999
Wert 30.07.1999	Einzahlung	2.000,00 DM

14 Aufgabe Effektenrechnen ((Gegenstand der SWL-Prüfung).

14.1 Eine AG erhöht das Grundkapital zunächst durch Ausgabe von Berichtigungsaktien um 30 Mio €
auf 270 Mio €. Danach erfolgt eine weitere Kapitalerhöhung durch Einlage auf 378 Mio €.

14.1.1 In welchem Verhältnis wurde jeweils das Kapital erhöht?

14.1.2 Ein Aktionär beteiligte sich an beiden Kapitalerhöhungen. Danach betrug sein Aktienbestand 1.512 Stück Aktien. Wie hoch war sein anfänglicher Aktienbestand?

14.2 Ein Kreditinstitut erteilte einem Depotkunden im Juni 1998 eine Dividendengutschrift von 3.710,70 € für 2.400 Stück Chemieaktien. Ein Freistellungsauftrag lag nicht vor. Welchen Betrag muss der Kunde versteuern?

Prüfungsaufgabe Rechnungswesen 6

1 Ein Kreditinstitut kauft am 08. 09. des Jahres ein Geschäftsfahrzeug für den täglichen Botendienst zwischen den Zweigstellen. Der Kaufpreis beträgt 62.500,00 DM zuzüglich 16 % Umsatzsteuer.

1.1 Der Kaufpreis wird einem Kontokorrentkunden gutgeschrieben.

1.2 Die Kfz-Versicherung in Höhe von 1.860,00 DM und die Kfz-Steuer in Höhe von 422,00 DM Wird über LZB überwiesen.

2 Am 10. des Monats sind die Gehälter für unsere Angestellten zu überweisen:

2.1 Die Grundgehälter betragen zusammen 194.230,00 DM.
Vermögenswirksame Leistungen in Höhe von 1.638,00 DM werden in voller Höhe tariflich geleistet. Die Abzüge für Einkommen- und Kirchensteuer betragen 40.580,00 DM, für die Sozialversicherungsbeiträge sind 37.890,00 DM einzubehalten, der Arbeitgeberanteil zur Sozialversicherung ist in derselben Höhe zu entrichten, Fahrtkosten in Höhe von 490,00 DM werden vergütet.
Buchen Sie die Gehaltszahlungen über die Girokonten.

2.2 Überweisen Sie die einbehaltenen vermögenswirksamen Leistungen an die "Bauspar-AG" über Zentrale.

3 Unser Kontokorrent-Kunde kauft am 17. 04. des Jahres nominal 40.000,00 € 6,5 %-ige Rente zum Kurs 119 % und erhält folgende Kundenabrechnung:

Kurswert	47.600,00 €
+ Stückzinsen	769,32 €
Ausmachender Betrag	48.369,32 €
* 0,5 % Provision	238,00 €
* 0,75 %o Maklerciebühr	30,00 €
Belastung Wert 19. 04.	48.637,32 €

3.1 Buchen Sie das Händlergeschäft, Ausführung über Korrespondenzbank.

3.2 Buchen Sie das Kundengeschäft.

4 Beim Kassenabschluss liegen Ihnen folgende Zahlen vor:

Anfangsbestand	44.566,00 DM
Einzahlungen	40.890,00 DM
Auszahlungen	65.970,00 DM
Inventurbestand	19.496,00 DM

Buchen Sie die Kassendifferenz.

5 Die Bank erhält vom Kassenverein (Korrespondenzbank) die Zinsgutschriften für nominal 1.900.000,00 €; 4,5 % Rentenpapiere. Nominal 1.200.000,00 € der Effekten gehören der Bank, nominal 600.000,00 € gehören Spar-Kunden mit ausreichendem Freistellungsauftrag, der Rest gehört Kontokorrent-Kunden, deren Freistellungsaufträge bereits ausgeschöpft sind. Der Solidaritätszuschlag bleibt unberücksichtigt.

5.1 Buchen Sie den Zahlungseingang.

5.2 Buchen Sie die Weiterleitung der Beträge.

6 Buchen Sie die Abschreibung zu Geschäftsvorfall 1 bei degressiver Abschreibung und höchstmöglichem Abschreibungssatz bei sechsjähriger Nutzungsdauer.

7 Unsere Forderungen an einen Kunden in Höhe von 112.000,00 DM hatten wir nach der Eröffnung des Insolvenzverfahrens im Vorjahr mit 20 Prozent bewertet.
Schließen Sie das laufende Konto, wenn uns mitgeteilt wurde, dass der Insolvenzantrag nun mangels Masse abgelehnt wurde (Zinsen und Gebühren unberücksichtigt).

8 Erklären Sie, wie aufgelaufene Stückzinsen für Rentenpapiere, die sich im Bestand des Kreditinstituts befinden, am 31. 12. zu behandeln sind.

9 Stellen Sie den Unterschied zwischen offenen Rücklagen und Rückstellungen dar

10. Aufgabe Zinsrechnen (Gegenstand der Prüfung in RW)

10.1 Ein langfristiges Darlehen von 120.000,00 € wird mit 6 % p.a. verzinst. Der Kunde tilgt das Darlehen mit gleichbleibenden Annuitäten bei einer jährlichen Tilgungsrate von 2 % zuzüglich ersparter Zinsen.
Stellen Sie den Tilgungsplan für die ersten drei Jahre auf.

10.2 Am 30. 05. gewährt eine Bank einen Kleinkredit über 5.000,00 €, der in zehn Raten ab 30. 06. einschließlich 0,6 % Zinsen pro Monat und 2 % Bearbeitungsgebühr zurückzuzahlen ist.

10.2.1 Wie viel muss der Kunde über den Schuldbetrag von 5.000,00 € hinaus zurückzahlen?

10.2.2 Wie hoch sind die einzelnen Tilgungsraten?

11 Aufgabe Kontokorrentrechnen (Gegenstand der SWL-Prüfung).

Für das Kontokorrentkonto eines Privatkunden, das am 01.04. eröffnet wurde, ist eine Abrechnung zum 30. 06. zu erstellen.
Kreditlinie ab Wert 18. 05. 6.000,00 DM
Zinssätze: Haben bis 15. 05. 0,75 %, danach 0,5; eingeräumterOberziehungskredit 10%, geduldete Überziehung 14 %.

Buchungstag	Wert	Soll	Haben
01.04.	01.04.		1.000,00
29.04.	30.04.		4.190,60
14.05.	14.05.	1.415,20	
18.05.	19.05.	7.922,70	
29.06.	02.07.	2.852,70	
30.06.	05.07.		2.000,00

12 Aufgabe Wertpapierrechnen (Gegenstand der SWL-Prüfung)

Das Grundkapital einer AG wird um 700 Mio. € auf 2.940 Mio. € erhöht. Ein Bankenkonsortium übernimmt 60 Mio. €. Den alten Aktionären sollen die restlichen jungen Aktien, die ab 01.05. dividendenberechtigt sind, zum Preis von 300,00 €/Stück angeboten werden. Das Geschäftsjahr ist gleich dem Kalenderjahr. Für das laufende Geschäftsjahr werden 9,00 € Dividende/Stück erwartet. Der Kurs der alten Aktien beträgt 620,00 €/Stück.

12.1 Wie hoch ist der innere Wert des Bezugsrechtesi

12.2 Erstellen Sie die Abrechnung für einen Kunden Schluss 16. 04., der sich durch unsere Bank 40 Bezugsrechte bei einem Börsenkurs des Bezugsrechts von 75,00 €/Stück beschaffen lässt (Provision 1 %, Maklergebühr 0,8 ‰, jeweils vom Kurswert

8 Bankrechnen

8.1 Dreisatzrechnen

Stofftelegramm

Dreisatz mit geradem Verhältnis

5 Angestellte bearbeiten 1500 Freistellungsaufträge
8 Angestellte bearbeiten x

Fragestellung ist: **mehr - mehr**

$$X = \frac{1500 * 8}{5} = 2400 \text{ Anträge}$$

Dreisatz mit ungeradem Verhältnis

5 Angestellte benötigen zur Bearbeitung 18 Tage
8 Angestellte benötigen zur Bearbeitung x Tage

$$X = \frac{18 * 5}{8} = 11{,}25 \text{ Tage}$$

Fragestellung ist:
weniger - mehr
mehr - weniger

Zusammengesetzter Dreisatz mit geraden Verhältnissen (Kettensatz)

Kauf von 800 Aktien zu je 150 CHF; wieviel € sind bei einem Wechselkurs von 1,5724 CHF/€ zu bezahlen?

X €	für	800 Aktien
1 Aktie	für	150 CHF
1,5724 CHF	für	1 €

$$X = \frac{800 * 150 * 1}{1{,}5724} = 76.316{,}46 \text{EURO}$$

Zusammengesetzter Dreisatz mit ungeraden und geraden Verhältnissen

5 Angestellte benötigen zur Bearbeitung von 1500 Anträgen 18 Tage.
8 Angestellte benötigen zur Bearbeitung von 3000 Anträgen x Tage.

$$X = \frac{18 * 3000 * 5}{1500 * 8} = 22{,}5 \text{ Tage}$$

Hilfe zur Lösung:
Hätten wir nur einen Antrag zu bearbeiten, benötigten wir rechnerisch 1500 mal weniger Angestellte; bei 3000 dagegen 3000 mal mehr. Stünde nur ein Angestellter zur Verfügung, benötigten wir 5 mal mehr Zeit; bei 8 Angestellten dagegen 8 mal weniger (mehr steht für den Zähler; weniger für den Nenner).

8.2 Prozent- und Promillerechnen

Stofftelegramm

Prozentrechnung vom Hundert

$$\text{Prozentwert(w)} = \frac{\text{Prozentsatz(p)} * \text{Grundwert(G)}}{100} = \text{Prozentsatz} * 1\%\text{Grundwert}$$

$$\text{Prozentsatz(p)} = \frac{\text{Prozentwert(w)} * 100}{\text{Grundwert(G)}} = \text{Prozentwert} \;/\; 1\%\text{Grundwert}$$

$$\text{Grundwert(G)} = \frac{\text{Prozentwert(w)} * 100}{\text{Prozentsatz(p)}}$$

Prozentrechnung vom vermehrten und verminderten Wert

Ein Angestellter erhält nach einer 4%igen Gehaltserhöhung 6 032,00 € netto. Die Abzüge von seinem Bruttogehalt betragen insgesamt 40%.
a) Wie hoch war sein Nettogehalt vor der Erhöhung?
b) Wie hoch sind Bruttogehalt und Abzüge nach der Erhöhung?

Lösungen über das Dreisatzrechnen:

104% sind 6 032 €
100% sind X €

$$\frac{6032 * 100}{104} = 5800 \text{ EUR}$$

$$\text{Grundwert(G)} = \frac{\text{vermehrter G} * 100}{\text{vermehrter G in \%}} = 1\%\text{vermehrter G} * 100$$

60% sind 6 032 €
100% sind X €

$$\frac{6032 * 100}{60} = 10.053{,}33 \text{ EUR}$$

$$\text{Grundwert(G)} = \frac{\text{verminderter G} * 100}{\text{verminderter G in \%}} = 1\%\text{verminderter G} * 100$$

Die Formeln für die Prozentrechnung gelten auch für die Promillerechnung. Die Bezugsgröße 100 wird durch die Bezugsgröße 1000 ersetzt.

Aufgaben

1. Die Ausbildung von 8 Lehrlingen verursacht in diesem Jahr 94.000,00 € Kosten. Auf wieviel € steigen die Kosten, wenn 5 Lehrlinge mehr ausgebildet werden?
2. Ein Ladengeschäft mit 235 qm Verkaufsfläche hatte im vergangenen Jahr einen Umsatz von 4.404.600,00 €. Nach Umbau und Modernisierung ist die Verkaufsfläche auf 292 qm erweitert worden. Um wieviel € müsste der Umsatz steigen, wenn der Erlös pro qm gehalten werden soll?
3. Mit 5 Beleglesern können in 5 Tagen bei 7 Std. Laufzeit 4,2 Mio Belege gelesen werden.
   3.1. Wieviel Belege schaffen 6 Leser in 3 Tagen bei 16 Std. Laufzeit pro Tag?
   3.2. Wieviel Std. täglich müssten 10 Leser laufen, um in 7 Wochentagen 6 Mio Belege zu lesen.
4. Ein Kaufhaus sendet 380 Handtücher zu 4,10 € je Stück an den Hersteller zurück, da die Ware fehlerhaft ist. Als Ersatzlieferung kommt ein Sonderposten zu je 4,75 € in Frage. Wieviel Stück kann das Kaufhaus für denselben Rechnungsbetrag beziehen?
5. Herr Klein hat bei seiner Bank ein Darlehen aufgenommen und durch Hinterlegung von 36 Goldbarren zu je 100 g gesichert. Der Wert des Goldes sinkt um 2/11. Wieviel Goldbarren muss Klein nachliefern?
6. Der Umsatz einer Sparkasse, die 2.400 Angestellte beschäftigt, beträgt 200 Mrd. €. Um einen Umsatz von 250 Mrd. € zu bewältigen sollen zusätzliche Mitarbeiter eingestellt werden. Gleichzeitig wird die Effektivität der Arbeit um 20 % erhöht. Personalbedarf?
7. Die Miete einer Wohnung stieg 1998 um 25 %; ab 1999 verrechnete der Vermieter die Nebenkosten getrennt, so dass die Miete abermals um 5% teurer wird. 2000 schlägt der Vermieter erneut mit 16 2/3 % Erhöhung zu. Der Mieter zahlt jetzt 2 100,00 €. Miete 1998?
8. Der Gewinn eines Unternehmens sank im Vorjahr um 8 %, nachdem vor zwei Jahren eine Zunahme von 4 % zu verzeichnen war. Wieviel € betrugen der ursprüngliche Gewinn und die einzelnen Gewinnänderungen, wenn in diesem Jahr 162.080,00 € Gewinn erzielt wurde?
9. Der Umsatz hat sich im Geschäftsjahr 1998/99 um 7 % auf 3.745.000,00 € erhöht. Wie hoch war der Umsatz im Geschäftsjahr 1997/98?
10. Die Prämie für die Kraftfahrzeugversicherung kann wahlweise jährlich, vierteljährlich und monatlich bezahlt werden.
    10.1 Eine Vierteljahresprämie beträgt einschließlich Aufschlag 87,78 €. Wie hoch ist die Versicherungsprämie bei jährlicher Zahlung?
    10.2 Wieviel % beträgt der Aufschlag, wenn bei monatlicher Zahlung jeweils 29,68 € zu entrichten sind?
11. Ein Haushaltsgerätewerk brachte 1998 ein neu entwickeltes Gerät zu einem günstigen Einführungspreis auf den Markt. Ein Jahr später konnte der Preis wegen der gestiegenen Nachfrage um 10 % erhöht werden. Im Februar 2000 musste der Preis aber wieder um 5 % gesenkt werden und betrug dann noch 376,20 €, da die Konkurrenz ein ähnliches Modell einführte. Wie hoch war der Einführungspreis?
12. Der Preis für einen Rohstoff sank vor einem halben Jahr um 30 % im letzten Monat erhöhte er sich wieder um 10 %. Wir bezahlen jetzt 38,50 € pro Meter. Wie hoch war der ursprüngliche Preis?

13. Fassen Sie die in Stufen additiv anzuwendenden Prozentsätze zu einem Prozentsatz zusammen: 10 %, 7 %, 15 % und 24 % Bitte rechnen sie auf zwei Dezimalen genau.
14. Eine Rechnung lautet über 10.875,60 €. Sie ist abzüglich 3% Skonto zu begleichen.
    14.1. Berechnen Sie den Zahlungsbetrag!
    14.2. Berechnen Sie den MWSt-Anteil am Rechnungsbetrag, Zahlungsbetrag und am Skonto (MWST 16%)
15. Der Listeneinkaufspreis einer "preisgebundenen" Markenküche beträgt 24.000,00 € netto. Der Händler erhält 60 % Wiederverkäuferrabatt und 3 % Skonto. Er berechnet 16 2/3 % Handlungskosten und 33 1/3 % Gewinnzuschlag. Ein Kunde der bereits 2 % Barzahlungsskonto herausgeholt hat, feilscht um den Rabatt.
    15.1. Wieviel Rabatt kann ihm der Händler gewähren, wenn er keine Abstriche am Gewinn machen will?
    15.2. Welcher Gewinn in € kann realisiert werden, wenn der Kunde ein Konkurrenzangebot vorlegt, das 40 % Rabatt, aber kein Barzahlungsskonto vorsieht; der Händler will ein vergleichbares Angebot - allerdings unter Beibehaltung des Skontos unterbreiten?
16. Nach Abzug von 16 2/3 % Rabatt und 2,5 % Skonto werden 1.852,50 € bezahlt, Wie hoch war der Bruttobetrag?
17. Das Gehalt eines Bankangestellten wurde 1998 um 4 %, 1999 um 5 und 2000 um 10 % erhöht. Er verdient heute 7.747,74 €. Wieviel verdiente er 1997?
18. Ein Unternehmen hat für das laufende Geschäftsjahr einen Werbeetat von 16.500,00 € festgesetzt. Das sind 25 % mehr als im Vorjahr und 33 1/3 % mehr als vor 2 Jahren, aber 6,25 % weniger als vor 3 Jahren.
    Errechnen Sie den Werbeetat der vergangenen 3 Jahre!
19. Ein Mitarbeiter erhält in diesem Jahr 8 1/3 % mehr Gehalt als im Vorjahr. Im Vorjahr erhielt er schon eine Gehaltserhöhung von 5 %. Sein Gehalt beträgt nach diesen beiden Erhöhungen 4.680,00 €.
    19.1. Wieviel Gehalt bekam er ursprünglich?
    19.2. Wieviel € und wieviel Prozent betrug die gesamte Gehaltserhöhung?
    19.3. Sein Arbeitskollege verdiente vor 2 Jahren 3.900,00 € und erhält in diesem Jahr das gleiche Gehalt wie sein Kollege. Berechnen Sie dessen Gehaltserhöhung in Prozent und €!
20. Wir erhalten eine Eingangsrechnung über 16.530,00 € incl.16 % MWSt, die wir nach 10 Tagen abzüglich 3 % Skonto bezahlen.
    20.1. Nettowert der Eingangsrechnung (ohne MWST)
    20.2. Zahlungsbetrag nach 10 Tagen (incl. MWST)
    20.3. Nettowert des Skontoabzugs (ohne MWST)
21. Ein Kreditinstitut verlangt seit 01.07. für 8 Buchungsposten die gleiche Gebühr wie seither für 10 Posten. Um wieviel Prozent sind die Gebühren gestiegen?
22. Ein Sparkonto Ihres Kunden hatte 1998 keinerlei Kontobewegungen. Am Jahresende 1998 werden auf dem Sparkonto 214,50 € Zinsen gutgeschrieben. Der Zinssatz betrug bis Wert 30.06.1998 4,25%, danach 4%. Welche Spareinlage hatte der Kunde?

8.3 Zinsrechnen

Stofftelegramm

Allgemeine Zinsformel

Die allgemeine Zinsformel bezieht sich nicht mehr immer auf ein Jahr mit 360 Tagen und den Zinsmonat mit 30 Tagen. Banken stellen zunehmend auf die Eurozinsmethode, Monat taggenau, das Jahr mit 360 Tagen (act/360) oder auf die taggenaue Ermittlung beider Größen um (act/act), d.h. das Jahr mit 365 bzw. 366 Tagen um. Für Tageberechnung und Zinsformel ergeben sich die entsprechenden Veränderungen. Aufgaben müssen in Zukunft entsprechende Vorgaben machen.

$$z = \frac{k * t * p}{100 * 360} \qquad k = \frac{z * 100 * 360}{t * p} \qquad t = \frac{z * 100 * 360}{k * p} \qquad p = \frac{z * 100 * 360}{t * k}$$

Kaufmännische Zinsformel

Daraus ergeben sich folgende Formelableitungen:

$$z = \frac{k}{100} * t * \frac{p}{360}$$ wobei $$\frac{k}{100} * t = \#$$ $$\frac{p}{360} = \text{Zinsfaktor}$$ und

Daraus ergeben sich folgende Ableitungen:

$$\frac{k}{100} * t = \# \qquad \frac{100}{t} * \# = k \qquad \frac{100}{k} * \# = t$$

$$\frac{p}{360} * \# = z \qquad \frac{360}{p} * z = \# \qquad \frac{360}{\#} * z = p \qquad \frac{360}{p} = \text{Zinsteiler}$$

Zinsen vom vermehrten und verminderten Kapital

Ist ein um die Zinsen vermehrtes oder vermindertes Kapital gegeben, muss der angepasste Zinssatz (Zeitprozentsatz) ermittelt werden. 8% Jahreszinsen für 72 Tage sind soviel wie 1,6%, bei Eurozinsmethode bzw. taggenauer Zinsberechnung gilt entsprechendes.

$$\frac{\text{Jahreszinsfuß} * \text{Tage}}{360} = \text{Zeitprozentsatz}$$

$$\frac{\text{Zeitprozentsatz} * 360}{\text{Jahreszinsfuß}} = \text{Tage} \qquad \frac{\text{Zeitprozentsatz} * 360}{\text{Tage}} = \text{Jahreszinsfuß}$$

Zinseszinsrechnen

In Tabellenwerken sind Jahreszinsfüße und Anlagezeiten zu Multiplikatoren zusammengefaßt. Folgende Formeln gelten:

$K_n = K_0 * T_{auf}$	$K_0 = K_n * T_{ab}$
$K_0 = K_n : T_{auf}$	$K_n = K_0 : T_{ab}$
$T_{auf} = K_n : K_0$	$T_{ab} = K_0 : K_n$
$T_{auf} = 1 : T_{ab}$	$T_{ab} = 1 : T_{auf}$

Aufgaben

Lösen Sie die folgenden Aufgaben mit der Kaufmännischen Zinsformel 30/360. Zum Vergleich bietet sich bei einigen Aufgaben act/360 und act/act an.

1. Ein Kunde erhält am 12.6. ein Darlehen über 4 700,00 €. Welchen Betrag muss er am 31.10. einschließlich 8,5% Zinsen zurückzahlen?
2. Für ein Darlehen über 2 500 €, das am 24.1. aufgenommen wurde, sollen am 14.11. 100,69 € Zinsen gezahlt werden. Zinssatz?
3. Ein Anleger erhält für seine Anleihen, die zu 7,75% verzinst werden, halbjährlich 1.743,75 € Zinsen. Wie hoch ist der Nennwert der Effekten?
4. Ein Darlehen über 7 580,00 € wurde am 19.7. inklusive 8% Zinsen mit 7 655,80 € zurückgezahlt. Wann wurde das Darlehen gewährt? (act/360)
5. Für ein Darlehen von 80 700,00 € werden bis 18.6. 58 104 # errechnet. Wann begann die Verzinsung? (auch act/act)
6. Nach Abzug von 6,5% Zinsen und 18,50 € Gebühren erhält ein Kunde am 28.2. ein Darlehen mit 21 250,00 € ausgezahlt. Welchen Betrag muss er am 23.5. tilgen?
7. Welcher effektiven Verzinsung entspricht ein Jahreszinsfuß von 8% bei halbjährlicher Zinszahlung?
8. Welchen Kurs darf eine 100-€-Anleihe mit 6% Nominalverzinsung haben, wenn der Effektivzinssatz bei 8% liegen soll?
9. Eine Rechnung über 23.200,00 € trifft am 6.3. ein; Zahlung abzüglich 3% Skonto binnen 10 Tagen oder nach 30 Tagen netto Kasse.
   Welcher Betrag muss am 16.3. bezahlt werden?
   Welchem Jahreszinsfuß entspricht der Skontoabzug (auch act/act genau)?
   Wie hoch ist die Ersparnis, wenn ein Kredit mit 9,75% in Anspruch genommen werden muss? (auch act/360)
   Welchen MWSt-Anteil enthält der Skontoabzug?
10. Ein Kredit wird Wert 31.12. zu 9% p.a. gewährt. Per 6.2. wird der Zinsfuß auf 10% p.a. erhöht, um dann am 24.5. auf 8% p.a. gesenkt zu werden. Am 9.10. werden inklusive Zinsen 21.380,00 € zurückgezahlt. Wie hoch war der gewährte Kredit?
11. Für ein Darlehen über 5 000,00 €, das am 24.2. aufgenommen wurde, sollen am 14.12. 201,38 € Zinsen gezahlt werden. Zinssatz?
12. Ein Darlehen über 10.500,00 € wurde am 19.7. inklusive 9% Zinsen mit 10 815,00 € zurückgezahlt. Wann wurde das Darlehen gewährt?
13. Zu welchem Zinssatz war ein Kapital angelegt, wenn bei 46 890 # 521,00 € Zinsen erzielt wurden?
14. Nach Abzug von 12 % Zinsen und 36,00 € Gebühren erhält ein Kunde am 28.2. ein Darlehen mit 26 844,00 € ausgezahlt. Welchen Betrag muss er am 28.6. tilgen?
15. Welcher effektiven Verzinsung entspricht ein Jahreszinsfuß von 12% bei halbjährlicher Zinszahlung?
16. Eine Rechnung über 34 800,00 € trifft am 6.3. ein; Zahlung abzüglich 2% Skonto binnen 10 Tagen oder nach 60 Tagen netto Kasse.
    Welcher Betrag muss am 16.3. bezahlt werden?
    Welchem Jahreszinsfuß entspricht der Skontoabzug (genau)?
    Wie hoch ist die Ersparnis, wenn ein Kredit mit 9,75% in Anspruch genommen werden muss? Welchen MWSt-Anteil enthält der Skontoabzug?

17. Ein Kredit wird Wert 31.12. zu 9% p.a. gewährt. Per 6.2. wird der Zinsfuß auf 10% p.a. erhöht, um dann am 24.5. auf 8% p.a. gesenkt zu werden. Am 9.10. werden inklusive Zinsen 21.380,00 € zurückgezahlt. Wie hoch war der gewährte Kredit?

18. Ein Darlehen wurde am 05.04. zu 8 % ausgeliehen. Am 20.05. wurde der Zinssatz auf 9 % erhöht. Wie hoch war das Darlehen, wenn am Abrechnungstag 30.06. insgesamt 200,00 € Zinsen berechnet wurden?

19. Eine Rechnung über 3.900,00 € ist am 09.08. ausgestellt. Zahlungsbedingungen: zahlbar innerhalb von 10 Tagen mit 3 % Skonto oder innerhalb von 30 Tagen ohne Abzug; bei Überschreitung des Zahlungsziels 12 % Verzugszinsen. Der Schuldner weiß, dass er frühestens am 15.10. bezahlen kann, wenn er nicht einen Bankkredit zu 11 % Zinsen beansprucht. Begründen Sie rechnerisch die für ihn günstigste Zahlung und berechnen Sie dabei den Vorteil genau. (auch act/act)

20.1 Zu wieviel % verzinst sich das in einem Mietshaus angelegte Kapital, wenn folgende Bedingungen gelten?
Kaufpreis 400 000,00 €;
Eigenkapital 250 000,00 €;
Hypothekenschulden: 150 000,00 € zu 8 %; monatlich
Mieteinnahmen 1 800,00 €;
Hausaufwendungen je Quartal 600,00 €.

21. Die monatlichen Mieteinnahmen eines Mehrfamilienhauses betragen 3.400,00 €. An Kosten fallen an:
Hypothek über 110 000,00 € zu 7 % Zinsen
Hypothek über 50 000,00 € zu 8 % Zinsen
Jährliche Abschreibungen: 8 000 00 €
Jährliche Reparaturen: 2 600 00 €
Vierteljährliche öffentliche Abgaben: 480,00 €
Welches Kapital legt der Käufer höchstens an, wenn es sich mit 4 % verzinsen soll?

22. Lohnt es sich, zwecks Ausnutzung des Skontoabzugs einen Bankkredit aufzunehmen, wenn die Bank 11 % Zinsen berechnet?
Rechnungsbetrag: 35 800,00 €; Zahlungsbedingungen: Bei Zahlung innerhalb 14 Tagen unter Abzug von 1,5 % Skonto oder innerhalb 60 Tagen netto Kasse.

23. Wir hätten am 10.07. die Rechnung eines Lieferanten bezahlen müssen. Die Überweisung in Höhe von 93 314,89 € erfolgte jedoch erst am 22.08. einschließlich 8 % Verzugszinsen. Wie hoch war der Rechnungsbetrag?

24. Eine Bank zahlte nach Abzug von 1 % Bearbeitungsgebühr (berechnet vom Darlehensbetrag) und 9 % Zinsen für eine Kreditgewährung vom 16.04. bis 16.08. 7 968,00 € aus. Ermitteln Sie den Darlehensbetrag, die Zinsen, den effektiven Zinssatz und die Bearbeitungsgebühr.

25. Unsere Bank unterbreitet uns folgendes Kreditangebot:
Kredit 50 000,00 €; Zinssatz 6 %; Auszahlung 98 %; Bearbeitungsgebühr: 1,5 % der Kreditsumme; Kreditlaufzeit: 15.03. bis 30.11. Ermitteln Sie den effektiven Zinssatz.

26. Unser Kunde Georg Molch erhielt folgende Lieferungen:
2.150,80 € am 16.03., Zahlungsziel 30 Tage
5 320,00 € am 15.04., Zahlungsziel 60 Tage
9 815,40 € am 18.06., Zahlungsziel 14 Tage

Molch übergibt uns am 29.08. einen Scheck über den Gesamtbetrag einschließlich 7 % Verzugszinsen. Wie lautet die Schecksumme?

27. Ein Kaufmann erwirbt ein Geschäftshaus für 450 000,00 €. Zwei Drittel des Kaufpreises finanziert er aus eigenen Mitteln. Für den Rest muss er eine 1. Hypothek aufnehmen, die mit 7 % verzinst wird. Die monatlichen Mieteinnahmen betrugen 1.700,00 €. Außer den Hypothekenzinsen sind an Aufwendungen zu berücksichtigen: Abschreibungen 4 500,00 € im Jahr, Kosten für Steuern u. Reparatur monatlich 500 €.
Wie hoch ist die Rendite des angelegten Eigenkapitals?
Wie hoch wäre die Rendite wenn der Kaufmann den gesamten Kaufpreis mit eigenen Mitteln finanziert hätte?
28. Ein säumiger Schuldner begleicht am 15.11. eine Rechnung über 4.106,00 € einschließlich 6 % Verzugszinsen mit insgesamt 4.166,87 €. Wann war die Rechnung fällig?
29. Für eine Lieferung von Armaturen erhalten wir eine Rechnung über 58 600,00 €, Rechnungsdatum 12.06. Zahlungsbedingungen: 3 % Skonto bei Zahlung innerhalb 8 Tagen nach Rechnungsdatum; netto Kasse bei Zahlung innerh. 40 Tagen nach Rechnungsdatum; 7 % Verzugszinsen bei Zielüberschreitung.
Um unsere allgemeine Zahlungsbereitschaft nicht zu gefährden, müßten wir bei Ausnutzung des Skontos 30 000,00 € auf nehmen. Unsere Hausbank bietet uns einen Kredit zu einem Zinssatz von 8 % an. Weisen Sie in einer Rechnung nach, ob sich die Ausnutzung des Skontos lohnt. (Finanzierungserfolg?)
Welchem (Jahres-)Zinsfuß entspricht der Skontoabzug?
Wann erfolgt eine Zahlung, wenn einschließlich Verzugszinsen 58 919,04 € gezahlt werden?
Wieviel € Verzugszinsen wären am 30. September zu zahlen?
30. Ein Einzelhändler hat bei der Bank einen Kredit in Höhe von 80.000,00 € aufgenommen. Am 12.05. wurde der Zinssatz von 8 % auf 9 % erhöht. Am 20.07. zahlte er für den Kredit nachträglich 1 840,00 € Zinsen.
Berechnen Sie die Zinsen für die Zeit vor und nach der Erhöhung.
Wann hatte Weber den Kredit aufgenommen?

8.4 Kontokorrentrechnen

Aufgaben

1. Erstellen Sie folgende Kontokorrentstaffel zum 30.06.; Kreditlinie sei ab 01.03. 20.000 €; der Sollzinsfuß wechselt zum 15.04.

Wert	Sollumsätze	Wert	Habenumsätze
18.01	12.400,00	31.12.	7.412,00
24.02	18.935,00	01.02	6.120,00
30.03	4.500,00	18.04	16.730,00
29.06	5.200,00	27.05	9.500,00
		19.06	1.300,00

2. Erstellen Sie folgende Kontokorrentstaffel zum 30.06.; Kreditlinie sei ab 10.02. 20.000 €; der Sollzinsfuß wechselt zum 03.05.

Wert	Sollumsätze	Wert	Habenumsätze
15.01	14.400,00	31.12.	12.540,00
12.02	15.760,00	04.02	12.900,00
03.03	22.700,00	15.03	3.930,00
14.05	12.200,00	02.06	9.500,00
24.06	5.950,00	25.06	11.900,00

3. Erstellen Sie folgende Kontokorrentstaffel zum 30.06.; Kreditlinie sei ab 20.02. 40.000 €; der Sollzinsfuß wechselt zum 03.05.

Wert	Sollumsätze	Wert	Habenumsätze
21.01	10.400,00	31.12.	8.546,00
14.02	19.775,00	08.02	7.900,00
04.03	24.900,00	18.03	6.930,00
28.05	8.200,00	06.06	29.500,00
29.06	3.950,00	20.06	15.900,00

4. Erstellen Sie folgende Kontokorrentstaffel zum 30.06.; die Kreditlinie beträgt bis 31.05. 5.000,00 €; danach .13.000,00 €; der Sollzinsfuß liegt bei 9,25%; Habenzinsen werden mit 0,5% angesetzt. An Überziehungsprovision werden 3% berechnet.

Wert	Sollumsätze	Wert	Habenumsätze
14.04	8.000,00	31.03	5.000,00
19.05	10.000,00	25.06	6.500,00
14.06	2.000,00	29.06	9.000,00

4. Erstellen Sie die Abschlussrechnung zum 30.06..
9% Sollzinsen aus 47.450 #
9,75% Sollzinsen aus 39.900 #
0,5% Habenzinsen aus 8.700 #
3% Überziehungsprovision aus 7.400 #
125 Buchungsposten zu je 0,28 €
25 Kontoauszüge per Post zu je 0,56 €,

8.5 Sparkontenrechnen

Stofftelegramm

Sparkonto mit vereinbarter Kündigungsfrist von drei Monaten

Seit 01.07.1993 gibt es das Sparkonto mit gesetzlicher Kündigungsfrist im engen Sinne nicht mehr. Bank und Kunde können freie Vereinbarungen treffen, sowohl hinsichtlich einer Kündigungsfrist, als auch über die Berechnung von Vorschusszinsen.

Die Vereinbarungen über Zinssätze, Verfügbarkeiten und Sperrfristen obliegen den Vertragsparteien. Für die Vorschusszinsberechnung gibt es grundsätzlich drei Möglichkeiten. An einer Abhebung per 15.12. über 9.000,00 DM ohne Kündigung werden die drei Möglichkeiten dargestellt (monatlich seien 3.000,00 DM vorschusszinsfrei).

90-Tage-Methode
3.000,00 DM vorschusszinsfrei
6.000,00 DM Vorschusszins für 90 Tage, das Konto ist am 01.01. wieder frei.

30-60-90-Tage-Methode
3.000,00 DM vorschusszinsfrei
3.000,00 DM Vorschusszins für 30 Tage
3.000,00 DM Vorschusszins für 60 Tage; das Konto ist am 01.01. wieder frei.

„genaue Methode"
3.000,00 DM vorschusszinsfrei
3.000,00 DM Vorschusszins für 16 Tage (bis 01.01.)
3.000,00 DM Vorschusszins für 46 Tage (bis 01.02.); das Konto ist am 01.02. frei.

Bei den folgenden Aufgaben sind die vereinbarten Konditionen über die Aufgabenstellung zu erfahren. Wegen der vorschussfreien Verfügung in Höhe von 3.000 DM (€-Betrag liegt noch nicht fest) wird noch in DM gerechnet!

Sparkonto mit vereinbarter Kündigungsfrist von 12 Monaten

Ein Sparbuch mit 12-monatiger Kündigungsfrist weist Wert 31.12.01 ein Guthaben von 30.757,00 DM aus; darin enthalten sind 1.257,00 DM Zinsen für das Jahr 01 und eine Einzahlung über 9.500,00 DM, Wert 24.11.01.
Am 16.03.02 wird das Gesamtguthaben gekündigt. Am 06.05.02 wird der Zinssatz von 6% auf 6,5% erhöht. Wert 09.09.02 wird das Konto aufgelöst (ohne Gebühren).
Abrechnungsbedingungen:
Die Bank hält an einer Kündigungssperrfrist von 6 Monaten fest. Zinsen zahlt sie innerhalb von 2 Monaten vorschusszinsfrei aus. Danach gelten Zinsen als Anlage ohne Kündigungssperrfrist. Der Vorschusszins beträgt ein Viertel des am Abhebungstag gültigen Habenzinssatzes.
Banken können abweichende Vereinbarungen mit ihren Kunden treffen.

Datum	Valuta	S/H	Betrag	Saldo	Tage	# Soll	# Haben
31.12.	31.12.	H		30.757,00	360		110.725
06.05.	06.05.	Zinsfußwechsel			234	71.971	***38.754***
	06.05.	H		30.757,00	234		71.971
	09.09.	S		30.757,00	111	34.140	***37.831***
	09.09.	H	1.040,18	1.040,18			

Zinsberechnung: 6% aus 38.754 # — 645,90 DM
6,5% aus 37.831 # — 683,06 DM

VZ-Berechnung: 09.09.02 bis 16.03.03 (Ablauf der Kündigungsfrist)
21.257,00 DM 187 Tage 39.751 #
24.05.02 Ablauf der Kündigungssperrfrist für 9.500,00 DM
09.09.02 bis 24.05.03 (Ablauf der Kündigungsfrist)
9.500,00 DM 255 Tage 24.225 #
6,5/4% Vorschusszins aus 63.976 # — 288,78 DM
Zinsgutschrift am 09.09.02 — 1.040,18 DM

Sparkontenrechnen mit Zinsausweis in DM

Valuta	S/H	Betrag	Saldo	Tage	Soll/VZ	Haben	Zinsen
31.12.	H		30.757,00	360		1.845,42	1.845,42
06.05.		Zinsfußwechsel		234	1.199,52	1.299,48	1.945,38
09.09.	S	30.757,00		111	616,42		
					VZ 288,78		1.040,18
09.09	S	1.040,18	00,00				

Aufgaben

Sparkontenrechnen erfolgt noch nach der Kaufmännischen Zinsformel 30/360 und in DM, da der verfügungsfreie Betrag in € noch nicht feststeht.
Die Banken halten eine Sperrfrist von 6 Monaten bei Spareinlagen mit mehr als 3 Monaten Kündigungsfrist.

1. Ein Kunde Ihrer Bank eröffnete am 15. Juni 1995 ein Sparkonto mit einjähriger Kündigungsfrist. Bei der Eröffnung zahlte er 5.000,00 DM ein. Am 28. Dezember 1995 erfolgte nochmals eine Einzahlung in Höhe von 2.000,00 DM. Am 16. Februar 1996 hob der Kunde 5.500,00 DM ab. Am 30. August 1996 zahlte er 1.000,00 DM ein. Schließen Sie das Konto zum 31. Dezember 1996 ab. Der Zinssatz betrug bis zum 31. Juli 1996 (einschließlich) 4% p.a., dann 3,75% p.a. . Die Abhebung erfolgte ohne Kündigung, für die Berechnung eventueller Vorschusszinsen gilt die übliche Regelung.
   Hinweis: Buchungstag = Wertstellungstag.
2. Das folgende Sparkonto mit einer vereinbarten Kündigungsfrist von einem Jahr wurde am 20.01.1997 mit einer Einlage von 9.000,00 DM eröffnet (Wert 20.01.1997). Im Jahre 1997 fanden auf diesem Konto keine weiteren Umsätze statt.
   Im Jahre 1998 weist dieses Konto folgende Bewegungen auf:

Wert	Soll	Haben	Bemerkungen
31.12.97		9.340,00	Saldovortrag
30.01.98	440,00		Abhebung ohne vorherige Kündigung
10.04.98		6.000,00	
25.06.98	11.000,00		gekündigt am 20.05.1998
30.07.98		5.000,00	
18.12.98	7.000,00		Abhebung ohne vorherige Kündigung

   Schließen Sie das Konto unter Berechnung von 4% Zinsen und unter Einbeziehung der üblichen Vorschusszinsen zum 31.12.1998 ab.

3. Ein Sparkonto mit vereinbarter einjähriger Kündigungsfrist wurde Wert 20.01.1999 mit einer Einzahlung von 3.500,00 DM eröffnet. Wert 6.3.1999 erfolgte eine weitere Einzahlung in Höhe von 1.500,00 DM und nochmals wurden Wert 03.04.1999 1.000,00 DM eingezahlt. Wert 28.06.1999 hob die Kundin 2.000,00 DM ohne Kündigung ab, der Rest wurde am 31.08.1999 im Rahmen eines Umzugsservice von einem Institut Ihrer Gruppe eingezogen.
   Zinssatz: 4 % p.a., bei eventuellen Vorschusszinsen wird ein Viertel des Zinssatzes berechnet.

4. Sparkonto mit vereinbarter Kündigungsfrist von 2 Jahren ist abzurechnen:

Wert	Vorgang	SOLL	HABEN
31.12.98	Saldovortrag		12.200,00 DM
10.06.99	Abhebung	3.500,00 DM	
05.08.99	Einzahlung		2.300,00 DM

Im Jahre 1998 erfolgten keine Einzahlungen. Am 15. Oktober 1998 wurden 5.500,00 DM gekündigt. Wert 15. Dezember 1999 wird das Konto aufgelöst. Wie hoch ist der Auszahlungsbetrag, wenn der Zinssatz von 3,75% ab 21. August 1999 einschließlich auf 4,25% erhöht wurde?

5. Ein Sparkonto mit dreimonatiger Kündigungsfrist weist folgende Umsätze auf:

Wert	Soll	Haben	Bemerkungen
31.12.		20.900,00 DM	Saldovortrag
20.01	900,00 DM		Abhebung (Zinsen)
02.03.		7.000,00 DM	Einzahlung
06.05.	5.000,00 DM		ungekündigte Abhebung
14.07	5.000,00 DM		Abhebung,gekündigt am 06.05.

Ermitteln Sie den Jahresendsaldo einschließlich der Zinsen, wenn der Zinssatz bis 31.08. 4 % beträgt und dann auf 3,5 % gesenkt wird.

6. Ein Sparbuch mit vereinbarter Kündigungsfrist von 12 Monaten wurde, Wert 30.06.1998 mit einer Einzahlung von 10.000 DM eröffnet. Im laufenden Jahr fanden folgende Umsätze statt:

Wert 15.01.1999	Einzahlung	5.000 DM
Wert 16.03.1999	Abhebung	250 DM
Wert 18.05.1999	Abhebung	11.000 DM

Am 16.02.1999 kündigte der Kunde das Gesamtguthaben.
Zinssatz bis einschließlich 30.04.1999: 5,0 % danach : 4,5 %
Schließen Sie das Konto unter Beachtung der üblichen Vorschusszinsregelung zum 31.12.1999 ab!

7. Sparkonto mit 1-jähriger Kündigungsfrist; Zinssatz 6,5%, ab 15.6. sollen es 7% sein. Saldovortrag per 31.12. 20.600,00 DM (davon 800,00 DM Zins für das abgelaufene Jahr); am 30.9. des Vorjahres wurden 10 000,00 DM gekündigt. Am 2.5. verfügt der Kunde über 15 000,00 DM, kündigt dabei den Rest (Achtung Sperrfrist für Zinsen beachten), den er aber dann zum 15.10 doch vorzeitig abhebt. Rechnen Sie das Konto ab! VZ seien 1/4 des Habenzinssatzes.

8. Sparkonto mit 1-jähriger Kündigungsfrist; Zinssatz 8%, ab 15.3. 7%. Saldovortrag per 31.12. 12.800,00 DM (Zinsen 800,00 DM enthalten). 4.000,00 DM am 15.11. des Vorjahres gekündigt. Das Konto wird zum 10.4. des laufenden Jahres aufgelöst.

9. Sparkonto mit 3-monatiger Kündigungsfrist; Zinssatz 5 %. Saldovortrag per 31.12 6.150,00 .DM (Zinsen 150,00 DM enthalten) Abhebung am 15.01. 3.150,00 DM Zinsfußwechsel am 06.03. 5,5%; Einzahlung am 04.05 10.000,00 DM; Kontoauflösung am 20.12. ohne vorherige Kündigung

8.6 Effektenrechnen

Stofftelegramm

Effektenabrechnungen

Ermittlung des Kurswertes

bei Aktien :	Kurswert = Stückzahl * Kurs
bei festverzinslichen Wertpapieren:	Kurswert = Nennwert : 100 * Prozentkurs

Ableitungen

bei Aktien:	Stückzahl = Kurswert : Kurs
	Kurs = Kurswert : Stückzahl
bei festverzinslichen Wertpapieren:	Nennwert = Kurswert * 100 : Prozentkurs
	Prozentkurs = Kurswert * 100 : Nennwert

Preisermittlung bei Investmentzertifikaten

1. Wert des Sondervermögens

Wertpapiervermögen zum Kurswert	450.780.000 €
+ Bankguthaben	52.220.000 €
+ sonstiges Vermögen	743.000 €
- Verbindlichkeiten	213.000 €
Fondsvermögen	503.530.000 €

2. Inventarwert je Anteil (6.107.514 Stück)
   Fondsvermögen : Stückzahl = 82,44 €
3. Ausgabepreis
   Inventarwert je Anteil + z.B. 3% Ausgabeaufschlag = 84,95 € (gerundet)
4. Rücknahmepreis
   Inventarwert je Anteil = 82,44 € (bei ausländischen Fonds sind Abschläge möglich)

Kaufabrechnung Aktien, Donnerstag, 12.12.

150 A-Aktien, Kurs 246,00 €		36.900,00 €
+ 0,8% Provision vom Kurswert	295,20 €	
+ 0,04% Courtage vom Kurswert	14,76 €	309,96 €
Belastung, Wert Montag, 16.12.		37.209,96 €

Verkaufsabrechnung Aktien, Mittwoch, 11.12.

150 A-Aktien, Kurs 246,00 €		36.900,00 €
- 0,8% Provision vom Kurswert	295,20 €	
- 0,04% Courtage vom Kurswert	14,76 €	309,96 €
Gutschrift, Wert Freitag, 13.12.		36.580,04 €

Hinweis:
Bei den Provisionssätzen sind Vereinbarungen zwischen Bank und Kunde möglich. Auch die Höhe der Courtage ist nicht in allen Fällen festgelegt. Alle Aufgabenstellungen müssen deshalb Provisions- und Courtagesätze vorgeben.

Stückzinsenberechnung (nächstfälliger Zinsschein wird mitgeliefert)
Ein Kunde kauft am Dienstag, 01.06. (Handelstag) 9.000,00 € 8%ige Anleihe; Kurs 102%, Zinstermine April/Oktober + Zinsschein per 1.10. ff.
Zinsberechnung act/act, d.h. kalendergenau, das Jahr zu 365/366 Tage.
Der nächstfällige Zinsschein per 01.10. wird vom Käufer eingelöst, d.h. der Käufer erhält für die Zeit vom 31.03. bis zum 02.06. nachträglich Zinsen, die dem Verkäufer zustehen. Die Stückzinsenvaluta 02.06. ergibt sich, wenn zum Handelstag zwei Börsentage zugezählt werden und ein Kalendertag abgezogen wird.

Kaufabrechnung festverzinsliche Wertpapiere, Dienstag, 01.06.

9.000,00 € 8%-Anleihe, Kurs 102%; A/O + 01.10. ff			9.180,00 €
+ Stückzinsen für 63 Tage aus 9.000,00 € zu 8%			124,27 €
ausmachender Betrag			9.304,27 €
+ 0,4%	Provision vom Kurswert	36,72 €	
+ 0,05%	Courtage vom Nennwert	4,50 €	41,22 €
Kontobelastung, Wert 03.06.			9.345,22 €

Ausnahmefall:
Stückzinsenberechnung (nächstfälliger Zinsschein wird einbehalten)
Eine südafrikanische €-Anleihe mit ganzjährigem Kupons wird am Donnerstag, 23.12. (Handelstag) verkauft. Nominell 10.000,00 €, Kurs 99%, 9%; 01.01.gj.
Der am 01.01. fällige Zinsschein wird hier noch vom Verkäufer eingelöst, d.h., der Verkäufer erhält für 4 Tage zuviel Zinsen. Valuta für die Stückzinsenberechnung ergibt sich aus Handelstag + 2 Börsentage – 1 Kalendertag (23.12. + 27.12. + 28.12. – 28.12. = 27.12.); Zinsberechnung act/act

Verkaufsabrechnung festverzinsliche Wertpapiere, Donnerstag, 23.12.

10.000,00 € 9%-Anleihe, Kurs 99%, 01.01. gj			9.900,00 €
- Stückzinsen für 4Tage aus 10.000,00 € zu 9%			9,86 €
ausmachender Betrag			9.890,14 €
- 0,4%	Provision vom Kurswert	39,60 €	
- 0,05%	Courtage vom Nennwert	4,95 €	44,55 €
Gutschrift, Wert 28.12.			9.847,95 €

Abrechnung von Festpreisgeschäften
Eigengeschäfte, Freiverkehrswerte und Werte des Neuen Marktes werden mit Brief- und Geldkurs gehandelt. Die Banken verzichten auf Gebühren; Verdienst der Bank liegt in der Kursdifferenz.

Abrechnung von Kommissionsgeschäften
Anwendung bei Werten des amtlichen Handels oder des geregelten Marktes; Selbsteintritt der Bank muß angezeigt werden. Der Kunde kann dagegen nicht erkennen, wenn statt des Kommissionsgeschäftes ein Botengeschäft vorliegt.
Das Börsengeschäft zwischen den Banken an Börsenplätzen ist kostenfrei.
Das Zwischenkommissionsgeschäft zwischen Börsenbank und Nichtbörsenbank wird mit halber Provision abgerechnet.
Das Kundenkommissionsgeschäft zwischen Bank und Kunde berechnet neben der vollen Provision noch die Courtage.
Die jeweiligen Provisions- und Gebührensätze sind den Preislisten der Banken zu entnehmen.
Zinsabschlagsteuer beträgt bei fehlendem Freistellungsauftrag 30%, bei Barauszahlung der Zinsen 35%; die Steuer wird von der depotführenden Bank weitergeleitet.

Aufgaben

1. Kaufauftrag am Montag, 01.06.
   2000 Stück A-Aktien, Kurs 45,10 €
   0,8% Provision; 0,08% Courtage – jeweils vom Kurswert
2. Verkaufsauftrag am Donnerstag, 04.06.
   3500 Stück B-Aktien, Kurs 55,85 €
   0,6% Provision; 0,04% Courtage – jeweils vom Kurswert
3. Kaufauftrag am Montag, 28.02. (kein Schaltjahr)
   Nominell 100.000,00 € 9%-Bundesanleihe, 01.06. gj, Kurs 99%, nächstfälliger-Zinsschein wird mitgeliefert. 0,4% Provision vom Kurswert; 0,04% Courtage vom Nennwert. Zinsberechnung act/act.
4. Verkaufsauftrag am Donnerstag, 20.02.
   Nominell 50.000,00 € 9%-Europaanleihe, 01.03. gj; der nächstfällige Zinsschein wird einbehalten, Kurs 105%; Provision und Gebühren wie Aufgabe 3; Freistellungsauftrag liegt vor. Zinsberechnung act/360 (französische Zinsberechnung)
5. Verkaufsauftrag am Donnerstag, 12.11.
   Nominell 30.000,00 € 8%-Bahnanleihe, 01.06. gj, der nächstfällige Zinsschein wird mitgeliefert; Kurs 101,25%; Provision 0,4% vom Kurswert, Courtage 0,04% vom Nennwert; ein Freistellungsauftrag liegt nicht vor (kein Solidaritätszuschlag).

Stofftelegramm

Bezugsrechte

Kurs der Aktie vor der Kapitalerhöhung: ($Kurs_a$)
Kurs der Aktie aus der Kapitalerhöhung: ($Kurs_n$)

$$\text{Bezugsverhältnis} = \frac{\text{Grundkapital vor der Kapitalerhöhung (m)}}{\text{Kapitalerhöhung (n)}}$$

$$\text{Rechnerischer Wert Bezugsrecht} = \frac{Kurs_a - Kurs_n}{\text{Bezugsverhältnis } m/n + 1}$$

$$\text{mit Dividendennachteil} = \frac{Kurs_a - (Kurs_n + \text{Dividendennachteil})}{\text{Bezugsverhältnis } m/n + 1}$$

$$\text{mit Dividendenvorteil} = \frac{Kurs_a - (Kurs_n - \text{Dividendenvorteil})}{\text{Bezugsverhältnis } m/n + 1}$$

Der Handel mit Bezugsrechten ist im Rahmen des Erwerbs neuer Aktien ohne Kosten für den Aktionär. Kauf und Verkauf von Bezugsrechten selbst unterliegen den Gebührensätzen der Banken.
Eine Kapitalerhöhung aus Gesellschaftsmitteln (Umwandlung von Rücklagen in ordentliches Grundkapital) bedeutet, daß der Bezugskurs für neue Aktien bei null € liegt.
Wird ein Teil der Kapitalerhöhung nicht den Altaktionären angeboten, sondern z.B. von einem Bankenkonsortium übernommen, verringert sich die auf die Bezugsrechte anrechenbare Kapitalerhöhung.

Renditeberechnungen bei Aktienanlagen

Es empfiehlt sich, bei den folgenden Renditeberechnungen stets die vorgegebene Reihenfolge einzuhalten!

- Basis der Berechnung kann eine Aktie oder der gesamte Kapitaleinsatz sein.
- Berechnung des Kapitaleinsatzes unter Berücksichtigung der Kaufkosten.
- Berechnung des Verkaufserlöses unter Berücksichtigung der Verkaufskosten.
- Berechnung der Anlagedauer in Tagen, Monaten oder Jahren.
- Berechnung des Dividendenertrages (mit bzw. ohne Freistellungsauftrag)
- Berechnung des Kurserfolges (Verkaufserlös – Kapitaleinsatz)
- Berechnung des Gesamterfolgs (Kurserfolg + Dividendenertrag)
- Umrechnung auf einen Jahresertrag

$$\text{Rendite} = \frac{\text{Jahresertrag}}{1\%\ \text{des Kapitaleinsatzes}}$$

• Bruttodividende	100%		diese Dividende erhält der
- 30% Körperschaftsteuer	30%		Aktionär mit Freistellungsauftrag
Bardividende	70%	100%	
- 25% Kapitalertragsteuer		25%	
Nettodividende		75%	diese Dividende erhält der Aktionär ohne Freistellungsauftrag

Renditeberechnungen bei Anlagen in festverzinsliche Wertpapiere

Es empfiehlt sich, bei den folgenden Renditeberechnungen stets die vorgegebene Reihenfolge einzuhalten!

- Basis der Berechnung können 100 € Nennwert oder der gesamte Kapitaleinsatz sein.
- Berechnung des Kapitaleinsatzes unter Berücksichtigung der Kaufkosten.
- Berechnung des Verkaufserlöses unter Berücksichtigung der Verkaufskosten.
- Berechnung der Anlagedauer in Tagen, Monaten oder Jahren.
- Berechnung des Kurserfolgs (Verkaufserlös – Kapitaleinsatz)
- Umrechnung des Kurserfolgs in einen Jahreskurserfolg
- Berechnung des Jahresertrags (Jahreskurserfolg + Jahresnominalzins)
- Eventuell Berücksichtigung der Zinsabschlagsteuer

$$\text{Rendite} = \frac{\text{Jahresertrag}}{1\%\ \text{des Kapitaleinsatzes}}$$

Cost-Averaging bei Anlage in Investmentzertifikaten (Anlagebetrag 100 €)

Preis je Anteil	Zahl der erworbenen Anteile
20	5,000
30	3,333
40	2,500
50	2,000
140	12,833
durchschnittlicher Ausgabepreis: 140 : 4 = 35	
durchschnittlicher Einstandspreis für den Käufer: 400 : 12,833 = 31,17 (Vorteil 3,83)	

Aufgaben

1. Eine AG erhöht ihr Grundkapital von 200 Mio auf 300 Mio € durch die Ausgabe neuer Aktien. Der Kurs der alten Aktie liegt bei 400,00 €; die junge Aktie soll zu 200,00 € angeboten werden. Die junge Aktie ist voll dividendenberechtigt.

2. Eine AG erhöht ihr Grundkapital durch Ausgabe von Berichtigungsaktien ohne Zuzahlung der Aktionäre von 500 auf 600 Mio €. Kurs der alten Aktie liegt bei 300,00 €. Die junge Aktie ist sofort dividendenberechtigt.
3. Eine AG erhöht ihr Grundkapital zunächst durch die Ausgabe von Berichtigungsaktien im Bezugsverhältnis 7 : 1; Kurs der alten Aktie 400,00 €; anschließend wird des Grundkapital durch Ausgabe weiterer junger Aktien zum Kurs von 250,00 € und den Bezugsverhältnis 9 : 1 angeboten.
   Berechnen Sie jeweils den rechnerischen Wert des Bezugsrechts und den Kurs der Aktie nach der Kapitalerhöhung.
4. Eine AG erhöht ihr GK von 100 Mio auf 120 Mio € durch die Ausgabe junger Aktien zum Kurs 100,00 €; der Kurs der alten Aktie liegt bei 180,00 €. Dividende für das laufende Jahr beträgt 10,00 € pro Aktie; die jungen Aktien sollen nur für ein halbes Jahr dividendenberechtigt sein.
5. Das Grundkapital der CARGO-AIR AG wird von 234,5 Mio € auf 335 Mio. € erhöht. Die Aktien im Nennwert von 5,00 € wurden zum Stückkurs von 38,00 € gehandelt. Die jungen Aktien, die erst ab 01.04. Dividendenberechtigt sind, werden zum Kurs von 17,00 € ausgegeben. Die erwartete Dividende beträgt wie im Vorjahr 0,80 €. Das Geschäftsjahr dauert vom 01.07. bis 30.06. Beim Handel von Aktien und Bezugsrechten gelten 1,0% Provision und 0,8‰ Courtage.
   - 5.1. Wie hoch ist der rechnerische Wert eines Bezugsrechts?
   - 5.2. Wie lautet der rechnerische Kurs der Aktien bei Eröffnung des Bezugsrechtshandels?
   - 5.3. Aktionär Klein besitzt 1160 Aktien und möchte seinen Bestand auf 2000 Aktien aufstocken, wobei er alle seine Bezugsrechte einsetzt. Erstellen Sie die Abrechnung für die noch hinzuzukaufenden Bezugsrechte, der Kurs sei 6,25 €.
6. Ihr Kunde Norbert Müller erwarb bei einer Neuemission 200 Stück Inhaberaktien eines Anbieters von Computersystemen. Die Erstausgabe erfolgte durch ein Bankenkonsortium.
   - 6.1. Erstellen Sie die Abrechnung für Ihren Kunden (ohne Kosten).
     Wert: 20.07.1999;
     * Nennwert: 5,00 €/St.
     * Ausgabepreis: 31,00 €/St.
   - 6.2. Nach der Unterbringung wurden die Papiere in den amtlichen Handel eingeführt. Herr Müller verkaufte die Papiere mit Wert 29.10.2000 für 51,00 €/St. Erstellen Sie die Verkaufsabrechnung! (Provision 0,5%; Courtage 0,5‰)
   - 6.3. Der Kunde verwahrte seine Effekten selbst. Die Aktiengesellschaft zahlte am 20.05.2000 eine Dividende von 0,64 €/St. Welchen Betrag erhält der Kunde bei Vorlage des Dividendenscheines Nr.1 ausbezahlt und wie hoch ist die Steuerbescheinigung?

7. Eine AG erhöht ihr Grundkapital aus Gesellschaftsmitteln von 150 auf 200 Mio €. Diese Gratisaktien sind in ersten Jahr ohne Dividende; die erwartete Divi dende für die alten Aktien beträgt € 8,00. In Anschluss daran erfolgt eine weitere Erhöhung auf 320 Mio € durch Zuführung neuer Mittel; davon werden 20 Mio € von einem Bankenkonsortium vorab übernommen.
Kurs vor der ersten Kapitalerhöhung 350,00 €
Kurs der jungen Aktien 120,00 €

8. Die Autowerke AG erhöhen im Dez. 99 ihr Grundkapital von 180 Mio € auf 200 €. Die Jungen Aktien (ohne Nennwert) werden zu einen Kurs von 25,00 € mit voller Dividendenberechtigung für 99 ausgegeben. Ein Aktionär hat am 17.10.99 200 Aktien dieser AG zum Kurs von 310,00 € erworben. Am 06.12.99 erteilt er den Auftrag, die höchstmögliche Zahl junger Aktien zu kaufen und die Bezugsrechtsspitze zu verkaufen; Börsenkurs des BR 33,40 €.
Der obige Aktionär verkaufte am 17.12.00 seine sämtlichen Autowerke-Aktien zum Kurs von 360,00 €, nachdem er die Bardividende für das Geschäftsjahr 1999 in Höhe von 0,90 € erhalten hatte.
8.1. wie hoch war sein Kapitaleinsatz am 17.10.99?
(Kaufspesen 0,86 % vom Kurswert)
8.2. Wie hoch war sein Verkaufserlös am 17.12.00?
(Spesen 0,86 % vom Kurswert)
8.3. Wie hoch war sein Gewinn aus Dividende einschließlich Steuergutschrift? Gehen Sie noch von KöSt 30% aus!
8.4. Wie hoch war sein Gesamtgewinn aus dem Aktiengeschäft (vor ESt-Veranlagung)?
8.5. Welche Rendite ergibt sich für den Aktionär? (Rechnen Sie mit den Kapitaleinsatz von 17.10.99)

9. Die HIPP AG, Durlach, erhöht zum 01.09. des laufenden Jahres ihr Grundkapital um 40 Mio. € auf 190 Mio. €. Auf Beschluss der Hauptversammlung werden 10 Mio. € vom gesetzlichen Bezugsrecht ausgenommen, um sie der Belegschaft anzubieten. Die jungen Aktien werden zum Kurs von 6,40 €/Stück (1 Stück = nom. 1 €) emittiert. Sie sind ab dem Datum der Kapitalerhöhung dividendenberechtigt. Das Geschäftsjahr entspricht dem Kalenderjahr. Der Kurs der Aktien beträgt vor der Kapitalerhöhung 7,52 €/Stück Die voraussichtliche Dividende für das laufende Geschäftsjahr beträgt 0,24 €/Stück. Wie hoch ist der rechnerische Wert des Bezugsrechts?
Der Aktionär Werner Grub aus Tettnang besitzt vor der Kapitalerhöhung 600 Aktien der HIPP AG. Er will bei der anstehenden Kapitalerhöhung maximal 10.000,00 € zusätzliche Geldmittel aufbringen. Der Kurs des Bezugsrechts entspricht seinem rechnerischen Wert.
9.1. .Wieviele junge Aktien kann Herr Grub unter diesen Voraussetzungen erwerben?
9.2.. Wie lautet seine Kontobelastung bei Durchführung des Auftrags?
Der Bezug der jungen Aktien erfolgt spesenfrei.
Gebühren für eventuell zu kaufende/verkaufende Bezugsrechte:
* Courtage 0,4 ‰ von Kurswert
* Provision 1% vom Kurswert

10. Am 15.09.1999 kauft ein Kunde 12 000,00 € 7 %ige Obligationen der Badischen Kommunalen Landesbank von 1991.

Kurs 102,25 €, Zinstermin jeweils 01.02. ganzjährig, + 01.02.2000 ff. Die Anleihe wird in 10 gleichen Jahresraten zu pari getilgt. Die erste Tilgung erfolgte an 01.02.1996.

Kosten: Provision 0,5 % von Kurswert
Courtage 3/4 ‰ vom Nennwert

10.1. Erstellen Sie die Abrechnung über den Kauf der Anleihe, wenn Schlusstag Freitag, 15. September 1999 ist.

10.2. Wie hoch ist die Effektivverzinsung bezogen auf die mittlere Laufzeit, wenn für die Besitzdauer noch 80,00 € an Depotgebühren anfallen?

11. Die XY-AG erhöht ihr Grundkapital um 50 Mio. € auf 275 Mio. €. Die jungen Aktien werden den Aktionären zum Ausgabekurs von 177,00 € angeboten bei Dividendenberechtigung ab 1. August des laufenden Geschäftsjahres. Geschäftsjahr 1. April - 31. März.

11.1. Wie hoch ist der rechnerische Wert des Bezugsrechts bei einem augenblicklichen Börsenkurs der alten Aktie von 262,50 € und erwartenden Dividende von 9,00 €?

11.2. Ein Aktionär, der 105 Aktien dieser AG besitzt, mochte bei der Kapitalerhöhung genau 30 junge Aktien beziehen. Erstellen Sie die Abrechnung für das Bezugsrechtsgeschäft, wenn er seine Hausbank mit der Abwicklung über die Börse beauftragt. Börsenkurs des Bezugs rechtes: 16,00 €.

11.3. Wieviel € muß er für die jungen Aktien bei Ausübung der Bezugsrechte zahlen.
* Courtage 0,4 ‰ von Kurswert
* Provision 1% vom Kurswert

12. Die Stoer AG erhöht ihr Grundkapital von 4,8 Mio. auf 5,4 Mio. €. Der Kurs vor Kapitalerhöhung beträgt 640 €; der Ausgabepreis für junge Aktien ist 380 €. Die Bardividende für das laufende Geschäftsjahr (gleich Kalenderjahr) beträgt voraussichtlich 20 €/St. Die jungen Aktien sind ab dem 01.09. dividendenberechtigt. Ermitteln Sie den rechnerischen Wert des Bezugsrechts!
Ein Kunde Ihrer Bank besitzt 600 Stück Stoer-Aktien.

12.1. Wieviele junge Aktien kann er aus dem Verkauf von Bezugsrechten höchstens erwerben, ohne daß er zusätzliche Geldmittel aufbringen muß? Der Wert des Bezugsrechts beträgt 30 € (ohne Berücksichtigung der Kosten).Der Aktienerwerb ist spesenfrei.

12.2. Wieviel € behält der Kunde nach Abwicklung des Geschäftes noch übrig?

13. Ein Kunde Ihrer Bank verkauft am Freitag, 10.Mai 1999 (Schlusstag), 1000 St. Aktien der Elektronik AG, Schwäbisch Hall, zum Kurs von 18 €/Stück. Spesen insgesamt 19,80 €. (Nennwert der Aktie seit 1.1.99 1€]

13.1. Wie hoch ist die Rendite der Aktienanlage, wenn er die Aktien Wert 14.07.1996 zum Kurs von 20 DM/Stück erworben hat? Kaufspesen insgesamt 266 DM.(Kaufkurs ist dem Nennwert 1 € angepasst)
Die Elektronik AG zahlte folgende Bardividende:
* Jahr 1997 2,00 DM
* Jahr 1998 3,00 DM
* Jahr 1999 1,20 €

13.2. Im Jahr 1999 erhöhte die AG ihr Grundkapital von 30 Mio. € auf 36 Mio. €. Der Ausgabekurs der voll dividendenberechtigten jungen Aktien wurde auf 10 € festgesetzt. Der Kurs der alten Aktien vor der Kapitalerhöhung betrug 22 €.

14. Ein Kunde Ihres Kreditinstituts verkauft nom. 6.000,00 € 7 % Anleihen der Bundesrepublik Deutschland von 1996, 01.02., ganzjährig, + 01.02.1999 ff., zum Kurs von 90,65 €. Schlusstag: Donnerstag, 23.01.1999.; act/act.
Kosten: Provision 0,5 % v. KW
Courtage 0,5 ‰ v. NW
Welche Gutschrift erhält der Kunde aus dem Verkauf der Anleihen?

15. Ein Kunde Ihres Kreditinstituts verkauft nom. 10.000,00 € 7%-Anleihen der Bundesrepublik Deutschland von 1996, 01.02., ganzjährig, + 01.02.2000 ff., zum Kurs von 99 %; Schlusstag: Donnerstag, 23.10.1999. Beachten Sie ZAST für Stückzinsen; Zinsberechnung act/act.
Kosten: Provision 0,5 % v. KW Courtage 0,5 ‰ v. NW
Welche Gutschrift erhält der Kunde aus dem Verkauf der Anleihen?

16. Am Montag, 27.01.1999 (Schlusstag), kauft der Kunde bei seiner Bank 500 Aktien der Hoesch AG zum Kurs von 42,24 €.
Courtage 0,5 ‰ v. KW; Provision 0,8% v. KW.

16.1. Erstellen Sie die Abrechnung Ihres Kreditinstituts für den Kunden.

16.2. Die Wertpapiere im Depot des Kunden werden zur Absicherung eines Darlehens in Höhe von 20.000,00 € verpfändet. Neben den 50 Hoesch Aktien hat der Kunde Kommunalobligationen in seinem Depotbestand. Tageskurs der Hoesch Aktien: 42.24 € Tageskurs der Kommunalobligationen: 90 %.
Beleihungssatz für Aktien 60 %, für festverzinsl. Wertpapiere 80 % Welcher Nennwert an Kommunalobligationen muß zusätzlich zu den Hoesch-Aktien verpfändet werden?

17. Im Auftrag eines Kunden kauft Ihr Kreditinstitut am 17.07.1999. (Freitag) 8 000,00 € 7,5% Pfandbriefe F/A + 1.8. ff ; Zinsberechnung act/360
Emittent: Braunschw.-Hann. Hypothekenbank, Hannover;
Laufzeit: 01.02.1984 bis 01.02.2004;
Tilgung in Jahresraten nach Auslosung ab 01.02.1990
Kaufkurs: 105,80%
Rückzahlung: pari, spesenfrei;
Kosten: Provision: 0,4% vom KW
Courtage: 0,5 ‰ vom NW

17.1. Erstellen Sie die Abrechnung für den Kunden.

17.2. Wie hoch ist die Rendite für den Kunden unter Berücksichtigung der Kaufkosten bezogen auf die mittlere Laufzeit?

18. Ein Kunde kauft bei Ihrem Kreditinstitut am Freitag, den 22.02.1998 (Schlusstag), 100 Stück BASF-Aktien zum Stückkurs von 233,00 DM Am 28.06.98 wurde eine Bardividende von 13,00 DM/St. ausgeschüttet

18.1. Wieviel DM hat die Bank dem Depot-Kunden insgesamt gutgeschrieben, wenn dem Kreditinstitut ein Freistellungsauftrag vorlag?

18.2. Wieviel DM wurden gutgeschrieben, wenn kein Freistellungsauftrag vorlag?

Der Kunde verkauft alle 100 BASF-Aktien am Mittwoch, den 04.09.1998 (Schlusstag) zum Stückkurs von 248,00 DM.

18.3. Erstellen Sie die Verkaufsabrechnung!

18.4. Berechnen Sie für den Kunden die Rendite der Anlage vor Steuern! (ohne Spesen); Rendite auf der Basis 30/360.

18.5. Nach dem Verkauf der Aktien legt der Kunde Wert 10.09.1998 23.000,00 DM auf einem Termingeld-Konto an. Wie hoch ist der effektive Zinsfuß, wenn er Wert 10.10.1998 23.143,75 DM gutgeschrieben erhält? Zinsberechnung 30/360.

19. Die Sparkasse Mosbach kauft im Auftrag ihres Privatkunden Ballweg 5%ige Industrieobligationen, A/0 + 1.10. ff. der BASF Ludwigshafen im Nennwert von 70.000,00 €. Die Papiere wurden am Freitag, den 22.07.99 (Schlusstag) zum Kurs von 93,5 % an der Frankfurter Wertpapier-Börse gekauft.
Die Laufzeit begann am 01.04.89 und endet am 01.04.04, wobei die Tilgung in Jahresraten nach Auslosung seit 01.04.94 läuft. Die Rückzahlung durch den Emittenten erfolgt spesenfrei zu pari. Die Sparkasse berechnet 0,4% Provision vom KW (mind. vom NW) bei einer Mindestprovision von 30,00 €. Die Courtage beläuft sich auf 0,4 ‰ vom NW. Stückzinsen act/act; kein Freistellungsauftrag.

19.1. Erstellen Sie die Kundenabrechnung der Sparkasse für Ballweg.

19.2. Welche Effektivverzinsung ergibt sich unter Berücksichtigung der Kosten bezogen auf die mittlere Laufzeit? Renditeberechnung act/act.

20. Ein Kunde der Kreditbank kauft am Dienstag. 20.09.99 (Schlusstag), eine Anleihe in Nennwert von 40.000,00 € zum Kurs von 102,5%; Zinstermine A/0 + 1.10.99 ff. Die Anleihe wurde am 01.04.93 emittiert und mit einem Zinssatz von 6,75% ausgestattet. Sie wird durch Auslosung nach fünf tilgungsfreien Jahren in fünf gleich großen Raten jeweils am 1.4. eines Jahres zum Nennwert getilgt. Freistellungsauftrag liegt vor; Zinsberechnung act/act.

20.1. Erstellen Sie die Kundenabrechnung. (0,4% Provision vom KW; 0,4 ‰ Courtage vom NW)

20.2. Berechnen Sie die mittlere Rendite unter Berücksichtigung der Spesen.

20.3. Der Kunde möchte mit den WP einen Kredit absichern. Beim Kurs von 99% beleihen wir mit 75% des KW. Kredithöhe?

21. Die Lux AG erhöht am 28.04. ihr Grundkapital um 35 Mio € auf 275 Mio €. Für 5 Mio € werden unter Ausschluss des Bezugsrechts Belegschaftsaktien angeboten. Die jungen Aktien sind für das ganze laufende Geschäftsjahr dividendenberechtigt. Der Ausgabekurs beträgt 220,00 €. Das Geschäftsjahr geht vom 1. April bis 31. März.

21.1 Wie hoch ist der rechnerische Wert des Bezugsrechts, wenn die alten Aktien zu einem Börsenkurs von 350,00 € gehandelt werden und für das vergangene Geschäftsjahr eine Bardividende von 13,00 € beschlossen wurde?

21.2 Der Aktionär Florian Gosch hat 95 Aktien der Lux AG in seinem Depot. Der Kaufpreis betrug einschließlich Spesen 30.914,00 €. Gosch möchte 25 junge Aktien erwerben. Erstellen Sie die Abrechnung für den Kauf er forderlichen Bezugsrechte, wenn diese zum Kurs von 12,50 € gehandelt werden. (Maklergebühr 0,6‰; Provision 0,8 % mind. 2,50 €) Berechnen Sie den Kaufpreis der jungen Aktien, wenn der Erwerb provisionspflichtig ist.

21.3 Lux AG schüttet am 01.06. die von der HV beschlossene Dividende aus. Welchen Betrag erhält Herr Gosch gutgeschrieben, wenn er keinen Freistellungsauftrag erteilt hat? (Ohne Solidaritätszuschlag).

21.4 Über welchen Betrag lautet die Steuerbescheinigung der Bank?

21.5 Am 15.10. desselben Jahres verkauft Gosch alle Lux-Aktien zum Kurs von 346,00 €. Berechnen Sie den Verkaufserlös bei 0,86% Spesen.

21.6 Wie hoch war sein Gesamtgewinn in € vor Steuern aus diesem Aktiengeschäft?

22. Der Vorstand einer AG schlägt der Hauptversammlung vor, das Grundkapital um 60 Mio € auf 660 Mio € zu erhöhen. Der Börsenkurs der alten Aktien beträgt vor der Kapitalerhöhung 262,50 € je Aktie. Die jungen Aktien sollen zum Kurs von 180,00 € je Stück ausgegeben werden. Bei einer geplanten Dividende von 9,00 € je alte Aktie sollen die jungen Aktien bereits im Jahr der Kapitalerhöhung voll dividendenberechtigt sein. Geschäftsjahr = Kalenderjahr.

22.1 Wie hoch ist der rechnerische Wert des Bezugsrechts?

22.2 Unser Kunde Hofer besitzt 60 Aktien; er möchte anläßlich der Kapitalerhöhung weitere 120 junge Aktien erwerben. Wieviele Bezugsrechte muß er zukaufen? Erstellen Sie eine Gesamtabrechnung ohne Spesen.

22.3 Ein anderer Kunde besitzt 600 alte Aktien dieser Gesellschaft. Er möchte wissen, wieviele junge Aktien er für 10.000,00 € kaufen kann.

22.4 Auf der HV verlangt ein Aktionärsvertreter, die Kapitalerhöhung in einem Verhältnis 8 : 3 vorzunehmen und die jungen Aktien zu 75,00 € auszugeben. Wieviel € bringt dieser Vorschlag der AG zusätzlich gegenüber dem eingangs erwähnten Vorschlag des Vorstandes.

8.7 Kreditrechnen

Stofftelegramm

Effekten als Kreditsicherheiten

Das Europäische System der Zentralbanken akzeptiert seit 1999 im Rahmen der Geldmengensteuerung bonitätsmäßig einwandfreie und marktfähige Schuldverschreibungen, Aktien und Kreditforderungen als Pfänder gegen Kreditgewährung. Die Kreditlaufzeiten bewegen sich zwischen zwei Wochen und drei Monaten. Die Beleihungsgrenzen sind abhängig von der Bonität und aus eigens dafür veröffentlichten Listen zu entnehmen. Eine wichtige Rolle spielt künftig der Tages- bzw. Zeitwert, d.h. festverzinsliche Wertpapiere werden ausgehend vom ausmachenden Betrag bewertet.
Kreditinstitute werden auch künftig meist über die Pfandklausel der AGB ihre Zugriffsmöglichkeiten auf die Depots der Kreditnehmer offen halten.
Bei einzelvertraglichen Verpfändungen von Kundenpapieren, werden die Beleihungssätze für festverzinsliche Wertpapiere zwischen 70 und 90% liegen, für Aktien bei 40 bis 60% der Kurswerte.
Kredithöhe = Wert des Pfandobjekts * Beleihungssatz / 100

Immobilien als Kreditsicherheit

- **Bodenwert + Bauwert = Sachwert**
- **Einnahmen aus der Immobilie bewertet zum Kapitalmarktzins = Ertragswert**
- **Sachwert + Ertragswert : 2 = Beleihungswert**

Die Beleihungsgrenze hängt vom Einzelfall ab. Welche Einzelheiten bei der Ermittlung der Werte berücksichtigt werden, ist vor allem Sache der beteiligten Vertragspartner. Insgesamt ist die Berechnung der Kreditwürdigkeit auf der Basis von Immobilien eher ein betriebswirtschaftliches Problem, bei dem das Rechenhafte zur Entscheidungsfindung allenfalls beiträgt. Das folgende Beispiel ist diesen Vorbehalten unterworfen.
Ein Kunde legt ein Angebot über die Erstellung eines Zweifamilienhauses vor. Der Gesamtpreis beläuft sich auf 340.000,00 €. Der Architekt sichert die Einhaltung des Kostenvoranschlags zu. Die Wohnfläche im Erdgeschoss (Eigennutzung) beträgt 120 m^2, die Wohnfläche im Obergeschoß 100 m^2; die Kubatur beträgt 1400 m^3. Es handelt sich um eine bessere Ausstattung; für die Außenanlagen und zwei Garagen sind 20.000,00 € vorgesehen.

- Das Grundstück wurde vor 5 Jahren erworben. 800m^2 zu je 250,00 DM. Die Finanzierung erfolgte u.a. über einen Grundschuldkredit in Höhe von 80.000 DM. Der Kredit ist inzwischen zurückgeführt.
- Für den Bauort gelten folgende Daten:
- Wert des Baugrundes einschließlich Erschließung liegt bei 150,00 € pro m^2.
- Bei gehobener Ausstattung nehmen wir Baukosten von 225,00 € pro m^3 an.
- Der Mietertrag pro m^2 kann mit 7,50 € angesetzt werden; pro Garage rechnen wir mit 30,00 € monatlich; die Bewirtschaftungskosten sollen pauschal 20% des Mietwertes ausmachen.

Berechnung des Beleihungswertes bei einem Kapitalisierungszinsfuß von 4% und einer Beleihungsgrenze von 70% des Mittelwertes zwischen Sach- und Ertragswert.

<u>**Berechnung nach Kubaturvergleichszahlen**</u>:

Bodenwert	+	Bauwert	+	Außenanlagen	=	Sachwert
800 * 150	+	1400 * 225	+	20.000	=	455.000 €

Berechnung nach konkreten Baukosten (Abschläge sind von Fall zu Fall denkbar)

800 * 150	+	340.000	+	20.000	=	480.000 €

Berechnung des Ertragswertes

Mieterträge (Wohnungen + Garagen) - 20% Kosten = Jahresertrag

220m^2 * 7,50 € * 12 Mon + 720,00 € – 4.104,00 € = 16.416,00 €

Kapitalisierung zu 4%, d.h. 16.416,00 * 25 = 410.400,00 € Ertragswert

(Sachwert	**+**	**Ertragswert) : 2**	**=**	**Mittelwert**
(455.000,00	**+**	**410.000,00) : 2**	**=**	**432.500,00 €**

Da die Beleihungsgrenze bei 70% liegen soll, ist ein Höchstkreditbetrag von 302.000,00 € möglich. Da der Bauherr das Grundstück schon voll bezahlt hat, könnte er nach diesen Zahlen das Objekt voll fremd finanzieren. Die Rechnung muss jedoch solange praxisfremd bleiben, bis ein konkretes Projekt mit konkretem Kreditnehmer zu berechnen ist. Vor allem die Kreditwürdigkeit und Tilgungsfähigkeit des Kreditnehmers spielen ebenso eine Rolle, wie die Sicherheit des Arbeitsplatzes.

Abrechnung von Ratenkrediten

Ein Ratenkredit über 10.000,00 € für 48 Monate zu 0,51% pro Monat und 2% Bearbeitungsgebühr.

Berechnung des Rückzahlungsbetrages

Kreditauszahlung	10.000,00 €
+ Zinsen 48 * 0,51 = 24,48%	2.448,00 €
+ Bearbeitungsgebühr 2%	200,00 €
Rückzahlungsbetrag	12.648,00 €

Monatsrate

12.648,00 : 48 = 263,50 €

Zins- und Tilgungsanteil pro Monatsrate

10.000,00 : 48 = 208,33 € Tilgungsanteil
2.648,00 : 48 = 55,17 € Zinsanteil

Effektivverzinsung (Näherungsformel)

$$\text{Effektivzinssatz} = \frac{24\ (\text{Monatszinssatz x Laufzeit + Gebührensatz})}{\text{Laufzeit + 1}} \quad \frac{24(0{,}51 * 48+2)}{48+1} = 12{,}97\ \%$$

Die Effektivverzinsung ist nach der Preisangabeverordnung nach finanzmathematischen Methoden zu ermitteln und anzugeben. Verglichen mit der Näherungslösung ergeben sich minimale Differenzen.

Aufgaben

1. Ein Kunde verpfändet bei seiner Bank folgende Wertpapiere:
   nominell 3 Mio € 7,5% Bundesanleihe, Kurs 101,5% (75%)
   nominell 1,5 Mio € 6 % Bahnanleihe, Kurs 97 % (75%)
   nominell 1 Mio € Schatzwechsel (90%)
   Ermitteln Sie die Höhe des (auf Hundert gerundeten) Lombardkredits
2. Ein Kunde benötigt einen Kredit über 60.000,00 €. Er hat in seinem Depot 9 %-Anleihen, Kurs 105 %, Stückelung beträgt 1000 € NW; der Beleihungssatz sei 80 %. In welcher Höhe muß der Kunde verpfänden? Der Kurs der Anleihe geht auf 98 % zurück; welchen NW muß der Kunde zusätzlich als Sicherheit bringen?
3. Ein Kunde unserer Bank hat 2 000 Stück A-Aktien zum Kurs von 58,00 € pro Stück gekauft. Zur teilweise Finanzierung hat der Kunde über Verpfändung der Aktien einen Kontokorrentkredit aufgenommen. Die Bank setzte den Beleihungssatz auf 60 % fest.
   Im Rahmen eines Börsencrashs fiel die A-Aktie auf 32,40 €.
   3.1 In welcher Höhe ist der Kredit nach dem Crash ungesichert, wenn der Beleihungssatz auf 40 % zurückgenommen wird?
   3.2 Wieviel Aktien müßte der Kreditnehmer als Sicherheit nachschieben?

4. Ein 20 Jahre altes Haus wird umgebaut. Die Wohnfläche von 116 qm soll auf 150 qm vergrößert werden. Zum umbauten Raum von 650 cqm sollen 200 cqm hinzukommen. Es wird mit 200.000,00 € Baukosten gerechnet. Kann das Objekt mit zusätzlich 120.000 € dinglich belastet werden, wenn eine Restgrundschuld über 20.000,00 € besteht?
   Grundstückswert 150.000,00 €
   Preis pro cqm des Anbaus 1.000,00 €
   Wert pro cqm des ganzen Baus nach Renovierung. laut. Baugutachten 450,00,€
   Abschreibung des Gebäudes 2 % pro Jahr; Risikoabschlag 10 %; Mietrohertrag pro Monat 1.600,00 €; Bewirtschaftungskosten 15 %, Kapitalisierung 4 %; Beleihungssatz 80 %. Berechnen Sie den Darlehenshöchstbetrag.
5. Eine Eigentumswohnung mit 5 Zimmern, 125 qm Wohnfläche, 30 qm Dachterrasse, Tiefgaragenstellplatz, 25 qm Kellerraum ist zur Zeit für 1.500,00 € monatlich vermietet. wieviel kann ein Kapitalanleger höchstens dafür bieten, wenn er eine 5 % Verzinsung seines Kapitals erwartet? Wie ist die Frage zu beantworten, wenn der Kapitalanleger die Wohnung zu 15,00 € pro qm neu vermieten kann. Nebenräume zählen halb; der Stellplatz wird mit 80,00 € gerechnet.
6. Ein Ratendarlehen über 9.000,00 € wird in 30 Raten getilgt. Zinssatz 0,48 % p.M., Bearbeitungsgebühr 2 %. Erstellen Sie einen Tilgungsplan, wenn die Raten 1 bis 29 auf volle 10,00 € aufgerundet werden und die letzte Rate Ausgleichsrate sein soll. Berechnen Sie außerdem den entsprechenden Jahreszinsfuß.
7. Ein Kunde hat für ein Anschaffungsdarlehen über 25.000,00 € in 48 Monatsraten insgesamt 29.120,60 € zurückzahlen müssen. Zu welchem Zinssatz nahm er das Darlehen auf, wenn die Bank eine Bearbeitungsgebühr von 2 % berechnet?
8. Berechnen Sie den Höchstbetrag eines Anschaffungsdarlehens, wenn die Monatsraten auf 420,00 € begrenzt sind; Laufzeit 36 Mon., Zinssatz 0,42 % p.M.; Bearbeitungsgebühr 2 %.
9. Bei sofortiger Barzahlung erhält der Käufer eines DV-Systems einen Rabatt von 20 % auf den Listenpreis von 30.000,00 €. Diesen Preis kann er zu 30 % mit eigenen Mitteln begleichen. Den Rest finanziert er über einen Ratenkredit, den er monatlich mit 800,00 € bedienen kann.
   9.1. Ermitteln Sie die Laufzeit des Kredits, wenn ein Zinssatz von 0,48 % p.M. und 2 % BAG in Rechnung gestellt werden.
   9.2 Wie hoch ist der Effektivzinssatz?
10. Ein Kunde beantragt ein Anschaffungsdarlehen in Höhe von 25 000 €.
   Konditionen: 0,4 % p.M., 2 % Bearbeitungsgebühr.
   Die mögliche Monatsbelastung beträgt max. 550,00 €.
   10.1 Welche Laufzeit muß vereinbart werden?
   10.2 Effektivzinssatz?
   10.3 Monatsrate bei 60 Monaten Laufzeit? d) Effektivzins?
11. Ein Kunde benötigt für die Finanzierung seines neuen PKW ein Anschaffungsdarlehen in Höhe von 16.000,00 €. Die Bank gibt den Kredit zu folgenden Bedingungen:
   2 % Bearbeitungsgebühr,
   0,35 % Zinsen p.M.; Auszahlung 100%
   Rückzahlung in 30 Monatsraten, beginnend 1 Monat nach Auszahlung.

11.1 Wie hoch ist die vom Kunden zu zahlende Monatsrate?

11.2 Der Kunde kann max. 420,00 € monatlich bezahlen. Wie lange läuft jetzt das Darlehen?

12. Ein Kunde will für die Rückzahlung eines Ratendarlehens monatlich nicht mehr als 200 € aufbringen. Ermitteln Sie die Laufzeit eines Darlehens über 5.000 € zu 0,3 % Zins p.M. bei einer Bearbeitungsgebühr von 2 % .
Erstellen Sie den Tilgungsplan, wenn die letzte Rate als Ausgleichsrate dienen soll und die vorhergehenden Raten jeweils 200 € betragen.

13. Ein Kunde wünscht ein langfristiges Darlehen über 60.000,00 €, das er in gleichbleibenden Annuitäten zurückzahlen will. Konditionen: 97 % Auszahlung; 8 % p.a.; 1 % Tilgung. Der Tilgungsanteil steigt um die ersparten Zinsen. Der Disagiobetrag wird als zusätzliches Tilgungsstreckungsdarlehen zur Verfügung gestellt; es ist mit 9 % zu verzinsen und in zwei gleich großen Jahresraten zu tilgen. Die Tilgung des Hauptdarlehens beginnt ebenfalls im 1. Jahr. Der Kunde bittet Sie um eine tabellarische Übersicht bis zum Beginn des 4. Jahres, aus der zu ersehen sind: jeweilige Restschuld, Zinsen, Tilgung, Belastungen insgesamt.

14. Ein Kunde erhält ein Annuitätendarlehen von 150.000,00 € bei 7 % Zinsen und 6 % Tilgung p.a.. wieviel ersparte Zinsen kommen in den ersten 5 Jahren der Tilgung zugute?

15. Stellen Sie den Tilgungsplan für die ersten 5 Jahre für folgendes Annuitätendarlehen auf:
200.000,00 €; 5,5 % Zinsen; 2 % Tilgung; Damnum 3%

15.1. Gehen Sie zunächst davon aus, daß die Auszahlung abzüglich Damnum erfolgt, also bei Auszahlung "bezahlt" wird.

15.2. Stellen Sie nun einen Tilgungsplan auf, wenn das Damnum als vorweg zu tilgendes Zusatzdarlehen mit ausbezahlt wird. Das Damnum wird in 3 gleichen Jahresraten zusätzlich zur Annuität zurückbezahlt und mit 5,5 % verzinst.

15.3 Wie sieht der Tilgungsplan aus, wenn das Damnum innerhalb der ganz gewöhnlichen Annuität zurückbezahlt wird? Achten Sie auf die dann angenommene Kredithöhe.

16. Für ein grundbuchlich gesichertes Darlehen war im 1. Jahr die Zinsbelastung 51.300,00 € und die Annuität 62.100,00 €. Wie groß waren bei gleicher Annuität im 2. Jahr die Zinsen und die Tilgungsrate, wenn der Darlehensnehmer zu Beginn des 2. Jahres 529.200,00 € der Bank schuldet? Darlehenszinssatz?

17. Ein Kreditinstitut nimmt einen Lombardkredit in Höhe von 5 Mio € auf. Dafür wurden 3 Mio € BRD-Anleihen mit einem Kurswert von 94% zu 75% beliehen. Wieviel Bundesobligationen zum Kurs von 104% beim gleichen Beleihungssatz noch zur Verfügung gestellt werden?

18. Ein Darlehen wird mit 20.000,00 € ausgezahlt. Der Schuldner zahlt nach zwei Monaten 5.000,00 € zurück, nach einem weiteren Monat 7.500,00 € und nach weiteren 20 Tagen den Rest. Der Gläubiger berechnet insgesamt 500,00 € Zinsen. Welcher Zinssatz lag der Berechnung zugrunde?

19. Ein Kunde beantragt einen Konsumkredit über 5.600,00 € zu folgenden Bedingungen: Zinsen pro Monat: 0,5%; Gebühren 2 %.
Machen Sie dem Kunden einen Tilgungsvorschlag, wenn für ihn eine monatliche Rate von höchstens 200,00 € in Frage kommt.

8.8 Währungs- und Devisenrechnen

Stofftelegramm

Sorten- und Devisenabrechnungen

Seit 01.01.1999 leben wir in „Euroland". Für die Devisen- und Sortenrechnung ergeben sich wichtige Änderungen. So gilt nicht mehr die Preisnotierung für ausländische Währungen
(Wieviel kosten 100/1000/1 Geldeinheit(en)?),
sondern die europäische Mengennotierung
(Wieviel ausländische Geldeinheiten für 1 €?).
Allerdings werden die Kurse für den Bargeld(Sorten)bereich und für die Devisengeschäfte mit Privatkunden meist noch in Preisnotierungen umgerechnet, Wir unterscheiden künftig grundsätzlich: (die Banken verfahren zur Zeit noch unterschiedlich)

- 11 Währungen, die fest mit dem € verbunden sind, damit Euroland repräsentieren und im Jahre 2002 in den € als alleinige Währung eingehen.
- Andere Währungen, deren Kurse gegenüber dem € schwanken können, die also dem € gegenüber flexible Wechselkurse haben, als Mengennotierung.
- Direkte Wechselkurse zu den 11 Eurowährungen gibt es in den Euroländern nicht mehr; sie sind über den festgelegten €-Kurs zu ermitteln.
- Sie werden aber bis zum Jahre 2002 als Berechnungsergebnis der Banken in Publikationen veröffentlicht – als Mengen- und Preisnotierung.
- Im Privatkundengeschäft und bei Geschäften, die nicht auf €-Basis abgeschlossen sind, wird bis auf weiteres die abgeleitete Preisnotierung dominieren und zwar mit Geld- und Briefkurs.

Devisenkurse zum Start des €

Euroland	Mengennotierungen am 02.06.00 für wichtige Währungen		
1 € entspricht	1 € entspricht		
		Geld	Brief
1,95583 DEM	USD	0,9320	0,9380
40,3399 BEF	AUSD	1,6210	1,6410
5,94573 FIM	GBP	0,6228	0,6268
6,55957 FRF	CHF	1,5704	1,5744
0,787564 IEP	DKK	7,4437	7,4837
1936,27 ITL	NOK	8,2840	8,3320
2,20371 NLG	SEK	8,3240	8,3720
13,7603 ATS	JPY	101,27	101,750
200,482 ESP	Dr	334,00	340,00
166,386 PTE	CAD..........	1,3879	1,3999

DevisenKurse für Nicht €-Währungen: Handelsobjekt ist der €!

Beispiel CHF (Wieviel CHF für 1 €)
1,5704 ⟶ Geldkurs = Hergabe von Währung gegen € für Nichtbanken

1,5724 →	Referenzkurs	= Kurs wird als Durchschnitt von ausgewählten Banken berechnet und von der EZB börsentägllich bekanntgegeben
1,5744 →	Briefkurs	= Hergabe von € gegen Währung

Für die Banken ist künftig ausschließlich der **Referenzkurs** Maßstab für Geschäfte mit Kunden und unter Banken. Welche **Briefkurse** einzelnen Devisenverkäufen und welche **Geldkurse** einzelnen Devisenankäufen zugrundeliegen, ist allein Sache der Verhandlungspartner.

Achtung!

- Bei der angelsächsischen **Mengennotierungen** liegt der Briefkurs unter dem Geldkurs! Fragestellung ist: „Wieviel hat der Kunde in fremder Währung aufzubringen, um einen GBP in England (Geld) zu erhalten – Geldkurs." Er bezahlt z.B. 1,6057 € für 1 GBP.
- „Wieviel erhält der Kunde in fremder Währung (Brief), wenn er ein GBP in England zur Bank bringt – Briefkurs." Er bekommt pro € 0,6228 GBP ausbezahlt.

Bei der angelsächsischen Mengennotierung ist die **Fremdwährung Handelsobjekt**. Und dann gilt: Nur wenn der Geldkurs über dem Referenzkurs liegt und der Briefkurs darunter, können Banken Kurserfolge erwirtschaften!

Sichtkurse = Scheckankaufskurs (Handelsobjekt ist der €)

Briefkurs (1,5744) **+ halbe Spanne** (0,0020) = Sichtkurs (1,5764)
(Spannengröße muss sich noch herausstellen; andere Abschlagsmöglichkeiten sind gegeben)

Sortenkurse

Die Sortenkurse werden vorläufig meistens als **Preisnotierungen** angeboten. Zu diesem Zwecke werden die Mengennotierungen umgerechnet. Grundlage für die Umrechnung ist der jeweilige Referenzkurs, d.h. in Zukunft gibt es für **Eurowährungen** **nur noch einen** **Kurs als An- und Verkaufskurs**. Bei Sortenverkäufen bezahlt der Kunde z.B. 3% als Transferpreis. Dies erledigt sich mit dem 1.1.2002.
Für **Nicht-Eurowährungen** werden weiterhin Geld- und Briefkurse als **Mengen- oder/und Preisnotierung** ausgewiesen.

1. Beispiel: Preisnotierung für den FRF auf der Basis der festgelegten Wechselkursrelation zum €: 1 € = 6,55957 FRF bzw. 1,95583 DM)

Lösung über den Kettensatz:

X DM	für	100 FRF
6,55957 FRF	für	1 €
1 €	für	1,95583 DM

$$X = \frac{100 * 1{,}95583}{6{,}55957} = 29{,}816436 \text{ DM}$$

100 FRF kosten 29,82 DM + 3% Verkaufs-, bzw - 3% Ankaufsprovision
Der Wechselkurs bleibt bis zur Verschmelzung der Währungen 2002 unverändert

2. Beispiel: Preisnotierung für den CHF auf der Basis des mengennotierten Wechselkurses zum €: 1 € = 1,5724 CHF bzw. 1,95583 € (festgelegte Wechselkursrelation)

Lösung über den Kettensatz:

X DM	für	100 CHF
1,5724 CHF	für	1 €
1 €	für	1,95583 DM

$$X = \frac{100 * 1{,}95583}{1{,}5724} = 124{,}38501 \text{DM}$$

Referenzkurs des CHF als Preisnotierung ist 124,385 DM für 100 CHF. daraus abgeleitet liegt der Briefkurs bei 124,53, der Geldkurs bei 124,23.
Der Wechselkurs des CHF kann börsentäglich schwanken.

Gebühren bei Devisenabrechnungen (Nicht €-Währungen)

Bei Fremdwährungsreiseschecks und Fremdwährungsschecks gilt für den Ankauf der Sichtkurs(frei vereinbar). Es werden Provision bzw. Abwicklungsgebühr und Courtage berechnet, wobei jeweils Mindestgebührensätze gelten. Beim Tausch € gegen Fremdwährung wird zum Geldkurs (Mengennotierung) abgerechnet zuzüglich Provision und Courtage (0,25 ‰).

ec-Schecks, im Ausland in Fremdwährung ausgestellt, werden zum Geldkurs (Mengennotierung Fremdwährung gegen €) umgerechnet zuzüglich 1,75 % Prov. (mind. 2,50 DM).
Bei Überweisungen ins Ausland (Tausch € gegen Fremdwährung) wird zum Geldkurs, bei Überweisungen aus dem Ausland (Tausch Fremdwährung gegen €) zum Briefkurs abgerechnet; es werden Abwicklungsgebühr und Courtage berechnet. Die Möglichkeit der freien Vereinbarung von Geld- und Briefkursen sowie der Provisionssätze bedingt Aufgabenstellungen mit genauer Angabe der jeweils gültigen Konditionen.

Ausgleichsarbitrage

300.000,00 CHF sollen veräußert werden; Kurs des CHF gegenüber € in Deutschland 1.5724, Kurs in der Schweiz 80,48 CHF/100 DM, Basis sind hier die Referenzkurse; in der Schweiz gilt die Preisnotierung.

Lösung über den Kettensatz:

100 ∗ 1,95583 : 1,5724 = 124,38501 DM pro 100 CHF (Preisnotierung)

X DM	für	100 CHF
80,24 CHF	für	100 DM

$$\text{Paritätskurs} = \frac{100 \text{ x } 100}{80{,}48}$$ = 124,25 DM, d.h. 0,13 DM pro 100 CHF weniger als in D.

Vor der Ermittlung des Paritätskurses ist der Kurs für den € in eine Preisnotierung für die Fremdwährung (hier CHF) umzurechnen.

Neben der Ausgleichsarbitrage werden örtliche und zeitliche Arbitragegeschäfte getätigt. Grundlage sind immer unterschiedliche Wechselkurse an verschiedenen Devisenbörsen, die genutzt werden

Aufgaben

Wenn keine Kurse angegeben sind, wählen Sie die oben angegebenen Kurse

1. Einige Aufgaben zum €-Einüben
   1.1. Welcher Preisnotierung entspricht die Mengennotierung für den NLG?
   1.2. Wenn der Referenzkurs für den USD von 0,9340 auf 0,9290 sinkt, welche Auswirkungen hat dies auf die abgeleitete Preisnotierung? Interpretieren Sie.
2. 2.1.. Der Referenzkurs der DKK beträgt 7,4501. Berechnen Sie die Preisnotierung in Deutschland und in Dänemark.
   2.2. Entwickeln Sie aus dem festen Kurs der DM zum € Geld- und Briefpreisnotierungen für den FRF, den CHF und dem GBP. Legen Sie die Spanne auf 0,25% fest! (per 02.06.00).
3. Ein Unternehmer erkundigt sich vor seiner Abreise nach Belgien bei seiner deutschen Bank nach der Kurssituation. Er entschließt sich daraufhin, 6.500,00 DM umzutauschen. Wieviel BEF erhält er bei 3% Transferpreis?
4. Der Deutsche Kai Krumpel kauft in einem Schweizer Schmuckgeschäft Schmuck zum Gesamtpreis von 8.100,00 CHF. Weil er lediglich 8.000 CHF besitzt, bezahlt er zusätzlich mit einem 500-DM-Schein. Wieviel CHF gibt der Schmuckhändler zurück, wenn er mit dem geltenden Züricher DM-Kurs von 83,00 rechnet? Kai Krumpel reist anschließend nach Österreich und wechselt die vom Schmuckhändler erhaltenen CHF in ATS um. Wieviel ATS erhält er, wenn der CHF in Wien mit 850,00 notiert?
   Vor seiner Rückreise verfügt Krumpel noch über 800,00 ATS. Er hat die Möglichkeit, diesen Betrag noch in Wien bei Kursen von 701,50/705,50 oder erst in Stuttgart zum Kurs von 14,23 in DM umzutauschen. Welche Entscheidung wird er treffen, wenn in Deutschland 3% Transferpreis berechnet werden?
5. Für eine Geschäftsreise nach Schweden wurden 5.000,00 DM umgetauscht. Mit welchem Kurs rechnete die Bank in Deutschland, wenn sie 25.432,00 SEK ausbezahlt hatte?
6. In Norwegen werden DM mit 456 (Geld) und 464 (Brief) notiert. Ein deutscher Geschäftsmann tauscht in Norwegen 6.000,00 DM in NOK um. Wie lautet der Kurs in Deutschland, wenn der Geschäftsmann beim Umtausch 180,00 DM weniger bekommen hätte? Welcher Transferpreis wurde in Deutschland berechnet?
7. Ein Unternehmen in Frankfurt liefert an die US-Armee in Deutschland Ersatzteile im Wert von 850,00 USD. Wieviel DM erhält es dafür bei seiner Bank.
8. Ein Urlauber erhält von seiner Bank in Deutschland 1.500 GBP für 4.100 DM. Beim Tausch in England hätte er 18,50 GBP weniger erhalten
   8.1. Mit welchem Kurs hat seine Bank gerechnet?
   8.2. Mit welchem Kurs hätte die Bank in England abgerechnet?
9. Eine Kreditkartenorganisation belastet einen Kunden nach einem Österreichurlaub für eine Hotelrechnung Über 12.000,00 ATS mit 1.733,21 DM. Darin sind 1,5% Umrechnungsgebühr enthalten. Welcher Kurs liegt der Bela

stung zugrunde? Welche Abweichung vom Referenzkurs?

10. Ein englischer Tourist tauscht auf der Durchreise in Düsseldorf 250 britische Pfund in französische Francs um. Wieviel FRF bekommt er ausbezahlt?
In Frankreich benötigt er noch für weitere 120 GBP Bargeld. Die Bank in Paris gibt ihm dafür 1.071 FRF. Mit welchem Kurs hat sie gerechnet, wenn 3% Gebühren abgezogen wurden? Wie lautet der zugehörige Paritätskurs (unter Berücksichtigung der Gebühren) in London?

11. Ein Urlauber, auf der Durchreise von Dänemark nach Italien, möchte 2.000,00 DKK in Deutschland in ITL umtauschen (Gebühren vernachlässigen).

12. Ein Firmenkunde überweist 50.000,00 CHF zu Lasten seines DM-Kontokorrent nach Zürich. Erstellen Sie die Abrechnung für den Kunden gemäß Notierungen vom 02.06.00. (0,15% Bearbeitungsgebühr (mind. 10 DM) 0,25‰ Courtage (mind. 3 DM)11,60 DM Spesen).

13. Ein deutscher Geschäftsmann erwarb Anfang 1996 einen Geschäftsanteil von 650.000,00 FRF an einer Pariser Firma. Sein Gewinn betrug 1998 165.360,00 FRF und war damit um 6% höher als im Vorjahr. 1997 hatte er einen Gewinnrückgang von 16 2/3 % zu verkraften.

14.1 Wie hoch waren die Gewinne 1996 und 1997?

14.2 Mit wieviel DM hat sich der deutsche Geschäftsmann 1996 engagiert, wenn damals folgende Kurse galten, und er den günstigsten gewählt hatte?

Frankfurt:	29,36 / 29,52
Paris:	338,95 / 340,6

14. Das Schuhhaus Lohmann erhält von einem Kunden einen Scheck über 400 US-Dollar. Frau Karin Lohmann bringt diesen Scheck sofort zu ihrer Hausbank und bittet um Barauszahlung des Gegenwertes in Französischen Franc (FRF). Wieviel FRF erhält Frau Lohmann?
Verwenden Sie die Kurse vom 02.06.. und gehen Sie beim Tausch in FRF vom Referenzkurs aus, abzüglich 3%.

15. Ein Industrieunternehmen kalkuliert den Preis einer Maschine für den Export nach Portugal mit 33.217,00 DM. Im Kaufvertrag wurde ein Zahlungsziel von 3 Monaten vereinbart. Die Fakturierung erfolgt in Escudos.
Für den Escudo gilt der Kassa- Referenzkurs mit einer Spanne von 2 PTE und einem Deport für Termindevisen von 3,5 PTE.:
In den Rechnungsbetrag werden 1/8 % Abwicklungsgebühr, 1/4 ‰ Courtage sowie die Kurssicherungskosten einkalkuliert. Über welchen PTE-Betrag muß die Rechnung lauten?

16. Die LIST-Bank AG kauft von einem Kunden einen Währungsscheck über 8.650,00 USD an; Kurse vom 02.06.2000.
Konditionen :
Abwicklungsgebühr 1,5 ‰ (mind. 10,00 DM)
Courtage 0,25 ‰ (mind. 2,00 DM)
Sichtkurs (Aufschlag bei Mengennotierung 1/2 Spanne Geld / Brief)
Erstellen sie die Abrechnung für den Kunden!

17. Ein Geschäftsmann hat von einer Reise noch 2.450,00 CHF übrig. Er überlegt, ob er besser in der Schweiz oder in Deutschland umtauscht.
Wie hoch ist sein Vorteil beim günstigeren Umtausch?
Kurse in Zürich: 82,58/82,64
Gebühren bleiben unberücksichtigt.

9 Allfinanz: Prüfungsaufgaben 1997-2000

9.1 Allfinanz Prüfungsaufgabe 1997

9.1.1 Immobilienwirtschaft und Bausparen

Die Kurpfalz-Bauträger AG hat von einer Erbengemeinschaft ein 9.000 m2 großes Grundstück erworben und ist bereits als Eigentümerin im Grundbuch eingetragen. Auf dem Grundstück soll eine Wohnanlage mit 60 Wohnungen entstehen.

1 Das Grundstück gilt als Bauerwartungsland.
1.1 Geben Sie an, aus welcher Unterlage dies ersichtlich ist.
1.2 Beschreiben Sie, wie aus Bauerwartungsland Bauland wird.
1.3 Vor dem Baubeginn soll das Baugebiet erschlossen werden.
1.3.1 Erklären Sie den Begriff Erschließung.
1.3.2 Wer hat die Kosten dafür zu tragen?
1.4 Nennen Sie drei Regelungen für die Bebauung des Grundstücks nach der Baunutzungsverordnung.

2 Die Wohnungen sollen verkauft werden.

2.1 Beschreiben Sie, welche rechtlichen Schritte zum Erwerb einer Wohnung dieser Wohnanlage nötig sind.
2.2 Erläutern Sie die Arten des Eigentums nach dem Wohnungseigentumsgesetz.
2.3 Geben Sie drei typische Regelungen an, die die Nutzung des Eigentums beschränken.
3 Eine Wohnung von 75 m2 soll einschließlich Stellplatz in der Tiefgarage 325.000,00 DM kosten.

3.1 Wie ermittelt eine Bank den Beleihungswert dieser Wohnung, wenn sie vom Eigentümer selbst genutzt wird?
3.2 Geben Sie zwei Beispiele mit Betragsangaben für Anschaffungsnebenkosten an, wenn die Wohnung direkt vom Bauträger erworben wird.

4 Ein Interessent für eine andere Wohnung zum Kaufpreis von 330.000,00 DM bittet um eine Finanzierungsberatung. Er verfügt über 70.000,00 DM Barmittel und über einen Bausparvertrag über 100.000,00 DM (50 % Tarif), auf dem bereits 45.000,00 DM angespart sind.
4.1 Berechnen Sie die erforderliche Restfinanzierung durch Bankdarlehen bei einem Finanzierungsbedarf von 340.000,00 DM unter Berücksichtigung der Zwischenfinanzierung des Bausparvertrages durch die Bausparkasse.
4.2 Prüfen Sie, ob diese Finanzierung darstellbar ist. Weisen Sie das Ergebnis rechnerisch nach.
4.3 Beschreiben Sie allgemein die Belastung des Kreditnehmers aus dem Zwischenkredit und nach Zuteilung des Bausparvertrages.

9.1.2 Versicherungslehre

1 Der verheiratete Angestellte Karlheinz Schultes überlegt sich den Abschluss einer gemischten Lebensversicherung (Versicherungssumme 150.000,00 DM). Herr Schultes erhält zwei Angebote. Die beiden Angebote unterscheiden sich durch eine unterschiedliche Gewinnverwendung:
- Angebot 1: Bonussystem
- Angebot 2: verzinsliche Ansammlung

1.1 Erläutern Sie diese beiden Gewinnsysteme.

1.2 Welches der beiden Systeme ist für den Versicherungsnehmer im Erlebensfall günstiger? (Begründung)

1.3 Empfehlen Sie zwei weitere Möglichkeiten der Gewinnverwendung. (Begründung)

2 Peter Knosp möchte eine private Rentenversicherung abschließen.

2.1 Was versteht man in diesem Zusammenhang unter einer "aufgeschobenen Leibrente"?

2.2 Herr Knosp wundert sich, dass die Beiträge zu einer privaten Rentenversicherung für Männer und Frauen unterschiedlich hoch sind. Für wen sind die Beiträge höher? (Begründung)

2.3 Wie werden die Renten aus einer privaten Rentenversicherung einkommensteuerrechtlich behandelt?

2.4 Sind in der privaten Rentenversicherung aufgrund der ungünstigen Bevölkerungsentwicklung die gleichen Finanzierungsprobleme zu erwarten wie in der gesetzlichen Rentenversicherung? (Begründung)

3 Für die Kraftfahrtversicherung ist das Pflichtversicherungsgesetz eine wichtige gesetzliche Grundlage. Darin spielt der Schutz des Verkehrsopfers eine große Rolle. Erläutern Sie dazu zwei Bestimmungen.

4 Die Finanzassistentin Sonja Fuchs, 22 Jahre alt, kauft sich am 18. Juli ihr erstes gebrauchtes Auto. Den Führerschein besitzt sie seit ihrem 18.Geburtstag.

4.1 Ermitteln Sie anhand folgender Tabelle den Beitragssatz, den Sonja Fuchs zu zahlen hat. (Begründung)

Schadensfreiheitsklassen

Dauer des schadenfreien und ununterbrochenen Verlaufs (Pkw)	Schadenfreiheitsklasse	Beitragssatz in %
18 und mehr Kalenderjahre	SF 18	30
17 Kalenderjahre	SF 17	35
16 Kalenderjahre	SF 16	35
15 Kalenderjahre	SF 15	35
14 Kalenderjahre	SF 14	40
13 Kalenderjahre	SF 13	40
12 Kalenderjahre	Sf 12	40
11 Kalenderjahre	SF 11	40
10 Kalenderjahre	SF 10	40
9 Kalenderjahre	SF 9	45
8 Kalenderjahre	SF 8	45
7 Kalenderjahre	SF 7	50
6 Kalenderjahre	SF 6	55
5 Kalenderjahre	SF 5	60
4 Kalenderjahre	SF 4	65
3 Kalenderjahre	SF 3	70
2 Kalenderjahre	SF 2	85
1 Kalenderjahr	SF 1	100
Fälle gem. TB-KH Nr. 16	SF 1/2	125
Anfänger	SF 0	260

4.2 Der Versicherungsvertreter schlägt Sonja Fuchs eine Rückdatierung ihres Kfz-Haftpflichtversicherungsvertrages vor.

4.2.1 Was versteht man unter Rückdatierung?

4.2.2 Auf welchen Termin müsste die Rückdatierung erfolgen, um für Frau Fuchs vorteilhaft zu sein? (Begründung)

5 Herr Günther Grether hat für seinen zwei Monate alten Pkw eine Fahrzeugvollversicherung (650,00 DM Selbstbeteiligung) mit Teilversicherung (300,00 DM Selbstbeteiligung) abgeschlossen.Er stellt sein ordnungsgemäß verschlossenes Fahrzeug am 23. April 1997 auf einem öffentlichen Parkplatz ab. Als er am Tag darauf wegfahren will, ist es nicht mehr da. Eine von den Versicherern anerkannte Diebstahlsicherung hatte das Fahrzeug nicht. Herr Grether meldet den Vorfall sofort der nächsten Polizeidienststelle und seinem Fahrzeug-Versicherer. Das Fahrzeug wird nicht mehr aufgefunden.

Kaufpreis des Fahrzeugs am 23. Februar 1997	26.000,00 DM
Kaufpreis am Tag des Abhandenkommens	27.000,00 DM
Wiederbeschaffungswert	23.000,00 DM

5.1 Wieviel DM muss der Fahrzeugversicherer ersetzen? (Begründung)

5.2 Wirkt sich die Entschädigungsleistung des Versicherers auf die künftige Kaskoprämie aus? (Begründung)

9.2 Prüfungsaufgabe 1998

9.2.1 Immobilienwirtschaft und Bausparen

1. Axel Springmann, geboren am 23.12.1981, beginnt am 1. August 1998 eine Ausbildung zum Industriekaufmann. Seine Ausbildungsvergütung beträgt brutto 1.150,00 DM: tarifliche Vermögenswirksame Leistung 52 DM pro Monat. Im Rahmen des Beratungsprogramms für Berufsstarter wurde er von dem Kundenberater der Allbank auf die Vorteile des Bausparens in Zusammenhang mit der Beanspruchung der staatlichen Förderung aufmerksam gemacht. Grundsätzlich ist Axel bereit, entsprechende Verträge abzuschließen.

1.1 Geben Sie die maximal mögliche staatliche Förderung an, die Axel erhalten könnte.

1.2 Axel äußert Bedenken, ob er diese Förderung nach Abschluss seiner Ausbildung als Angestellter weiterhin beanspruchen könne. Beraten Sie ihn entsprechend.

1.3 Auszug aus den Tarifbedingungen A und B der Allbausparkasse:

§ 3 Vertragsabschluss
Der Antrag auf Abschluß des Bausparvertrages ist auf einem hierfür bestimmten Vordruck zu stellen. Diesem Antrag steht die Einzahlung eines Betrages zum Zwecke des Abschlusses eines Bausparvertrages gleich. ...Der Antrag gilt als von der Bausparkasse im Zeitpunkt seines Eingangs unter der Bedingung angenommen, dass die Bausparkasse oder im Falle des Satzes 2 auch der Bausparer innerhalb einer Frist von 2 Monaten nicht widerspricht. Die Annahme des Antrages wird dem Bausparer von der Bausparkasse unverzüglich schriftlich bestätigt.
§ 5 Sparzahlungen
Der monatliche Bausparbeitrag beträgt 4,00 DM je 1.000 DM Bausparsumme (Regelsparbeitrag).
§ 6 Verzinsung des Bausparguthabens, Bonus
Das Bausparguthaben wird mit 2,5 v.H. jährlich auf der Grundlage taggenauer Berücksichtigung aller Zahlungseingänge verzinst. In Variante B erhöht sich die Verzinsung um einen Bonus von 1,5 v.H. auf eine Gesamtverzinsung von 4 v.H. jährlich.
Bei einem Wechsel von Variante B in Variante A gilt die niedrigere Verzinsung ab Vertragsabschluss.
§ 7 Zusammenlegung
Werden nicht zugeteilte Bausparverträge zusammengelegt, wird eine neue Bewertungszahl errechnet; der Vertragsbeginn des ältesten der zusammengelegten Verträge gilt als Vertragsbeginn des neu gebildeten Vertrages.
§ 10 Vertragsübertragung
Die Übertragung aller Rechte und Pflichten aus dem Bausparvertrag oder des Anspruchs auf das Bauspardarlehen auf einen Dritten bedarf der Zustimmung der Bausparkasse; die Zustimmung wird in der Regel erteilt, wenn der Übernehmer ein Angehöriger (§ 15 Abgabenordnung) des Bausparers ist.

> § 11 Zuteilung
> Voraussetzung für die Zuteilung der Bausparsumme ist, dass an dem der jeweiligen Zuteilungsperiode vorangegangenen Bewertungsstichtag das Bausparguthaben des Vertrages in den Varianten A und B mindestens 50 v.H. der Bausparsumme betragen hat....

Axel Springmann schließt einen Bausparvertrag über die Bausparsumme von 50.000 DM bei der Allbausparkasse nach Tarif B ab. Der Antrag geht der Bausparkasse am 5. August 1998 zu. Die erste Lastschrift wird zum 1.Oktober 98 eingezogen.

1.3.1 Begründen Sie, ob die Höhe der Bausparsumme und die Art der Tarifvariante für Axel bedarfsgerecht sind.

1.3.2 Ab welchem Zeitpunkt könnte Axel prämienunschädlich über sein Bausparguthaben verfügen?

1.3.3 Nennen Sie vier Beispiele für Angehörige nach § 15 AO.

2 Die Eltern von Axel Springmann bewohnen einen 1970 erbauten Bungalow mit einer Grundfläche von 140 m^2. Durch eine Änderung des Bebauungsplanes darf der Bungalow mit einem Satteldach versehen werden. Dadurch wird es dem Ehepaar Springmann ermöglicht, eine Dachgeschoßwohnung zu erstellen. Es werden folgende Kosten veranschlagt:

Baukosten	175.000 DM
Planungskosten	18.000 DM
Nebenkosten	7.000 DM
Küche	25.000 DM
Einbauschrank in Form eines Raumteilers	15.000 DM

Springmanns haben 80.000 DM Eigenmittel. Dazu gehört ein Bausparguthaben in Höhe von 25.0000 DM auf einen 1994 abgeschlossenen Bausparvertrag über 50.000,00 DM, der bereits zuteilungsreif ist. Er wurde bei der Allbausparkasse im Tarif A abgeschlossen (vgl. Tarifbedingungen in Aufgabe 1.3). Da Axel Springmann in die Wohnung einziehen will, bringt er seinen inzwischen mit 10.000 DM besparten Bausparvertrag ein(vgl. Sachverhalt 1.3). Der Restbetrag soll mit Bankdarlehen finanziert werden.

2.1 Erstellen Sie einen Finanzierungsplan und berechnen Sie den Eigenmittelanteil.

2.2 Beschreiben Sie, wie der Bausparvertrag von Axel Springmann sofort für die Finanzierung verwendet werden kann.

2.3 Welche der vorgesehenen Kosten erhöhen grundsätzlich den Beleihungswert des Objektes?

2.4 Beschreiben Sie die Voraussetzungen und Folgen einer Übertragung des Bausparvertrages von Axel Springmann auf seine Eltern.

2.5 Der Bungalow war das von Springmanns bisher einzige staatlich geförderte Immobilienobjekt. Beschreiben Sie, unter welchen Voraussetzungen und in welcher Höhe Springmanns Eigenheimzulage erhalten können.

9.2.2 Versicherungslehre

1 Die verheiratete Bankkauffrau Marion Flint möchte eine gemischte Lebensversicherung zur Altersvorsorge abschließen. Aus Angebotsunterlagen kann sie entnehmen, dass sie nach Prognosen des Versicherers bei einer Vertragslauf-

zeit von 30 Jahren unter Umständen mit einer Verdoppelung der Ablaufleistung gegenüber der vereinbarten Versicherungssumme rechnen kann. Darauf könne jedoch keine Garantie gegeben werden.

1.1 Erläutern Sie, weshalb im Rahmen der gemischten Lebensversicherung nur die Versicherungssumme, nicht jedoch die Ablaufleistung garantiert ist.

1.2 Stellen Sie diejenige Gewinnquelle dar, die den größten Beitrag zur höheren Ablaufleistung in der gemischten Lebensversicherung leistet.

1.3 Im Angebot des Versicherers wird als Möglichkeit der Gewinnverwendung auch die Verrechnung mit den Folgebeiträgen vorgestellt. Warum ist diese Variante für die Vertragsform von Frau Flint wenig sinnvoll?

2 Frau Flint denkt daran, die gemischte Lebensversicherung um eine Unfallzusatzversicherung (UZV) zu ergänzen.

2.1 In welchem Fall wird die vereinbarte UZV-Leistung fällig?

2.2 In den Angebotsunterlagen weist der Versicherer darauf hin, dass die UZV an die Hauptversicherung gekoppelt ist. Erklären Sie diesen Zusammenhang.

3 Frau Flint erwägt, in ihrem Lebensversicherungsvertrag ihren Ehegatten Werner Flint für den Todesfall zu begünstigen.

3.1 Angenommen, Frau Flint hätte sich für ein widerrufliches Bezugsrecht entschieden. Begründen Sie, ob das Bezugsrecht auf einen testamentarisch durch den Begünstigten bestimmten Erben übergehen würde, falls der Bezugsberechtigte Werner Flint stirbt.

3.2 Unterstellen Sie, dass Frau Flint doch ein unwiderrufliches Bezugsrecht zu Gunsten ihres Gatten Werner Flint vereinbart hat. Zehn Jahre nach Abschluß der gemischten Lebensversicherung beabsichtigt Frau Flint ihren Vertrag zu kündigen, obwohl ihr Ehemann damit nicht einverstanden ist.

3.2.1 Prüfen Sie, wer zur Kündigung berechtigt ist.
3.2.2 Welche Leistungen sind im Fall der Kündigung vom Versicherer zu erwarten?
3.2.3 Wem stehen die Leistungen zu? (Begründung)

3.3 Frau Flint Will als Sicherheit für ein längerfristiges Baudarlehen ihre Ansprüche aus dem Lebensversicherungsvertrag an ein Kreditinstitut abtreten. Ihr Gatte als unwiderruflich Begünstigter ist damit einverstanden. Wie wird die Abtretung gegenüber dem Versicherer aus Sicht der Bank wirksam?

4 Tobias Stolze hat sich zwecks Zulassung seines Neuwagens eine Doppelkarte (Versicherungsbestätigung) von seinem Kraftfahrtversicherer zusenden lassen. Gleichzeitig hat er auch ein Antragsformular für den Abschluss einer Kraftfahrtversicherung mit den Verbraucherinformationen und den Versicherungsbedingungen erhalten. Drei Tage nach erfolgter Zulassung sendet er den ausgefüllten Antrag, in dem er eine Kraftfahrthaftpflichtversicherung mit unbegrenzter Deckung und eine Fahrzeugversicherung (Fahrzeugvollversicherung ohne

Selbstbeteiligung incl. Teilkasko mit 300,00 DM Selbstbeteiligung) beantragt hat, an den Versicherer zurück.

4.1 Kurze Zeit später erfährt Herr Stolze von einem Konkurrenzangebot mit besonderen Rabatten in der Kraftfahrthaftpflichtversicherung. Kann Herr Stolze seinen Antrag widerrufen? (Begründung)

4.2 Welchen Versicherungsumfang hat die mit der Doppelkarte erteilte vorläufige Deckungszusage unter der Annahme, dass keine besondere Vereinbarung getroffen werde? (Begründung)

4.3 Beschreiben Sie, in welchen Fällen die vorläufige Deckungszusage in der Kraftfahrthaftpflichtversicherung allgemein endet.

5 Ein halbes Jahr nach Vertragsbeginn kommt es zu einem Zusammenstoß des versicherten Fahrzeuges von Herrn Stolze mit einem Reh, bei dem der Pkw des Herrn Stolze beschädigt wird (geschätzte Reparaturkosten 5.000,00 DM).

5.1 Mit welcher Entschädigungsleistung könnte Herr Stolze hier rechnen?

5.2 Angenommen, Herr Stolze hätte, weil er am Steuer infolge Übermüdung eingeschlafen war, den Wildschaden erst ermöglicht. Prüfen Sie, ob der Fahrzeugversicherer den Schadenersatz verweigern kann.

9.3 Allfinanz Prüfungsaufgabe 1999

9.3.1 Immobilienwirtschaft und Bausparen

1 Nach einer Untersuchung über die Preisentwicklung von Eigentumswohnungen zwischen 1994 und 1997 in der Bundesrepublik Deutschland ist der Rückgang der Kaufpreise zum Stehen gekommen; dagegen hat sich der Abwärtstrend bei den Mieten auch im Jahr 1997 fortgesetzt. Für eine gebrauchte Eigentumswohnung muss der Käufer heute knapp 21 Jahresmieten bezahlen.
Da sich Kaufpreise und Mieten immer mehr auseinanderentwickeln, entscheidet die richtige Auswahl der Immobilie über den langfristigen Anlageerfolg.

1.1 Nennen Sie vier Gründe, die trotz dieser Entwicklung für den Erwerb von Eigentumswohnungen als sichere Kapitalanlage sprechen.

1.2 Eine günstige Mietrendite bei Eigentumswohnungen ist nachhaltig nur erzielbar, wenn ein Kapitalanleger die angebotene Eigentumswohnung auch vom Standpunkt eines Mieters bewertet. Damit wird die Wohnlage des Objekts ein wichtiges Entscheidungskriterium für den Kapitalanleger.
Beschreiben Sie anhand von fünf Merkmalen eine Wohnlage, die in einer Stadt als „gute“ Wohnlage ausgewiesen wird.

1.3 Für den späteren Wiederverkauf einer Eigentumswohnung ist es wichtig, die Auswahl des Objektes nach der Attraktivität des unmittelbaren Umfeldes und seiner Wohnlage zu treffen.
Entscheiden Sie in den unten genannten Fällen 1.3.1 bis 1.3.3 begründend, in welche Eigentumswohnung Sie investieren würden.

1.3.1 Wohnanlage mit drei Häusern zu je sechs Wohneinheiten bzw. Wohnungen in einem Hochhaus mit 60 Wohneinheiten.

1.3.2 Zwei Wohnanlagen mit je zehn Wohneinheiten; eine Wohnanlage wird zu 60 % vom Eigentümer selbst genutzt, die andere Wohnanlage wurde zu 60 % von Kapitalanlegern an Dritte vermietet.

1.3.3 Eigentumswohnungen in einem „Dreifamilienhaus" mit vollständig durchgeführten Instandhaltungsarbeiten, aber ohne nennenswerte Instandhaltungsrücklagen bzw. solche in einem anderen „Dreifamilienhaus" mit hoher Instandhaltungsrücklage aber vielen unterlassenen Instandhaltungen an dem gemeinschaftlichen Eigentum.

1.4 Der Kapitalanleger, der in einer Immobilienanlage mehrere Einheiten des Sondereigentums in Form von Wohn- und Teileigentum erworben hat, kann evtl. seine Rendite steigern, wenn er die Teileigentumseinheiten an möglichst viele gewerbliche oder berufliche Nutzer vermietet.

1.4.1 Nennen Sie hierzu mindestens vier Nutzungsarten.

1.4.2 Welche Nutzungsart von Teileigentum eignet sich bei Immobilien in City-Lagen besonders zur rentablen Vermietung?

2 Eine Eigentumswohnung mit 80 qm Wohnfläche, Baujahr 1981, Kaufpreis 210.000 DM (darin 10.000 DM Kauf-Nebenkosten), kann zu 1.000,00 DM monatlicher Nettokaltmiete vermietet werden. Der Jahresreinertrag - ohne Finanzierungskosten - ergibt sich aus der Jahresnettokaltmiete abzüglich 1.500,00 DM jährlicher Verwaltungs- und Instandhaltungskosten der Immobilie, die nicht auf die Miete umgelegt werden können. Der Kaufpreis wurde mit 30.000 DM Eigenkapital, der Rest mit Fremdkapital finanziert, das als Hypothekendarlehen zu 6,5 % Zins, fest für zehn Jahre, Anfangstilgung 1 % aus der Darlehenssumme, aufgenommen wurde.

2.1 Berechnen Sie den Beleihungswert des Immobilienobjekts unter Berücksichtigung eines Kapitalisierungszinsfußes von 5,5 % (Ertragswertverfahren). Die ortsübliche Vergleichsmiete ist 12,50 DM pro qm, die jährlichen nicht umlegbaren Kosten der Eigentumswohnung sind 1.500,00 DM (s.o.).

2.2 Berechnen Sie das maximale - erststellige - Realdarlehen und beurteilen Sie das Ergebnis.

2.3 Das von der Bank gewährte Hypothekendarlehen liegt über der Beleihungsgrenze. Erklären Sie, unter welchen Bedingungen die Hausbank des Kapitalanlegers trotzdem die Finanzierungszusage geben kann.

2.4 Warum werden bei der Beleihungswertberechnung nach dem Ertragswertverfahren bei Mietobjekten meist höhere Kapitalisierungszinsfüße als der genannte von 5,5 % angesetzt?

2.5 Berechnen Sie, ob der Kapitalanleger mit dem Jahresreinertrag den anfänglichen jährlichen Kapitaldienst finanzieren kann.

9.3.2 Versicherungslehre

1 Nach einer längeren Beratung bei der Hausbank unterzeichnet der Chemiker Peter Rothacher am 25. April 1999 einen Antrag auf Abschluss einer Unfallversicherung bei der Hermes-Versicherungs-AG Stuttgart. Er bestätigt dabei, die AUB und die Verbraucherinformationen erhalten zu haben sowie über sein Widerrufsrecht belehrt worden zu sein. Die Versicherung soll zum 1. Mai 1999 beginnen und eine Laufzeit von fünf Jahren haben. Herr Rothacher entnimmt den AUB, dass dem Versicherungsvertrag die erweiterte Einlösungsklausel zugrunde liegt.

1.1 Welchen Zweck haben die Allgemeinen Versicherungsbedingungen? Nennen Sie drei Inhalte von Versicherungsbedingungen.
1.2 Welche Informationen muss Herr Rothacher vor Abschluss des Versicherungsvertrags als Verbraucher erhalten? (mindestens vier Angaben)
1.3 Wann läuft die Bindefrist im vorliegenden Fall ab? (Datum mit Begründung)
1.4 Welche Bedeutung hat die Bindefrist?
1.5 Herr Rothacher erhält am 2. Mai 1999 den Versicherungsschein. Er überweist am 18. Mai 1999 die Erstprämie, Geldeingang beim Versicherer 20. Mai 1999. Bestimmen und erklären Sie die Versicherungsbeginne.

2 Zur Finanzierung eines Zweifamilienhauses hat Herr Karl Reusch einen Fremdfinanzierungsbedarf von 200.000,00 DM. Es liegen ihm folgende Angebote vor:

Darlehenshöhe	200.000,00 DM
Konditionen Versicherer	6,5 % Zins, 1 00 % Auszahlung
Konditionen Hausbank	7,0 % Zins, 100 % Auszahlung
Zinsfestschreibung jeweils	10 Jahre, Laufzeit jeweils 25 Jahre

LV-Darlehen (endfällig)	*Belastung DM pro Monat*	*Bank-Annuitätendarlehen*	*Belastung DM pro Monat*
Zinsen Tilgung über Lebensversicherung	*1.083,33*	*Zinsen und Tilgung bei 25 Jahren Laufzeit*	*1.413,49*
LV-Prämie für Kapitallebensversicherung, 25 Jahre Laufzeit; VS 200.000 DM	*326,40*	*LV-Prämie für Risikolebensversicherung mit Umtauschrecht, Laufzeit 25 Jahre; VS 200.000,00 DM (konstant)*	*18,60*
Gesamtbelastung aus Versicherungsdarlehen	*1.409,73*	*Gesamtbelastung aus Bankdarlehen*	*1.432,09*

2.1 Begründen Sie die Unterschiede der aufgeführten Lebensversicherungen hinsichtlich Beitrag und Leistung.
2.2 Herr Reusch hat sich für das Bank-Darlehen mit Risiko-Lebensversicherung entschieden.
2.2.1 Auf welche versicherungstechnischen Gesichtspunkte muss Herr Reusch bei Wahrnehmung des Umtauschrechts hingewiesen werden? (zwei Angaben)
2.2.2 Welche Art der Überschussverwendung sollte hier gewählt werden? (Begründung)
2.3 Angenommen, Herr Reusch hätte sich für das Lebensversicherungs-Darlehen entschieden. Könnten die Lebensversicherungs-Ansprüche als Sicherheit an den Versicherer abgetreten werden? (Begründung)

3 Andreas Späth will sein neues Kraftfahrzeug zulassen. Er entscheidet sich für einen Direktversicherer. Der Versicherer sendet ihm die Versicherungsbestätigung (Doppelkarte) und ein Antragsformular zu.
3.1 Zwei Tage nach der Zulassung wird Späths Pkw aufgebrochen und das Autoradio entwendet. Begründen Sie, ob Versicherungsschutz besteht.
3.2 Könnte der Versicherer Späths Antrag auf Kfz-Haftpflichtversicherung und Fahr-zeugteilversicherung (300,00 DM / SB) ablehnen? (Begründung)
3.3 Angenommen, der Vertrag kommt wunschgemäß zustande. Beschreiben Sie kurz drei Tarifierungsmerkmale der Kfz-Haftpflichtversicherung.

9.4 Allfinanz Prüfungsaufgabe 2000

9.4.1 Immobilienwirtschaft und Bausparen

1 Der 16-jährige Realschüler Markus Schumann hat am 1. August 1999 eine Ausbildung zum Groß- und Außenhandelskaufmann begonnen. Nach seinem Ausbildungsvertrag stehen ihm 52,00 DM vermögenswirksame Leistungen zu, die er auf einem Bausparvertrag anlegen möchte.

1.1 Welche größtmögliche staatliche Förderung durch Einzahlungen auf einen Bausparvertrag kann er erhalten?
Nennen Sie die entsprechenden Einkommensgrenzen.

1.2 Welchen Tarif schlagen Sie Markus Schumann vor, wenn dieser das Bausparen nur als Kapitalanlage mit staatlicher Förderung nutzen möchte?
Kennzeichnen Sie diesen Tarif kurz.

1.3 Beschreiben Sie, weshalb es der Bausparkasse möglich ist, ihm bereits bei Vertragsabschluss für den später möglichen Bausparkredit den Zinssatz für die gesamte Laufzeit zu garantieren.

2 Für Familie Winfried und Elvira Schubert, zwei Kinder im Alter von drei und fünf Jahren, wird in Kürze ein Bausparvertrag zuteilungsreif. Aus diesem Grunde beabsichtigt sie, eine bereits im Bau befindliche Eigentumswohnung zu erwerben, mit deren Herstellung im Januar 2000 begonnen wurde.

4-Zimmer-Eigentumswohnung in Singen, 94 m² Wohnfläche, Kfz-Stellplatz, Fertigstellung noch im Jahr 2000.

Kaufpreis	305.000,00 DM
Erwerbsnebenkosten	15.000,00 DM
Gesamtkosten	320.000,00 DM

2.1 Für die Familie Schubert soll ein Finanzierungsplan erstellt werden, bei dem folgende Angaben zugrunde gelegt werden:

Sparguthaben	60.000,00 DM
Bausparvertrag	
- Bausparsumme	80.000,00 DM
- Bausparguthaben	33.000,00 DM
- Mindestansparung nach Tarif	40 %

Der verbleibende Finanzierungsbedarf soll durch ein Bankdarlehen gedeckt werden.
Berechnen Sie den erforderlichen Betrag.

2.2 Wie hoch ist bei dieser Finanzierung der Eigenmittelanteil?

2.3 Ist diese Finanzierung nach dem üblichen Bewertungsverfahren darstellbar.
Gehen Sie bei Ihrer Berechnung von einem gut verwertbaren Objekt aus.

2.4 Berechnen Sie die Belastung für die Baufinanzierung bei folgenden Konditionen:

Bankdarlehen:	Nominalzinssatz	4,8 % p.a. (Zins zehn Jahre fest)
	Auszahlung	100 %
	Anfängliche Tilgung	1 % p.a.
Bauspardarlehen:	Monatliche Zins- und Tilgungsrate 6 ∃	

2.5 Nehmen Sie an, die Eigentumswohnung wird erst im Dezember 2000 fertiggestellt und die Familie zieht im Januar 2001 ein. Unterstellen Sie für das

Jahr1999	150.000,00 DM
Jahr2000	160.000,00 DM
Jahr2001	170.000,00 DM
Gesamtbetrag der Einkünfte	

Begründen Sie, mit welcher Eigentumsförderung die Familie in den Jahren 2000 und 2001 rechnen kann.

9.4.2 Versicherungslehre

1 Lebensversicherung

Ausgangssituation

Martin Dassler, Handelsvertreter, 35 Jahre alt, ist verheiratet mit Gerda Dassler, EDV-Beraterin, 32 Jahre alt. Das Ehepaar Dassler wohnt mit seinen Kindern Sarah, neun Jahre, und Daniel, fünf Jahre, in Konstanz.

1.1 Für Herrn Dassler (versicherte Person und Versicherungsnehmer) besteht seit fünf Jahren eine Risikolebensversicherung, Versicherungssumme 200.000,00 DM, eingeschlossen eine Unfallzusatz-Versicherung mit gleicher Versicherungssumme sowie eine Berufsunfähigkeits-Zusatzversicherung (12 %). Herr Dassler wird aufgrund einer schweren Erkrankung zu 80 % berufsunfähig.

1.1.1 Welche Leistungen (auch der Höhe nach) sind aus der Berufsunfähigkeits-Zusatzversicherung zu erwarten?

1.1.2 Über welchen Zeitraum erstreckt sich die Leistungsverpflichtung des Versicherers?

1.2 Ein Jahr später kommt Martin Dassler bei einem Autounfall ums Leben. Die Ermittlungen ergeben, dass er den Unfall in Selbsttötungsabsicht herbeigeführt hat. Prüfen Sie die Leistungspflicht des Versicherers dem Grunde und der Höhe nach.

1.3 Für Frau Dassler (versicherte Person und Versicherungsnehmer) besteht außerdem eine gemischte Lebensversicherung mit einer Laufzeit über 25 Jahre und einer Versicherungssumme von 50.000,00 DM.

1.3.1 Aus den Versicherungsunterlagen geht hervor, dass Frau Dassler mit einer Ablaufleistung rechnen kann, die deutlich über der Versicherungssumme liegt. Erläutern Sie die Gründe. (drei Angaben)

1.3.2 Frau Dassler hat sich bei Abschluss der Lebensversicherung für die verzinsliche Ansammlung der Oberschüsse entschieden. Begründen Sie die Entscheidung.

2 Kraftfahrtversicherung

Herr Schnellinger erwirbt von Herrn Klempner am 1 0. September 2000 dessen gebrauchten VW-Polo. Am 12. März 2000 beantragt Herr Schnellinger eine Kraftfahrzeug-Haftpflicht-Versicherung und eine Fahrzeugteilversicherung bei einer Agentur der Universal-Versicherungs-AG. Der Vertreter händigt ihm die Doppelkarte, die Versicherungsbedingungen und die Verbraucherinformationen aus, mit der Herr Schnellinger noch am gleichen Tag das Fahrzeug beim Landratsamt ummeldet.
Am 3. April 2000 sendet die Universal-Versicherungs-AG die Police ab. Sie wird am 5. April 2000 Herrn Schnellinger mit der Post zugestellt. Am 24. April 2000 überweist Herr Schnellinger den Einlösungsbeitrag. Er wird dem Konto des Versicherers am 26. April 2000 gutgeschrieben.

2.1 Wann ist der Versicherungsvertrag zustande gekommen? (Begründung)

2.2 Ab wann hat Herr Schnellinger aus der Kraftfahrzeug-Haftpflicht-Versicherung Versicherungsschutz? (Begründung)

2.3 Ab wann besteht Versicherungsschutz aus der Fahrzeugteilversicherung? (Begründung)

2.4 Besteht Versicherungsschutz für einen am 22. April von Herrn Schnellinger schuldhaft verursachten Verkehrsunfall? (Begründung)

2.5 Wie ist der Fall zu beurteilen, wenn sich der Unfall am 25. April ereignet hätte?

10 Steuerlehre: Prüfungsaufgaben 1997 - 2000

10.1 Prüfungsaufgabe Steuerlehre 1997

Die zusammen veranlagten Eheleute Ferdinand und Lydia Reichenstein, wohnhaft in Ladenburg, befassen sich mit ihrer Einkommensteuer-Erklärung für 1996.

Folgende Sachlage stellt sich dar:

1. Frau Lydia Reichenstein, geb. am 23. April 1934, ist seit dem 1. Mai 1994 nicht mehr berufstätig und bezieht seitdem eine Altersrente aus der gesetzlichen Rentenversicherung. 1996 betrug diese Rente monatlich 1.525,00 DM.

2. Daneben erhält sie seit dem Ausscheiden aus dem Beschäftigungsverhältnis von ihrem ehemaligen Arbeitgeber, der Chemie AG-Heddesheim, eine betriebliche Altersrente von 380,00 DM monatlich.

3. Frau Reichenstein erzielte 1996 auch Dividendenerträge aus ihrer Beteiligung an der Chemie AG-Heddesheim. Sie war bei der Chemie AG viele Jahre beschäftigt und hatte jede Möglichkeit wahrgenommen, verbilligt Mitarbeiteraktien zu erwerben. Die Hauptversammlung am 25. April 1996 hatte beschlossen, je Aktie im Nennwert von 50,00 DM eine Dividende von 12,00 DM auszuschütten. Frau Reichenstein besitzt 70 Stammaktien zum angegebenen Nennwert. An Werbungskosten sind 70,00 DM angefallen.

4. Herr Ferdinand Reichenstein, geb. am 21. Mai 1931, ist Gesellschafter der Stahlbau GmbH-Weinheim. Er erhielt am 15. Juni 1996 seinen Gewinnanteil für 1995 überwiesen. Die Gutschrift auf seinem Konto (Nettodividende) betrug 61.425,00 DM.

5. Herr Reichenstein hält außerdem festverzinsliche Wertpapiere im Depot bei der Nordbadischen Handelsbank. Die Eheleute Reichenstein haben dieser Bank einen Freistellungsauftrag über das höchstmögliche gemeinsame Freistellungsvolumen erteilt. Unter Berücksichtigung dieses Freistellungsauftrages wurden Herrn Reichenstein am 30. September 1996 Zinserträge in Höhe von 18.162,00 DM auf seinem Konto gutgeschrieben.

6. An seinem 65. Geburtstag erhielt Herr Reichenstein seine Kapitallebensversicherung vertragsgemäß ausbezahlt. Er hatte diese 1971 über eine versicherungssumme in Höhe von 150.000,00 DM bei der Kurpfalz-Lebensversicherungs-AG, Heidelberg, abgeschlossen. Die Gutschrift auf seinem Konto am 21. Mai 1996 lautete auf 332.000,00 DM.

7. Im Zusammenhang mit den Einkünften aus Kapitalvermögen können Herr Reichenstein 160,00 DM und Frau Reichenstein 70,00 DM (vgl.3.) als Werbungskosten nachweisen.

8. Die Eheleute Reichenstein haben sich im Januar 1996 einen kleinen altersgerechten Bungalow in einer neuerstellten Seniorenwohnanlage in Neckarhausen gekauft und bewohnen ihr neues Haus seit dem 1. Mai 1996. Für den Bungalow haben Herr und Frau Reichenstein 380.000,00 DM (incl. 98.000,00 DM für Grund und Boden) bezahlt.

9. Zur Finanzierung des neuen Eigenheimes hat Herr Reichenstein am 10.Januar 1996 seine Aktien an der Maschinenbau AG, Mannheim, verkauft. Er erzielte für die 300 Aktien beim Verkauf 146.700,00 DM. Beim Verkauf sind ihm Werbungskosten in Höhe von 1.650,00 DM entstanden. Herr Reichenstein hatte diese 300 Aktien am 25. Juli 1995 zum Kurs von 470,00 DM je Stück zuzüglich 1,1 % Spesen angeschafft.
Außerdem verkauften die Eheleute im Januar 1996 für 212.000,00 DM ein 1992 für 160.000,00 DM erworbenes Grundstück. Beim Verkauf entstanden Werbungskosten in Höhe von 4.000,00 DM.

1. Berechnen Sie den Gesamtbetrag der Einkünfte der Eheleute Reichenstein.
2. In welcher Weise wird (ab 1. Januar 1996) der Erwerb von Wohneigentum staatlich gefördert?

10.2 Prüfungsaufgabe Steuerlehre 1998

Einkommensteuer

Eugen Kuhn, geb. am 10.04.1947, ist verheiratet mit Klara Kuhn. Sie ist 44 Jahre alt und nicht berufstätig. Herr Kuhn ist als Prokurist bei einem Heilbronner Exportunternehmen beschäftigt und hat ein monatliches Bruttoeinkommen von 8.500,00 DM (13 Gehälter pro Jahr). An Sondervergütungen erhielt er in 1997 7.530,00 DM. Im Mai 1997 hat Herr Kuhn aus Anlaß seines 25-jährigen Dienstjubiläums ein zusätzliches Bruttogehalt erhalten.
Herr Kuhn fuhr an 230 Tagen mit dem eigenen PKW zu seiner 16 km entfernten Arbeitsstätte. Für Fachliteratur hatte er Aufwendungen in Höhe von 980,00 DM, für das Handelsblatt weist er 480,00 DM, für eine Tageszeitung 390,00 DM, für Anzüge, Krawatten und Hemden 3.800,00 DM und für einen Kurs in Wirtschaftsenglisch 760,00 DM beleghaft nach.

Ihr Geldvermögen haben die Eheleute Kuhn bei der Sparkasse und der Volksbank angelegt. Sie erteilten der Sparkasse einen gemeinsamen Freistellungsauftrag über 7.900 DM und der Volksbank einen über 4.300 DM. Im Veranlagungszeitraum fielen folgende Kapitalerträge an:

Sparkasse (Ehemann)
am 15.02.1997 Zinsgutschrift 6.500,00 DM
am 15.05.1997 Festgeldzinsen (Gutschrift) 1.671,00 DM
am 20.08.1997 Zwischengewinne aus dem Verkauf von Investmentzertifikaten 1.355,00 DM
Depotgebühren und andere Werbungskosten im Veranlagungszeitraum 1.141,00 DM.

Volksbank (Ehefrau)
am 14.03.1997 Dividendengutschrift 3.150,00 DM
am 12.09.1997 Dividenden aus 200 Brau-Aktien; ?
Dividende lt. Beschluß der Hauptversammlung 11,90 DM
Depotgebühren im Veranlagungszeitraum 510,00 DM

Bei der Volksbank hatte Frau Kuhn im Veranlagungszeitraum XY-Aktien ins Girosammeldepot gekauft, und zwar
am 14.01.1997 100 Stück zu 145,00 DM/St.
am 18.04.1997 250 Stück zu 197,60 DM/St.

Am 30.08.1997 verkaufte Frau Kuhn 350 Stück XY-Aktien zu 230 DM/St. (An- und Verkaufsspesen bzw. Gebühren bleiben unberücksichtigt).

An weiteren Aufwendungen machen die Eheleute Kuhn geltend:
Arbeitnehmeranteil am Gesamtsozialversicherungsbeitrag 12.000 DM
zusätzliche private Krankenversicherung 3.000 DM
Kapitalversicherung auf den Todes- und Erlebensfall gegen laufende Beitragszahlung 4.230 DM

Kfz-Haftpflichtversicherung	826 DM
Hausratversicherung	90 DM
Teilkaskoversicherung	326 DM
Rechtsschutzversicherung	165 DM
Privathaftpflichtversicherung	144 DM
Bausparbeiträge	6.000 DM
Kfz-Steuer	824 DM
Steuerberatungskosten	600 DM
Unfallversicherung	488 DM

An außergewöhnlichen Belastungen können 4.200 DM anerkannt werden.
Berechnen Sie das zu versteuernde Einkommen der Eheleute Kuhn im Veranlagungszeitraum 1997. (Sparerfreibetrag noch 6000 DM je Person!)
Die Eheleute wählen die Zusammenveranlagung.

10.3 Prüfungsaufgabe Steuerlehre 1999

Aufgabe 1 Einkommensteuer

Das Ehepaar Lotte und Hans Schaller wird zusammen veranlagt. Beide machen für den Veranlagungszeitraum 1998 folgende Angaben:

1 Hans Schaller bezog 1998 monatlich 2.650,00 DM aus der gesetzlichen Rentenversicherung. Er ist mit 63 Jahren in den Ruhestand getreten.

2 Die Eheleute haben gemeinsam folgende Kapitalerträge erzielt:

Zinsen für Termingelder (Kontogutschrift) 8.300,00 DM
Zinsen für festv. Wertpapiere (Kontogutschrift) 7.650,00 DM

Nettodividende für diverse Aktien 5.153,75 DM

Ihrem Kreditinstitut lag ein Freistellungsauftrag in Höhe von 12.200 DM vor.

3 Das Ehepaar hat 1991 eine Wohnung gebraucht erworben, die seither vermietet ist. Die Anschaffungskosten betrugen 280.000,00 DM. In diesen Anschaffungskosten waren Grundstückskosten in Höhe von 40.000,00 DM enthalten. Die Steuerpflichtigen erhielten in 1998 eine monatliche Miete in Höhe von 840,00 DM (einschließlich Umlagen). Die Wohnung ist 70 m² groß. Im Jahr 1998 betrugen die Zinsen auf das Darlehen 6.250,00 DM. Als Nebenkosten (Versicherungen, Schornsteinfeger, Grundsteuer, Strom etc.) können insgesamt 2.350,00 DM nachgewiesen werden.

Berechnen Sie die Summe der Einkünfte für den VZ 1998.

Aufgabe 2 Erbschaft- und Schenkungsteuer

Der verwitwete Jens Kolb überlegte sich 1998, in welcher Höhe Erbschaftsteuer für seinen einzigen Sohn Thomas (30 Jahre alt) im Falle seines Todes anfallen würde.

Vermögensverhältnisse:

- Hausrat (geschätzt) 140.000 DM
- festverzinsliche Wertpapiere Nennwert 550.000,00 DM; Kurswert 545.000,00 DM
- Bankguthaben 180.000,00 DM
- Das Einfamilienhaus befindet sich auf einem 800 m² großen Grundstück. Das Haus hat eine Wohnfläche von 160 m². Die Vergleichsmiete beträgt 12,00 DM /m²; sie hat sich in den letzten drei Jahren nicht verändert. Der Bodenrichtwert kommt nicht zum Ansatz. Das Wohnhaus wurde 1979 fertiggestellt.

Berechnen Sie die Erbschaftsteuer, die 1998 im Falle seines Todes angefallen wäre.

10.4 Prüfungsaufgabe Steuerlehre 2000

Einkommensteuer

Sachverhalt:

Die zusammen veranlagten Eheleute Karl Vetter, geb. am 20.01.1941, und Maria Vetter, geb. am 20.03.1933, haben ihren Wohnsitz in Offenburg und machen im Rahmen ihrer Einkommensteuererklärung 1999 folgende Angaben:
(Hinweis: Aus Vereinfachungsgründen werden die Aktienkurse und die Dividende in DM angegeben.)

1. Herr Vetter betreibt in Offenburg eine Zahnarztpraxis; in 1999 erzielte er einen Gewinn in Höhe von 180.000,00 DM.

2. Frau Vetter bezieht seit dem 1, April 1996 eine Rente aus der Sozialversicherung. Die Bruttorente belief sich auf 18.400,00 DM; Beiträge in Höhe von insge-

samt 1.380,00 DM zur Kranken- und Pflegeversicherung wurden davon in 1999 einbehalten.

3. Das Ingenieurbüro, in dem Frau Vetter arbeitete, überwies 1999 monatlich (12 Monate) nach Abzug von 56,25 DM Beiträgen zur Kranken- und Pflegeversicherung eine Betriebsrente in Höhe von 693,75 DM.

4. Am 25. Februar 1999 erwarb das Ehepaar Vetter im Privatvermögen folgende Aktien: Elektro-AG, Kurswert 10.000,00 DM;
   Bank-AG, Kurswert 15.000,00 DM.
   Im Juni 1999 erhielt das Ehepaar Vetter eine Dividendengutschrift in Höhe von 824,60 DM. Die Bank stellte 1999 Depotgebühren von 120,00 DM in Rechnung. Ein Freistellungsauftrag lag der Bank nicht vor.
   Am 15. Juli 1999 verkaufte das Ehepaar die Aktien und erzielte folgende Erlöse: Elektro-AG, Kurswert 13.500,00 DM; Bank-AG, Kurswert 14.200,00 DM.
   Beim Kauf und Verkauf der Aktien fielen jeweils 1,08 % Spesen an.

5. Anfang Oktober 1999 erwarb das Ehepaar Vetter ein Zweifamilienhaus, Baujahr 1980, zum Preis von 580.000,00 DM (Grundstücksanteil 200.000,00 DM), zzgl. 3,5 % Grunderwerbsteuer, das ab Oktober 1999 wie folgt genutzt wurde:
   Das Erdgeschoss (120 m²) wird für 1.400,00 DM, zzgl. 200,00 DM Nebenkosten, vermietet. Das Obergeschoss (80 m²) überlassen die Ehegatten unentgeltlich ihrem Enkel Manuel, der zur Zeit Zahnmedizin studiert.
   1999 sind für das Haus insgesamt folgende Aufwendungen angefallen:

	DM
Disagio vor Bezug	12.000.00
Annuität für Oktober bis Dezember 1999	9.000.00
(davon Tilgungsanteil insgesamt für 1999 1.400,00 DM)	
Nebenkosten (Heizöl, Wasser, Müll)	2.000.00

6. Sonstige Aufwendungen (in 1999 bezahlt)

Kirchensteuerzahlungen in 1999	4.724.00
Private Krankenversicherung	7.200.00
Beiträge für Kapitallebensversicherung (Laufzeit 25 J.)	6.000.00
Private Rechtsschutzversicherung	200.00
Kfz-Haftpflichtversicherung (Privat-PKW)	700.00
Kfz-Vollkaskoversicherung (Privat-PKW)	600.00
Private Steuerberatungskosten	540.00
Sozialversicherungsbeiträge	?

Aufgaben:

1 Ermitteln Sie das zu versteuernde Einkommen im Veranlagungszeitraum 1999.

2 Durch welche andere Vertragsgestaltung hätte das Ehepaar Vetter bei den Einkünften aus Vermietung und Verpachtung in 1999 einen zusätzlichen Steuerspareffekt erzielen können?

11 Prüfungsaufgaben Bankkaufleute 2000

11.1 Spezielle Betriebswirtschaftslehre

Aufgabe 1 Kontoeröffnung, Effekten

Anna Beck und Florian Schmelz haben im Frühjahr 2000 unter Beibehaltung ihres jeweiligen Geburtsnamens geheiratet. Sie möchten künftig als Neukunden alle Bankgeschäfte über ein gemeinsames Kreditinstitut abwickeln. Beide Ehepartner sind berufstätig und wollen mittels Umzugsservice ihre getrennt geführten Girokonten und Frau Beck zusätzlich ihr Depot einziehen lassen.

1 Schlagen Sie dem Ehepaar begründet zweckmäßige Lösungen im Zusammenhang mit den notwendigen Konteneröffnungen hinsichtlich folgender Kriterien vor:

1.1 Kontobezeichnung

1.2 Verfügungsmöglichkeiten für beide Partner.

2 Über das Depot von Frau Beck erhält die Bank folgende Informationen:

Nenn-wert/Stückzahl	Wertpapierbe-zeichnung	Kurs	Kurswert	Steuerlicher Hinweis
10.000,00 DM	8 % Pfandbrief, 13.11. ganzjährig	115 %	11.500,00 DM	**Gezahlte Stückzinsen: 100,00 DM**
1.400	BHVV Holding AG **(ohne Nennwert)**	15,00 Euro	21.000,00 Euro	***

2.1 Erläutern Sie die fettgedruckten Angaben.

2.2 Beschreiben Sie die Arbeiten, die die Bank im Zusammenhang mit dieser Depotverwaltung ohne ausdrückliche Kundenanweisung übernimmt.

3 Am Montag, 10. April 2000 (Schaltjahr), werden alle Pfandbriefe zum Kurs von 116 % verkauft; Bankprovision 0,5 % vom Kurswert mindestens vom Nennwert, Maklerprovision 0,75 % vom Nennwert. Ein Freistellungsauftrag liegt nicht vor.

3.1 Erstellen Sie die Abrechnung in DM (act/act - Zinsmethode, Zinsabschlagsteuer mit Solidaritätszuschlag).

3.2 Begründen Sie die Valuta für die Kontogutschrift.

4 Die Hauptversammlung der BHW AG beschloss am 12. April 2000 pro Aktie eine Bardividende von umgerechnet 1,05 DM.

4.1 Errechnen Sie die Kontogutschrift, wenn kein Freistellungsauftrag vorliegt (mit Solidaritätszuschlag).

4.2 Errechnen Sie das Körperschaftsteuerguthaben.

5 Ende April ruft Frau Beck an und wünscht Auskunft über die obigen Steuerabzüge aus den Zins- und Dividendeneinnahmen.

5.1 Klären Sie Frau Beck auf, warum diese Steuerabzüge erfolgt sind.
5.2 Erklären Sie Frau Beck, ob sie die einbehaltenen Steuern ganz oder teilweise zurück erhalten kann,

6 Herr Schmelz besucht Sie am 02. Mai 2000 und schwärmt von der Rendite einer Russlandanleihe, die ein Freund gekauft hat und legt Ihnen das entsprechende Angebot vor.

Emittent	Nominalzins	Laufzeit	Kupon	Kurs	Rendite	Rating
Russ. Föd.	9 %	96/04	05.06.	64 %	2 8,1	CC

6.1 Skizzieren Sie den Aufbau dieses Beratungsgesprächs.
6.2 Erläutern Sie dem Kunden die kaufentscheidenden Daten.
6.3 Weisen Sie rechnerisch die ausgewiesene Rendite der Russlandanleihe nach.
6.4 Herr Schmelz möchte für 20.000,00 DM Nennwert diese Russlandanleihe kaufen. Erörtern Sie in diesem Zusammenhang das Problem der Beraterhaftung.

Aufgabe 2 Kreditgeschäft

Die Eheleute Schreiber sind seit 2 Jahren Kunden der List-Bank AG. Herr Schreiber bittet Sie als Kundenberater um einen Finanzierungsvorschlag für die Anschaffung eines neuen PKW. Der Anschaffungspreis beträgt 40.000,00 DM. Der vorhandene PKW wird vom Bruder des Antragstellers übernommen.
Für die weitere Bearbeitung liegen Ihnen die Anlagen 1 und 2 vor.

1 Zunächst müssen Sie die Finanzierbarkeit des Kreditwunsches prüfen (Anlage 1).
1.1 Errechnen Sie die für die Finanzierung pro Monat frei verfügbaren Mittel.
1.2 Herr Schreiber setzt 10.000,00 DM Eigenmittel ein. Die monatliche Belastung sollte 750,00 DM nicht übersteigen. Berechnen Sie nach folgenden Konditionen die Monatsrate: Zinsen pro Monat 0,37 %, Bearbeitungsgebühr (einmalig) 2 %, Laufzeit 48 Monate.
1.3 Begründen Sie, ob der angefragte Kredit gewährt werden kann.

2 Der zu finanzierende PKW soll sicherungsübereignet werden.
2.1 Nennen Sie die Risiken bei einer Kfz-Sicherungsübereignung.
2.2 Erläutern Sie die Möglichkeiten, diesen Risiken zu begegnen.

3 Herr Schreiber hat den Vorschlag mitgenommen, um ihn mit seiner Frau zu besprechen. Am nächsten Tag kommen beide, nachdem sie noch einmal bei dem Autohändler gewesen sind, zu Ihnen in die Bank.
3.1 Die Eheleute sind verunsichert, da das Autohaus eine Finanzierung von 3,9 % effektiv anbietet, während Ihr Finanzierungsvorschlag einen Effektivzinssatz von 9,68 % aufweist. Erklären Sie, warum das Angebot des Autohauses so günstig ist.
3.2 Geben Sie einen Hinweis, unter welcher Bedingung die Bankfinanzierung trotzdem sinnvoll sein kann.

4 Der Autohändier hat den Eheleuten Schneider auch noch den unter Anlage 2 beigefügten Leasingvorschlag unterbreitet.

4.1 Erklären Sie den Eheleuten die Unterschiede zwischen Leasing und Sicherungsübereignung.

4.2 Ermitteln Sie die Gesamtausgaben und die monatliche Belastung für den Leasingnehmer bei der Obernahme des Autos nach Vertragsablauf. Berücksichtigen Sie hierbei, dass der Restwert des PKW während der Leasingdauer angespart werden muss. Eine Verzinsung des angesparten Betrages ist nicht zu berücksichtigen.

4.3 Stellen Sie die Argumente zusammen, die für einen Vertragsabschluss mit der List-Bank AG sprechen.

Aufgabe 3 Auslandsgeschäft

1 Die Auslandsabteilung der Süddeutschen Bank AG hat folgende Kunden:
- Das. Heidelberger Weinkontor GmbH importiert ausländische Spitzenweise aus Europa, Südamerika, Südafrika, Kalifornien und Australien.
- Die Spezialwerkzeugmaschinen AG, Mannheim. Dieses Unternehmen exportiert seine Produkte weltweit.

1.1 Beschreiben Sie Risiken, denen die genannten Unternehmen ausgesetzt sind und differenzieren Sie hierbei zwischen Ländern der Europäischen Union und den übrigen Ländern.

1.2 Erklären Sie, was das Heidelberger Weinkontor gegen das Währungsrisiko tun kann.

1.3 Erläutern Sie, wie die Speditionswerkzeugmaschinen AG dem Transportrisiko begegnen kann.

2 Die Süddeutsche Bank erhält von ihrer Korrespondenzbank, der Californian Bank, San Franzisco, folgende Dokumente d/p zum Inkasso beim Heidelberger Weinkontor: Handelsrechnung über 16.378,25 USD, Luftfrachtbrief.

2.1 Beschreiben Sie, was die Süddeutsche Bank nach Eingang der Dokumente tun muss.

2.2 Das Heidelberger Weinkontor will die Dokumente aufnehmen. Erklären Sie, was hierzu erforderlich ist.

2.3 Erstellen Sie die Abrechnung in DM für die Überweisung der 16.378,25 USD gemäß folgenden Angaben: Kurs des USD 1,0707/1,0767 (1 Euro = 1,95583 DM), Bankgebühren 1,5∃ mindestens jedoch 25,00 DM, Maklergebühr 0,5∃, mindestens 5,00 DM.

2.4 Beschreiben Sie, wie die Überweisung des Dollarbetrags durchgeführt wird.

3 Von der Banque International SA, Casablanca, erhält die Süddeutsche Bank die Nachricht über die Eröffnung eines unwiderruflichen Dokumentenakkreditivs über 194.875,00 FRF zu Gunsten der Spezialwerkzeugmaschinen AG. Um das Akkreditiv ausnutzen zu können, sind innerhalb der gesetzten Frist folgende Dokumente vorzulegen:
Handelsrechnung 5-fach, voller Satz reiner An-Bord-Konnossemente 3-fach, Versicherungspolice 2-fach. Als Lieferbedingung gilt CIF Casablanca.

3.1 Beurteilen Sie das Währungsrisiko.

3.2 Erklären Sie den Sachverhalt, der sich aus der Klausel CIF Casablanca ergibt.

3.3 Beschreiben Sie, was unter "einem Satz reiner An-Bord - Konnossemente" zu verstehen ist, indem Sie auf jedes unterstrichene Wort eingehen.

3.4 Die Spezialwerkzeugmaschinen AG reicht die oben genannten Dokumente zur Einlösung des Akkreditivs bei der Süddeutschen Bank AG ein. Beschreiben Sie die Prüfung der Dokumente.

4 Für die Spezialwerkzeugmaschinen AG geht außerdem eine Überweisung im Wert von 37.179,00 CHF ein. Berechnen Sie die Gutschrift in DM.
1,5985 / 1,6025, Bankgebühren 1∃, Maklergebühren 0,5∃

Anlage 1 Auszug aus der Selbstauskunft

List-Bank AG		
Vertrauliche Selbstauskunft		
1. Persönliche Angaben	**Antragsteller**	**Mitantragsteller/Ehegatte**
Zunahme	Schreiber	Schreiber
Vorname	Stefan	Nicole
Geburtsdatum	26.08.1967	12.03.1970
Straße Nr.	Brahmsweg 11	Ebd.
PLZ, Ort	73730 Esslingen	Ebd.
Staatsangehörigkeit	Dt.	Dt.
Ausgeübter Beruf	Techniker	Krankenschwester
Beschäftigungsverhältnis	Neckarwerke AG	Kreiskrankenhaus Esslingen
dort tätig bzw. selbständig seit	01.03.99	01.06.94
Familienstand	Verh.	Verh.
Anzahl der Kinder	-	-
Davon im Haushalt lebend	-	-
Güterstand	Gesetzl.	Gesetzl.
Telefon	647389	
2. Einkommensverhältnisse		
Monatseink. brutto		
Monatseink. netto	3.310,00 DM	1.985,00
Sonstige Einkünfte		
3.Ausgaben		
Lebenshaltungskosten	1.200,00 DM	800,00 DM
Miete	1.300,00 DM warm	
Sonst. regelm. Ausgaben: LV-Prämie Bausparvertrag PKW	 120,00 DM 160,00 DM 400,00 DM	
Das angegebene Einkommen muss durch entsprechende Nachweise belegt werden.		

4. Vermögensverhältnisse

4.1 Haus- und Grundbesitz

Objektlage, Ort, Str. Nr.	Objektart	Verkehrswert DM	Restschuld DM	Zahlungsverpfl. pro Jahr DM	Mieteinnahmen pro Jahr DM

4.2 Sonstige Vermögenswerte (Bankguthaben, Wertpapiere, Bausparguthaben, Beteiligungen) DM

Art	Betrag, DM	Ertrag pro Jahr DM
Sparguthaben, 3-monatige Kündigungsfrist	10.380,00	160,00
Bausparguthaben, BS 40.000 DM	8.260,00	140,00
PKW Golf, Zeitwert ca.	6.000,00	

5. Verbindlichkeiten

Art (Darlehen, Girokonto)	Verwendungszweck	Restschuld DM	Zahlungsverpfl./ Monat DM	Zahlungsende Datum
Ratenkredit	Möbelfinanzierung	9.000,00	375,00	

Anlage 2 Leasing-Angebot

Ihr Leasingangebot

vielen Dank für Ihr Interesse an einem Leasingangebot. Gerne unterbreiten wir Ihnen nach Ihren Angaben folgendes Angebot basierend auf einer Leasingdauer von 48 Monaten und einer Gesamtlaufleistung von 80.000 km.

Kaufpreis:	DM 40.000,00
Leasing-Sonderzahlung:	DM 10.000,00
Gesamtbasiswert:	DM 30.000,00
Monatliche Leasingrate	**DM 411,00**

Dies Leasingangebot basiert auf den derzeitigen Kapitalmarktzinsen. Es ist freibleibend und verpflichtet keine Seite zum Vertragsabschluß. Alle oben genannten Preise verstehen sich einschließlich gesetzlicher Umsatzsteuer von derzeit 16%.

Im Anschluss an die Leasingdauer kann das Fahrzeug zu einem Restwert laut Tabelle in Höhe von 461/0 des Kaufpreises übernommnen werden.

Für das Fahrzeug ist eine Kaskoversicherung ohne Selbstbeteiligung abzuschließen. Die Kosten dafür übernimmt der Leasingnehmer.

Zur Besicherung der Leasingraten tritt der Leasingnehmer der Leasinggesellschaft den pfändbaren Teil seiner Gehaltsansprüche ab.

Die vorgesehenen Inspektionen sind termingerecht und ebenso wie Wartungs- und Reparaturarbeiten in einer autorisierten Hersteller-Vertragswerkstatt durchzuführen.

Mehrkilometer werden mit 60,00 DM je 1.000 km berechnet, Minderkilometer mit 40,00 DM je 1.000 km vergütet.

Für alle Leasing- und Finanzierungsfragen stehen wir Ihnen selbstverständlich gerne zur Verfügung.

Mit freundlichen Grüßen

11.2 Prüfungsaufgabe Rechnungswesen (neu) Sommer 2000

Aufgabe 1

Die Volksbank Altheim stattet in ihren Geschäftsräumen einen Sitzungssaal mit neuen Möbeln aus. Von zwei Anbietern liegen Angebote über gleichwertige Möbel vor:

Anbieter A: Gesamtpreis für die Möbel 49.600,00 DM, zuzüglich 16 % USt.; 5 % Rabatt

Zahlungsbedingung: 2 % Skonto bei Zahlung innerhalb von 10 Tagen oder innerhalb 90 Tagen rein netto

Anbieter B: Preis der Möbel 45.200,00 DM

Zufuhr und Aufstellung 600,00 DM, zuzüglich 16 % USt.

Zahlungsbedingung: innerhalb von 10 Tagen ohne Abzug

1.1 Ermitteln Sie den Preisvorteil des günstigeren Angebotes.

1.2 Bis zu welchem Kontokorrentzinssatz p. a. ist die Skontoausnutzung sinnvoll? (Berechnung auf zwei Dezimalstellen)

3 Am 15. 11. d.J. erfolgt die Lieferung und Rechnungsstellung durch AnbieterB.

Rechnung

Wie lieferten Ihnen gemäß Ihrer Bestellung

Büromöbel	45.200,00 DM
Zulieferung	600,00 DM
Netto	45.800,00 DM
USt. 16 %	7.328,00 DM
Barpreis	53.128,00 DM

Buchen Sie den Rechnungseingang bei der Volksbank Altheim.

1.4 Wie lautet die Buchung der Rechnung aus Fall 3 beim Möbelverkäufer bei Zahlungseingang über dessen Bankkonto?

1.5 Welche Auswirkung hat die im Zahlungseingang enthaltene Umsatzsteuer auf das Betriebsergebnis des Möbelverkäufers? (mit Begründung)

1.6 Die Volksbank Altheim will ihren zu versteuernden Gewinn möglichst niedrig ausweisen. Beschreiben Sie die Auswirkungen des Möbelkaufs auf die GuV-Rechnung der Bank im Jahr der Anschaffung der Möbel, betriebsgewöhnliche Nutzungsdauer 8 Jahre, wenn

1.6.1 die Einrichtung als ein einheitliches Wirtschaftsgut bewertet wird,

1.6.2 die einzelnen Einrichtungsgegenstände als geringwertige Wirtschaftsgüter gelten.

Aufgabe 2

2.1 Im Jahresabschluss der Volksbank Altheim sind u. a. folgende Bilanzpositionen enthalten,

	laufendes Jahr-	**Vorjahr**
Passive		
Rechnungsabgrenzungsposten	668.820,00 €	930,020,00 €
Rückstellungen	4.944.895,00 €	4.750.123,00 €
Anleihen und Schuldverschreibungen (Aktiva)	252.694.900,00 €	266.495.000,00 €

Zeigen Sie an je einem Geschäftsfall, wie es zu diesen Veränderungen kommen konnte

2.2 Der vorläufige Debitorenbestand, den die Volksbank Altheim auf Grund der Skontren zum Jahresende, ermittelt hat, beträgt 420.000.000,00 €. Auf Grund besonderer Risiken kann davon eine Forderung über 5.000.000,00 € nur mit 70 % bewertet werden.

2.2.1 Führen Sie die notwendige Korrekturbuchung durch.

2.2.2 Welche Wirkung hat die Buchung auf das Betriebsergebnis der Volksbank Altheim?

2.2.3 Wie sind risikobehaftete Forderungen in der veröffentlichten Bilanz zu behandeln? Begründen Sie den Zweck der entsprechenden gesetzlichen Regelung.

Aufgabe 3

Der Geschäftsführer der Metallbau GmbH hat mit seinem Berater der Volksbank Altheim einen Termin vereinbart, um über die zukünftigen Konditionen für die Geschäfte mit seinem Unternehmen zu verhandeln. Zur Vorbereitung des Gesprächs wurden die aktuellen Kundendaten der Metallbau GmbH beschafft und in folgendes Schema eingetragen:

Geschäftsbereich	Betrag in DM	vereinbarte Zinssätze in	Opportuntätszinssatz in %	Marge in%	absoluter Beitrag
KK-Kredite	795.000	7,75	2,5		
Sichteinlagen	75.000	0,5	2,5		
Darlehen	1.300.000	6,5	3,5		
Festgeld	50.000	3,25	2,6		
Konditionenbeitrag Deckungsbeitrag 1					
Risikokosten 0,4%					
Überschuss im Wertbereich Deckungsbeitrag II					
Betriebskosten - Betriebserlöse					
Netto-Konditionen beitrag Deckungsbeitrag III					

Die direkt zurechenbaren Betriebskosten übersteigen die Betriebserlöse beim

KKK um 2.400,00 DM
Darlehen um 2.000,00 DM
Festgeld um 60,00 DM

3.1 Bereiten Sie die Kundendaten auf und übertragen Sie die Ergebnisse (jeweilige Marge und absoluter Beitrag) auf Ihr Lösungsblatt.

3.2 Machen Sie einen Vorschlag für die neuen Konditionen der einzelnen Kredite bzw. Einlagen unter Berücksichtigung der betriebswirtschaftlichen Belange der Bank und den Wünschen der MetallbauGmbH.